FUNDAMENTOS DE DIRECCIÓN ESTRATÉGICA DE LA EMPRESA

BIBLIOTECA CIVITAS DE ECONOMÍA Y EMPRESA

Director:
JOSÉ LUIS GARCÍA DELGADO

COLECCIÓN ECONOMÍA

JOSÉ EMILIO NAVAS LÓPEZ
Catedrático de Organización de Empresas
Universidad Complutense de Madrid

LUIS ÁNGEL GUERRAS MARTÍN
Catedrático de Organización de Empresas
Universidad Rey Juan Carlos

FUNDAMENTOS DE DIRECCIÓN ESTRATÉGICA DE LA EMPRESA

CIVITAS

THOMSON REUTERS

Primera edición, 2012
Primera reimpresión, 2013

CIVITAS
PATROCINA LA REVISIÓN DEL LÉXICO JURÍDICO DEL DICCIONARIO DE LA REAL ACADEMIA ESPAÑOLA

Editorial Aranzadi, S. A.
Camino de Galar, 15
31190 Cizur Menor (Navarra)

Imprime: Rodona Industria Gráfica, S.L.
Polígono Agustinos, Calle A, Nave D-11
31013 - Pamplona

Depósito legal: NA 1325/2012

ISBN: 978-84-470-4038-4

Compuesto en Printing'94

Printed in Spain. Impreso en España

Índice

PARTE II
FORMULACIÓN DE LAS ESTRATEGIAS

PARTE III
IMPLANTACIÓN DE LAS ESTRATEGIAS

Presentación

El presente texto trata de servir de soporte básico para la formación universitaria de los alumnos de grado en Administración y Dirección de Empresas y de otras carreras afines, interesados en las materias relacionadas con la Dirección y la Estrategia de la Empresa. El libro está especialmente indicado para cursos cortos y adaptado a la metodología docente propuesta por el Espacio Europeo de Educación Superior (Acuerdo de Bolonia).

También puede ser de gran utilidad, como una primera aproximación, para aquellos estudiantes que sigan cursos de post-graduado en Universidades, Escuelas de Negocios o entidades similares, en áreas especializadas relativas a la Estrategia Empresarial, así como un punto de referencia obligado para todos los profesionales y hombres de empresa que, desde el mundo de la práctica, asumen una visión eminentemente aplicada de los negocios y tienen la responsabilidad de la consultoría o la dirección de las empresas.

Desde este triple punto de vista, el libro se convierte en un manual de trabajo introductorio en el que se integran las cuestiones y problemas más relevantes que conforman el cuerpo teórico del modelo directivo conocido como la Dirección Estratégica de la Empresa.

El contenido

El libro analiza el modelo de la Dirección Estratégica de la Empresa, como paradigma dominante en la Dirección de Empresas. Este modelo trata de interpretar el desarrollo de la actividad empresarial de tal forma que sea capaz de responder con eficacia tanto a las oportunidades y situaciones favorables que el medio externo plantea como a aquellos otros retos y amenazas que también pudieran aparecer. Todo ello, sin perder la visión de los recursos, las capacidades y las fortalezas internas con las que la propia empresa cuenta, así como las debilidades que todavía mantenga.

Como resultado de la conjunción de estos factores surge la situación de partida, con base en la cual pueden ser establecidas las distintas alternativas o cursos de acción que posibiliten a la empresa alcanzar los objetivos propuestos. El proceso culmina con la puesta en práctica de tales alternativas. Esto es, en esencia, la Dirección Estratégica.

A la vista de ello, entenderemos que son tres las partes o bloques fundamentales de la Dirección Estratégica: Análisis Estratégico, Formulación de Estrategias e Implantación de Estrategias. En función de estas tres partes se estructuran los distintos bloques del texto, así como los diferentes capítulos y contenidos que se integran en cada bloque, tal como se observa en la figura 0.

El **capítulo 1** es introductorio, y en él se pretenden presentar los fundamentos básicos de lo que se entiende por Dirección Estratégica. Para ello, se establece el concepto de estrategia y la diferenciación entre los distintos niveles: corporativo, de negocio y funcional. También se analizan las distintas fases del proceso a partir de un enfoque estrictamente racional de la toma de decisiones y se aportan algunos elementos sobre la propia disciplina de Dirección Estratégica.

Figura 0: Estructura del libro

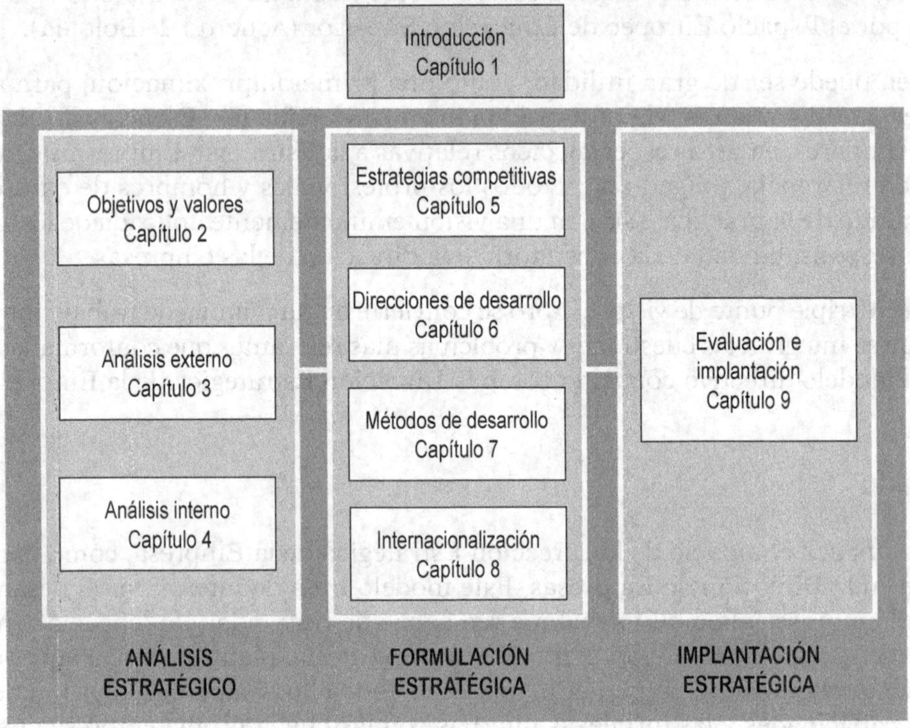

Tras esta introducción, se aborda el **Análisis Estratégico** que estudia, en primer lugar (**capítulo 2**), el problema de la identificación de objetivos de la empresa. La primera cuestión que se plantea es relativa a quién fija los objetivos, en referencia a la existencia de otros grupos de interés, especialmente los directivos, diferentes de los propietarios y las posibilidades de éstos para controlarlos, problema que es conocido como gobierno de la empresa. Especial relevancia tienen en este apartado los conceptos de misión, visión y objetivos estratégicos, para la identificación de las líneas generales de actuación de la empresa. El capítulo termina con la consideración de los valores empresariales manifestados por la asunción de principios de responsabilidad social y comportamiento ético.

El Análisis Estratégico tiene otras dos partes: análisis externo y análisis interno. El análisis externo (**capítulo 3**) se dedica a investigar todos aquellos factores del entorno que afectan a la actividad de la empresa. A su vez, dentro del análisis externo, se suele distinguir entre el entorno general y el entorno específico. El primero estudia los factores que desde un punto de vista genérico influyen en el comportamiento empresarial, y serán consideradas técnicas como el perfil estratégico del entorno y los distritos industriales. El segundo, hace referencia al entorno competitivo, es decir, en función del tipo de actividad que desempeñe la empresa, y para ello se utilizarán el modelo de las cinco fuerzas de Porter, la segmentación de la industria y el análisis de competidores.

El análisis interno (**capítulo 4**) trata de aquellos factores que le son propios a la empresa y que, por tanto, están bajo su poder de decisión. Existen distintos instrumentos de análisis en función de los cuales se va poniendo de manifiesto la situación interna de la empresa, como son su identidad, el perfil estratégico, la cadena de valor y el análisis DAFO. Es de destacar la importancia que en este ámbito hay que conceder al análisis de recursos y capacidades, como teoría explicativa de las razones por las que distintas empresas que actúan en la misma industria, presentan ventajas competitivas diferentes.

Como se ha dicho anteriormente, el objetivo de todo este primer bloque es identificar las oportunidades y amenazas que ofrece el entorno a la actuación de la empresa y las fortalezas y debilidades con las que la misma cuenta. De este modo, se plantean las bases en virtud de las cuales se pueden establecer las distintas estrategias.

Con ello, nos introducimos en la parte segunda del libro relativa a la **Formulación de Estrategias**. En este bloque se estudiarán las estrategias en el nivel corporativo o de empresa y las estrategias en el nivel de negocio. En el nivel corporativo se plantea primordialmente la definición del ámbito de actividad o conjunto de negocios en el que la empresa quiere competir y a las distintas modalidades de desarrollo y crecimiento. En el nivel de negocio, el problema central es decidir, una vez definidos los negocios, sobre cómo competir mejor y obtener el éxito en cada uno de ellos, es decir cómo alcanzar una ventaja competitiva.

Las estrategias en el nivel de negocio ocupan el **capítulo 5**, estudiándose las estrategias competitivas básicas y las estrategias con base en el grado de madurez de la industria. Tras una introducción acerca de la creación y el mantenimiento de la ventaja competitiva, se profundiza en las dos ventajas clásicas propuestas por Porter: liderazgo en costes y diferenciación de producto. El análisis se completa con una ampliación del modelo original que también identifica situaciones híbridas para competir. Posteriormente, se analizan las posibles estrategias a seguir para industrias emergentes, maduras y en declive.

Las estrategias corporativas están incluidas en los capítulos 6 a 8. Dentro de ellas se encuadran las estrategias de desarrollo empresarial -expansión y diversificación-, las formas o métodos de desarrollo –interno y externo- y las estrategias de internacionalización.

Las estrategias de desarrollo se refieren a la conveniencia de seguir operando con los mismos productos y/o mercados o entrar en y/o salir de nuevos negocios. Estas estrategias son tratadas en el **capítulo 6**. En él se analizan los motivos principales para seguir unas u otras, así como las distintas modalidades que pueden revestir: expansión, diversificación relacionada, diversificación no relacionada, integración vertical y reestructuración, tanto de los negocios existentes como de la propia cartera de negocios de la empresa.

El **capítulo 7** se dedica al estudio de los métodos de desarrollo empresarial, distinguiendo entre interno y externo. El capítulo se centra especialmente en el desarrollo externo, analizando tanto los procesos de fusiones y adquisiciones como las alianzas. Para todas ellas, se tienen en cuenta los motivos, ventajas, inconvenientes, tipos y problemática de su gestión.

Por último, dentro de este bloque, el **capítulo 8** trata la estrategia de internacionalización, analizando el concepto de empresa multinacional, las razones para la internacionalización, los factores y estrategias para industrias globales, la formas de entrada en los mercados exteriores y los problemas específicos de la empresa multinacional, referidos a aspectos de localización, comerciales, culturales, de gestión de recursos humanos y de diseño estructural.

La tercera y última parte del texto está dedicada a la **Implantación de las Estrategias** y está contenida en el **capítulo 9**. En este capítulo se trata el proceso de evaluación y selección de estrategias a partir de los criterios de adecuación, factibilidad y aceptabilidad, la problemática de la puesta en práctica de la estrategia –donde destacan tres aspectos principales: el diseño organizativo, los sistemas de dirección y liderazgo y la cultura corporativa–, y los sistemas de planificación y control que completan el proceso de la Dirección Estratégica.

En todos los capítulos aparecen ejemplos prácticos de aplicación a la realidad de las empresas de aquellos aspectos que se han considerado más interesantes y sobre los cuales se ha dispuesto de la información suficiente. Se han buscado primordialmente aplicaciones sobre empresas españolas conocidas y, en aquellos casos en los que no ha sido posible, sobre empresas extranjeras, también muy conocidas, que operan en nuestro país. Estos ejemplos tratan de ilustrar los contenidos teóricos mostrando, aunque sea de manera parcial, la realidad de las empresas. El libro concluye con la bibliografía, en la cual se han incluido todas las referencias que aparecen reseñadas a lo largo del texto y que han servido de soporte general para la elaboración del contenido.

Sobre esta primera edición

El presente texto trata de ser un manual introductorio al modelo de Dirección Estratégica de la Empresa en el que se sintetizan sus contenidos más importantes. Para ello se han analizado sus aspectos más relevantes a partir, principalmente, de nuestro manual de referencia Guerras y Navas (2007): *La Dirección Estratégica de la Empresa. Teoría y Aplicaciones* (Thomson-Reuters Civitas, 4ª edición).

Ahora bien, el libro incluye una serie de novedades respecto a dicho manual que merecen ser destacadas. En primer lugar, una revisión y actualización de contenidos para enriquecer su utilidad tanto desde el punto de vista docente como profesional. Así se ha hecho un importante esfuerzo en la presentación tanto de los contenidos teóricos para integrar aquellos más relevantes y actuales como de las aplicaciones, renovadas y/o actualizadas en su mayor parte, para así facilitar la lectura y el aprendizaje a cualquier lector.

En segundo lugar, para adaptar el texto a las directrices del Espacio Europeo de Educación Superior (Acuerdo de Bolonia), además de las aplicaciones empresariales antes comentadas, se han incorporado otros elementos didácticos que contribuyen a este objetivo. Así, cada capítulo contiene los objetivos perseguidos, una figura del modelo general en la que se resalta la ubicación de cada capítulo, un cuadro resumen con las principales ideas incluidas, ejercicios de autoevaluación para la revisión y el control de los conocimientos adquiridos, actividades a realizar referidas a trabajos prácticos que pueden ser desarrollados a partir de los contenidos y lecturas recomendadas que remiten al lector a otras referencias precisas de interés para cada uno de los temas tratados.

En tercer lugar, el texto incorpora dos tipos de vínculos a páginas web para aprovechar conocimientos e información adicionales que no tienen cabida en el propio texto pero que pueden ser de gran interés. El primero de ellos, denominado «**Consulta la Web**», remite al lector a la página web del texto de referencia *(www.guerrasynavas.com)* para disponer de nuevas aplicaciones o casos breves que ilustran desde la realidad de las empresas los contenidos teóricos incluidos en el texto. El segundo de ellos, denominado «**Análisis**», se refiere a direcciones web de distintas revistas académicas en las que se pueden encontrar artículos especializados que profundizan en el tratamiento de determinados tópicos, tanto desde el punto de vista teórico como práctico. Puntualmente, se pueden encontrar además referencias a páginas web de documentos, organismos o instituciones citados en el texto en los que localizar el documento completo o información adicional sobre la institución mencionada.

Estos vínculos aparecen, cuando procede, con llamadas en los márgenes de las páginas. Es preciso señalar que estas páginas web estaban operativas en el momento de cerrar la edición de este libro por lo que los autores no pueden garantizar su mantenimiento en el tiempo.

Con todo ello, pretendemos que tanto los alumnos como los profesionales dispongan de una mejor herramienta de trabajo que les permita tener una visión más amplia y actualizada de los contenidos asignables a la Dirección Estratégica de la Empresa.

Los agradecimientos

En primer lugar, nuestro agradecimiento para el profesor Anoop Madhok de la Universidad de York (Canadá) por ofrecerse generosamente a la elaboración del prólogo del libro. En segundo lugar, debemos agradecer la valiosa aportación de los profesores que han colaborado activamente mediante la preparación o actualización de aplicaciones. En concreto, los siguientes profesores de la Universidad Complutense de Madrid y de la Universidad Rey Juan Carlos: Javier Amores, Diana Benito, Jorge Cruz, Carmen de la Calle, Miriam Delgado, José Javier Fernández, Fernando García, Rocío González, Noelia Gonzalo, Pedro

López, José Joaquín López-Hermoso, Gregorio Martín, Sonia Medina, Pablo Moura, Eva Pelechano y María Sacristán.

Por último, a nuestras familias, que han debido soportar algunas privaciones para que el libro fuera por fin una realidad. Especialmente a Lola y Ángeles, muchas gracias.

Los Autores

Somosaguas (Pozuelo) y Vicálvaro (Madrid), Mayo de 2012

Foreword

Strategic management emerged as a field more than fifty years ago. Since then, the body of knowledge on the strategic direction and management of the enterprise –the primary domain of the field– has continued to grow.

Broadly, one can think of strategic management as comprised of three aspects: which industries to compete in, on which basis to compete in an industry, and the actual execution of the strategy. The first is what is known as corporate strategy, which shapes the general direction of the enterprise and determines the scope of the firm and the product-markets in which it competes. Mergers and acquisitions, diversification, strategic alliances and the like are among the key corporate strategy topics.

The second is competitive strategy, which focuses on how firms position themselves in an industry and establish the basis for their competitiveness, e.g. cost, differentiation, innovativeness, etc. For effective competitive positioning, both an external and internal focus is important. The former focuses on the environmental and industry conditions as well as competitive rivalry among firms, whereas the latter focuses on the firm's own resources and capabilities and how these inform its strengths and weaknesses. Managers of firms need to analyze how

Prólogo

La dirección estratégica surgió como un campo de estudio hace más de cincuenta años. Desde entonces, el conjunto de conocimientos sobre orientación y dirección estratégica de la empresa –el principal ámbito de aplicación de la disciplina– ha continuado creciendo.

En sentido amplio, se puede pensar que la dirección estratégica incluye tres aspectos: en qué industrias competir, sobre qué bases competir en una industria y la ejecución real de la estrategia. El primero se refiere a lo que se conoce como estrategia corporativa, que define la orientación general de la empresa y determina su ámbito de actuación mediante la combinación productos-mercados en los que competir. Las fusiones y adquisiciones, la diversificación, las alianzas estratégicas y otras cuestiones similares están entre los temas clave de la estrategia corporativa.

El segundo aspecto es la estrategia competitiva, que se centra en cómo las empresas se posicionan en una industria y establecen la base para su competitividad, es decir, costes, diferenciación, innovación, etc. Para lograr una posición competitiva, es importante un análisis tanto externo como interno de la empresa. El primero se centra en las condiciones del entorno y de la industria así como la rivalidad entre las empresas, mientras que el segundo se centra en los recursos y capacidades de la propia empresa y en cómo éstos reflejan sus fortalezas y debilidades. Los directivos de las empresas necesitan analizar cómo los aspectos externos e internos,

external and internal considerations, together, underpin the firm's competitive strategy and competitive advantage.

The third is what is known as strategy execution or implementation. Even if firms have chosen in which product-markets to compete and the basis upon which to compete in these markets, this remains largely a theoretical exercise unless they can effectively carry it out. This involves issues like firm structure, control systems, governance, etc. In fact one can argue that competitive advantage arises not just from having an effective competitive strategy but also the ability to implement it.

Whereas the above three aspects are what one would consider its core, yet the field of strategic management is a living entity that continues to evolve. In recent years, there have been two significant developments. First, with increasing globalization and lowering of barriers in commerce among nations, the international aspects of strategy have become part and parcel of strategic management. Topics here range from managing the global enterprise to location strategy to modes of entry. Second, as a result of the recent economic crisis and financial scandals, there has been a noticeable shift away from the erstwhile dominant shareholder model to a more comprehensive stakeholder model which recognizes the importance of the impact of a broader range of stakeholders on firm strategy and competitive advantage. These include customers, suppliers, employees, governments and other institutions.

conjuntamente, sostienen la estrategia y la ventaja competitiva.

El tercer aspecto es el que se conoce como ejecución o implantación de la estrategia. Incluso si las empresas han elegido en qué productos y mercados competir y la base sobre la que competir en dichos mercados, esto solamente sería un ejercicio teórico a menos que se pueda llevar a cabo de manera eficaz. Este aspecto incluye cuestiones como la estructura de la empresa, los sistemas de control, el gobierno, etc. De hecho, se puede argumentar que la ventaja competitiva surge no solamente por tener una estrategia competitiva eficaz sino también por la habilidad para implantarla.

Aunque los tres aspectos anteriores constituyen su núcleo principal, la disciplina de la dirección estratégica es una entidad viva que continúa evolucionando. En los últimos años, ha habido dos desarrollos significativos. Primero, debido a la creciente globalización y a la progresiva reducción de las barreras al comercio, los aspectos internacionales de la estrategia se han convertido en una parte importante de la dirección estratégica. Los temas en este ámbito varían entre la dirección de la empresa global a la estrategia de localización o los modos de entrada en nuevos países. Segundo, como resultado de la reciente crisis económica y de los escándalos financieros, se ha producido un cambio significativo desde el antiguo modelo dominante orientado a los accionistas hacia un modelo más comprehensivo orientado a los grupos de interés que reconoce la importancia del impacto de un conjunto más amplio de grupos de interés en la estrategia y la ventaja competitiva de la empresa. Estos grupos de interés incluyen a los clientes, los proveedores, los empleados, los gobiernos y otras instituciones.

In light of the above, the book *Fundamentals of Strategic Management* by professors Navas and Guerras is one that deserves to be commended. For one, it is comprehensive in its reach and covers all the topics outlined above. Second and importantly, the professors are highly experienced in their field and, besides their theoretical knowledge, have informed their approach and treatment of the subject with knowledge directly gleaned from years of teaching university students and managers at various levels over the years. In addition to a coherent conceptual framework, they use numerous examples to illustrate key ideas and link it back to the theory. As a result, the book has an applied focus which makes it appealingly accessible to students and practitioners of strategic management. With many of the examples and illustrations discussing Spanish firms, the appeal of this book should be even more attractive for readers and practitioners from Spain and, more broadly, Latin America.

Strategic management is a complex subject since it incorporates such a wide range of issues at so many levels. Moreover, in the current environment characterized by rapid rates of technological change, globalization and the emergence of competitors from emerging economies, the strategic challenges faced by firms and key decision makers are increasingly complex and urgent. A good book on the topic -comprehensive, systematic, informative and easy to read- would perform a useful role in aiding senior managers in their decision-making and

A la luz de lo anterior, el libro *Fundamentos de Dirección Estratégica de la Empresa* de los profesores Navas y Guerras merece ser recomendado. En primer lugar, porque es comprehensivo en su alcance y cubre todos los temas relevantes señalados anteriormente. En segundo lugar y de forma importante, los profesores tienen una amplia experiencia en su campo y, además de sus conocimientos teóricos, han completado su enfoque y tratamiento del tema con un conocimiento directamente obtenido de años de docencia a los estudiantes universitarios y a los directivos de varios niveles a lo largo de los años. Además de una estructura conceptual coherente, utilizan numerosos ejemplos para ilustrar ideas clave y vincularlas con la teoría. Como resultado de ello, el libro presenta un enfoque aplicado que lo hace fácilmente accesible a alumnos y profesionales de la dirección estratégica. En la medida en que muchos ejemplos y aplicaciones tratan de empresas españolas, el atractivo de este libro crece aún más para los lectores y profesionales de España y, en un sentido más amplio, de Latinoamérica.

La dirección estratégica es un tema complejo puesto que incorpora una amplia variedad de cuestiones a muchos niveles. Más aún, en el entorno actual caracterizado por los rápidos cambios tecnológicos, la globalización y el surgimiento de competidores procedentes de las economías emergentes, los desafíos estratégicos a los que se enfrentan las empresas y los que toman decisiones clave son cada vez más complejos y urgentes. Un buen libro sobre el tema –comprehensivo, sistemático, lleno de información y fácil de leer- contribuye de forma útil a ayudar a los altos directivos en sus procesos de decisión y constituye una parte esencial de sus

should be an essential part of their toolkit. In this regard, Professors Navas and Guerras make an excellent contribution.

Anoop Madhok
Professor of Strategic Management
Schulich School of Business
York University
Toronto, Canada
April 2012

herramientas de trabajo. En este sentido, los profesores Navas y Guerras realizan una excelente aportación.

Anoop Madhok
Catedrático de Dirección Estratégica
Schulich School of Business
Universidad de York
Toronto, Canadá
Abril 2012

Introducción

CONTENIDOS

- Conceptos básicos
- El proceso de Dirección Estratégica
- Las decisiones estratégicas
- La Dirección Estratégica como disciplina

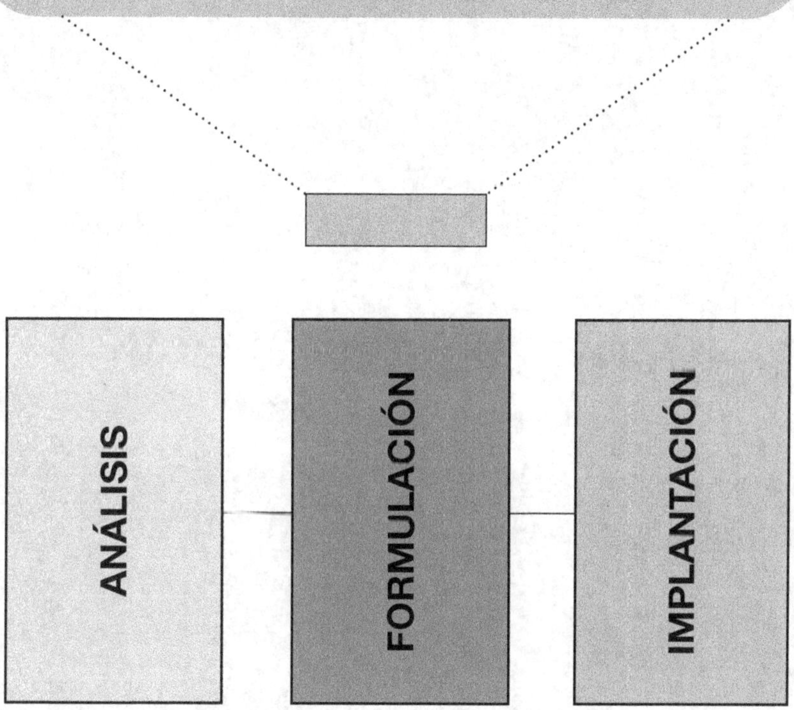

Capítulo 1
La naturaleza de la dirección estratégica

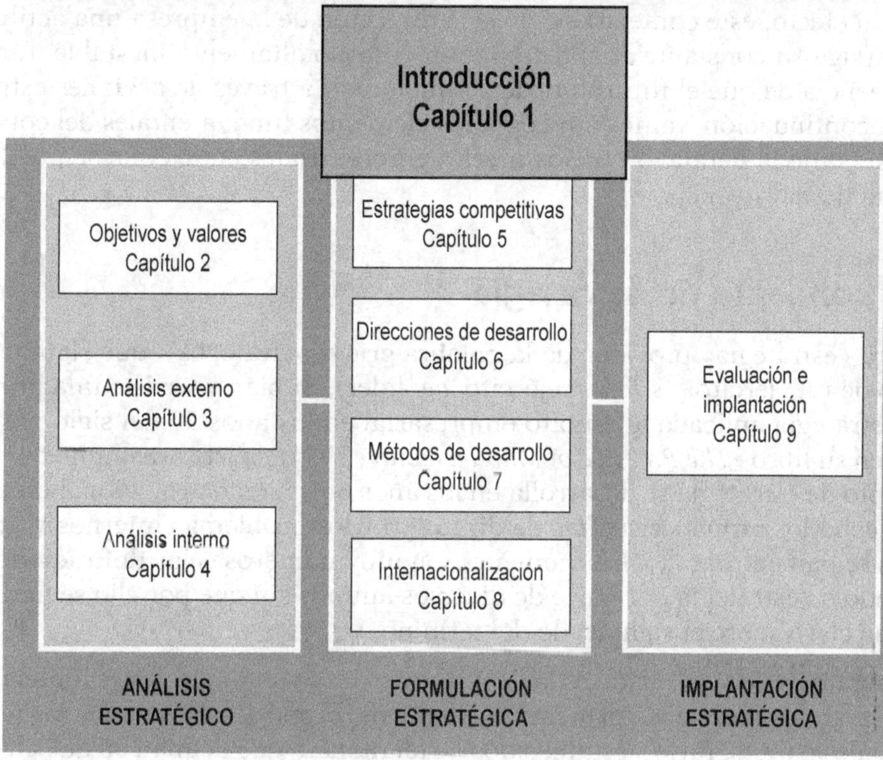

OBJETIVOS

- Definir los elementos que componen el concepto de estrategia empresarial y los niveles en los que ésta se desarrolla.
- Delimitar las distintas etapas que constituyen el proceso de la Dirección Estratégica y analizar sus potenciales ventajas.
- Identificar a las personas que asumen la responsabilidad de las decisiones estratégicas en la empresa.
- Establecer un marco de análisis para la Dirección Estratégica basado en una visión integradora entre los aspectos económico–racionales y los de carácter organizativo.

1.1. LAS DECISIONES ESTRATÉGICAS

La dirección actual de la empresa se enfrenta a un entorno cada vez más cambiante, complejo y hostil. Como consecuencia de ello, se hace necesario abordar el tipo de respuesta que la empresa debe dar para sobrevivir o para aumentar su eficacia y eficiencia y que le va a permitir una permanente adaptación a los cambios de su entorno. La estrategia empresarial viene a representar la forma de atender a esta necesidad de adaptación y que, a su vez, surge de un complejo conjunto de actividades que denominaremos el proceso de dirección estratégica. En efecto, este contexto exige de la dirección de la empresa una actitud estratégica que persiga su constante adaptación a un entorno altamente inestable, fundamentada en la creencia de que el futuro puede ser mejorado a través de acciones estratégicas adecuadas. A continuación, vamos a recoger los elementos fundamentales del concepto de estrategia, así como la definición de los niveles empresariales en los que se puede hablar con propiedad de estrategia.

1.1.1. El concepto de estrategia

La palabra «estrategia» proviene de la palabra griega «strategos», que significa «general al mando de un ejército» (*stratus*: ejército; *ag*: líder). Si bien ya existe una primera definición de estrategia aplicada al ámbito empresarial en los años 50 del siglo pasado (Peter Drucker, en su libro «*The Practice of Management*», 1954), existe un amplio consenso de que el concepto de estrategia se desarrolla en los años 60 y ha ido evolucionando a medida que lo han hecho los propios sistemas de dirección y los problemas internos y externos a los que éstos se han enfrentado. Ciertamente, son muy numerosas las **definiciones** que se han presentado de estrategia por parte de diversos autores sin que por ello se haya llegado a un consenso claro sobre el significado del término.

Una primera y clásica definición es la de Andrews (1965), para quien la estrategia se puede definir como el patrón de los principales objetivos, propósitos o metas y las políticas y planes esenciales para lograrlos, establecidos de tal manera que definan en qué clase de negocio la empresa está o quiere estar y qué clase de empresa es o quiere ser. Además de Andrews (1965), otros autores pioneros como Chandler (1962), Ansoff (1965) o Porter (1982) han propuesto definiciones propias.

La aparición de nuevas definiciones condujo a una gran diversidad tanto de los términos utilizados como de las ideas centrales que cada definición considera que debe incluir el concepto de estrategia. Así, algunos autores destacan la orientación hacia la selección de objetivos a largo plazo y la elección de programas o planes para conseguirlos mediante la adecuada asignación de recursos. Otros, sin embargo, priorizan la definición de acciones, planes, programas u orientaciones necesarias para conseguir los objetivos. También se destaca en muchas definiciones que la estrategia es la forma de vincular la empresa con su entorno, la necesidad de centrar la atención en el logro de la ventaja competitiva y la mejora del rendimiento empresarial o la idea de cambio como consustancial con la estrategia, tanto en el entorno como en el interior de la empresa. Algunos autores se fijan más en cuestiones procedimentales y consideran la estrategia como un proceso a través del cual la empresa toma decisiones estratégicas para conseguir determinados objetivos o como un conjunto de técnicas para tomar mejores decisiones. Finalmente, un conjunto de autores utilizan definiciones eclécticas que tratan de integrar varias de las anteriores ideas (Ronda y Guerras, 2012).

Ronda y Guerras (2012: 182) han realizado un estudio cienciométrico sobre el concepto de estrategia a partir de 91 definiciones relevantes desde el año 1962 hasta el año 2008 que ha permitido elaborar una definición de consenso a partir de las palabras más repetidas en las distintas definiciones. Así, podríamos considerar que la estrategia representa **«la dinámica de la relación de la empresa con su entorno y las acciones que emprende para conseguir sus objetivos y/o mejorar su rendimiento mediante el uso racional de recursos».** La figura 1.1 refleja gráficamente las principales ideas en torno al concepto de estrategia.

> **Análisis**
>
> Un análisis sobre el concepto de estrategia se puede encontrar en Guerras (2011), *Boletín de la Sección de Estrategia Empresarial de ACEDE*, nº 4: *www.acede.org/secciones.php?s=4*

Figura 1.1: Elementos en torno al concepto de estrategia

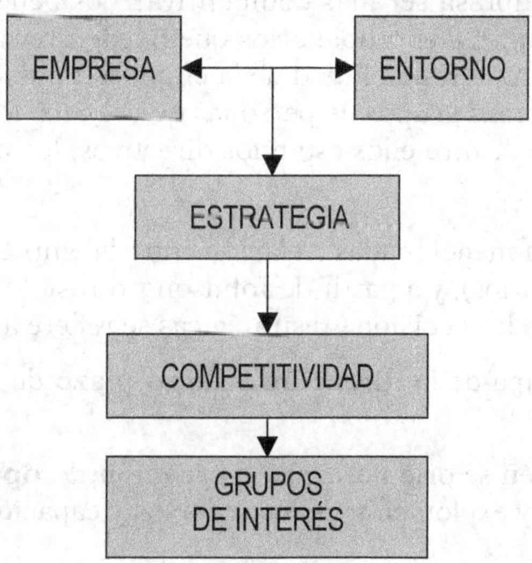

En una primera aproximación intuitiva, puede decirse que **la estrategia es la forma de vincular la empresa con su entorno**. Si bien el entorno influye en la empresa condicionando sus decisiones, ésta también forma parte del entorno de otros competidores condicionándoles a su vez con sus propias decisiones. Esto implica, por ejemplo, que la estrategia que una empresa elija para competir no sólo trata de dar una respuesta al entorno sino que también trata de moldear el entorno a su favor (Porter, 1987). La relación entre la empresa y el entorno tiene, por tanto, un carácter esencialmente dinámico al influirse mutuamente a lo largo del tiempo. Otro elemento que se deriva de esta primera idea es que para que podamos hablar de estrategia, en sentido estricto, es necesario que haya otros rivales, es decir, otras empresas o agentes que compitan con la empresa por los recursos, por los clientes o por la rentabilidad y el éxito a través de sus propias estrategias (Rumelt y otros, 1994).

Las decisiones estratégicas pueden ser diversas: la definición de las actividades a las que se va a dedicar la empresa, una fusión, entrar en nuevos negocios o salir a los mercados internacionales constituyen ejemplos claros. Todas estas decisiones estratégicas tienen en común que tratan de **hacer que la empresa sea más competitiva**, lo que significa ser más rentable, crear más valor. La forma en que cada empresa consigue ser más competitiva refleja el contenido de la estrategia seguida. Por ejemplo, una empresa puede ser más competitiva mejorando la calidad de sus productos, siendo muy eficiente en la utilización de sus activos o tratando de innovar constantemente gracias a una fuerte inversión en investigación. Pero, en todos los casos, el indicador claro de que una empresa está teniendo éxito con su estrategia es que obtiene una rentabilidad superior a la de sus competidores. Por tanto, la mejora del rendimiento de la empresa constituye el objetivo fundamental de la elección de la estrategia, teniendo en cuenta la limitación de recursos que siempre existe para poner en marcha una determinada estrategia.

¿Para qué quiere la empresa ser más competitiva? Los beneficiarios del éxito de una empresa son, en primer lugar, sus propietarios que pueden ver aumentado el valor de las inversiones realizadas. Pero la rentabilidad de la empresa también puede tener un impacto positivo en todos los demás grupos de personas que se relacionan con ella y que llamaremos «grupos de interés». Entre ellos están los directivos, los trabajadores o la sociedad en general.

Además de las ideas ya mencionadas (relación entre la empresa y el entorno, búsqueda de rentabilidad y beneficiarios), y a partir de Johnson y otros (2010: 2-3), podríamos considerar que el **contenido** de las decisiones estratégicas se refiere a las siguientes cuestiones:

- La estrategia se ocupa de la **dirección a largo plazo** de una empresa u organización.
- La estrategia también se orienta hacia la **creación de oportunidades** mediante la generación, mejora y explotación de los recursos y capacidades organizativas que la empresa posee.
- Incluye como aspecto fundamental la **definición del campo de actividad**, es decir, la identificación de los negocios en los que la empresa va a competir. Esta es probablemente la decisión más puramente estratégica porque va a condicionar el resto de actuaciones.

Estos contenidos hacen que las decisiones estratégicas tengan una serie de **características** específicas que conviene señalar (Johnson y otros, 2010: 6-7):

Aplicación 1.1:

El ajedrez y la estrategia empresarial,
por Miguel Illescas (*)

El Ajedrez es un juego milenario, considerado como el paradigma de la inteligencia en general, y de la estrategia en particular. Bancos, marcas de coches y otras empresas lo utilizan constantemente como reclamo. El ajedrez trata de recrear un enfrentamiento militar, por lo que ofrece a sus practicantes la posibilidad de convertirse durante la partida en generales, al mando de un ejército de peones y piezas que desarrollan su acción sobre el tablero, conforme a un conjunto de reglas previamente establecidas. El hecho de que no intervenga el azar y de que la dificultad inherente al juego se sitúe en los límites de la capacidad de la inteligencia humana colocan al ajedrez en una posición de superioridad respecto a prácticas similares. Este juego, combinación de deporte, ciencia y arte, ofrece una triple vertiente formativa de gran valor práctico: formación intelectual (memoria, lógica, etc.), formación del carácter (toma de decisiones, gestión del éxito y del fracaso, etc.) y formación en valores (respeto a las reglas, al rival, etc.).

Aunque el ajedrez contiene un elevado contenido táctico y de cálculo, la verdadera maestría se alcanza con el dominio de los conceptos estratégicos. En el plano estratégico, el ajedrez provee dos tipos de enseñanzas: genéricas y específicas. Entre las genéricas destacamos entre otras la necesidad del estudio profundo del presente: el jugador debe recopilar toda la información acerca de la posición actual y evaluarla en profundidad antes de abordar el estudio de jugadas concretas. El trabajo con análisis y escenarios múltiples así como el desarrollo del hábito estratégico son también algunas de las muchas aportaciones que nos ofrece este juego.

Las enseñanzas específicas son asimismo muchas y variadas, pudiendo siempre establecerse un claro paralelismo entre la actividad estratégica ajedrecística y la actividad estratégica de carácter general, por lo cual encierran un gran valor en su aplicación al campo de la estrategia empresarial. Algunos ejemplos de enseñanzas específicas serían:

- Anticipación al movimiento del rival: procedimientos inductivos y deductivos; cada jugada obedece a un plan, nuestro plan induce nuestra jugada mientras que de la jugada del rival debemos tratar de deducir su plan. Los planes deben adaptarse a cada nueva situación mediante un proceso de reevaluación y análisis retroalimentado.
- Aprovechamiento de puntos débiles: estrategia de concentración de fuerzas; tras el previsible equilibrio entre ataque y defensa, uso de la libertad de acción para abrir un nuevo frente que no pueda ser atendido a tiempo por el oponente.
- Principio de control del centro y acciones en el mismo: contrarrestar ataques de flanco mediante un oportuno contraataque en el centro. Estabilizar el centro antes de emprender operaciones laterales.

Los campeones mundiales son los exponentes más significados del desarrollo de la estrategia ajedrecística. Decía Steinitz: «Sólo se debe atacar cuando se tiene ventaja», Lasker: «Se trata de encontrar la mejor jugada contra un rival específico, teniendo en cuenta sus características y estilo de juego» o Capablanca: «La transformación de la ventaja es una de las principales armas del bando fuerte: hay que procurar lograr ventajas cada vez mayores y más permanentes». Así, durante siglos, se han ido estableciendo las leyes estratégicas que rigen en el universo ajedrecístico. Esas leyes son extrapolables a cualquier ámbito de la actividad humana en que se enfrenten voluntades por medio de la inteligencia. Tal es el caso de la estrategia empresarial.

* Gran Maestro Internacional de Ajedrez. Entrenador del Campeón Mundial Vladimir Kramnik y Director de la escuela EDAMI *(www.edami.com)*

- Su naturaleza es esencialmente **compleja**, lo que es especialmente cierto en empresas grandes, diversificadas o con un ámbito de actuación de mercados globales.
- Son adoptadas en **condiciones de alta incertidumbre**, dado el carácter cada vez más dinámico y complejo del entorno.
- **Afectan al conjunto de decisiones de la empresa** a todos los niveles y, por tanto, a los niveles operativos, ya que tienen preponderancia sobre el resto de decisiones empresariales.
- Requieren de un **planteamiento integrado de la organización**. La empresa en su conjunto es la referencia básica y la generación de sinergias un elemento clave.
- La **red de relaciones exteriores** que la empresa cree y mantenga es un elemento básico para el éxito de la estrategia.
- Suelen requerir **cambios en las organizaciones** que no siempre son fáciles de gestionar debido a la herencia de recursos y cultura que la empresa genera y a las consecuencias que los cambios puedan tener en los intereses de los distintos grupos que participan.

1.1.2. Niveles de la estrategia

Habitualmente, se suelen distinguir **tres niveles de definición de estrategias**, correspondientes a distintos niveles jerárquicos en la organización, a cada uno de los cuales se le asignan diferentes competencias respecto de la toma de decisiones. Estos tres niveles son: corporativo o de empresa, competitivo o de negocio y funcional.

a) Estrategia corporativa o de empresa

La estrategia corporativa trata de **fijar la orientación básica de la empresa en su conjunto**, respecto a la identificación de las actividades o negocios en las que se quiere desempeñar. Implica, por tanto, una visión global de la empresa, en la que son relevantes la definición de la misión, la visión y los objetivos estratégicos, la búsqueda de oportunidades de creación de valor o la forma en la que la empresa quiere crecer o desarrollarse en el futuro. Decisiones tales como entrar en nuevos negocios, comprar una empresa, o apostar por la internacionalización son algunos ejemplos.

Aplicación 1.2:

Los juegos de estrategia y el juego de la competencia empresarial

Son bien conocidos los juegos de estrategia fuera del ámbito empresarial. Algunos ejemplos de juegos de estrategia son el ajedrez, el Monopoly o los deportes de enfrentamiento entre equipos como el fútbol. Todos ellos comparten algunas características como, por ejemplo, la existencia de más de un jugador, el control parcial del juego o la consecución de un objetivo que determine el ganador. Pero también hay importantes diferencias que hacen que el juego competitivo empresarial sea notablemente más complejo que el resto.

En cuanto al número de jugadores, en el ajedrez participan dos jugadores. Lo mismo ocurre con el fútbol ya que cada equipo compite contra otro. En el Monopoly, sin embargo, el número de jugadores es variable, entre dos y seis. En el juego empresarial, el número de jugadores puede ser muy elevado, tantos como competidores haya, e incluso indeterminado ya que en muchos casos no es posible conocer a todos los competidores existentes en un marco de competencia global. Además, los jugadores pueden ir entrando y saliendo del juego, conforme las empresas entran al sector o lo abandonan.

Las reglas del juego son sencillas y determinadas en el ajedrez y, aún así, el juego es complejo. Algo similar ocurre con el Monopoly si bien el juego es menos complejo. En el caso del fútbol, las reglas están predeterminadas pero se someten a la interpretación de los árbitros lo que a veces genera disputas entre los equipos. En el juego empresarial, las reglas están pobremente definidas en la mayoría de los casos. Las leyes de cada país son una referencia pero la entrada de nuevos competidores o la innovación, modifican muchas veces sobre la marcha las reglas del juego competitivo.

El contexto del juego o entorno influye en todos los juegos. La presión del ambiente en los estadios o, incluso, en una partida de ajedrez, es algo bien conocido. Sin embargo, el entorno tiene una mayor influencia en el juego empresarial ya que intervienen numerosas variables o factores tales como las decisiones políticas, los movimientos de los competidores, la normativa medioambiental, las decisiones de clientes y proveedores, etc. Como consecuencia de lo anterior, existe un control parcial del juego en todos los casos ya que cada jugador controla más o menos lo que él va a hacer pero no controla ni a los otros jugadores ni otros elementos del juego. El hecho de que en el juego empresarial haya numerosos jugadores y que el entorno sea tan influyente, hace que la capacidad de control del juego de cada empresa sea reducida.

La duración del juego también es algo que diferencia a unos juegos de otros. Mientras que en el ajedrez o en el Monopoly, el tiempo es variable, en el fútbol es fijo, en torno a 90 minutos por partido, salvo prórroga añadida. Sin embargo, en el caso del juego empresarial, el tiempo es indeterminado e indefinido. Se juega mientras haya jugadores, es decir, mientras haya empresas en un determinado sector industrial, por lo que raramente el juego tiene un final, salvo para las empresas que abandonan.

Finalmente, es preciso definir el objetivo del juego. En el ajedrez, el objetivo es hacer «jaque–mate», jugada que consiste en comer la pieza del rey del otro jugador. En el caso del fútbol, para cada partido, el objetivo del juego es meter más goles que el contrario. En el Monopoly, se trata de eliminar progresivamente al resto de jugadores arruinándolos, ganando el juego aquel que sobreviva a todos sus competidores. En el caso del juego empresarial, no suele haber un ganador final, al no tener una duración definida. Podemos decir que en cada momento puede haber alguien que vaya ganando y casi nunca alguien que gane siempre. En general, la empresa que consigue crear más valor para los accionistas es la que ganaría el juego en ese momento. Pero esto puede cambiar de un año para otro.

En definitiva, el juego competitivo empresarial tiene varias cosas en común con otros juegos de estrategia. Pero, por lo general, es un juego mucho más complicado de jugar dadas las características específicas que lo diferencian: un número alto de jugadores pero indeterminado y variable, reglas del juego complejas y cambiantes, contexto o entorno complejo y lleno de incertidumbres, muy escaso control del juego y duración indefinida.

La estrategia corporativa tiene una singularidad especial en una empresa diversificada, constituyendo el plan general de actuación directiva ya que está especialmente referida a las decisiones para establecer posiciones en industrias diferentes y a las acciones que usa para dirigir sus negocios diversificados tales como asignación de recursos o evaluación de los resultados de los distintos negocios. De especial relevancia es la búsqueda de sinergias, es decir, la creación de valor por la integración y complementariedad de las distintas actividades de la cartera de negocios más allá de los resultados individuales de cada negocio.

b) Estrategia competitiva o de negocio

En este segundo nivel se trata de determinar **cómo competir mejor en un conjunto de actividades, negocios o unidades estratégicas de negocio**. La cuestión principal, por tanto, es cómo construir una posición competitiva mejor, para lo cual hay que desarrollar los recursos y capacidades organizativas que la sustenten. La creación y el mantenimiento de una ventaja competitiva y la creación, mejora y explotación de recursos y capacidades valiosos son los elementos clave en este nivel. Decisiones tales como mejorar la calidad de nuestros productos, establecer un plan de reducción de costes o invertir en tecnología para conseguir lanzar al mercado productos más innovadores que los de la competencia son ejemplos de este nivel.

En una empresa diversificada aparece la necesidad de definir unidades de análisis específicas distintas de la empresa en su conjunto y de los tradicionales subsistemas funcionales. Éstas son las llamadas «**unidades estratégicas de negocio**» o «unidades de negocio» (UEN). Así, una UEN es un conjunto de actividades homogéneo desde el punto de vista estratégico, es decir, para el cual es posible formular una estrategia común y a su vez diferente de la estrategia adecuada para otras actividades y/o unidades estratégicas (Menguzzato y Renau, 1991).

La razón que justifica la necesidad de definir UEN en una empresa diversificada está en que la heterogeneidad de los distintos negocios hace inviable un tratamiento estratégico único. En general no existe una posición competitiva global de la empresa, sino una posición competitiva para cada negocio que se desarrolla en un entorno competitivo específico, tiene competidores distintos, depende de factores de éxito propios y requiere competencias distintas, por lo que requiere una estrategia competitiva distinta. Se puede entender la empresa diversificada, por tanto, como un conjunto de varias UEN, cada una ofreciendo oportunidades de rentabilidad y crecimiento distintas, y/o requiriendo un planteamiento competitivo diferente.

Figura 1.2: Los niveles de la estrategia y la jerarquía organizativa

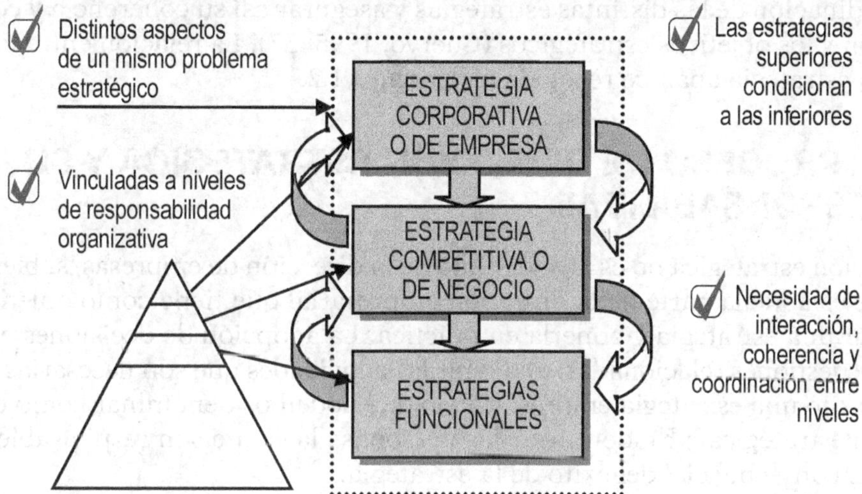

c) Estrategias funcionales

En el tercer nivel está la estrategia funcional que se centra en **cómo utilizar y aplicar los recursos y habilidades dentro de cada área funcional** de cada unidad de negocio, con el fin de maximizar la productividad de dichos recursos. Algunas áreas funcionales típicas pueden ser: producción, comercialización, financiación, recursos humanos y tecnología. En este nivel es en el que los recursos y capacidades se generan y desarrollan para conseguir los objetivos definidos en el nivel anterior. Las políticas comerciales (promoción, publicidad, etc.), de producción (renovación de bienes de equipo, mejora de procesos productivos, etc.) o de recursos humanos (planes de incentivos, de promoción, etc.) constituyen ejemplos claros de decisiones en este nivel. Las estrategias funcionales, coordinadas y apoyadas mutuamente entre sí, deben contribuir a que se alcancen los objetivos de la empresa y son esenciales para que las estrategias de los niveles superiores tengan el máximo impacto.

Los tres niveles de la estrategia descritos forman algo así como una jerarquía de estrategias cuya responsabilidad corresponde a distintas personas dentro de la organización –presidente o consejero delegado, gerente de división y director funcional (Cuervo, 1995: 57). Además, los distintos niveles no representan problemas diferentes que pueden ser separados para su análisis y decisión, sino distintos aspectos de un mismo problema estratégico de la empresa.

La anterior idea plantea la necesidad de una interacción estrecha entre los distintos niveles para el éxito de la estrategia empresarial. Esto supone que las decisiones que se tomen en un nivel superior condicionan las decisiones en los niveles estratégicos inferiores al definir el contexto en el que dichas decisiones deben adoptarse. Igualmente, las estrategias funcionales sirven de soporte para las del nivel competitivo que, a su vez, apoyan el éxito de la estrategia corporativa (Wheelen y Hunger, 2012: 68). Por ello, se hace necesario el intercambio de información y la comunicación entre los responsables de los distintos niveles para la coordinación de las distintas estrategias y asegurar así su coherencia y consistencia con la misión y los objetivos estratégicos (Cuervo, 1995: 57). La relación entre los distintos niveles de la estrategia aparece recogida en la figura 1.2.

1.2. EL PROCESO DE DIRECCIÓN ESTRATÉGICA Y SU RESPONSABILIDAD

La dirección estratégica no es algo distinto de la dirección de empresas, si bien podemos precisar que es aquella parte de la dirección empresarial que tiene como objetivo primordial formular una estrategia y ponerla en práctica. La adopción de decisiones estratégicas plantea dos cuestiones relacionadas: a) definir las actividades que son necesarias para llevar a cabo con éxito una estrategia empresarial, lo que podemos denominar como el «proceso de dirección estratégica»; b) identificar las personas clave que son responsables de dicho proceso y, en consecuencia, del éxito de la estrategia.

1.2.1. Las fases del proceso de dirección estratégica

La complejidad del problema que se plantea con la adopción de una decisión estratégica y su puesta en marcha tiene la suficiente magnitud como para demandar la utilización de una metodología apropiada. Esto nos lleva a la idea de la dirección estratégica como un proceso, una secuencia de fases o actividades que se realizan en el tiempo de acuerdo con un orden determinado. La figura 1.3 recoge de forma gráfica dicho proceso.

Podemos considerar que este proceso está integrado por tres grandes partes: análisis, formulación e implantación de estrategias. Si bien existe un orden lógico en el desarrollo temporal de las partes básicas, el proceso se concibe de forma más realista a partir de la interacción constante de los distintos elementos incluidos en cada una de las partes o bloques, por lo que se hace necesaria una realimentación de información constante a lo largo del proceso (representada por las líneas de puntos en la figura 1.3).

Podemos entender por **«análisis estratégico»**, el proceso mediante el cual es posible determinar el conjunto de amenazas y oportunidades que el entorno presenta a la empre-

Figura 1.3: El proceso de dirección estratégica

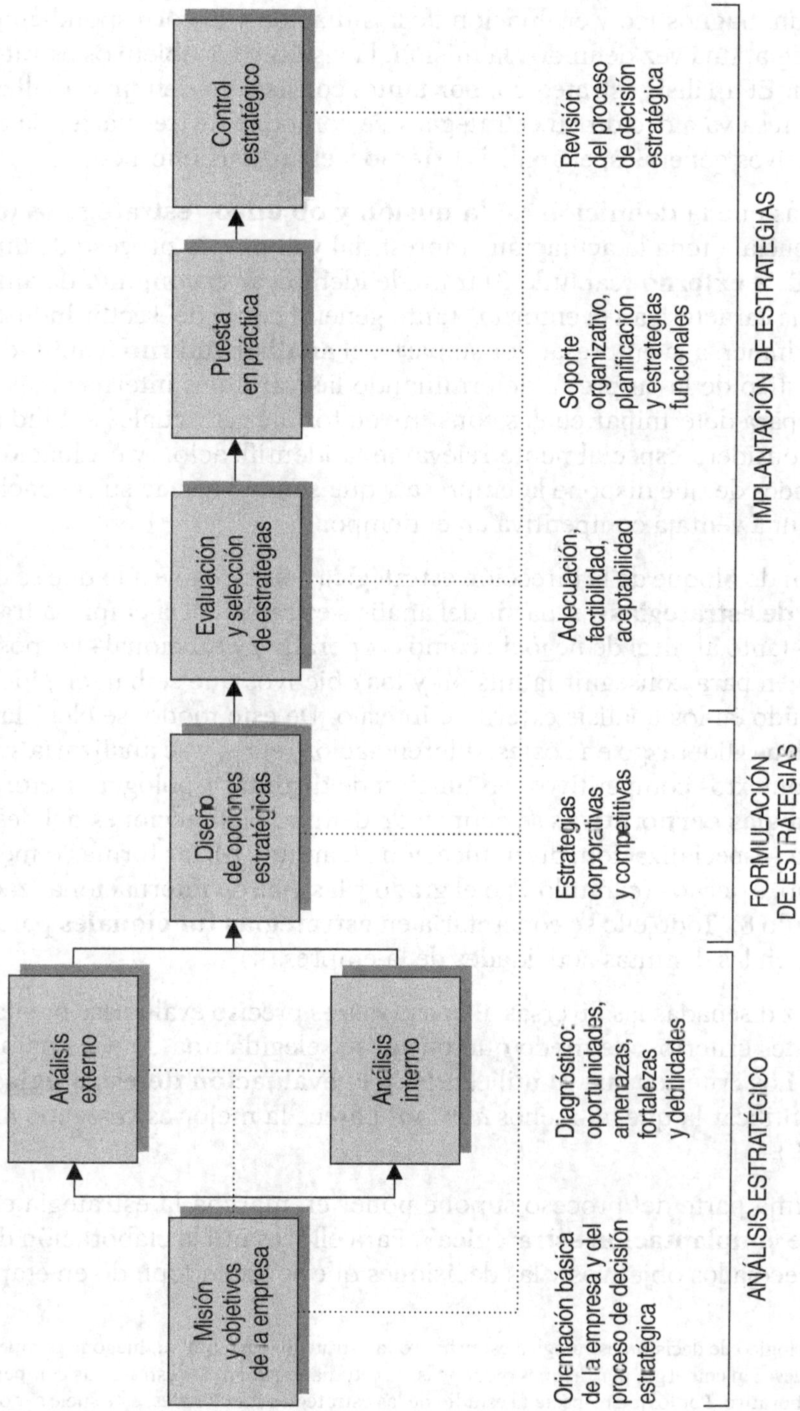

sa, así como el conjunto de fortalezas y debilidades de la misma de forma que permita a la dirección un diagnóstico y evaluación de la situación y la correspondiente formulación de una estrategia, una vez definidos la misión, la visión y los objetivos estratégicos que se van a perseguir. El análisis estratégico, por tanto, consiste en definir y analizar el marco en el que la empresa va a decidir su estrategia y se compone de tres partes: la elección de la misión y objetivos generales, el análisis externo y el análisis interno.

Mientras que la **definición de la misión y objetivos estratégicos** (capítulo 2) busca dar coherencia a toda la actuación empresarial y al propio proceso de dirección estratégica, el **análisis externo** (capítulo 3) trata de identificar el conjunto de amenazas y oportunidades que caracterizan el entorno –tanto general como del sector industrial– en el que se encuentra inmersa la empresa. Por su parte, el **análisis interno** (capítulo 4) busca realizar un diagnóstico de la empresa, determinando las variables internas más relevantes y evaluándolas para determinar cuáles constituyen fortalezas y cuáles debilidades. En la actualidad, se considera especialmente relevante la identificación y evaluación de los recursos y capacidades de que dispone la empresa y que son la base de su potencial para generar y mantener una ventaja competitiva en el tiempo.

El segundo bloque de la dirección estratégica corresponde a lo que se denomina la **«formulación de estrategias»**. A partir del análisis estratégico, la empresa trataría de formular o diseñar –tanto al nivel de negocio como corporativo y funcional– las posibles alternativas que se tienen para conseguir la misión y los objetivos que se han elegido a partir del contexto definido en los análisis externo e interno. De este modo, se elegirían las **estrategias competitivas** –liderazgo en costes, diferenciación, etc.–, y se analizaría su adaptación a diferentes contextos competitivos, en función de distintas tipologías sectoriales (capítulo 5). Las **estrategias corporativas** se ocupan de definir las direcciones del desarrollo futuro de la empresa –especialización, diversificación– (capítulo 6), las formas o métodos de desarrollo –interno, externo– (capítulo 7) o el grado y las vías de internacionalización más adecuadas (capítulo 8). Todo ello se concretaría en **estrategias funcionales** para su implantación inmediata en las distintas actividades de la empresa[1].

Una vez diseñadas las diversas alternativas, es preciso evaluarlas mediante la utilización de diferentes criterios, de modo que pueda ser elegida una de ellas para su implantación posterior. Los criterios que se utilicen para la **evaluación de estrategias** deben ser capaces de identificar la que, al menos *a priori*, parece la mejor estrategia o alternativa posible (capítulo 9).

La última parte del proceso supone poner en marcha la estrategia elegida y recibe el nombre de **«implantación estratégica»**. Para ello, es útil la elaboración de un plan estratégico que recoja los objetivos y las decisiones que se han adoptado en etapas anteriores, así

1. El orden lógico de decisión estratégica es: primero la estrategia corporativa, luego la competitiva y, finalmente, las funcionales. Sin embargo, por razones didácticas, se estudian primero las estrategias competitivas y después las del nivel corporativo. Por lo que respecta al estudio de las estrategias funcionales, éste suele ser objeto de materias específicas tales como la Dirección de la Producción, Dirección Financiera, Dirección Comercial o Dirección de Recursos Humanos, entre otras, por lo que no serán abordadas en este libro.

como la asignación de medios y el camino a seguir para que la estrategia tenga éxito. Pero no todo depende de lo bien perfilado que esté el camino sino, entre otros factores, de la capacidad del equipo directivo para liderar y estimular la actividad de los recursos humanos de modo que los objetivos sean conseguidos efectivamente, así como de la estructura organizativa y la cultura empresarial que sirvan de soporte a la implantación (capítulo 9).

La implantación se completa con la **planificación y control estratégicos** (capítulo 9) que se ocupan de la formalización y de la revisión del proceso de implantación de la estrategia, así como de su adecuación conforme van cambiando las condiciones internas y/o externas previamente definidas. Ello supone verificar que los resultados obtenidos están de acuerdo con la misión y los objetivos previamente planteados. Si no es así, deben establecerse los mecanismos apropiados para corregir las deficiencias producidas, las cuales pueden encontrarse en cualquiera de las etapas definidas en el proceso.

1.2.2. La responsabilidad de las decisiones estratégicas

Los distintos niveles de la estrategia están vinculados con los niveles jerárquicos de la organización (figura 1.2). Una cuestión importante es la identificación de las personas que tienen alguna responsabilidad en la adopción de decisiones estratégicas y en la gestión del propio proceso, así como las funciones atribuidas a cada una de ellas. Certo y Peter (1996) identifican como principales protagonistas a la alta dirección, al Consejo de Administración y al personal de *staff* de planificación estratégica o de desarrollo corporativo.

Podríamos decir que **la principal responsabilidad del proceso corresponde a la más alta dirección de la empresa** ya que las decisiones estratégicas afectan a la empresa en su conjunto o a una parte relevante de la misma y tienen implicaciones importantes a largo plazo. A esto se añade que las decisiones estratégicas se toman en un contexto incierto, complejo y con posibles conflictos de intereses entre los distintos grupos involucrados. La **alta dirección** abarca desde el máximo ejecutivo de la empresa (director general, consejero delegado o similar), hasta los directores funcionales, tales como el director comercial o de producción. Mientras que los primeros tienen bajo su responsabilidad directa la estrategia corporativa, los directores funcionales serían los encargados de definir y orientar las estrategias funcionales. En el caso de empresas diversificadas también sería importante el papel de los responsables de cada unidad de negocio, especialmente en lo que se refiere a la formulación de la estrategia competitiva.

Así, la alta dirección asume la responsabilidad de adoptar las decisiones encaminadas a formular e implantar la estrategia para el logro de los objetivos globales, lo cual incluye las siguientes **funciones** concretas:

1. Orientar el proceso de dirección estratégica a través de la definición de la misión, la visión y los objetivos estratégicos y dirigir las distintas fases del mismo.

2. Desarrollar, obtener y movilizar los recursos y capacidades de la empresa –materiales, inmateriales, financieros y humanos–, lo que implica su coordinación para que estén disponibles en la cuantía, momento y lugar adecuados (Cuervo, 1995).
3. Buscar rentas empresariales, es decir, crear valor para los capitales invertidos en la empresa (Cuervo, 1995).
4. Gestionar los conflictos de intereses entre los distintos grupos de personas que participan directa o indirectamente en la empresa (*stakeholders*).
5. Relacionar a la empresa con los principales agentes del entorno para poder aprovechar las oportunidades ofrecidas y evitar las amenazas que éste plantee.

El segundo órgano importante en la elaboración de la estrategia de una empresa es el **Consejo de Administración**. Éste tiene básicamente una labor de orientación global del proceso y de evaluación y control de la alta dirección en sus tareas estratégicas, con el objetivo de mejorar su calidad y defender los intereses de los accionistas en términos de creación de valor. Esta labor puede ser llevada a cabo a través de Comités de Estrategia definidos al efecto o por el conjunto del Consejo. Esta última es la opción elegida por el Código Unificado de Buen Gobierno en España en 2006.

Efectivamente, en su recomendación nº 8 se establece «que el Consejo asuma, como núcleo de su misión, aprobar la estrategia de la compañía y la organización precisa para su puesta en práctica, así como supervisar y controlar que la Dirección cumple los objetivos marcados y respeta el objeto e interés social de la compañía. Y que, a tal fin, el Consejo en pleno se reserve la competencia de aprobar las políticas y estrategias generales de la sociedad, y en particular el plan estratégico o de negocio».

El tercer grupo implicado en el proceso de dirección estratégica es el relacionado con el ***staff* de estrategia** y/o desarrollo corporativo. En algunas empresas, especialmente las de gran tamaño, existe un órgano específico con funciones de asesoramiento a la alta dirección y, eventualmente, al Consejo de Administración. En general, éste es un grupo de especialistas cuya actividad consiste en la obtención de información, su tratamiento y análisis y elaboración de recomendaciones sobre decisiones estratégicas importantes (Certo y Peter, 1996). Muchas empresas recurren, en estos casos, al asesoramiento externo a través de las empresas de consultoría estratégica que operan en el mercado.

Dos reflexiones finales se hacen necesarias en este punto. En primer lugar, cabe señalar que la distribución de responsabilidades descrita responde mejor a la estructura de una empresa grande y cotizada. En el caso de las pequeñas y medianas empresas, las tareas relacionadas con el proceso de dirección estratégica están asignadas a un número muy reducido de personas y, en ocasiones, de forma exclusiva al empresario o primer ejecutivo. Pero, en todo caso, estas tareas son, en esencia, las mismas tanto si se desarrollan de forma explícita como tácita.

Adicionalmente, mientras que la responsabilidad de las etapas de análisis estratégico y formulación está muy concentrada en los órganos descritos, la responsabilidad de la implantación está mucho más extendida en la organización afectando también a los directivos de línea a todos los niveles y al conjunto de miembros de la empresa. Todos ellos tienen un papel relevante en el éxito de la implantación y, en consecuencia, en el éxito de la propia estrategia.

Aplicación 1.3:

La consultoría estratégica en Pharos

Pharos es una empresa de consultoría estratégica con sede en Barcelona fundada en 2003. Además de su actividad en España, está implantada en Chile, Ecuador, República Dominicana, Venezuela y Estados Unidos y entre sus clientes se encuentran importantes empresas internacionales. En palabras de su Socio–Presidente, Marcos Urarte, «Pharos busca clientes que quieran salirse de los canales clásicos encontrando oportunidades para sus empresas donde otros sólo ven amenazas».

Pharos considera que para diferenciarse de sus competidores deben hacer cosas diferentes y para hacer cosas diferentes deben escuchar a personas diferentes. Por ese motivo, el equipo de profesionales y asesores de Pharos es multidisciplinar incluyendo a académicos, científicos, militares, filósofos, sociólogos, antropólogos o analistas de información, entre otros. Además, cuenta con un consejo asesor formado por expertos de reconocido prestigio.

Con carácter general, Pharos busca como clientes a empresas y organizaciones con una alta preocupación por la optimización de sus recursos internos, la mejora de su gestión y competitividad, el desarrollo de sus empleados y el incremento de la rentabilidad, tratando de orientar y asesorar a sus empresarios y directivos. De forma más específica, en su actividad de consultoría estratégica, trata de potenciar su liderazgo estratégico, ayudándoles a visualizar y actuar más allá de esquemas convencionales, canalizar inquietudes éticas y emocionales de forma sinérgica con el éxito económico de su empresa y ponerles en contacto con los últimos avances científicos, culturales y sociales útiles para sus elecciones estratégicas. Esta forma de actuar y su permanente compromiso con sus profesionales y clientes, le ha permitido crecer a un ritmo superior al 20% anual, habiéndose consolidado como uno de los grupos de consultoría referentes.

Entre los servicios de consultoría estratégica que Pharos ofrece a sus clientes está el asesoramiento y apoyo en la definición de la visión, misión, valores y objetivos estratégicos, el saneamiento o reestructuración del negocio, la gestión de situaciones de crisis y de los procesos de cambio organizativo, la mejora de la competitividad, la valoración de activos intangibles, la definición e implantación de modelos organizativos, la prospección de mercados, la potenciación de la responsabilidad social y emocional de la empresa, las finanzas corporativas o las actividades de desarrollo y *coaching* directivo.

Fuente: *www.pharos.es*

1.2.3. La racionalidad en el proceso de decisión estratégica

El modelo representado en la figura 1.3 responde a un proceso racional o sinóptico para elegir e implantar una estrategia conscientemente diseñada por la alta dirección. En un proceso de este tipo se asume que se realiza una búsqueda extensiva de información, se diseña en profundidad un número razonable de alternativas y se evalúan dichas alternativas con criterios objetivos. Este modelo ha sido defendido en ocasiones como un «proceso ideal», beneficioso para la empresa.

Aplicación 1.4:

El departamento de Desarrollo Estratégico de Abengoa,
por José Javier Fernández Rodríguez

Abengoa es una compañía internacional fundada en Sevilla en 1941, que aplica soluciones tecnológicas innovadoras para el desarrollo sostenible en los sectores de energía y medioambiente, generando electricidad a partir del sol, produciendo biocombustibles, desalando agua del mar o reciclando residuos industriales.

El departamento de Desarrollo Estratégico depende directamente del consejero delegado de la compañía y tiene funciones muy diversas. Entre las más relevantes se incluye el apoyo a la alta dirección en la toma de decisiones estratégicas. En este sentido, el departamento actúa como asesor interno realizando tareas tan diversas como la búsqueda de nuevas oportunidades de negocio, la vigilancia tecnológica y de los principales competidores y el análisis del entorno en el que se mueve la compañía.

Para el correcto desarrollo de las funciones de este departamento es muy importante la coordinación con otros departamentos como el financiero y el de relación con inversores, así como con los responsables del desarrollo estratégico de los distintos negocios. Respecto de las distintas unidades de negocio, las tareas realizadas de forma más recurrente implican el apoyo en las operaciones de fusiones y adquisiciones y la realización de planes estratégicos.

Este es el enfoque seguido por la mayor parte de los manuales de Dirección Estratégica. Esto se debe a su alta capacidad didáctica y al hecho de que, en la mayor parte de los casos, supone una base para explicar cualquier otro tipo de proceso. No obstante, es preciso cuestionarse cuál es el papel que juega la racionalidad en la adopción de decisiones estratégicas y de qué depende que el proceso realmente seguido sea más o menos racional.

La adopción de un proceso racional de decisión estratégica presenta algunas ventajas importantes para los propios directivos y para el éxito de la estrategia elegida (David, 2008; Thompson y otros, 2012; Wheelen y Hunger, 2012):

- Facilita un análisis más sistemático, lógico y racional de la decisión a adoptar.
- Permite a la empresa ser más proactiva que reactiva al definir su propio futuro.
- Facilita la comprensión a todos los miembros de la organización de lo que la empresa quiere hacer.
- Ayuda a evaluar las decisiones menos estratégicas que toman los directivos de niveles inferiores.

- Facilita la evaluación y control de la marcha de la estrategia en el futuro.
- Permite la participación de más personas en el proceso de dirección estratégica.

Como consecuencia de estas ventajas, cabría esperar que las empresas que sigan un proceso racional obtengan mejores resultados. Sin embargo, **la realidad de las empresas muestra que el proceso no siempre se produce de esta manera ni su seguimiento garantiza el éxito de la estrategia**. Ello se debe a que este proceso racional se caracteriza por desenvolverse en condiciones de **incertidumbre, complejidad y conflicto**. Ello hace difícil articular dicho proceso de forma completa, por lo que la relación entre las decisiones que se toman y los resultados de la empresa no siempre aparecen de forma clara.

En la práctica, en muchas ocasiones, los objetivos no están claros y cambian a lo largo del tiempo; las personas a menudo buscan la información y las alternativas de forma desordenada y oportunista; el análisis de alternativas puede estar limitado; y las decisiones a menudo reflejan más la utilización de procedimientos operativos estándares que un análisis sistemático y racional (Eisenhardt y Zbaracki, 1992:20). Esto hace que los procesos de decisión estratégica a veces se alejen de una racionalidad estricta.

Algunos ejemplos de prácticas que divergen de la utilización de procesos sinópticos o racionales son la evaluación de alternativas de forma paralela o incluso anterior a su completa formulación, la búsqueda de información e incluso evaluación del impacto económico de una alternativa estratégica que ya ha sido elegida para su implantación, la contratación de análisis a consultores externos para que confirmen información ya conocida y valorada, buscando objetivar la decisión, o la «vuelta atrás» en procesos que han alcanzado una situación política excesivamente conflictiva y difícil de resolver sin un replanteamiento del problema.

Pero más allá de los argumentos derivados de la observación de la realidad, Simon (1982) plantea por primera vez críticas a la utilización de una racionalidad estricta, cuestionando su viabilidad incluso desde un plano teórico. Por ello, el modelo de proceso racional de dirección estratégica tiende a ser criticado, entre otras, por las siguientes razones (Navas y otros, 2010):

Análisis

Un análisis de la racionalidad en las decisiones estratégicas se puede encontrar en Navas, Guerras y Montero (2010): *Revista Ibero-Americana de Estratégia*, vol. 9, nº 1: *www.revistaiberoamericana.org*

- La **racionalidad limitada del decisor**: no es posible disponer de toda la información ni conocer todas las alternativas, no es posible conocer a priori con certeza el resultado de una decisión antes de implantarla y no siempre se elige la alternativa que maximiza los resultados sino que se opta por una que satisface suficientemente el logro de los objetivos propuestos.
- El **aprendizaje en el proceso**: las personas pueden aprender durante el proceso de sus aciertos y errores, mejorar su conocimiento sobre las alternativas y los resultados, acumular experiencia y, en definitiva, mejorar progresivamente su capacidad de decisión.

- Los **aspectos políticos del proceso**: las organizaciones están formadas por personas y grupos que tienen diferentes objetivos y preferencias que son, en buena medida, incompatibles entre sí, por lo que entran en conflicto. Si esto es así, el proceso de decisión estratégica no es algo aséptico y objetivo por definición, sino que tiene un carácter esencialmente político en el que cada grupo trata de conseguir sus objetivos, para lo cual se implica en actividades y tácticas políticas que siguen una lógica racional diferente de la económica.
- El **azar**: siempre existe un margen para lo no previsto por lo que es importante tener en cuenta el papel que la suerte, el azar o la intuición de una idea brillante juegan en la elección de las opciones estratégicas y en su éxito (Eisenhardt y Zbaracki, 1992).

Figura 1.4: Limitaciones del proceso racional de decisión estratégica

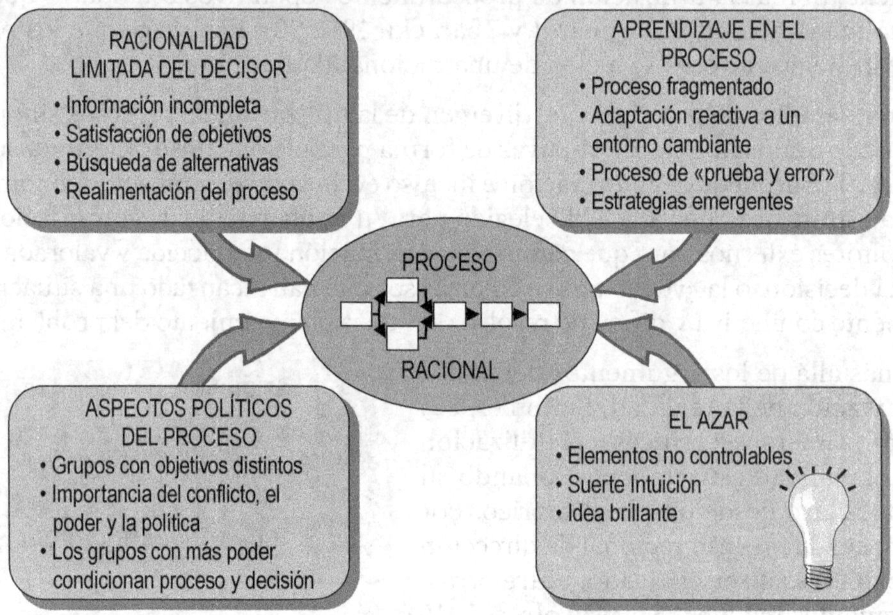

Por tanto, la realidad de un proceso de decisión estratégica se entiende mejor a partir de la complementariedad entre los aspectos racionales y los menos racionales. Además, hay que tener en cuenta que los procesos de decisión estratégica no se producen de manera uniforme en cada situación dentro de la organización ni, por supuesto, entre organizaciones diferentes. Así, el modelo dependerá, en cada organización, de las características de la **alta dirección** (tipo y grado de formación, propensión al riesgo o agresividad), la **naturaleza de la propia decisión estratégica** a adoptar, o el **contexto de la organización**, es decir, las características del entorno (movimientos de la competencia, decisiones políticas o legislativas, etc.) y de la propia empresa.

En general, podemos afirmar que los procesos de decisión estratégica nunca son totalmente racionales ni totalmente políticos, siendo una cuestión de grado el que se sitúen más o menos cerca de cada uno de los extremos. Algunos de los factores que favorecen o perjudican el carácter racional del proceso de decisión estratégica son la existencia o no de una amenaza competitiva creíble, la importancia de la decisión que debe ser adoptada, la existencia o no de mecanismos de control externo, la existencia o no de conflictos de objetivos entre los grupos de interés, el grado de incertidumbre que rodea el proceso de decisión estratégica o el tamaño de la organización (Dean y Sharfman, 1993; Navas y otros, 2010).

1.2.4. El ajuste y el cambio en el proceso de dirección estratégica

Otras dos ideas importantes que es preciso resaltar son la necesidad de coherencia en el proceso así como su carácter dinámico. La coherencia hace referencia a la necesidad de un adecuado ajuste entre los distintos elementos que forman parte de la estrategia para que ésta tenga éxito (Grant, 2006) y debe ser de dos tipos: estratégico y organizativo. Cuando hablamos de **ajuste estratégico** hacemos referencia a la necesaria **coherencia entre el contexto en el que la estrategia se va a desarrollar y la propia estrategia elegida**. El contexto viene definido por el entorno, las características propias de la empresa en cuanto a sus recursos y capacidades y los objetivos estratégicos definidos por la dirección.

Cuando la estrategia elegida permite acercarnos a los objetivos, aprovecha las oportunidades del entorno y evita sus amenazas, se basa en las fortalezas de la empresa y sortea o mitiga sus posibles debilidades, decimos que hay ajuste estratégico (figura 1.5). Si alguno de los anteriores elementos no se dan, la estrategia se resiente y el riesgo de fracaso aumenta. Tal sería el caso de una empresa que no se adapta al entorno o elige una estrategia para la que no tiene los recursos necesarios.

> **Análisis**
>
> Un análisis de la importancia de la coherencia o ajuste en la dirección estratégica se puede encontrar en Suárez (2010), *Boletín de la Sección de Estrategia Empresarial de ACEDE*, nº 3: *www.acede.org/secciones.php?s=4*

Pero toda estrategia debe ser implantada en una empresa concreta con una organización y unos sistemas de gestión determinados. Por ello, también es necesario el **ajuste organizativo** que se refiere a la **coherencia entre la estrategia elegida y las características organizativas de la empresa en la que dicha estrategia tenga que ser implantada**. Nuevamente, si dicha coherencia no se da, la estrategia elegida no acabará de funcionar y los resultados serán decepcionantes.

Pero el contexto, por definición, es algo cambiante por lo que el proceso no se lleva a cabo una vez y para siempre sino que es necesariamente dinámico y continuo (David, 2008). Cuando los objetivos estratégicos, el entorno o la dotación de recursos y capacidades de una empresa cambian, se romperá el ajuste existente y los resultados empeorarán. Por ejemplo, la aparición de nuevos competidores en una industria puede provocar cambios que hagan que las estrategias tradicionales de las empresas ya no sirvan.

Si esta situación de desajuste no se corrige, provocará un deterioro de los resultados de la empresa. Ello obliga a modificar la estrategia de forma más o menos radical o más o menos incremental, lo que se denomina **cambio estratégico**. La introducción de la competencia en sectores tradicionalmente regulados y/o protagonizados por monopolios tales como la energía eléctrica, el transporte ferroviario, las telecomunicaciones o los servicios postales, obliga a las empresas a replantearse su forma de actuación estratégica para poder sobrevivir.

Figura 1.5: El ajuste estratégico y organizativo

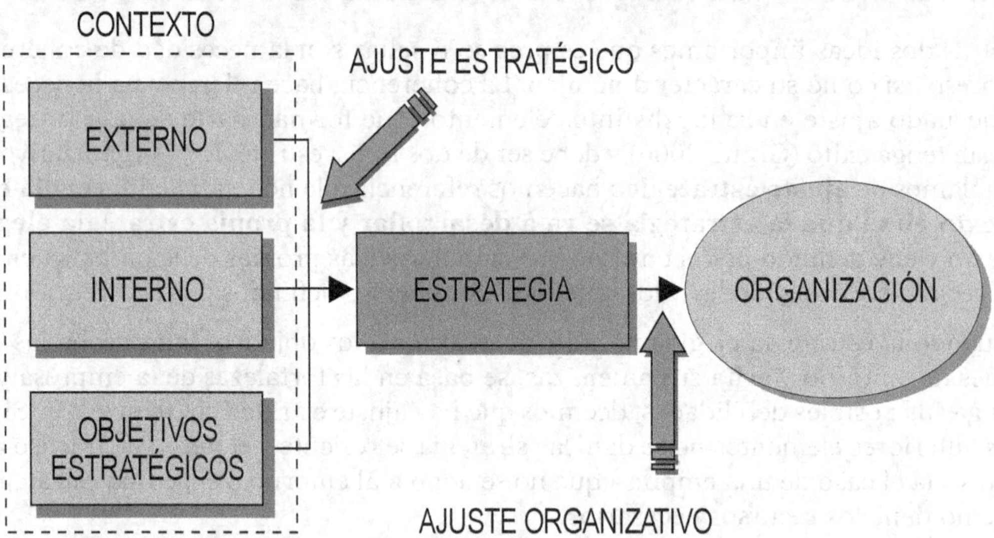

Si el cambio estratégico se lleva a cabo con éxito, se restablece el necesario ajuste entre el contexto y la estrategia. Pero al cambiar la estrategia para adaptarla al nuevo contexto, es probable que el ajuste organizativo previo se deteriore. Las características de la organización en la que la antigua estrategia funcionaba pueden no ser las más apropiadas para el éxito de la nueva estrategia. Esto obliga a introducir cambios en las características de la organización para hacerla compatible con la nueva estrategia. Esta necesaria modificación de alguna o varias características de la organización es lo que se denomina **cambio organizativo**. El paso de un sistema semi–funcionarial de muchas empresas públicas trabajando en régimen de monopolio a un sistema de competencia privada ha generado un desajuste organizativo que ha obligado a introducir cambios en dichas organizaciones relacionados, por ejemplo, con los sistemas retributivos, la promoción o la cultura organizativa.

Consulta la web

Contestar Caso Breve CB-021-ES: QDQ Media: El papel del cambio estratégico ya no lo tiene el «papel», por Diana Benito Osorio y Alberto Colino Fernández

La visión integradora de la dirección estratégica da una importancia relevante a la idea de cambio, tanto estratégico como organizativo. La estrategia no se elige para siempre sino que las exigencias de un contexto cambiante, especialmente el entorno, obliga a la dirección empresarial a evaluar permanentemente el ajuste estratégico y a introducir cambios en la estrategia vigente. El cambio estratégico provoca normalmente el cambio organizativo, aspecto clave en la implantación estratégica y, probablemente, uno de los mayores retos de la dirección empresarial.

1.3. LA DIRECCIÓN ESTRATÉGICA COMO ÁMBITO DE ESTUDIO

En las últimas décadas ha venido desarrollándose un interés manifiesto por todas las cuestiones relacionadas con la llamada «estrategia empresarial», lo cual ha generado una nueva disciplina académica que se conoce como «Dirección Estratégica de la Empresa». La dirección estratégica no es algo distinto de la dirección de empresas, sino más bien una parte importante de ésta. Por tanto, la evolución de esta disciplina tiene mucho que ver con la evolución de los propios sistemas directivos, es decir, cómo ha ido cambiando el entorno y cómo los directivos se han ido enfrentando a los nuevos retos que les planteaba.

Si bien los problemas estratégicos han estado siempre presentes en la realidad empresarial, la dirección estratégica, como disciplina académica, surge en los años sesenta del siglo pasado. Se suele considerar el trabajo de Chandler (1962) como el primer trabajo académico en el ámbito de la investigación en estrategia empresarial al intentar relacionar empíricamente las estrategias de crecimiento de las empresas con las estructuras organizativas adoptadas por éstas.

Otros dos trabajos pioneros son los de Andrews (1965) y Ansoff (1965). En el primero se establece una definición de estrategia que permanece hasta nuestros días y se fijan las bases del análisis estratégico interno y externo. En el segundo, se refina la definición de estrategia y se identifican las estrategias básicas de crecimiento y desarrollo de la empresa.

Una característica relevante del conocimiento sobre Dirección Estratégica es que ha surgido y se ha ido elaborando a lo largo del tiempo a partir de la confluencia de tres fuentes distintas: los académicos, la empresa real y las consultoras estratégicas. Es lo que algunos han denominado el modelo ABC (*Academics, Business, Consultants*). Esta característica específica ha permitido una mayor riqueza de conocimientos y un cierto equilibrio entre lo teórico y lo práctico, entre el conocimiento generado a partir de la investigación académica y el que procede de las soluciones prácticas que generan las empresas o las consultoras que las asesoran. A cambio, no siempre resulta fácil poner orden y coherencia en los conocimientos generados o trasvasar conocimientos entre unos y otros protagonistas de la historia de la disciplina.

Este rasgo distintivo aparece ya en los inicios de la disciplina desde el momento en que Ansoff, por ejemplo, fue Director General de la Lockheed Electronics Company. Además, en 1963 aparece la pionera de las consultoras estratégicas, la Boston Consulting Group (BCG, *www.thebostonconsultinggroup.es*), que tuvo un impacto notable en el campo de la estrategia tanto por los desarrollos teóricos bien conocidos de la curva de experiencia y la matriz de crecimiento–cuota de mercado, como por llevar esos conocimientos al terreno práctico del análisis empresarial. Ante el éxito obtenido, otras consultoras entraron en la industria de la consultoría estratégica en los años siguientes.

Como señalan Rumelt y otros (1994), los trabajos de estos pioneros, especialmente los de Andrews y Ansoff, estaban orientados hacia la docencia de la estrategia en las escuelas de negocio americanas. No es hasta la década de los años setenta cuando empiezan a aparecer trabajos más académicos y de investigación que plantean cuestiones tales como la relación entre las estrategias adoptadas por las empresas y los resultados obtenidos[2].

> **Análisis**
>
> Un análisis de la importancia de la disciplina de la dirección estratégica se puede encontrar en Menguzzato (2010), *Boletín de la Sección de Estrategia Empresarial de ACEDE*, nº 2: *www.acede.org/secciones.php?s=4*

Las aportaciones para la investigación provienen de distintos campos académicos. En especial cabe señalar la Economía, la Organización Industrial y la Teoría de la Organización como disciplinas básicas. Actualmente, se puede considerar que la Dirección Estratégica es una disciplina asentada en el marco de la enseñanza y la investigación. La pujanza de los congresos y publicaciones de sociedades académicas tan reputadas como la *Strategic Management Society* (*http://strategicmanagement.net*) y la *Business Policy and Strategy Division* de la *Academy of Management* (*www.bpsdiv.org*), es buena prueba de ello. En el ámbito nacional cabe destacar la creación, en 2008, de la Sección de Estrategia Empresarial de la Asociación Científica de Economía y Dirección de Empresas (ACEDE) (*www.acede.org/secciones.php?s=4*).

1.3.1. Enfoques sobre la dirección estratégica

La proliferación de estudios y literatura sobre dirección estratégica en las últimas décadas ha generado una diversidad de aportaciones y corrientes con distintos enfoques, procedencias y niveles de análisis sobre un mismo problema. Quizás, la categorización más completa que se ha hecho de este conjunto de planteamientos se deba a Mintzberg, quien identifica hasta diez escuelas diferentes. Sin embargo, todas estas escuelas se pueden agrupar en tres enfoques (Fernández, 1987; Mintzberg, 1990):

- ***El enfoque racional***: basado en la lógica económica, es eminentemente de carácter prescriptivo, es decir, preocupado por cómo se deberían formular las estrategias. Se inspira en gran medida en el modelo del decisor racional propuesto por la teoría económica; asume que la dirección de la empresa posee una discrecionalidad considerable, es analítica y racional y puede planificar de forma comprensiva. Por ello, se trata de instruir a los directivos en una correcta formulación de la estrategia que propor-

2. Un estudio interesante sobre cómo evoluciona la disciplina de la Dirección Estratégica desde el punto de vista investigador en las décadas de los años 80 y 90 puede encontrarse en Ramos–Rodríguez y Ruiz–Navarro (2004).

cione la mayor rentabilidad a las empresas, a partir del estudio de las posibilidades del medio y las capacidades de la empresa.

- ***El enfoque organizativo***: La aproximación organizativa (centrada en los procesos estratégicos), por su parte, analiza cómo se toman las decisiones estratégicas dentro de las organizaciones. Tiene su base en la Teoría de la Organización y es de índole eminentemente descriptiva, por cuanto se ocupa de mostrar cómo y por qué surgen y se desarrollan las estrategias en la empresa, es decir, cómo se formulan en la práctica las estrategias. Asimismo, este enfoque presenta algunas propuestas de carácter normativo sobre cómo desarrollar el proceso de decisión estratégica.
- ***La aproximación integradora***: pretende combinar los aspectos económicos con los organizativos, la formulación con la puesta en práctica, recogiendo las aportaciones más interesantes de los dos enfoques anteriores.

Figura 1.6: Comparación entre enfoques de pensamiento estratégico

CARACTERÍSTICA	ENFOQUE RACIONAL	ENFOQUE ORGANIZATIVO
BASE CONCEPTUAL	Economía	Teoría de la Organización
CARÁCTER	Normativo	Descriptivo
ASPECTO CENTRAL	Búsqueda estrategias correctas	Análisis decisiones estratégicas
PROPÓSITO	Formulación estrategia óptima bajo condiciones	Descripción de los procesos decisorios estratégicos
RACIONALIDAD DEL DECISOR	Estricta	Limitada
AUTORES	Porter, Ansoff, Hax y Majluf	Mintzberg, Cyert y March, Simon

La mayoría de los esfuerzos investigadores se han centrado en la cuestión de la formulación estratégica: qué estrategias hay que aplicar y cómo hay que identificarlas. No puede decirse otro tanto de la puesta en práctica de la estrategia, tema mucho menos analizado, aunque esta situación empieza a cambiar en la actualidad, con la ayuda de aportaciones de la Teoría de la Organización y de otras disciplinas del comportamiento. En este sentido, es preciso destacar la influencia de los estudios sobre contingencias, muy útiles para determinar cuáles son las estructuras y procesos adecuados para cada estrategia. La figura 1.6 recoge una comparación de las dos primeras líneas del pensamiento estratégico: la racional y la organizativa.

1.3.2. Hacia una visión integradora de la dirección estratégica

El modelo de la figura 1.3 describe una aproximación racional acerca de las distintas etapas que incluye el proceso para adoptar y poner en marcha una decisión estratégica en la empresa. Este es el modelo que vamos a seguir, en lo esencial, en el presente libro. Sin embargo, como hemos visto anteriormente, en la realidad de las empresas este proceso no está siempre tan claramente definido, no se sigue de una manera lineal o algunas de las partes importantes se llevan a cabo de forma implícita o siguiendo la intuición o la experiencia del empresario. Por estos motivos, es preciso analizar las distintas formas de abordar las decisiones estratégicas y conocer otros aspectos de la realidad que influyen en el resultado final: la estrategia elegida.

Aplicación 1.5:

El elefante, los ciegos y la estrategia

Mintzberg (1990) relata una fábula de John Godfrey Saxe (siglo XIX) sobre un grupo de ciegos y un elefante. Cada uno de ellos trata de describir y explicar a los demás cómo es un elefante y, para ello, se acerca al animal y trata de observarlo mediante el tacto. Como cada uno accede a una parte distinta del animal –trompa, cola, pata, lomo, etc.–, las descripciones no solamente no coinciden sino que son muy diferentes.

Para Mintzberg, los distintos autores sobre estrategia son los ciegos y la formación de la estrategia es el elefante. Puesto que nadie puede ver el animal completo, cada cual ve una parte del mismo e ignora las demás. Sin embargo, el elefante no es una mera yuxtaposición de las distintas partes descritas. Ésta es, a nuestro modo de ver, una importante conclusión del análisis de los enfoques de la dirección estratégica: la necesidad de una visión integradora del problema estratégico y del proceso de formulación de las estrategias en la línea del denominado enfoque integrador.

La visión integradora de la dirección estratégica trataría de unir los enfoques racional y organizativo a partir de la idea fundamental de que ambos son válidos en la medida en que forman parte de una misma realidad. Centrar toda la atención en uno de ellos y abandonar el otro puede suponer una pérdida de información y capacidad de análisis relevante que puede poner en peligro el éxito de la estrategia y, por tanto, la competitividad y rentabilidad de la empresa (Cuervo, 1995). Para desarrollar esta visión integradora, dos cuestiones son especialmente importantes: a) la distinción y complementariedad entre estrategias deliberadas o intencionales y emergentes; b) la consideración de los aspectos más organizativos y menos económico–racionales, que son también clave para el éxito de la estrategia.

Ha sido frecuente en la literatura sobre Dirección Estratégica distinguir entre estrategias deliberadas y estrategias emergentes. El modelo descrito en la figura 1.3 responde al tipo de **estrategia deliberada.** Pero la realidad muestra que es posible observar también la existencia de las llamadas **estrategias emergentes,** que son aquellas que nacen en el seno de una empresa sin un plan deliberado y como consecuencia de la experiencia, de probar algunas acciones estratégicas, de dar respuesta a un problema inmediato con el que se enfrenta o del propio azar. Es decir, responden a la idea de convertir en estrategia aquello que funciona sin que necesariamente se haya planificado.

En la realidad, **ambos tipos de estrategias están presentes en la empresa**. Efectivamente, la estrategia es consecuencia tanto de un proceso deliberado, intencional o racional como el resultado de la aparición de respuestas por parte de la empresa a los problemas con los que se enfrenta –estrategia emergente. El modelo racional se centra en el contenido de las estrategias y, en consecuencia, en la formulación estratégica más que en la implantación. El modelo emergente, por el contrario, incide en los aspectos no deliberados, en el proceso mismo de toma de decisiones estratégicas y en los problemas de la organización para poner en marcha o implantar la estrategia donde los grupos humanos que intervienen en el proceso tienen objetivos diferentes y a veces contradictorios (Mintzberg y Lampel, 1999).

Aun cuando los dos enfoques forman parte de la misma realidad, el primero se revela superior cuando el coste del fracaso de la prueba es muy alto, por ejemplo, ante decisiones de diversificación, integración empresarial, internacionalización, etc. (Ansoff, 1991; Cuervo, 1995). Por su parte, el enfoque emergente es más apropiado para crear de forma lenta y paulatina capacidades valiosas que proporcionen a la empresa una ventaja competitiva a largo plazo.

Como señala Cuervo (1995: 65 y 67), «en la vida real, el proceso de formulación e implantación están unidos; la distinción es más conceptual y analítica que práctica». Por tanto, «se hace necesario integrar las dos grandes bases de la formulación de la estrategia, deliberada y emergente, para comprender la dirección estratégica, en su doble faceta de formulación y puesta en práctica».

Para completar esta visión integradora, es importante destacar la necesaria complementariedad entre los aspectos más económico–racionales del proceso de dirección estratégica y aquellos otros en los que tendría un mayor peso el enfoque organizativo (Guerras, 2004). El adecuado equilibrio entre ambos aspectos facilita el éxito de la estrategia.

Así, los problemas organizativos adquieren especial relevancia en la definición de la misión y los objetivos de la empresa. La existencia de distintos grupos de interés existentes (*stakeholders*) genera una situación potencial de conflicto de objetivos que es preciso resolver, lo que conduce al análisis del gobierno de la empresa, la responsabilidad social o la ética empresarial.

Análisis

Un análisis de los problemas organizativos en el proceso de la dirección estratégica se puede encontrar en Guerras (2004), *Universia Business Review*, nº 1: *http://ubr.universia.net*

En la etapa de formulación de estrategias, no podemos olvidar lo que algunos autores han llamado **estrategias relacionales** (Strategor, 1995), que consisten en buscar relaciones de privilegio con diversos agentes del entorno más allá de las relaciones normales establecidas en un contexto de mercado. El objetivo sería proteger a la empresa de la competencia, especialmente cuando ésta no le es favorable, mediante la búsqueda de «zonas de seguridad» que eliminen parte de la incertidumbre del entorno. Ejemplos de estas estrategias aparecen cuando se busca el apoyo de los poderes públicos para cerrar las fronteras a las empresas no nacionales, o conseguir contratos de las administraciones públicas mediante la compra de información privilegiada o cuando se pacta con los competidores el reparto del mercado o los precios.

En la evaluación y selección de estrategias una de las cuestiones clave que se deben analizar es su aceptabilidad, es decir, las consecuencias que puede tener en los distintos grupos de interés que se relacionan con la empresa. La posibilidad de conflicto aparece clara en este punto así como la necesidad de gestionarlo adecuadamente. Finalmente, en la fase de implantación es en la que más claramente aparecen los problemas organizativos clave para el éxito de las estrategias. Entre ellos podemos mencionar el diseño de la estructura organizativa, el cambio organizativo, la función del liderazgo, la política de recursos humanos o el papel de la cultura organizativa.

CUADRO RESUMEN

✓ **LAS DECISIONES ESTRATÉGICAS**

- Conceptegia: relaciónto de estra entre estrategia, empresa y entorno
- La competitividad como objetivo de la estrategia
- Contenido de la estrategia
- Características de la decisión estratégica
- Niveles de la estrategia: corporativo, de negocio y funcional

✓ **EL PROCESO DE LA DIRECCIÓN ESTRATÉGICA Y SU RESPONSABILIDAD**

- Las fases del proceso de dirección estratégica: análisis, formulación e implantación
- La responsabilidad de las decisiones estratégicas: alta dirección, consejo de administración y órganos *staff*
- La racionalidad en el proceso de dirección estratégica: ventajas y limitaciones
- El ajuste estratégico como la coherencia entre el contexto y la estrategia
- El ajuste organizativo como la coherencia entre la estrategia y la organización
- La dirección estratégica como un proceso dinámico: cambio estratégico y organizativo

✓ **LA DIRECCIÓN ESTRATÉGICA DE LA EMPRESA COMO ÁMBITO DE ESTUDIO**

- Origen, evolución y situación actual de la dirección estratégica como disciplina
- Enfoques sobre la dirección estratégica: económico–racional y organizativo
- La aproximación integradora: necesidad de una visión que equilibre la importancia de los aspectos económico–racionales y los organizativos
- Estrategias deliberadas y emergentes
- Aspectos organizativos relevantes en el proceso de dirección estratégica

PREGUNTAS SOBRE EL CAPÍTULO

- ¿Cómo podría definir la estrategia y cuáles son sus componentes fundamentales?
- ¿Cuáles son los niveles de la estrategia y cómo se relacionan entre sí?
- ¿Cuáles son las principales etapas del proceso de la dirección estratégica y cuál es su contenido?
- ¿Qué personas o grupos participan normalmente en las decisiones estratégicas y cuáles son las funciones de cada uno?
- ¿Por qué son importantes las ideas de ajuste y cambio en el proceso de decisión estratégica?
- ¿Cuándo son más adecuadas las estrategias deliberadas y cuándo más las emergentes?
- ¿Qué factores hacen que el proceso de decisión estratégica sea más racional?
- Identifique los principales aspectos organizativos relacionados con el proceso de decisión estratégica.

ACTIVIDADES

1.a. Elija una empresa y consiga su memoria. Identifique en ella los principales rasgos de su estrategia. Observe si existe algún órgano *staff* que participe en la elaboración de la estrategia.

1.b. Busque ejemplos de decisiones estratégicas de la empresa: sitúelas en el nivel que corresponda, es decir, corporativo, de negocio o funcional.

1.c. Busque ejemplos de estrategias deliberadas y emergentes y compare sus características.

LECTURAS RECOMENDADAS

Puede profundizar los contenidos de este capítulo en Guerras y Navas (2007, cap. 1), Cuervo (1999), Grant (2006, cap. 1) y Thompson y otros (2012, cap. 1).

Parte I
Análisis estratégico

CONTENIDOS

- **Objetivos y valores de la empresa**
- **Gobierno de la empresa**
- **Análisis del entorno**
- **Análisis interno**
- **Recursos y capacidades**

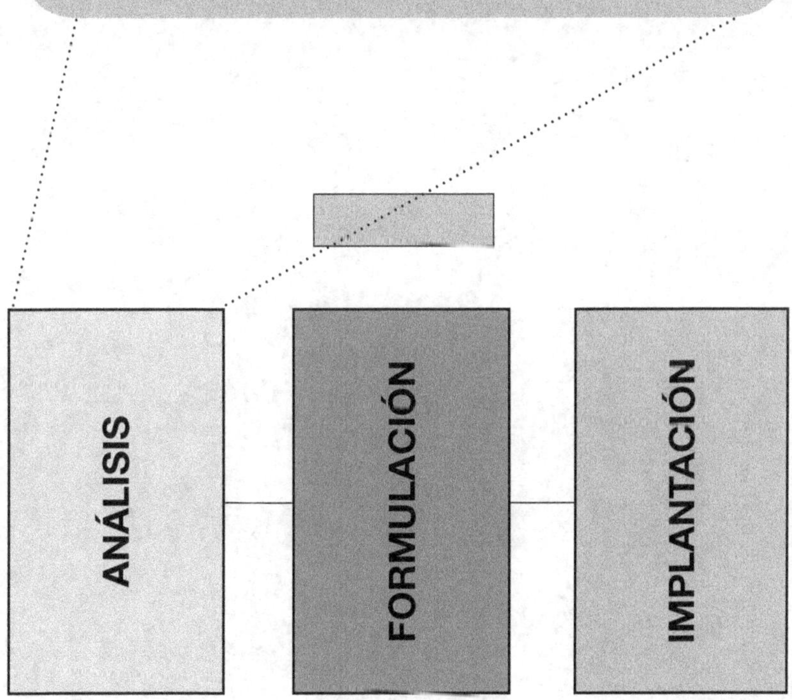

Capítulo 2
Los objetivos y los valores de la empresa

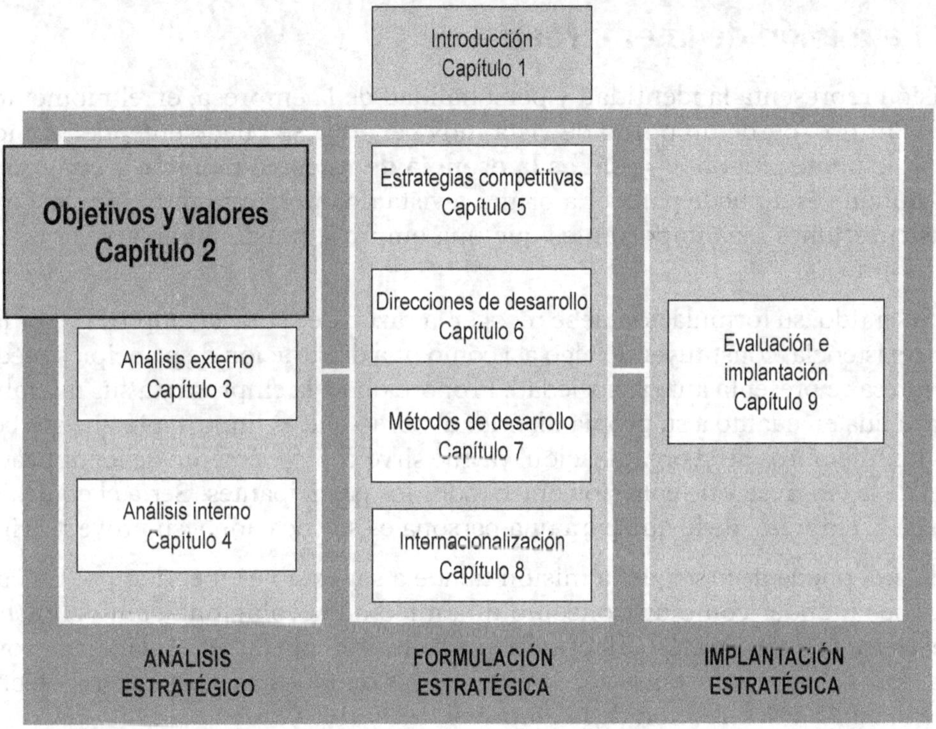

OBJETIVOS

- Justificar la importancia de los conceptos de misión, visión y objetivos estratégicos como guías para la creación de un proyecto de empresa.
- Identificar los grupos de interés o *stakeholders* que influyen sobre el objetivo básico de creación de valor de la empresa y determinar su grado de importancia.
- Analizar los problemas del buen gobierno de las empresas y los diferentes mecanismos a disposición de la propiedad para controlar la discrecionalidad de la dirección respecto al objetivo de creación de valor.
- Reflexionar sobre la posible responsabilidad social que le compete a la empresa como institución así como las razones y las normas de un comportamiento ético.

2.1. LA MISIÓN, LA VISIÓN Y LOS OBJETIVOS ESTRATÉGICOS

En el proceso de la Dirección Estratégica, es muy importante definir tres conceptos básicos que, desde un punto de vista genérico, deben servir de guía de la actuación de la empresa en el futuro: la misión, la visión y los objetivos estratégicos. Estos tres conceptos, aunque diferentes, se encuentran estrechamente vinculados entre sí, por lo que deben analizarse conjuntamente.

2.1.1. La misión de la empresa

La misión representa la identidad y personalidad de la empresa, en el momento actual y de cara al futuro, desde un punto de vista muy general. Se puede entender como la respuesta a la siguiente pregunta: **¿cuál es la esencia de nuestro negocio y cuál queremos que sea?** Aunque ésta puede parecer a primera vista una pregunta muy simple, constituye una de las cuestiones más importantes que una empresa puede plantearse al orientar su actividad futura.

En este sentido, su formulación debe recoger la razón de ser de la empresa y por la que se justifica su existencia, constituyendo algo así como una declaración de principios mediante la cual la empresa se presenta ante la sociedad. Proporciona a la empresa y a sus miembros una referencia válida en cuanto a su propia identidad, por lo que es importante que sea conocida por todos los miembros de la organización, ya que sirve como elemento de identificación con la filosofía de la empresa y de cohesión entre todos los participantes. Sería el equivalente, en el ámbito de la empresa, de lo que para una persona es su vocación y su proyecto vital.

En general, puede decirse que la misión tiende a ser estable en el tiempo. En cualquier caso, se debe entender como un concepto dinámico que evoluciona como el resto de los componentes de la organización. Efectivamente, la misión puede ser replanteada como consecuencia de los cambios del entorno, de dificultades manifiestas para hacerla efectiva o de cambios en la más alta dirección de la empresa.

A pesar de que la misión se refiere a aspectos muy generales, no siempre es fácil su definición. Dicha definición debe recoger la esencia de la empresa y, por tanto, es específica para cada empresa y determina su individualidad, por lo que es frecuente encontrarse con misiones distintas para empresas que se dedican a la misma actividad. Suele hacerse normalmente a partir de las siguientes variables (Hax y Majluf, 1997: 257-258):

- ***La definición del campo de actividad***, es decir, de los distintos negocios en los que la empresa opera o puede operar en el futuro. En la práctica, esta definición tiene que ver con los productos o servicios ofrecidos, los mercados atendidos o el ámbito geográfico cubierto.
- ***La identificación de las capacidades esenciales*** que la empresa ha desarrollado o puede desarrollar en el futuro, que ponen de manifiesto su forma de competir en los mercados. Con base en ellas, la empresa consigue su ventaja competitiva sostenible.

- ***Los valores, creencias, filosofía y otros elementos de la cultura de la empresa***. La misión recoge el sistema de valores y creencias imperantes en la organización, esto es, su cultura. Misión y cultura se condicionan mutuamente en el sentido de que ésta puede promover determinada orientación de la empresa, pero, a su vez, la misión condiciona e influye en el sistema de valores y comportamientos requeridos.

El número de variables que se utilicen, así como la forma de definir dichas variables, determinan misiones muy amplias o muy estrechas. Misiones muy amplias permiten una gran discrecionalidad en el futuro desarrollo empresarial, pero pueden generar una cierta desorientación en relación con la identificación de lo que es esencial. Por el contrario, una misión muy estrecha puede limitar las posibilidades de desarrollo pero ayuda a centrar los esfuerzos de la organización para la consecución de sus objetivos.

Aunque parece recomendable una definición explícita o formal de la misión, que la haga fácilmente interpretable por todos los miembros de la organización, en muchas ocasiones, su definición es implícita y no escrita, estando interiorizada en la mente de sus componentes. En caso de optar por su formulación escrita, también parece deseable una redacción sencilla, que sea clara y fácilmente interpretable por todos.

La identificación de la misión puede ser más difícil en las empresas diversificadas, sobre todo con diversificación no relacionada, en las que tanto los productos y mercados en los que se compite como las habilidades y conocimientos disponibles son muy distintos entre sí. En este caso, habría que encontrar un hilo conductor común que dé sentido al conjunto de la empresa, lo cual no siempre será fácil. Si se consigue, se facilitará la identificación y selección de posibles opciones estratégicas de desarrollo futuro. De no ser así, será necesario establecer misiones distintas para los distintos negocios o unidades de negocio en los que la empresa actúa. En tal caso, cada una de estas áreas de actividad justificaría su propia identidad, a su vez diferente de la de otras áreas.

2.1.2. La visión de la empresa

Algunos autores sugieren la necesidad de incorporar a la definición de la misión la percepción de lo que la empresa podría o debería llegar a ser en el futuro. Así aparecen el concepto de visión (Grant, 2006; Hitt y otros, 2008; Hill y Jones, 2009; Dess y otros, 2011 Thompson y otros, 2012) o de propósito estratégico (Hamel y Prahalad, 1990). Básicamente, la definición de la visión supone responder a las preguntas de **¿cómo seremos, cómo deberíamos ser, qué queremos ser en el futuro?** Así, la visión refleja la imagen mental de la trayectoria de la empresa en el futuro, es decir, la percepción actual de lo que será o debería ser la empresa en el futuro más lejano y establece los criterios que la organización ha de utilizar para fijar el camino a seguir. Su definición debe ser uno de los papeles centrales del líder (Dess y otros, 2011: 27). Desde este punto de vista, la visión debe ser una referencia orientativa para todas las actuaciones de los individuos de forma que, ante las diversas alternativas que se les pudieran plantear sobre su actividad habitual, debieran optar por aquellas que sean más congruentes con la visión definida.

En consecuencia, la visión identificaría las diferencias entre la situación actual y la deseada y, por consiguiente, marcaría la dirección a seguir por la empresa. Una visión bien diseñada prepara a la empresa para el futuro (Thompson y otros, 2012: 22). En consecuencia, la visión podría inducir cambios en la definición de la misión si la situación deseable futura implica un nuevo espíritu o razón de ser de la empresa. Para Hamel y Prahalad (1990), esta representación futura debe reunir tres características esenciales:

- ***Incorpora la idea profunda de triunfo***: se plantea como el objetivo básico de la empresa, formulado generalmente en términos muy ambiciosos y siempre con la vista puesta más en el futuro deseado que en el pasado vivido.
- ***Es estable a lo largo del tiempo***: el reto es planteado a muy largo plazo o incluso de forma indefinida en el tiempo. Su mantenimiento en el tiempo proporciona estabilidad y coherencia a las decisiones de la empresa, tanto estratégicas como a corto plazo, para alcanzarlo.
- ***Ha de merecer el esfuerzo y el compromiso del personal en su consecución***: debe ser un reto del conjunto de la organización de tal forma que todos sus integrantes se sientan comprometidos con su consecución y estén dispuestos a aportar su esfuerzo para ello.

Sin embargo, aunque la visión recoge la situación deseada que puede tener la empresa en el futuro, **no debe ser una ilusión o una fantasía.** Ciertamente, la identificación de la visión necesita de la creatividad, el instinto y la intuición de la alta dirección, pero no debe ser el resultado de una iluminación o representación idílica en la que se recojan supuestos muy alejados de una realidad posible.

Más bien es una interpretación realista de cómo la dirección quisiera que fuera la empresa en el futuro. Ello implica una consideración adecuada tanto de las condiciones de mercado, tecnológicas, económicas y sociales a las cuales habrá de enfrentarse en el futuro, como de los recursos y capacidades disponibles o a los que debiera acceder. Con ello se conseguiría preparar a la organización para afrontar las distintas amenazas y oportunidades externas que se le presenten, así como saber manejar adecuadamente las potencialidades o debilidades internas que la empresa posea.

La definición de la visión no se debe plantear en términos de beneficio o de creación de valor para los accionistas. Éstas son condiciones necesarias y generales para todas las empresas, que aseguran su propia supervivencia a largo plazo. La mayor parte de las empresas de éxito están imbuidas por el sentido de un propósito que va más allá del deseo de riqueza (Grant, 2006: 94).

Su diseño dependerá del tipo de empresa de que se trate y de la ambición con la que cada una quiera formularlo. Así, una gran empresa podrá intentar «ser el líder nacional o mundial en su industria», otra más pequeña optará por «dominar un nicho de mercado» u otra cualquiera querrá «ganar al principal competidor».

Consulta la web

Ver Aplicación AN-03.03-ES: Los objetivos y los valores de ACS, por Ana Farto Muñoz

Cada una de estas formulaciones puede ser adecuada en función de las características específicas de cada empresa. Su definición en unas pocas palabras o una frase precisa suele ser más efectiva que en un documento extenso.

Aplicación 2.1:

La misión, la visión y los valores en Gas Natural Fenosa,
por Javier Amores Salvadó

Gas Natural Fenosa es una compañía integrada en gas y electricidad, líder en comercialización de gas natural en España y primera distribuidora de gas natural de Latinoamérica. La empresa ha definido los conceptos de misión, misión y valores de la siguiente forma:

Misión: atender las necesidades energéticas de la sociedad, proporcionando a sus clientes servicios y productos de calidad respetuosos con el medio ambiente, a sus accionistas una rentabilidad creciente y sostenible y a sus empleados la posibilidad de desarrollar sus competencias profesionales.

Visión: ser un grupo energético y de servicios líder y en continuo crecimiento, con presencia multinacional, que se distinga por proporcionar una calidad de servicio excelente a sus clientes, una rentabilidad sostenida a sus accionistas, una ampliación de oportunidades de desarrollo profesional y personal a sus empleados y una contribución positiva a la sociedad actuando con un compromiso de ciudadanía global.

Valores:

Orientación al cliente: Dedicamos nuestros esfuerzos a conocer y satisfacer las necesidades de nuestros clientes. Queremos proporcionarles un servicio excelente y ser capaces de darles una respuesta inmediata y eficaz.

Compromiso con los resultados: Elaboramos planes, fijamos objetivos colectivos e individuales y tomamos decisiones en función de su impacto en la consecución de los objetivos de nuestra visión, asegurando el cumplimiento de los compromisos adquiridos.

Sostenibilidad: Desarrollamos nuestros negocios con un horizonte estratégico que trasciende los intereses económicos inmediatos, contribuyendo al desarrollo económico, medioambiental y social, tanto a corto como a largo plazo.

Interés por las personas: Promovemos un entorno de trabajo respetuoso con nuestros empleados e implicado en su formación y desarrollo profesional. Propiciamos la diversidad de opiniones, perspectivas, culturas, edades y géneros en el seno de nuestras organizaciones.

Responsabilidad Social: Dedicamos parte de nuestros beneficios a la acción social, manteniendo el diálogo permanente con la sociedad para conocer sus necesidades y procurar su satisfacción, de tal forma que incremente la credibilidad y prestigio de nuestro Grupo.

Integridad: Todas las personas del Grupo debemos comportarnos con honestidad, rectitud, dignidad y ética, contribuyendo así al aumento de la confianza de la sociedad respecto de nuestra empresa. La Dirección del Grupo actuará con transparencia y responsabilidad ante todas las partes interesadas.

Fuente: *https://portal.gasnatural.com*

Obviamente, su consecución está fuera del alcance de las empresas, al menos de forma inmediata. Por ello, se puede plantear con un horizonte definido (aunque a muy largo plazo) o indefinido. Cada empresa estimará el que considere más oportuno, aunque se suele recomendar que no sea inferior a una década como período mínimo sobre el que poder establecer el marco de referencia deseable.

2.1.3. Los objetivos estratégicos

El gran desfase existente entre el futuro deseado y la realidad actual de una empresa, hace que el esfuerzo necesario para conseguirlo pueda ser considerable. Para superar estos desfases y avanzar en sentido correcto, la organización debe desagregar la visión en objetivos estratégicos. Estos objetivos, intermedios y menos ambiciosos, se llaman **retos empresariales** (Hamel y Prahalad, 1990). Por ejemplo, la mejora de la calidad de los productos, ampliar la cuota de mercado o entrar en un nuevo país para desarrollar nuestras actividades.

Los objetivos estratégicos responden a la pregunta: **¿cómo llegaremos a ser lo que queremos ser?** Por tanto, su diseño hace operativa la consecución de la visión y proporciona a la empresa señales orientativas del camino que va siguiendo. Para que el sistema de objetivos sea adecuado, éstos deberían cumplir los siguientes criterios (Hamel y Prahalad, 1990; Dess y otros, 2011):

- ***Medibles***, que exista algún tipo de indicador para comprobar su grado de cumplimiento.
- ***Específicos***, que expresen de forma clara qué es lo que se necesita llevar a cabo.
- ***Adecuados*** o consistentes con la misión y la visión.
- ***Sucesivos***, es decir, debe dar a la organización tiempo para digerir un objetivo antes de lanzar otro, ya que la sobrecarga de objetivos simultáneos puede dificultar su logro.
- ***Realistas***, que sean alcanzables dadas las capacidades de la organización y las condiciones del entorno.
- ***Desafiantes***, a pesar del criterio anterior, deben suponer un desafío importante para la empresa y crear una sensación de urgencia que movilice a la organización.
- ***Fijados en el tiempo***, que tengan un plazo temporal para su consecución.

El sistema de objetivos así diseñado fuerza a la organización a mejorar y a dar los pasos necesarios para ir avanzando en la dirección correcta hacia la consecución de la visión. En la medida en que se vayan consiguiendo sirven de estímulo y motivación para plantear nuevos retos progresivamente más ambiciosos. Por otro lado, pueden servir de referencia para establecer un sistema de recompensas adecuado que motive a todos los miembros de la organización a realizar el esfuerzo necesario.

La identificación de estos objetivos estratégicos se puede hacer a partir de varios criterios relevantes (Thompson y otros, 2012: 28-33) (figura 2.1):

Figura 2.1: Tipos de objetivos estratégicos

1) ***Según la naturaleza de los objetivos***: hace referencia a la distinción entre **objetivos financieros** y **estratégicos**. Los primeros están relacionados con la rentabilidad y creación de valor (incremento del beneficio, cotización bursátil, rentabilidad sobre activos, etc.) mientras que los segundos tienen que ver con la forma de competir en los mercados (nuevos negocios, cuota de mercado, reducción de costes, atención al cliente, etc.). Resulta importante conseguir el necesario equilibrio entre los objetivos básicos de la empresa, referidos a la rentabilidad y la creación de valor para el accionista, y los objetivos relacionados con el propio proceso estratégico, referidos al éxito competitivo y que, en última instancia, son un medio para conseguir crear valor a largo plazo.

2) ***Según el horizonte temporal***: se refiere a la preferencia entre **objetivos a corto plazo** y **a largo plazo**. Normalmente, la dirección de la empresa se suele ver sometida a la presentación de resultados a corto plazo que satisfagan los intereses de los accionistas, pero ello no debería interferir en el diseño de objetivos a más largo plazo que aseguren una buena posición de la empresa en el futuro y, en su caso, la posibilidad de obtener nuevas rentas.

3) ***Según el grado de concreción***: se pueden plantear **objetivos abiertos** (mejorar día a día) o **cerrados** (crecer un 20% anualmente). Aunque son manifiestas las ventajas de la segunda formulación, no debe menospreciarse la utilidad de un planteamiento abierto que, si bien nunca llegará a cumplirse, precisamente por ello supone un continuo esfuerzo de superación.

4) ***Según su alcance***: se distingue entre **objetivos ambiciosos** e **«imposibles»**. Ambos tipos de objetivos suponen un desafío para la empresa, pero algunos autores defienden objetivos «imposibles» con el argumento de que el intento de conseguirlos liberaría una creatividad y una energía adicional que no aparecería si los objetivos fueran simplemente alcanzables.

5) ***Según el nivel de implantación***: los objetivos son necesarios en todos los niveles de la organización. Así, es necesario definir los **objetivos corporativos o de la empresa**, referidos a la organización en su conjunto, los **objetivos competitivos o de las unidades de negocio**, referidos al negocio o conjunto de negocios que la integren, y los **objetivos funcionales**, referidos a las distintas áreas funcionales. Ello debe representar un sistema integrado capaz de dar coherencia a los objetivos y las estrategias de las distintas partes de la empresa y de unificar los esfuerzos internos para conseguir la visión.

Como se exponía anteriormente, para que todo este sistema de objetivos estratégicos o retos empresariales sea efectivo, es indispensable que implique a todos los miembros de la organización, desde los más altos directivos hasta los empleados de más bajo nivel. La responsabilidad de la consecución de la visión implica una responsabilidad recíproca, lo cual significa ganancia compartida y sacrificio compartido.

Aplicación 2.2:

Los objetivos estratégicos de CaixaBank,
por Pablo Moura Díez

A mediados de 2011 CaixaBank se situó como tercer grupo financiero en España con un volumen de activos de 273.388 millones de euros y un volumen de negocio de 436.974 millones de euros. El plan estratégico de CaixaBank 2011-2014 contaba con nueve grandes retos y una serie de proyectos asociados para su consecución los cuales se esbozan brevemente a continuación:

- *Reforzar el liderazgo en banca minorista* donde la entidad contaba con una cuota de mercado del 10% en 2010 y pretendía llegar en 2014 al 15%, apoyándose en dos proyectos fundamentales como son el proyecto de seguros y de banca de particulares.
- *Diversificar el negocio hacia las empresas* aumentando el ratio de crédito a empresas sobre crédito total desde un 28% en 2010 hasta un 35% en 2014.
- *Equilibrar la presencia territorial* a través de un gran proyecto de gestión de oficinas basado en la revisión de la red, la optimización de su potencial comercial y el traslado de las mejores prácticas.
- *Crecer a través de la internacionalización* aprovechando oportunidades de crecimiento rentables, explotando sinergias con sus socios de negocio y desarrollando el capital humano.
- *Mantener la fortaleza financiera*, mediante su política de diversificación de plazos, intermediarios, mercados e inversores de renta fija y su gran proyecto de Gestión del Capital y la Rentabilidad.
- *Mejorar la rentabilidad*, por medio de una amplia gama de productos para fomentar la vinculación y a través de una mejor gestión de la rentabilidad ajustada al riesgo.
- *Promover la eficiencia y flexibilidad organizativa* mediante sus proyectos de calidad y de análisis del valor añadido de todas las funciones, la optimización de procesos y el fomento de canales electrónicos.
- *Desarrollar y motivar el talento de las personas*, con el foco puesto en la motivación de los recursos humanos y un proyecto de gestión del talento apoyado en el desarrollo profesional y la comunicación interna proactiva y transparente.
- *Comunicar los objetivos de la institución* y dar a conocer su misión, visión, valores, objetivos, factores diferenciales de su modelo de negocio y la contribución de la Obra Social a sus grupos de interés.

2.2. LA CREACIÓN DE VALOR Y LOS GRUPOS DE INTERÉS

La misión, la visión y los objetivos estratégicos sirven, como hemos visto, para orientar todo el proceso de dirección estratégica. De esta manera, la dirección de la empresa está condicionada en su actuación por las decisiones que se hayan tomado en este sentido. Pero, más allá del contenido concreto de los objetivos, se plantean dos problemas relacionados con la fijación de los objetivos. En primer lugar, quién fija los objetivos básicos y, en segundo, qué pasa cuando aparecen conflictos entre los objetivos o intereses de los distintos miembros o grupos de una organización. Así, es importante plantear las siguientes cuestiones: ¿cuál es el objetivo básico de la empresa?; ¿quiénes participan o pueden participar en la fijación de objetivos?; ¿cómo se resuelven los potenciales conflictos de intereses en la fijación de objetivos? Estas cuestiones nos remiten, en definitiva, al análisis de las relaciones de poder entre los distintos grupos que participan en la empresa y la adecuada resolución de los potenciales conflictos puede ser determinante para el éxito.

2.2.1. La creación de valor como objetivo básico de la empresa

Las aportaciones de la moderna teoría financiera defienden que **el objetivo básico de la empresa es la creación de valor para sus accionistas**, a través del desarrollo de un conjunto de actividades en las que los costes de funcionamiento sean inferiores al precio que el mercado está dispuesto a pagar por sus productos y/o servicios (Cuervo, 1991). Desde este punto de vista, el objetivo de la empresa consiste en maximizar la riqueza conjunta de todos aquellos que posean los derechos de propiedad sobre los bienes de que dispone. La consecución de este objetivo aseguraría la eficiencia empresarial y, por ende, la del sistema económico en su conjunto.

Operativamente, dicha maximización de la riqueza de los accionistas se consigue mediante la maximización del valor de los fondos propios de la empresa en el mercado a largo plazo. La maximización de la riqueza de los accionistas es una redefinición del objetivo de la teoría neoclásica de maximizar el beneficio.

> **Consulta la web**
>
> Ver Aplicación Actualizada AA–02.04: La creación de valor en ACS, por Jorge Cruz González

Sin embargo, este principio de maximizar la riqueza de los accionistas (*shareholders*) aparece sometido a algunas **limitaciones**, que la propiedad deberá tener en cuenta (figura 2.2). Fundamentalmente, dichas limitaciones proceden de la existencia en la empresa de otros grupos de interés que plantean reivindicaciones en términos de cumplimiento de objetivos propios distintos de los de los accionistas. En este sentido, se hace preciso valorar el papel que en la identificación de objetivos de la empresa juegan otros individuos o grupos de poder que poseen expectativas propias respecto de la actuación de la organización. Son los llamados **grupos de interés** y que, en terminología anglosajona, se conocen como *stakeholders*.

De entre los distintos grupos de interés destaca especialmente el formado por los directivos de la empresa. En la actualidad, la figura clásica del empresario como propietario y al mismo tiempo director y supremo decisor de la empresa ha perdido vigencia ante la aparición de una clase dirigente, profesionalizada, que rige los destinos de la empresa sin tener necesariamente participación en su capital. Esta clase dirigente o ejecutiva tiene, normalmente, un gran poder de decisión dado su mayor conocimiento y contacto permanente con la realidad empresarial.

Esta separación entre propiedad y dirección puede plantear algunos problemas importantes a la hora de perseguir el objetivo de creación de valor ya que los directivos tienen unos intereses específicos en la empresa, derivados de su propia función de utilidad, que pueden entrar en conflicto con los de la propiedad. Ello justifica el estudio de cómo influyen los intereses de los directivos sobre el objetivo básico de la empresa así como el estudio de los mecanismos de control que aseguren a los propietarios que sus directivos se comporten de acuerdo con ese objetivo, problema que se conoce como **gobierno de la empresa**.

A pesar de estas limitaciones que acabamos de plantear, el objetivo de la empresa sólo puede formularse en términos de la maximización de su valor. Todas las decisiones deben ser tomadas respecto de dicho objetivo, cuya realización es medida y controlada por los mercados financieros y aparece, por tanto, como un criterio general de elección valorado desde el exterior de la empresa. En todo caso, la importancia creciente de otros grupos de interés, especialmente los directivos, nos obliga a analizar el papel que juegan los distintos grupos respecto del principio general de creación de valor. Por ello, los próximos apartados se van a dedicar al análisis de los distintos grupos de interés y al gobierno de la empresa.

Figura 2.2: Limitaciones al objetivo de creación de valor

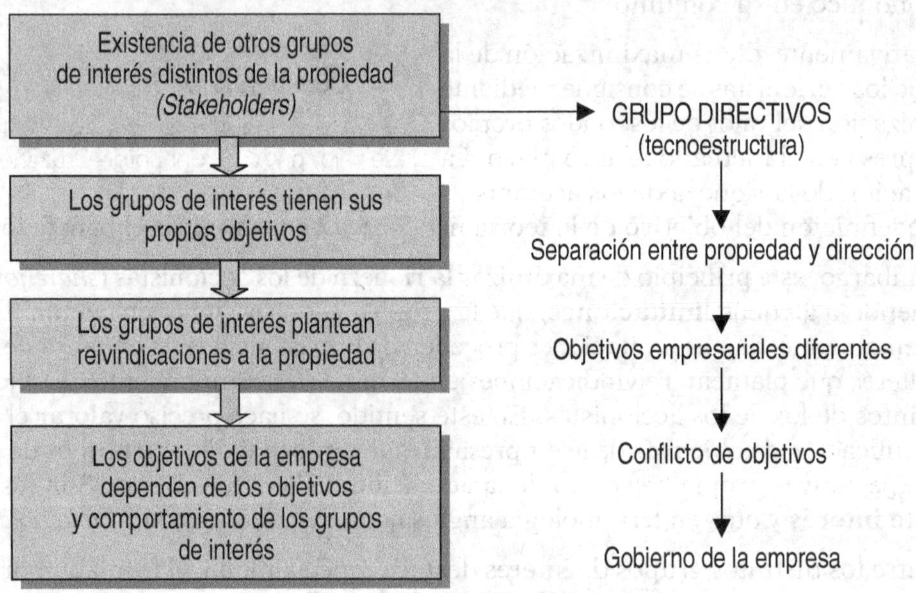

2.2.2. Los grupos de interés en la empresa (*stakeholders*)

Los grupos de interés o *stakeholders* son **personas o grupos de personas que se relacionan con la empresa y tienen objetivos propios de manera que la consecución de dichos objetivos está vinculada con la actuación de la empresa**. Es decir, la búsqueda de los objetivos propios está condicionada y, a su vez, condiciona los objetivos y el comportamiento de la empresa.

Freeman (1984) introduce el concepto y la problemática de los *stakeholders* en la literatura especializada en Dirección Estratégica, si bien el estudio de los grupos en las organizaciones tiene su antecedente en la teoría del equilibrio en la organización. De acuerdo con este planteamiento, los objetivos de la empresa se entienden como el resultado de un proceso de negociación y ajuste entre los distintos grupos participantes de forma que todos ellos consideren cumplidos sus objetivos particulares, al menos a un nivel de suficiencia (Cyert y March, 1965).

> **Consulta la web**
>
> Ver Aplicación AN-02.03-ES: El conflicto de objetivos en Galletas Gullón, por Javier Amores Salvadó

Normalmente, **el conflicto de objetivos entre los grupos aparece como consecuencia de la incompatibilidad de alcanzar las expectativas de todos ellos en los niveles deseados**. Mediante la negociación se alcanza un equilibrio, fijando un objetivo que, en cierto modo, integra a los de todos los participantes. A su vez, en caso de desequilibrio o no integración de los intereses de los grupos, se produce un proceso de regateo o enfrentamiento entre ellos, en el que la supervivencia de la empresa sería un objetivo prioritario que estaría por encima de los intereses personales o de grupo.

Este planteamiento supone que todos los grupos tienen igual poder decisorio y la misma libertad para participar. Sin embargo, en la práctica, la falta de alternativas condiciona muchas veces esa libertad. En consecuencia, cabe admitir que el grupo poseedor del mayor poder en la empresa condiciona al resto de los grupos, imponiendo sus objetivos con la restricción de la consecución mínima aceptable de los objetivos de los demás.

> **Consulta la web**
>
> Ver Aplicación AN–02.01-ES: Los grupos de interés en Mercadona

El análisis de los grupos de interés ha cobrado una especial relevancia en la fijación de los objetivos estratégicos ya que nos remite a un problema crucial de conflicto de objetivos y de influencia y poder en las organizaciones. La importancia de esta situación de conflicto deriva de dos motivos. Primero, los recursos de la empresa son escasos, por lo que difícilmente se puede atender simultáneamente a los objetivos de los distintos grupos. Segundo, si los grupos de interés no se sienten satisfechos con los objetivos logrados pueden presionar a la dirección e incluso retirarle su apoyo. Dependiendo de la importancia del grupo afectado, esta situación puede entorpecer o incluso impedir la consecución de los objetivos generales.

Estos dos argumentos muestran la relevancia de incluir el **análisis estratégico de los grupos de interés** en el proceso de definición de los objetivos empresariales y de cómo cada grupo desplegará su capacidad de influencia a través de las fuentes de poder que tenga disponibles. Dicho análisis requiere llevar a cabo los siguientes pasos:

a) ***La identificación de los grupos de interés y sus objetivos***: con carácter general se suele distinguir entre grupos de interés internos y externos. Entre los primeros se incluye a los accionistas, directivos y trabajadores. En ocasiones, los departamentos, las unidades de negocio, las filiales o determinados grupos profesionales pueden constituirse también como grupos de interés en defensa de sus objetivos particulares. Entre los grupos externos puede incluirse a los clientes, los proveedores, las entidades financieras, los sindicatos, la comunidad local, las organizaciones sociales de diverso tipo (ecologistas, asociaciones de consumidores, etc.) y el estado.

Figura 2.3: Principales grupos de interés en la empresa

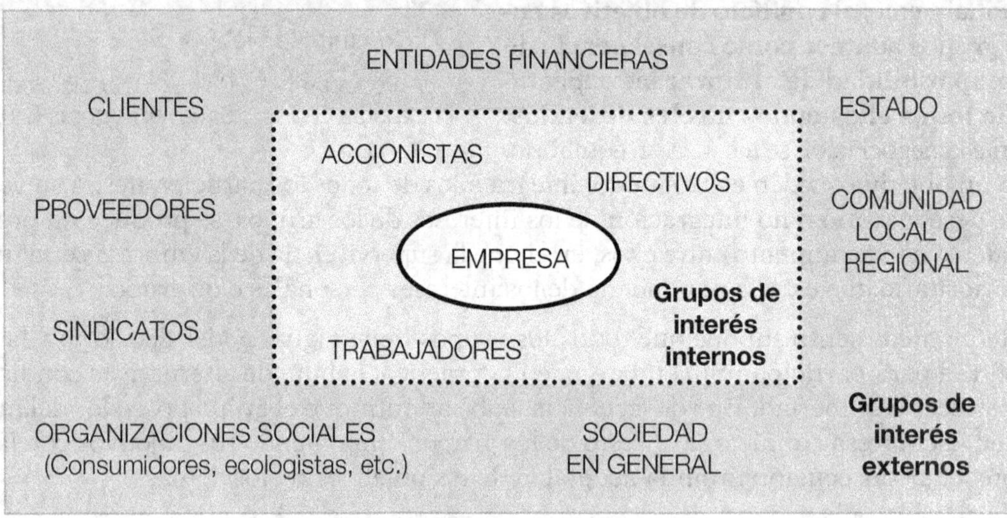

En la identificación de los grupos de interés y de sus objetivos propios deben tenerse en cuenta algunas consideraciones. Primero, que raramente la influencia se manifiesta en el nivel individual (por ejemplo, el principal accionista, un cliente muy importante o una entidad financiera muy poderosa) sino que se hace colectivamente al compartir intereses comunes. Segundo, que un mismo individuo puede pertenecer a más de un *stakeholder* y que sus intereses y comportamiento dependerán en cada momento del grupo en el que se le incluya para el análisis. Tercero, la existencia de estos grupos atiende tanto a criterios formales derivados de la actividad ordinaria de la organización (departamentos, unidades de negocio, etc.) como a situaciones concretas en las que, por determinadas circunstancias (crisis, amenazas, oportunidades especiales, etc.), se pueden formar espontáneamente.

b) ***La valoración de la importancia de cada grupo***: la valoración es un aspecto clave ya que ello va a condicionar las decisiones que finalmente se tomen y las acciones que se emprendan, prestando mayor atención a un determinado grupo o ignorando otro. Una forma de analizar este aspecto es mediante la elaboración de un «**mapa de *stakeholders***» que trata de identificar los principales grupos de interés y clasificarlos en función de su importancia y posible impacto en los objetivos de la empresa. Esta importancia depende de la presencia o no de tres **características relevantes** (Mitchell y otros, 1997):

- El **poder** se refiere a la posibilidad real de imponer a los otros grupos los objetivos propios. Este poder puede derivar tanto de la posición jerárquica (autoridad formal) como de la capacidad de influencia (autoridad informal), la cual puede provenir de distintos aspectos como personalidad de sus integrantes, disponibilidad de recursos estratégicos básicos, posesión de habilidades o conocimientos especiales o el control de factores externos clave para la actuación de la empresa.
- La **legitimidad** se refiere a la percepción de que los objetivos de un grupo de interés son deseables o aceptados, es decir, se ajustan a las normas, valores o creencias de un sistema social.
- La **urgencia** se asocia con el interés de un grupo por influir para conseguir sus objetivos, lo que a su vez depende de la importancia que otorga a dicha consecución.

Figura 2.4: Tipología y relevancia de los stakeholders

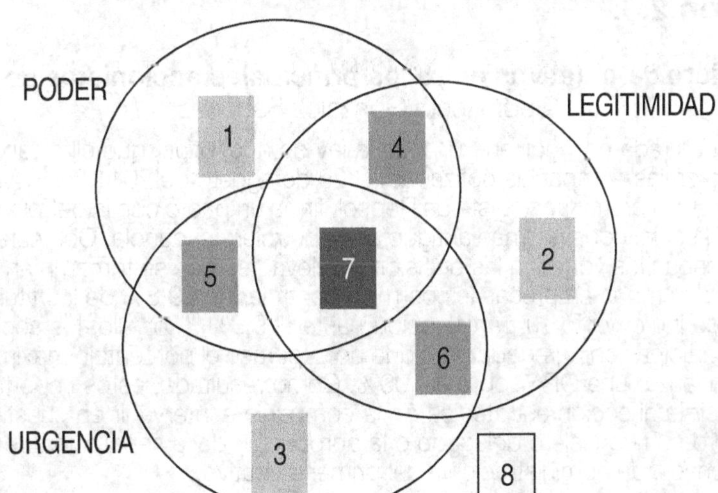

Fuente: Mitchell y otros (1997: 872)

La presencia de más o menos características determina la importancia de cada grupo, de manera que un grupo que reuniera las tres sería considerado crucial y determinante (zona

7 de la figura 2.4) ya que tendría un gran interés por influir en los objetivos de la empresa, estaría socialmente legitimado para ello y tendría los mecanismos de poder necesarios para imponer sus propios objetivos. En el extremo contrario, un grupo que no reuniera ninguna de estas características, no podría considerarse *stakeholder* a efectos del análisis realizado (zona 8). Como situaciones intermedias aparecen los grupos de interés latentes, de escasa relevancia, que reúnen solamente una característica (zonas 1, 2 y 3) y los grupos de interés expectantes que, al reunir dos de las tres características, van a requerir una cierta atención por parte de la dirección de la empresa (zonas 4, 5 y 6).

c) ***Las implicaciones para la dirección empresarial***: el grado de atención que se va a prestar a cada grupo dependerá de su importancia, de manera que se dará prioridad a aquellos objetivos asociados con los grupos más relevantes. En consecuencia, el esfuerzo que se realice por atender y satisfacer los objetivos de dichos grupos o por mantenerles informados de la marcha de la empresa va a estar igualmente orientado por dicha relevancia.

En todo caso, la empresa deberá buscar un cierto equilibrio entre los objetivos de los distintos grupos relevantes ya que, en caso contrario, podría ponerse en peligro su propia supervivencia. Por otro lado, debe tenerse en cuenta que la posibilidad de ejercer un poder excesivo por parte de algún grupo, viene limitada por las condiciones del mercado de modo que, mercados cada vez más competitivos como los actuales, reconducen necesariamente a la empresa al objetivo de maximización de valor, como requisito de supervivencia.

Aplicación 2.3:

El conflicto de objetivos entre los principales accionistas de Repsol,
por Rocío González Sánchez

Aprovechando la entrada en vigor en 2011 de la ley de auditorías, que eliminaba los límites a los derechos de voto en las compañías cotizadas, el 29 de agosto de 2011 Sacyr Vallehermoso, que en ese momento era el primer accionista de Repsol, firma un pacto con la petrolera Petróleos Mexicanos (Pemex), el socio industrial más antiguo de la petrolera española. Con este acuerdo los dos accionistas sindicaban los votos en las decisiones relevantes que se tomaran en Repsol. La suma del accionariado de ambas empresas les permitía controlar un 29,8% de los títulos (Sacyr con un 20% y Pemex que incrementó su participación hasta el 9,8%). Por ello, los socios acordaron no incrementar su participación agregada para que no superase el porcentaje máximo del 30% a partir del cual deben lanzar una OPA sobre el 100%. Como resultado, estos importantes accionistas podrían reconducir la dirección estratégica de la compañía e intervenir en cuestiones clave como el nombramiento de un consejero delegado o la aprobación de la separación de las funciones del presidente del consejo de administración y del primer ejecutivo.

Adicionalmente, ambos socios pretendían alcanzar sus propios objetivos. Por un lado, Luis del Rivero, entonces presidente de Sacyr, podría influir de forma más directa sobre la gestión de la petrolera, la formulación de su estrategia y el diseño de su política de dividendos. Este último aspecto adquiere una gran importancia para la constructora que, forzando una política de dividendos más sustanciosa, garantizaba la refinanciación del préstamo con el que compró su participación en Repsol.

Sacyr entra en Repsol en 2006, en pleno período de crecimiento económico, cuando el crédito barato garantizaba el retorno de cualquier inversión. De los más de 6.000 millones de euros que Sacyr pagó por Repsol, 4.900 millones eran créditos que vencían en diciembre de 2011, por lo que la constructora necesitaba cubrir el coste financiero del préstamo con los 200 millones de euros que recibía por los dividendos de Repsol.

Por otro lado, el interés de Pemex por alcanzar un mayor control sobre Repsol se basaba en los logros alcanzados por la petrolera española a lo largo de los años. Repsol ha desarrollado una trayectoria expansiva y de inversión que le otorgaba una capacidad para abordar adquisiciones y alianzas estratégicas que la situaban como una de las principales petroleras del mundo. Pemex, al ser una empresa de carácter estatal, era mucho mayor que Repsol, pero en términos de rentabilidad su situación cambiaba. En 2010, Pemex perdió 2.642 millones de euros, mientras que Repsol incrementó su beneficio neto un 201%, hasta 4.693 millones. De forma adicional, mientras la petrolera española incrementaba sus reservas a través de nuevos yacimientos para el futuro, la mexicana los agotaba.

Sin embargo, una crisis de gobierno que se desencadenó en Sacyr a finales de 2011, motivó el fin de este pacto entre el mayor accionista de Repsol y el «*sleeping partner*» de la compañía. El consejo de administración de Sacyr destituyó a su presidente y el nuevo equipo directivo, encabezado por Manuel Manrique como nuevo CEO del grupo, deseaba limar asperezas en el conflicto que había surgido con la empresa presidida por Antonio Brufau y, de forma indirecta, con otro de los accionistas mayoritarios, CaixaBank. La entidad contaba con el 12,8% de Repsol y se sintió traicionada por Sacyr al no ser informada de su plan de sindicación con Pemex.

Además, la caída de Del Rivero llegaba en pleno proceso de refinanciación del préstamo. Las entidades financieras exigían a Sacyr que acelerase el proceso, incluso con la venta de activos. En esa venta de activos destacaba la recomendación de una venta parcial de su participación en Repsol para aligerar carga. Los bancos recibieron un 10% de los títulos que Sacyr poseía como dación en pago por la mitad del importe de los créditos. Por tanto, el principal del préstamo total con el que la constructora se hizo con su participación en la petrolera bajó de 4.900 a 2.446 millones.

Repsol recompró a los bancos acciones por el equivalente al 10% de su propio capital, con lo que la inversión total ascendió a 2.572 millones de euros. De este paquete accionarial, que fue destinado a autocartera, Repsol colocó a comienzos de enero de 2012 un 5% entre inversores institucionales por 1.364 millones de euros. Tras esta operación, Sacyr pasó a ser el segundo accionista de la petrolera por detrás de CaixaBank. Por su parte, Pemex quedó relegada a un cuarto puesto con un 9,8%. Esta situación auguraba un periodo de mayor entendimiento entre los accionistas mayoritarios y minoritarios de la empresa dirigida por Brufau.

2.3. EL GOBIERNO DE LA EMPRESA

La constatación de que en muchas empresas se produce un fenómeno de separación entre la propiedad y la dirección hace que se presente con bastante frecuencia una situación de divergencia de intereses y de asimetría de información entre ambos grupos. La teoría de la agencia contempla los problemas que pueden surgir en una relación de negocio cuando una persona delega la autoridad de tomar decisiones en otra (Hill y Jones, 2009: 372). A partir de esta teoría, se puede comprender cómo los directivos no siempre actúan en beneficio de los propietarios por tener funciones de utilidad distintas.

Efectivamente, los intereses del directivo, derivados de su propia función de utilidad, tienen componentes monetarios –retribuciones, incentivos– y no monetarios –promoción, autonomía, prestigio, poder– (Williamson, 1964), además de la propia seguridad o permanencia en la dirección. En consecuencia, los intereses de los directivos pueden entrar fácilmente en conflicto con los objetivos de los accionistas por lo que, si los objetivos de la propiedad y de la dirección divergen, ello puede traducirse en la búsqueda de objetivos empresariales diferentes. En esta situación, una discrecionalidad amplia de los directivos en la toma de decisiones puede afectar al objetivo de los accionistas, de tal manera que la maximización de su riqueza sea sustituida por objetivos más próximos a los directivos, como puede ser el crecimiento empresarial o la generación de los recursos suficientes para asegurar la independencia de la empresa de los mercados de capitales.

Ante estas posibles fuentes de conflictos, se plantea el problema del control de la dirección por parte de la propiedad para evitar que aquélla fije autónomamente los objetivos de la empresa sin atender adecuadamente los intereses de ésta y se hace necesario compatibilizar los intereses de accionistas y directivos. Para ello, la propiedad dispone de un conjunto de mecanismos que permiten un cierto control sobre la dirección, de modo que se asegure una confluencia de intereses. **Al problema del control de la propiedad sobre la dirección y los mecanismos disponibles para ejercer dicho control se le conoce como gobierno de la empresa.**

Así, cada empresa elegirá el mecanismo o conjunto de mecanismos de gobierno que considere más oportunos teniendo en cuenta el coste –en términos monetarios, de tiempo y recursos– que supone cada uno frente a su eficacia, medida en términos del incremento de valor de la empresa conseguido. Los principales mecanismos pueden clasificarse (Hill y Jones, 2009: 377-384) en internos y externos (figura 2.5). Los primeros utilizan la supervisión directa y los incentivos a los directivos, mientras que los segundos basan su funcionamiento en los mercados con los que se relaciona la empresa.

2.3.1. Mecanismos internos de control directivo

Son los que tienen su origen en la propia empresa y están diseñados por los propietarios para ejercer un control directo sobre los directivos de máximo nivel, control que éstos deberán trasladar hacia directivos de menor nivel. Los principales mecanismos internos pueden ser de dos tipos: la supervisión directa y los sistemas de incentivos.

a) *La supervisión directa: el Consejo de Administración*

La supervisión directa consiste en el control continuo que la propiedad hace de la actuación de sus directivos para vigilar que se comporten de acuerdo con sus intereses. Dentro de esta línea encontramos:

- El control del Consejo de Administración.
- El control de los accionistas mayoritarios, que pueden ser los más interesados en evitar una discrecionalidad de los directivos lesiva para sus intereses.
- La contratación de consultores o auditores externos para ejercer tareas de control.

Figura 2.5: Mecanismos de control directivo

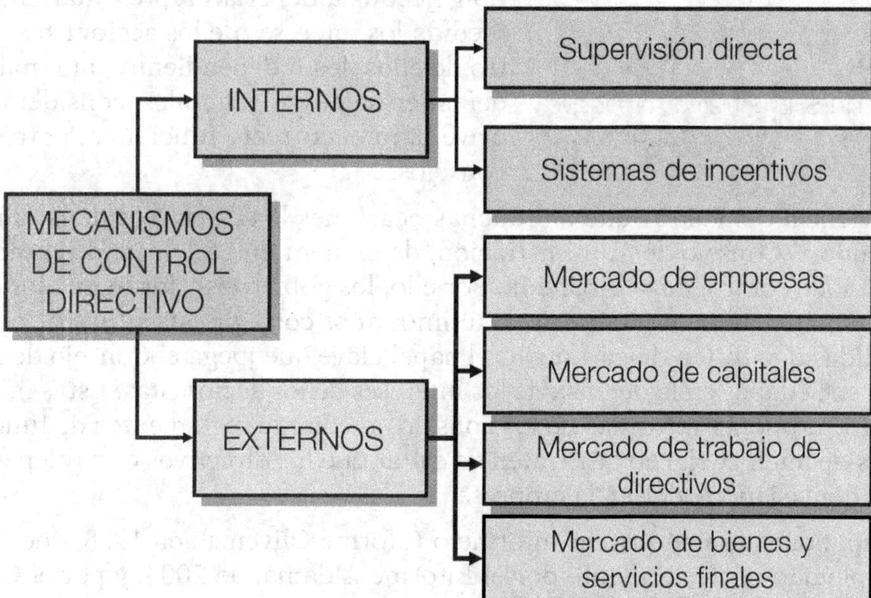

- La vigilancia mutua entre directivos, que se deriva tanto de la posible competencia entre ellos para la promoción interna en la empresa como del establecimiento de una jerarquía organizativa interna que favorezca el control de los directivos superiores sobre sus subordinados.

Sin duda alguna, **el instrumento clave para el control de los directivos lo constituye el Consejo de Administración,** ya que es el órgano básico de representación de los accionistas en la toma de decisiones, en el que se delega la dirección y control de la empresa. La función básica del consejo es la de supervisión general, integrada por tres responsabilidades fundamentales: orientar e impulsar la política de la compañía (responsabilidad estratégica), controlar las instancias de gestión (responsabilidad de vigilancia) y servir de enlace con los accionistas (responsabilidad de comunicación).

> **Análisis**
>
> Un análisis de la situación de los Consejos de Administración en España se puede encontrar en Acero y Alcalde (2010), *Economía Industrial*, nº 378: *www.minetur.gob.es/revistaei*

La composición del consejo y su tamaño son claves para su buen funcionamiento. En los Consejos de Administración puede haber distintos **tipos de consejeros**. Así, se suele distinguir entre consejeros **internos** (aquellos que son también directivos de la empresa) y **externos** (representantes de los accionistas sin que sean directivos). A su vez, entre los externos, se distingue entre **dominicales** (representantes de los accionistas significativos o de referencia) e **independientes** (representantes de los accionistas minoritarios o capital flotante de la compañía). Teóricamente, los consejeros externos, al estar al margen de la gestión ejecutiva, deberían representar en mejor medida los intereses de los accionistas y, dentro de ellos, los independientes, aún más, por defender objetivos generales, considerándose clave para el correcto funcionamiento de los consejos.

Consulta la web

Ver Aplicación AN–02.04-ES: El gobierno corporativo en Repsol, por José Javier Fernández Rodríguez

La realidad viene a demostrar que en muchas ocasiones los directivos de la empresa acaban controlando el Consejo de Administración, de manera que éste deja de cumplir su papel fundamental de control de la dirección. Por ello, los gobiernos y los mercados de valores de diferentes países han intentado en los últimos años corregir esta situación a través de distintas medidas que traten de garantizar el papel clave que juega el Consejo de Administración de las sociedades en la defensa de los intereses de los accionistas. Estas medidas tienen por objetivo proponer reformas de los consejos mediante reglamentos de funcionamiento o códigos de buen gobierno que traten de evitar que los directivos controlen el consejo y acumulen demasiado poder en la empresa.

En el caso español, surge un primer informe o Informe Olivencia en 1998, que fue actualizado y completado posteriormente por el Informe Aldama, de 2004, y por el **Código Unificado de Buen Gobierno** o Código Conthe, de 2006 (*www.cnmv.es*). Este último integró las recomendaciones de los anteriores y es la base para regir la actuación de las empresas cotizadas a partir de 2008. El código está diseñado a partir de 58 recomendaciones que son de aplicación voluntaria, si bien las empresas deben justificar, en su caso, por qué no cumplen con algunos de sus preceptos. Las más importantes se pueden agrupar en los siguientes apartados:

Análisis

Un análisis comparativo de los códigos de gobierno de 29 países se puede encontrar en López y Pereira (2006), *Universia Business Review*, nº 11: *http://ubr.universia.net*

1) Composición del consejo: los consejeros externos deben constituir una amplia mayoría, mientras que los independientes deben ser al menos un tercio del total.

2) Definición del consejero independiente: aunque no sean directivos de la empresa, un consejero no será independiente si ha sido empleado o ejecutivo de la empresa (salvo que hayan transcurrido tres o cinco años, respectivamente, desde su salida), si ha sido auditor externo en los tres años anteriores, si ha mantenido negocios con la empresa en el último año o si no ha sido propuesto por la comisión de nombramientos y que no permanezcan como tales por un período superior a 12 años.

3) Tamaño del consejo: no ser inferior a cinco ni superior a quince miembros.

4) Presencia femenina: se procurará la igualdad de género en su composición.

5) Presidencia: se recomienda la separación en el cargo del presidente del consejo y el del máximo ejecutivo de la empresa.

6) Comisiones especiales: se recomienda para el seguimiento de áreas de especial relevancia, la creación de distintas comisiones tales como la comisión delegada, la de auditoría, la de nombramientos y la de retribuciones.

7) Retribución de los consejeros: se detallará en la memoria de la empresa la retribución individualizada de cada consejero y las acciones u opciones recibidas.

8) Reglas de funcionamiento: se incluyen recomendaciones sobre la frecuencia de las reuniones, los criterios de designación y cese de los consejeros, sus derechos y deberes, información facilitada y relaciones de comunicación con los accionistas y evaluación anual de su propio funcionamiento, el desempeño del presidente, del consejero–delegado y de las comisiones especiales.

Consulta la web

Ver Aplicación Actualizada AA–02.02: El buen gobierno en las empresas del Ibex–35, por Jorge Cruz González

9) Limitación de voto: en la Junta de Accionistas no se deberá limitar el número máximo de votos que pueda emitir un mismo accionista.

b) *Los sistemas de incentivos*

Los sistemas de incentivos buscan vincular los intereses de los directivos con los de los propietarios mediante la redacción de contratos que vinculen los objetivos propios de los directivos con la creación de valor en la empresa. Éstos pueden abarcar una amplia gama de tipos, siendo los más frecuentes los siguientes:

- **Sistemas de retribución variable directa,** basados en vincular el salario de los directivos a la obtención de beneficios o a la creación de valor. Presentan diversas modalidades, pudiendo estar relacionadas con la consecución de objetivos asignados a la gestión, con los resultados de la empresa o, simplemente, gratificaciones especiales o *bonus*.
- **Sistemas basados en la participación en la propiedad,** mediante la entrega a los directivos de acciones total o parcialmente liberadas, los derechos sobre aumentos del valor de las acciones o las opciones sobre acciones (*stock–options*). Las opciones sobre acciones constituyen un instrumento especialmente relevante al ofrecer acciones de la empresa a un precio y fecha de ejecución de la compra prefijados. De esta forma, cuanto mayor sea la creación de valor, mayor será el incentivo del directivo para ejercitar las opciones en el momento establecido.
- **Promoción profesional**, vinculando su carrera profesional con los éxitos logrados en su gestión o con la permanencia en la empresa evitando así la amenaza de ser despedido si no crea valor. Estos sistemas pueden considerarse complementarios del anterior.
- **Otras formas de recompensa** pueden revestir modalidades muy variadas siendo las más habituales las retribuciones en especie (cesiones de vivienda, automóviles, etc.), dotación de fondos de pensiones, servicios sociales (seguros médicos, de vida, etc.) o reconocimientos públicos del trabajo.

Aplicación 2.4:

Los sistemas de incentivos a directivos en las empresas españolas,
por María Sacristán Navarro

Los directivos son remunerados de maneras muy diversas y cada vez más, una parte de su retribución está diseñada a través de componentes variables o incentivos. Es difícil conocer cuáles son los más utilizados ya que la composición de los mismos no es uniforme y además, su utilización varía mucho según sector o nivel de empleo, la cultura o el país. Así, existen estudios sobre el tipo y cuantía que reciben los consejeros de una empresa, la alta dirección, los consejeros ejecutivos o incluso, otros niveles directivos o empleados.

En el caso español, los incentivos de la alta dirección se deciden en las comisiones de nombramiento y retribuciones de los consejos de administración. Entre las tendencias actuales cabe destacar la fijación de un límite máximo a la remuneración –por ejemplo la limitación de los sueldos en las cúpulas de entidades con ayudas públicas o intervenidas por el Estado–, una cierta regulación sobre su composición –el Banco de España exige a las entidades bancarias que fraccionen y paguen en acciones una parte de los *bonus*–, o una vinculación de los mismos a criterios más novedosos como pudiera ser la responsabilidad social. También es destacable el posible problema ético que suponen: ¿es lícito que los bancos rescatados paguen incentivos a sus altos directivos?

A modo de ejemplo, podemos destacar algunos incentivos de las grandes empresas españolas:

- **Tubos Reunidos** otorgó un incentivo variable según la cotización media de las acciones. Así por ejemplo, si entre 2012 y 2014 la cotización fuera inferior a 2,5 euros por acción, los directivos no tendrían derecho al incentivo, pero si alcanza este nivel disfrutarían de una prima del 50% sobre su retribución fija. Además, limitaba la cuantía máxima a un 150% de la retribución fija.
- **Telefónica** aprobó en 2011 un plan de incentivos en concepto de retribución variable (denominado *Performance and Investment Plan*) que se extendía a 1.900 directivos consistente en la entrega de acciones en función del cumplimiento de objetivos. Tenía una duración de cinco años y un importe máximo de 450 millones de euros. Además propuso un plan de incentivos a largo plazo destinado a empleados y directivos ligados a su permanencia en la compañía.

El *Estudio General sobre Compensación Total 2011*, de la consultora Mercer, analizaba la composición e importancia de dichos incentivos en 2011. Dicho estudio contaba con la participación de 283 empresas representativas del mercado español, proporcionaba información sobre más de 350 puestos de trabajo y se replicaba en más de 100 países. Los datos sobre España, en porcentaje de empresas que lo utilizan, arrojaban la siguiente información sobre los beneficios más habituales y su evolución en los últimos años:

Tipo de beneficio	2011	2010	2009	2008
Coche compañía	86%	85%	87%	86%
Seguro accidentes	80%	80%	85%	81%
Seguro vida	83%	80%	87%	84%
Seguro salud	66%	65%	67%	66%
Comidas	76%	76%	81%	80%
Planes jubilación	58%	56%	64%	57%

Fuente: Estudio General sobre Compensación Total 2011, Mercer, *www.mercer.es*

2.3.2. Mecanismos externos de control directivo

Los mecanismos externos se basan en el poder disciplinador que sobre la actuación de los directivos pueden ejercer distintos factores ajenos a la propia empresa, fuera de las meras relaciones contractuales internas entre principal y agente, sin que la propiedad tenga que asumir ningún coste adicional por su utilización. En la medida en la que estos mecanismos funcionen, la propiedad tendrá mayor capacidad de control sobre la dirección y ésta menos discrecionalidad, por lo que los objetivos de ambos grupos tenderán a converger. Entre ellos encontramos los siguientes:

a) ***El mercado de empresas***: Tiene su fundamento en que si los directivos no maximizan el valor de la empresa por el deseo de lograr sus objetivos personales a costa de los accionistas y la empresa obtiene peores resultados de los que potencialmente podría obtener, se podría incentivar a inversores externos a comprar la empresa y a reemplazar su actual dirección. Este mecanismo funciona principalmente a través de las ofertas públicas de adquisición de empresas (OPA), como forma de hacerse con su control.

b) ***El mercado de capitales***: Este mecanismo presiona a la convergencia de intereses entre accionistas y directivos en función del valor que tiene la empresa en el mercado. Si los directivos realizan una buena gestión, ello quedará reflejado en el mercado de capitales con un incremento de la valoración de la empresa (mayor cotización de las acciones). Si, por el contrario, la valoración de mercado no es la adecuada, como consecuencia de una mala gestión, los actuales propietarios pueden actuar para relevar a la dirección o bien pueden surgir operaciones de cambio de propiedad a través del mercado de empresas que expulsen a la actual dirección.

c) ***El mercado de trabajo de directivos***: este mercado valora esencialmente los conocimientos y experiencias de los directivos y cómo los aplican a la creación de valor en las empresas en las que trabajan. Aquellos directivos que hayan contribuido notablemente a la obtención de resultados en sus empresas tenderán a ser mejor valorados en el mercado, lo cual aumenta su potencial de riqueza tanto actual como futura. No obstante, los directivos tienden a protegerse mediante la firma de contratos blindados para el caso de que sean despedidos, lo que limita la capacidad de amenaza de la propiedad.

Consulta la web

Ver Aplicación AN–02.02-ES: Los contratos blindados en las empresas del Ibex–35, por José Javier Fernández Rodríguez

d) ***El mercado de bienes y servicios finales***: En un mercado de competencia perfecta, no cabe más opción que la asignación óptima de los recursos que lleven a la maximización del valor de la empresa. Efectivamente, cuando ésta actúa en un entorno competitivo, las fuerzas de la competencia en los mercados presionan para que su objetivo sea el de maximizar el valor, de tal forma que, en caso de no cumplirse, se pondría en duda la propia supervivencia de la empresa.

2.4. LOS VALORES DE LA EMPRESA

Como se ha expuesto anteriormente, el proyecto de empresa que se deriva de la misión y la visión definidas, requiere para su éxito de la implicación activa de los distintos grupos participantes, es decir, de los grupos de interés o *stakeholders*. Es más, no involucrar o marginar a algunos de estos grupos, dependiendo de su mayor o menor importancia, puede poner en peligro el proyecto empresarial deseado. La forma en que la empresa se relaciona con sus grupos de interés nos remite a la idea de los valores de la empresa y se concreta en dos aspectos de especial relevancia: la responsabilidad social y la ética empresarial.

2.4.1. La responsabilidad social corporativa

El concepto de responsabilidad social corporativa (RSC) o responsabilidad social de la empresa (RSE) hace referencia a la actitud de la empresa ante las demandas de tipo social planteadas por el conjunto de la sociedad como consecuencia de sus actividades, a la evaluación y compensación de los costes sociales que la misma genera y a la ampliación del campo de sus objetivos definiendo el rol social que debe desarrollar. Del concepto de responsabilidad social cabe destacar tres **aspectos clave** (Nieto, 2005):

- la responsabilidad social **transforma la fórmula clásica de gobierno** centrada en la relación bilateral entre accionistas y directivos en otra multilateral en la que participan todos los grupos de interés.
- la responsabilidad social **modifica el proceso de toma de decisiones** al añadir a los criterios de eficiencia económica la consideración del impacto ambiental y social de las actividades de la empresa.
- la responsabilidad social es de **aplicación voluntaria.**

Tradicionalmente se ha mantenido que la empresa no debería asumir ningún tipo de responsabilidad social ya que ello es incompatible con el principio clásico de maximización del beneficio, o en su caso de creación de valor, como objetivo fundamental de su actuación. En esta línea, encontramos el planteamiento de Friedman (1966), quien afirma que la responsabilidad preferente de la empresa radica en obtener los mayores beneficios posibles para sus accionistas y, por lo tanto, cualquier tendencia que propugne su responsabilidad social es una doctrina sustancialmente subversiva capaz de minar los fundamentos de la sociedad libre. Así, la responsabilidad social aparece para sus críticos como un auto-impuesto que reduce sus excedentes.

Frente a este planteamiento, hay que considerar que la empresa es una institución social, no ajena a los impactos políticos y sociales de su entorno (Stoner y Freeman, 1994). En este sentido, la asunción de responsabilidad por parte de la empresa no tiene por qué ser incompatible con el objetivo de creación de valor para los accionistas. Efectivamente, al adoptar criterios de responsabilidad social, la empresa puede facilitar las relaciones con los distintos grupos de interés, reducir los conflictos y mejorar las condiciones del entorno. Todo ello no sólo puede facilitar la solución de los problemas sociales sino crear una mayor legitimidad y reputación a la propia empresa, lo que, a largo plazo, puede ayudar a crear más valor (Nieto y Fernández, 2004).

Aplicación 2.5:

La responsabilidad social corporativa en el Grupo VIPS,
por José Joaquín López–Hermoso Agius

El Grupo VIPS es uno de los grandes líderes de la hostelería y del comercio en España. La compañía fue fundada en 1969, es de capital privado, tiene su sede central en Madrid y gestiona en régimen de propiedad o bajo el régimen de franquicia 16 marcas comerciales entre las que se encuentran la cadena VIPS (cafetería–restaurante y tienda), GINOS, The Wok, LAH!, Tío Pepe, TGI Friday's y Starbucks Coffee en España y Portugal. Asimismo, la empresa cuenta con 11 restaurantes de alta gama entre los que destacan El Bodegón, Teatriz, Iroco, Bice, Manzini, Lucca y Tattaglia. Por otro lado, el Grupo VIPS tiene más de 350 establecimientos presentes en 16 provincias españolas y en Portugal, y en ellos atienden diariamente a más de 150.000 clientes. Además, posee un programa de fidelización líder y pionero en el sector de la restauración, el Club VIPS, con más de 1.700.000 socios en toda España, emplea a unas 10.000 personas aproximadamente de unas 85 nacionalidades diferentes y cerró el ejercicio de 2009 con 426 millones de euros de facturación.

El Grupo VIPS pone de manifiesto que su Responsabilidad Corporativa está orientada principalmente a las personas, tanto en lo que se refiere a sus propios empleados como al conjunto de la sociedad. Esta política se materializa desarrollando y participando en diversos programas y acciones que persiguen un doble objetivo. Por un lado, el de fomentar la integración social y laboral de las personas con dificultades de inserción profesional y, por otro, el de ofrecer oportunidades de voluntariado a través de distintas herramientas.

La labor desarrollada en este ámbito por el Grupo VIPS fue reconocida en marzo de 2011 por Novartis-Forética con el premio a la Innovación por su programa de voluntariado corporativo dedicado a la formación y sensibilización para la integración social y laboral de tres colectivos: inmigrantes, personas con discapacidad y jóvenes en riesgo de exclusión social. A través de este programa y contando con la colaboración de diferentes instituciones y ONG's se trata de facilitar la incorporación laboral a colectivos de inmigrantes y personas que buscan asilo político, a discapacitados físicos y psíquicos, a mujeres víctimas de violencia doméstica o con cargas familiares especiales, a jóvenes con riesgo de marginación y exclusión social, a personas con menos de 25 y con más de 40 años, a desempleados de larga duración, a reclusos en libertad provisional y a personas con la enfermedad de espina bífida.

Otra de las acciones sociales emprendidas por la empresa ha sido la creación, financiación y mantenimiento del portal *www.hacesfalta.org,* espacio virtual en Internet para poner en contacto a las personas que se plantean realizar actividades de voluntariado o trabajar en ONG's. Además colabora estrechamente con las Fundaciones Hazloposible, SERES e Integra y con la Asociación de emprendedores sociales Ashoka.

Fuente: *www.grupovips.com* y *www.foretica.org*

Existen al menos tres áreas que, en su conjunto, integran el contenido que se le suele asignar a dicha responsabilidad (Certo y Peter, 1996: 257-258):

1) ***Área económico-funcional***: relacionada con la actividad normal de la empresa en cuanto a la producción de bienes y servicios que necesita la sociedad. Como consecuencia de ello se produce creación de empleo tanto directo como indirecto, generación de rentas y riqueza, formación profesional de los trabajadores, aportación de fondos para políticas públicas mediante el pago de impuestos, etc. En definitiva, la actividad económica de la empresa es útil para la sociedad, por lo que no existe contradicción entre responsabilidad económica y social y aquélla puede considerarse una parte imprescindible de ésta (Guerras y López-Hermoso, 2002).

2) ***Área de calidad de vida***: relacionada con cómo la empresa está desarrollando o degradando el nivel de vida general de la sociedad y qué hace para paliar las externalidades negativas generadas con su actividad. Producir bienes de alta calidad o socialmente aceptados, relacionarse correctamente con trabajadores, clientes o proveedores o medir el esfuerzo de preservación del medio ambiente, pueden ser indicadores de la actuación en esta área. La gestión medio-ambiental y la idea de sostenibilidad de la actividad empresarial se enmarcarían en este nivel.

3) ***Área de inversión o acción social***: esta área está referida al grado en el cual la empresa utiliza tanto sus recursos financieros como humanos para resolver los problemas de la comunidad. Son aspectos tales como la promoción de la educación, la cultura, el deporte o el arte. A este nivel, la empresa trascendería de su función de fabricación de productos o prestación de servicios para pasar a colaborar en la resolución de problemas del conjunto de la sociedad.

Análisis

Un análisis sobre la influencia de los grupos de interés en las políticas de responsabilidad social de las empresas del sector financiero se puede encontrar en Pérez y Rodríguez (2012), *Universia Business Review*, nº 33: *http://ubr.universia.net*

Cada empresa deberá decidir cuáles son los niveles de responsabilidad que quiere asumir, incorporando en su sistema de objetivos, no sólo los propios de los accionistas, sino también aquellos del resto de grupos sociales participantes en la misma. Por ello, la pregunta clave a este respecto no debe ser si se debe o no asumir cierta responsabilidad social sino más bien si es bueno para las empresas y por qué en una economía de mercado las empresas deciden asumirla, más allá de la producción de bienes y servicios y del cumplimiento de sus obligaciones legales (Guerras y López–Hermoso, 2002).

En general, puede considerarse que los **factores** que influyen en la decisión de la empresa acerca de la responsabilidad social son de cuatro tipos: legales, políticos, competitivos y éticos (Certo y Peter, 1996; Guerras y López–Hermoso, 2002; Nieto, 2005) (figura 2.6):

a) ***Factores legales***: Las influencias legales vienen determinadas por el respeto a las leyes y normas que la sociedad, a través de las instituciones elegidas al efecto, deciden darse a sí mismas. Este sería el umbral mínimo que las empresas están obligadas a respetar.

b) ***Factores políticos***: Se derivan de la necesidad de atender a los grupos de interés con los que se relaciona la empresa, especialmente con aquellos que han sido valorados como más relevantes. Entre los grupos de interés internos, los trabajadores suelen ser el grupo prioritario. Entre los externos, cabe destacar la importancia que cada vez más están alcanzando los consumidores cuando utilizan criterios sociales, medioambientales o de tipo ético en sus decisiones de compra.

Figura 2.6: Factores que influyen en la responsabilidad social de la empresa

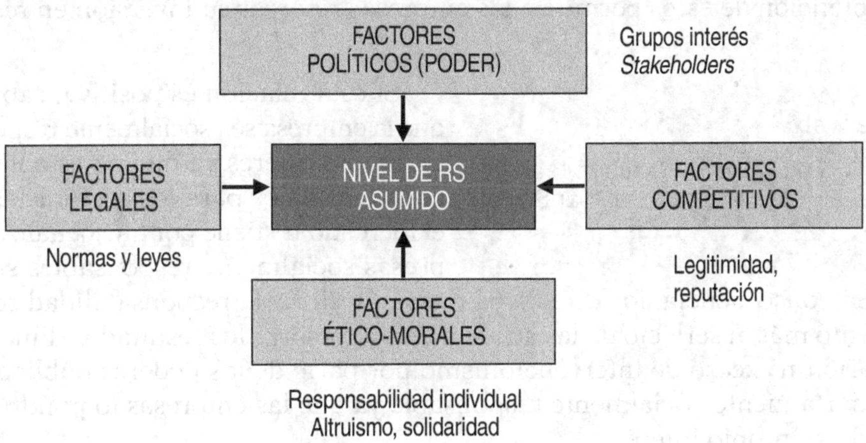

c) ***Factores estratégicos o competitivos***: la responsabilidad social también puede permitir a la empresa mejorar su posición competitiva y crear valor. Cinco son los **mecanismos básicos** a través de los cuales la empresa puede generar valor (Guerras, 2009: 574): 1) creando activos intangibles valiosos como la legitimidad o la reputación; 2) diferenciando productos y procesos para incorporarles atributos o características que son positivamente valorados por los clientes; 3) mejorando el contexto competitivo en el que se mueve la empresa; 4) reduciendo los riesgos en las relaciones con los grupos de interés y evitando de esta manera los costes de un comportamiento socialmente no responsable; y 5) accediendo a recursos valiosos en mejores condiciones que otras empresas tales como personal cualificado o recursos financieros procedentes de fondos de inversión socialmente responsable (ISR).

d) ***Factores ético–morales***: la responsabilidad social también está vinculada con los valores de la empresa y de sus propietarios y directivos, así como los de la sociedad en la que se desenvuelve. En este sentido, los criterios éticos de la sociedad tienden a ser más fácilmente asumidos por la empresa y sirven de presión para un comportamiento socialmente responsable. Así, la empresa puede incorporar criterios ético–morales en la misión, los valores y la cultura de la organización.

Una cuestión fundamental que subyace en el debate sobre responsabilidad social es el impacto que ésta tiene en los resultados de la empresa. Es decir, si es gasto para la empresa o si, por el contrario, supone una inversión a largo plazo que compensa los gastos incurridos. Diversos estudios se han ocupado de este asunto sin llegar a conclusiones claras: algunos encuentran una relación positiva entre responsabilidad social y resultados, otros una relación negativa y otros no encuentra relación alguna. Orlitzky y otros (2003) llevaron a cabo una síntesis de los estudios realizados hasta ese momento y obtuvieron como conclusiones que **existe una relación positiva y fuerte entre responsabilidad social y resultados**, que esta relación se produce tanto en diferentes sectores industriales como en distintos contextos geográficos y que existe una especie de círculo virtuoso, de manera que aquellas empresas que invierten en responsabilidad social obtienen a largo plazo mejores resultados y la obtención de éstos permite a las empresas reforzar su inversión en responsabilidad social.

Consulta la web

Ver Aplicación AN–03.05-ES: La responsabilidad social en Meliá Hotels International, por Sonia Medina Salgado

Si esta relación es positiva, cabría esperar que la empresa sea socialmente responsable por su propio interés ya que no es contradictorio con crear valor para los accionistas. Además, el mercado no tiene por qué penalizar a las empresas socialmente responsables sino todo lo contrario. En consecuencia, los directivos pueden utilizar la responsabilidad social como un instrumento más al servicio de la estrategia para mejorar los resultados. Finalmente, no sería necesario un exceso de intervencionismo por parte de los poderes públicos para forzar un comportamiento socialmente responsable ya que las empresas lo pondrán en práctica siguiendo su propio interés.

2.4.2. La ética empresarial

De igual forma que la moral individual hace referencia al conjunto de valores que determinan las relaciones entre los individuos, a partir de los cuales surgen las apreciaciones personales internas acerca del bien y del mal como fundamento de su conducta, la ética empresarial o de los negocios hace referencia a los comportamientos profesionales o públicos que llevan a identificar lo que se considera aceptable o no por la sociedad (incluyendo la ley) y por la conciencia y los valores de las personas que forman parte de una organización.

En esta línea y en una primera aproximación, **la ética empresarial se refiere a los fundamentos morales que caracterizan las relaciones que las empresas sostienen con los agentes sociales o grupos de interés.** En concreto, trata de responder a la siguiente pregunta: ¿qué es correcto y qué incorrecto, bueno o malo, perjudicial o beneficioso en relación con las decisiones y actuaciones en las transacciones de las empresas? (Weiss, 2006). En este sentido, la ética de la empresa afecta a distintos ámbitos de la toma de decisiones empresariales, especialmente aquéllas acerca de cuestiones económicas y sociales más allá del

Análisis

Una visión panorámica de la ética empresarial se puede encontrar en Fontrodona y Argandoña (2011), *Universia Business Review*, nº 30: *http://ubr.universia.net*

ámbito legal y acerca de la prioridad del interés propio de las personas respecto del interés de la empresa o de ésta respecto de otros grupos de interés (Nash, 1990).

La actualidad de su estudio radica en el aparente proceso acelerado de degradación moral de la vida pública, puesto de manifiesto mediante escándalos empresariales de tipo financiero o de corrupción, ligados en muchas ocasiones al poder político, que conmueven a la opinión pública por su magnitud y frecuencia. Cuestiones tales como la contaminación del medio ambiente, la seguridad de los productos respecto de los posibles efectos nocivos que puedan causar, los beneficios indebidos mediante fraudes o información privilegiada, las recalificaciones de terrenos mediante soborno a los responsables políticos, los regalos a los políticos para conseguir favores, la utilización de los datos personales con fines comerciales o la explotación de la mano de obra infantil en los países del tercer mundo son algunos ejemplos actuales de la sensibilidad existente hacia la ética empresarial.

Al igual que ocurre con la responsabilidad social, la necesidad de un comportamiento ético en los negocios es algo ampliamente debatido. Para algunos, en parte como consecuencia de los escándalos, la empresa llega a percibirse socialmente, en ocasiones, como un agente en un mundo salvaje y adulterado regido por una «ética mínima» consistente únicamente en evitar problemas con el ordenamiento jurídico y legal.

Desde un punto de vista contrario, cabe razonar que sin un elevado nivel de ética, más allá de las exigencias legales, es imposible obtener la confianza de aquellos grupos de interés con los que se relaciona la empresa, confianza que es condición indispensable para una alta eficacia a largo plazo en los negocios. Además, un comportamiento ético puede ahorrar muchos costes no sólo en juicios o en multas sino, lo que es seguramente más importante, en términos de deterioro de las relaciones con los grupos de interés, mala reputación, caída en la productividad y lealtad de los empleados, ineficacia de los flujos de información en la empresa o absentismo laboral (Weiss, 2006).

Consulta la web

Ver Aplicación AN-03.04-ES: El código ético de Repsol, por Jennifer Casillas García-Gango

Pero afirmar que la ética es importante en los negocios no es suficiente. Es preciso definir los contenidos morales de lo que es o no aceptable e implantar los mecanismos adecuados para favorecer que el comportamiento general de los empleados sea ético. Para conseguirlo es conveniente la elaboración de **códigos éticos** o **códigos de conducta**, que incluyan tanto los compromisos de la empresa hacia sus integrantes como, lo que es más importante, los compromisos de éstos hacia la propia empresa, para el respeto escrupuloso de la ley y la ética, en sus comportamientos profesionales. El interés de su definición radica en que todos los integrantes de la organización van a poder conocer, de forma explícita y directa, su contenido. Un código ético podría incluir:

- Los **comportamientos prohibidos** expresamente a sus integrantes, derivados de disposiciones legales o contractuales.
- La promoción de **valores positivos** que puedan ser asumidos por la empresa y que expresan su cultura y personalidad.

- Las **guías de actuación** para determinadas situaciones de decisiones o comportamientos profesionales cercanos a los límites de los principios éticos.
- Las **sanciones,** en caso de incumplimiento, tanto de tipo directivo (advertencia, descenso de categoría, despido, etc.) como de tipo judicial (civil, penal, administrativo, etc.).

Finalmente, cabe señalar que el gobierno de la empresa, la responsabilidad social y la ética empresarial son cuestiones muy relacionadas entre sí. Efectivamente, el gobierno está relacionado con el buen hacer de las personas para el cumplimiento de los objetivos de la empresa y, para ello, es imprescindible un comportamiento ético de los directivos. Así, muchos códigos de conducta tratan de regular este comportamiento para favorecer los intereses generales de la empresa. Por otra parte, mientras que la responsabilidad social trata de atender las demandas de objetivos de los grupos de interés, el gobierno centra su atención en la relación entre los intereses de los accionistas y los directivos. Finalmente, los informes de responsabilidad social de la empresa suelen incluir aspectos de buen gobierno así como información sobre valores éticos o códigos de conducta implantados.

CUADRO RESUMEN

✓ **LA MISIÓN, LA VISIÓN Y LOS OBJETIVOS ESTRATÉGICOS**

- Conceptos y variables para su identificación
- Problemas de su definición
- Utilidad de cada uno de los conceptos
- Criterios para la definición de los objetivos estratégicos
- Tipos de objetivos estratégicos

✓ **LA CREACIÓN DE VALOR Y LOS GRUPOS DE INTERÉS**

- La maximización de la creación de valor como objetivo básico de la empresa y sus limitaciones
- Concepto y tipos de grupos de interés o *stakeholders*
- Identificación y medición del grado de relevancia: poder, legitimidad y urgencia
- Implicaciones de su estudio para la dirección

✓ **EL GOBIERNO DE LA EMPRESA**

- La separación entre la propiedad y la dirección: el problema del buen gobierno
- El papel del Consejo de Administración: el control de los directivos
- Criterios para el buen funcionamiento del consejo: códigos de buen gobierno

- Sistemas de incentivos para alinear los intereses de directivos y accionistas
- Mecanismos externos para el control de la dirección: mercado de empresas, de capitales, de trabajo de directivos y de bienes y servicios

✓ **LOS VALORES DE LA EMPRESA**

- Concepto de responsabilidad social y justificación de su estudio
- Ámbitos de aplicación: económico-funcional, calidad de vida e inversión social
- Factores que influyen en su asunción: legales, políticos, competitivos y éticos
- Relación con los resultados de la empresa
- Concepto de ética empresarial y justificación de la actualidad de su estudio
- Diseño de códigos éticos o códigos de conducta

PREGUNTAS SOBRE EL CAPÍTULO

- Semejanzas y diferencias entre los conceptos de misión y visión.
- Motivos por los que surge el conflicto de objetivos en la empresa. Poner ejemplos de conflictos.
- Criterios para la valoración de la importancia de los *stakeholders* en la estrategia empresarial.
- Análisis comparativo de los mecanismos a disposición de la propiedad para controlar la actuación de la dirección.
- Argumentos favorables y contrarios a la asunción de responsabilidad social por parte de la empresa.
- ¿Por qué la responsabilidad social puede contribuir al éxito de la empresa?
- ¿Por qué es importante un comportamiento ético de la empresa a largo plazo?
- ¿En qué consiste un código de conducta o código ético y qué partes suele incluir?

ACTIVIDADES

2.a. Identificar en una empresa su misión, visión y objetivos estratégicos. Discutir cómo están definidos estos conceptos y analizar las ventajas que su diseño representa para la empresa. Analizando su contenido, encuentre las diferencias entre la misión, la visión y los objetivos estratégicos.

2.b. Localizar un ejemplo reciente en el que aparezca un conflicto de objetivos, identificando los grupos de interés existentes, sus objetivos y la relevancia de cada grupo.

2.c. Identificar en una empresa cotizada cualquiera el grado de cumplimiento del código de buen gobierno actualmente vigente en España.

2.d. Analizar críticamente una Memoria de Responsabilidad Social Corporativa y/o un Código Ético de una empresa que la tenga publicada. Revise sus apartados y contenidos y proponga alguna mejora o aspecto no contenido.

LECTURAS RECOMENDADAS

Puede profundizar los contenidos de este capítulo en Guerras y Navas (2007, caps. 2 y 3), Guerras (2009), Hill y Jones (2009, cap. 11) y Johnson y otros (2010, cap. 4).

Capítulo 3
Análisis del entorno

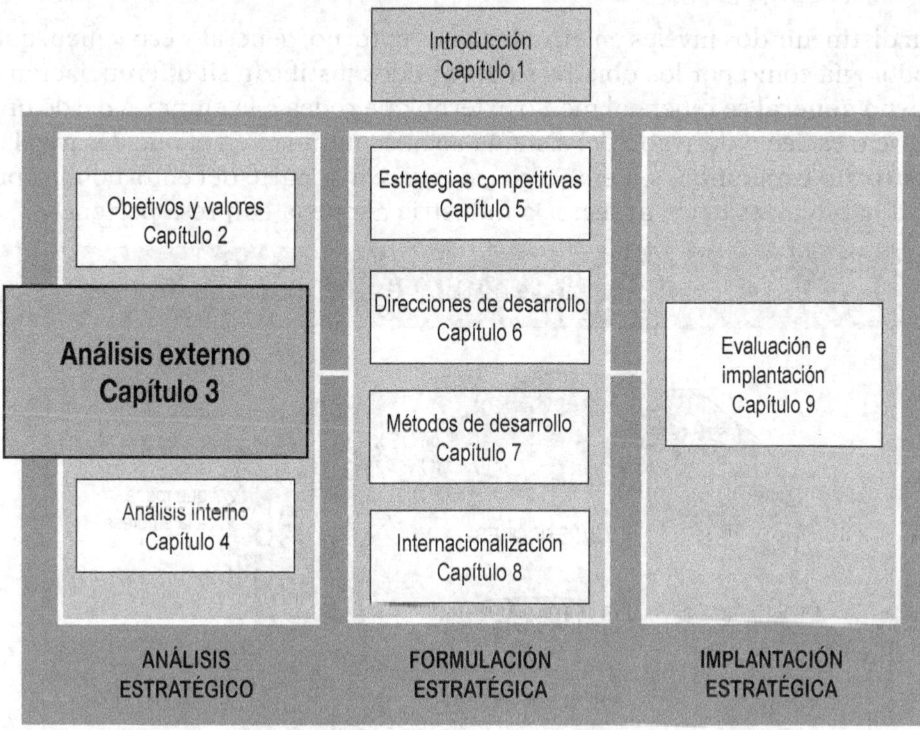

OBJETIVOS

- Conocer qué es el entorno de la empresa y sus tipos: general y específico.
- Estudiar técnicas de análisis tanto del entorno general como específico
- Identificar segmentos dentro de una industria, especialmente desde el punto de vista de la oferta
- Investigar el comportamiento de los rivales directos
- Reconocer la importancia del análisis del entorno

3.1. EL ENTORNO DE LA EMPRESA

El concepto de entorno se refiere a todo aquello que es ajeno a la empresa como organización (Mintzberg, 1984). El entorno así definido es algo extraordinariamente amplio. De forma más concreta, el entorno de la empresa está formado por todos los factores externos que influyen sobre sus decisiones y resultados (Grant, 2006: 102). Al ser factores externos, la empresa no los puede controlar pero, sin embargo, pueden ejercer una influencia significativa en el éxito de la estrategia empresarial. Su análisis permite identificar esta influencia, tanto positiva como negativa y, por tanto, decidir la respuesta más adecuada a las mismas.

Se suelen distinguir dos niveles en el análisis del entorno, general y específico, que tanto por su metodología como por los objetivos perseguidos justifican su diferenciación (figura 3.1). El **entorno general** se refiere al medio externo que rodea a la empresa desde una perspectiva genérica, es decir, derivado del sistema socioeconómico en el que desarrolla su actividad. El **entorno específico**, sin embargo, se refiere a la parte del entorno más próxima a su actividad habitual, es decir, al sector o industria al que la empresa pertenece.

Figura 3.1: Entorno general y entorno específico

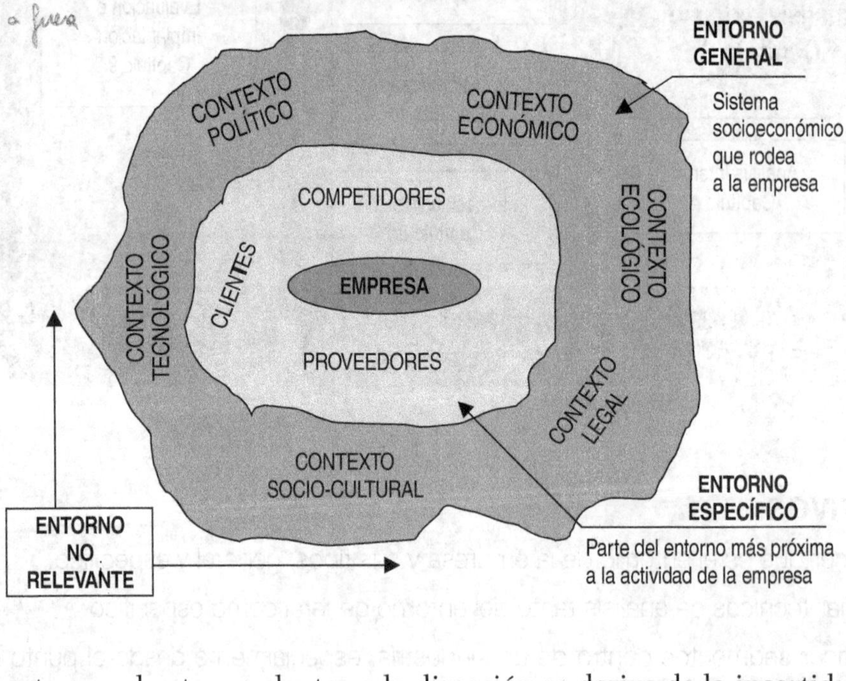

El gran reto que el entorno plantea a la dirección se deriva de la incertidumbre que lo rodea ya que son factores que la empresa no controla. En general, puede decirse que cuanto más dinámico, complejo, diverso y hostil es el entorno, mayor es la incertidumbre a la que se tiene que enfrentar la empresa. El entorno actual está caracterizado por una elevada incertidumbre debida a múltiples factores de la evolución reciente del sistema económico, político y social, entre los que se encuentran, la globalización de la economía, la aceleración del cambio tecnológico, la progresiva eliminación de las barreras nacionales, los cambios en los valores culturales, medioambientales y éticos de la sociedad, etc.

La dirección de la empresa deberá intentar conocer de la mejor manera posible cuáles son los factores del entorno que le afectan y de qué manera lo hacen. Aquellos factores que favorecen su actividad, se conocen como **oportunidades** mientras que a aquellos otros que representan una dificultad les llamaremos **amenazas.** Con la finalidad de identificar y valorar unas y otras, se presentan diversas técnicas orientadas tanto para el análisis del entorno general como para el específico.

3.2. ANÁLISIS DEL ENTORNO GENERAL

El objetivo del análisis del entorno general es identificar los factores que, desde la perspectiva del sistema económico y social general, afectan a la actuación de la empresa. Este marco genérico determina la prosperidad y el bienestar de la economía, lo que puede afectar al potencial de rentabilidad. Para ello, estudiaremos dos aproximaciones, el perfil estratégico del entorno y los distritos industriales.

3.2.1. El perfil estratégico del entorno

El primer problema que hay que resolver para estudiar el entorno general es definir sus límites, es decir, **identificar qué variables van a tener un impacto significativo en la actividad de la empresa y cuáles no.** En primer lugar, es preciso definir los límites geográficos del análisis en función del ámbito territorial en el que desempeña su actuación. Así, se suelen distinguir los siguientes **niveles**: mundial, área económica, país, región o localidad. La importancia de esta primera delimitación es relevante, ya que determina el tipo de información al que hay que acudir para llevar a cabo el análisis.

En segundo lugar, es preciso determinar los tipos de variables que se deben considerar en el análisis o **dimensiones** del entorno. Una aproximación práctica permite agrupar los factores del entorno en las seis dimensiones siguientes: política, económica, sociocultural, tecnológica, ecológica (medioambiental) y legal. Johnson y otros (2010: 25-27) denominan esta propuesta con el acrónimo de **Análisis PESTEL**, a partir de las iniciales de las dimensiones consideradas.

La **dimensión política** se relaciona con la estabilidad gubernamental y las políticas generales que lleven a cabo las administraciones públicas en aspectos como fiscalidad, comercio exterior o bienestar social. La **dimensión económica** afecta a la naturaleza y la dirección del sistema económico donde se desenvuelve la empresa y viene dada por sus principales indicadores económicos. La **dimensión socio-cultural** recoge tanto las creencias, valores, actitudes y formas de vida de las personas que forman parte de la sociedad como las condiciones culturales, ecológicas, demográficas, religiosas, educativas y étnicas del sistema social en su conjunto.

El marco científico y tecnológico que caracterice la situación de un sistema es el contenido de la **dimensión tecnológica**. La **dimensión ecológica**, que ha tomado gran relevancia en los últimos tiempos, se refiere a la política de preservación del medio ambiente de las autoridades administrativas. Por último, la **dimensión legal** integra los factores administrativos, legales y reguladores dentro de los cuales la empresa debe operar.

Figura 3.2: Perfil estratégico del entorno

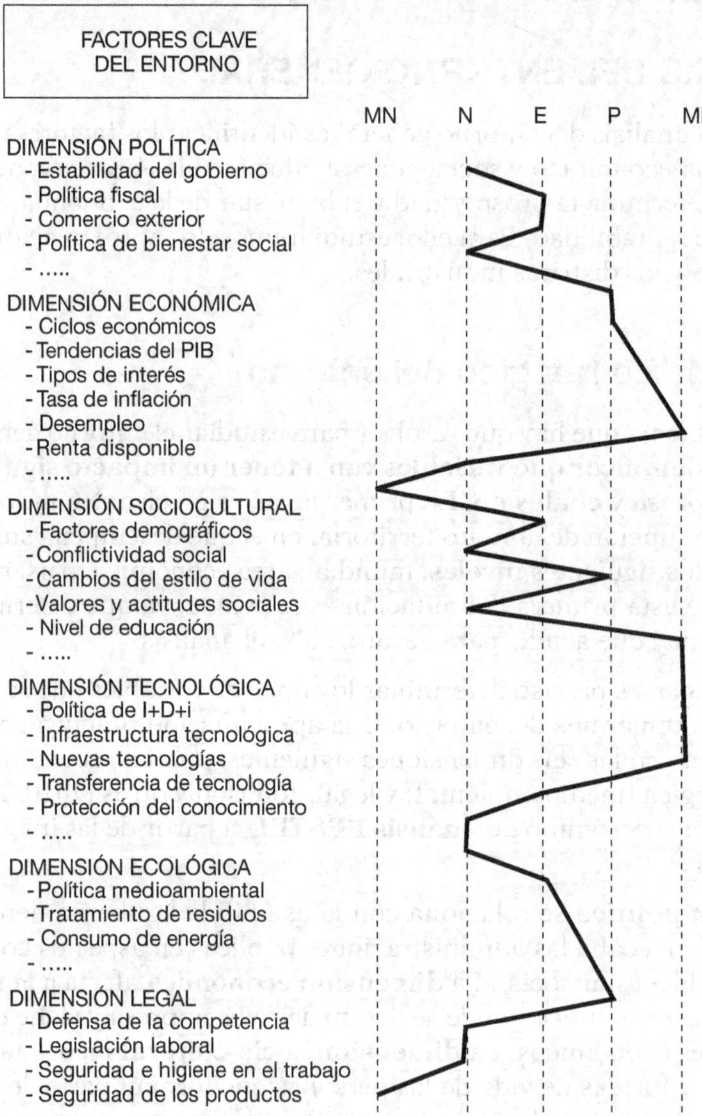

Cada una de las anteriores dimensiones se concreta mediante un conjunto de variables o factores clave que ponen de manifiesto los aspectos más importantes que se deben considerar para su análisis. Este análisis se puede realizar mediante un instrumento sencillo pero muy útil como es el **perfil estratégico del entorno**. La elaboración de este perfil consta de dos fases. En la primera, se elabora una lista de lo que hemos denominado **factores clave del entorno**, o variables significativas del mismo. Estos factores clave suelen estar agrupados según las dimensiones del análisis del entorno antes citadas.

La segunda parte consiste en valorar el comportamiento de cada uno de los factores clave en una escala Likert de uno (1) a cinco (5) o, lo que es lo mismo: muy negativo, negativo, indiferente o equilibrado, positivo y muy positivo. Esta valoración se hace de forma subjetiva por parte de la dirección de la empresa ya que recoge la forma en que ésta percibe las distintas variables del entorno. En la figura 3.2 se recoge un ejemplo posible de perfil estratégico. En él se pueden observar y descubrir fácilmente las oportunidades (valoraciones hacia la derecha) y las amenazas (valoraciones hacia la izquierda).

AA Aplicación 3.1:

Efectos económicos del cambio climático,
por Jorge Cruz González

Parece haber un consenso generalizado sobre que el cambio climático provocado por la emisión de gases a la atmósfera con efecto invernadero está originando un calentamiento global del planeta que amenaza con tener importantes consecuencias como prolongadas sequías, incremento del nivel del mar, desaparición de especies y proliferación de catástrofes naturales como grandes incendios, inundaciones, tsunamis, etc.

Este fenómeno provoca evidentes efectos negativos sobre distintos sectores industriales, como por ejemplo la agricultura y el turismo. En la agricultura, la subida de las temperaturas y la escasez de agua están provocando la pérdida de cultivos y, en todo caso, el encarecimiento de los mismos. Con respecto al turismo, el aumento del nivel del mar se espera reduzca la dimensión de las playas que, en el caso español puede afectar a la costa mediterránea, con unos 15 metros menos de playa de media. Por su parte, las estaciones de esquí también se ven afectadas por la escasez de nieve.

Sin embargo, en otros sectores de actividad, el cambio climático tiene efectos positivos como, por ejemplo, la industria de la fabricación de aparatos de aire acondicionado (ante las cada vez más frecuentes olas de calor), la industria eléctrica (con fuertes incrementos de demanda en los meses veraniegos por el uso del aire acondicionado) o los seguros (para prevenir los posibles efectos de los desastres naturales).

Ahora bien, los efectos no son homogéneos dentro incluso del mismo sector de actividad. Por ejemplo, dentro del sector agrícola, en concreto el cultivo de la vid, el calor afecta negativamente a las tradicionales zonas de cultivo ofreciendo vinos más duros y con mayor graduación de alcohol. Sin embargo, la subida de temperaturas está haciendo viables nuevas zonas de plantación de viñedos situadas a mayor altitud sobre el nivel del mar que históricamente se han considerado frías y ahora se convierten en templadas. También en el sector turístico, los desastres naturales hacen aparecer nuevas oportunidades de negocio como las que ofrecen algunas agencias de viajes para contemplar el deshielo en Groenlandia y la visita a las zonas afectadas por el tsunami de Japón del 11 de marzo de 2011.

El perfil estratégico del entorno es una herramienta muy sencilla y fácil de interpretar que pone de manifiesto las influencias que el entorno general ofrece a la actuación de la empresa. Sin embargo, es subjetiva y cualitativa respecto de la identificación de tales influencias, por lo que distintos analistas podrían llegar a resultados diferentes. Además, para una correcta utilización de esta herramienta, es preciso considerar tres cuestiones importantes en la medición de dichos efectos para poder decidir adecuadamente:

- Similares características del entorno general pueden tener efectos diferentes en distintas industrias (Dess y otros, 2011: 50).
- El impacto del entorno general varía significativamente incluso entre empresas situadas dentro de la misma industria.
- No todas las variables del entorno general afectan de forma relevante a una determinada industria o empresa por lo que la identificación de los factores relevantes habrá de hacerse para cada caso.

3.2.2. Los distritos industriales

Un distrito industrial, también denominado *cluster* o cúmulo de empresas (Porter, 1999) es un **grupo numeroso de empresas e instituciones afines, relacionadas con una misma actividad económica, localizadas en un entorno geográfico determinado.** El distrito incluye tanto las empresas pertenecientes al sector industrial principal que lo identifica, como instituciones u otras empresas con las que se relacionan. Por tanto, un distrito industrial suele estar compuesto por los siguientes **tipos de agentes**, ubicados en un mismo entorno geográfico (figura 3.3):

- ***Empresas que se dedican a la misma actividad*** y que ofrecen productos o servicios finales. En ocasiones, puede ser una única gran empresa alrededor de la cual se constituye el distrito.
- ***Diversos tipos de instituciones,*** tanto públicas como privadas, que facilitan información y apoyo técnico especializado, como pueden ser centros de investigación, universidades, institutos de normalización, centros de formación, asociaciones patronales, entidades financieras e instituciones de la Administración.
- ***Empresas situadas tanto en la fase anterior como posterior al ciclo completo de explotación del producto principal***, como proveedores de materiales, componentes, maquinaria y servicios especializados, o empresas de distribución y empresas clientes.
- ***Empresas de sectores afines***, que ofrecen productos complementarios al producto principal.

Figura 3.3: Tipos de agentes de un distrito industrial

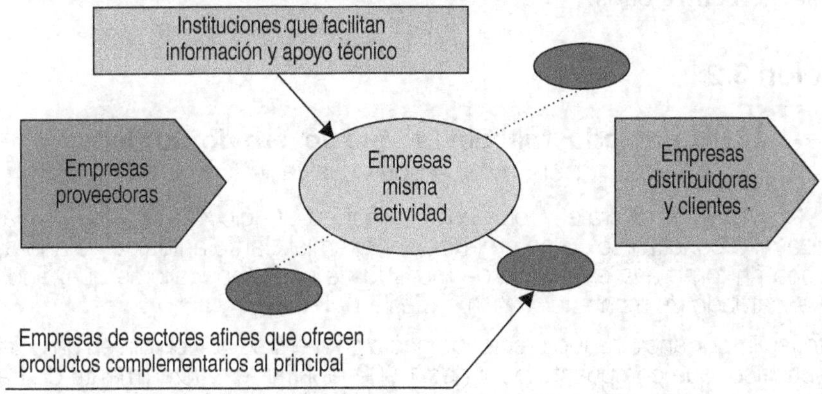

La pertenencia a un distrito industrial puede favorecer la competitividad de una empresa a partir de diversos **factores** (Porter, 1999: 220-231):

1) ***Incremento de la productividad***: por la facilidad de acceso a determinados recursos especializados existentes en el distrito como proveedores, recursos humanos, información, infraestructuras, redes de comunicaciones, etc., que la cercanía geográfica hace posible y que, en otro caso, serían muy difíciles o costosos de obtener.

2) ***Estímulo a la innovación***: las empresas que pertenecen a un distrito suelen percibir, por la cercanía a centros de investigación o por las propias interrelaciones internas, las nuevas necesidades de los clientes y las nuevas tendencias de las tecnologías más rápidamente que los competidores aislados, favoreciendo con ello procesos de innovación. También, la presión competitiva interna les obliga a distinguirse de una manera más creativa, incrementándose la presión por innovar.

3) ***Creación de nuevas empresas***: La propia existencia del distrito favorece la formación o entrada de nuevas empresas que se unirán a él para hacerlo más vigoroso y competitivo. Las barreras de entrada son más bajas, ya que se pueden reunir más fácilmente los recursos materiales y humanos especializados necesarios. Además, la financiación para la creación de empresas suele ser más barata ya que la prima de riesgo exigida por las entidades financieras es más baja al haber un mayor número de clientes potenciales y experiencias anteriores de otras empresas que se han creado.

> **Análisis**
>
> Un análisis de los factores que impulsan a las empresas a localizarse en un distrito industrial se puede encontrar en Molina y Ares (2007), *Cuadernos de Estudios Empresariales*, nº 17: *http://revistas.ucm.es/index.php/CESE*

En resumen, **los distritos industriales son una combinación entre competencia y cooperación**, ya que, por un lado surgen relaciones de competencia directa, al ser empresas que compiten unas con otras en el mismo tipo de actividad pero, por otro lado, surgen relaciones simbióticas que favorecen a todos los integrantes, tanto por estar localizados en un entorno común como por las complementariedades que surgen entre ellos.

Aplicación 3.2:

El distrito industrial del Parque Joyero de Córdoba,
por Javier Amores Salvadó

Los orígenes de la tradición joyera en Córdoba se remontan al siglo XVI, cuando los plateros cordobeses comenzaron a constituirse como organización gremial. Tanto antes como ahora, la actividad del sector giraba en torno a la existencia de multitud de pequeños talleres que, a lo largo de los años, se han encargado de mantener viva la profesión.

Gracias a esto, su importancia ha ido creciendo hasta convertirse hoy en día en un colectivo con un gran peso específico, que compuesto por unos 1.000 fabricantes, actualmente da trabajo a unas 15.000 personas y genera una facturación de unos 540 millones de euros anuales, constituyendo el 60% de la producción nacional.

Sin embargo, la joyería cordobesa tradicional adolecía de estructura industrial y se encontraba excesivamente atomizada, existiendo una multitud de empresas que competían entre sí por una cuota de mercado similar, ralentizando la modernización del sector y dificultando la necesaria unidad de acción para hacer frente a la creciente competencia exterior procedente tanto de la Unión Europea (principalmente Italia) como de diversos países asiáticos que compiten en mano de obra barata.

Con el fin de superar estas limitaciones, en el año 2005 surgió el Parque Joyero de Córdoba, cuyo propósito era agrupar a las más importantes empresas del sector joyero, bisutero, orfebre y relojero en un solo complejo, facilitando así la cooperación empresarial y la creación de estructuras para la investigación industrial, el desarrollo tecnológico y la generación y transferencia de conocimientos tecnológicos en las diferentes áreas.

Sobre una superficie total construida de 140.500 metros cuadrados el Parque Joyero de Córdoba alberga actualmente a 93 empresas líderes en el sector joyero, relojero y orfebre, a otras 29 empresas auxiliares dedicadas al trabajo en piedras, perlas, venta de metal, fotografía publicitaria para joyería y seguridad y a otras 24 empresas que ofrecen servicios complementarios y relacionados tales como entidades bancarias o aseguradoras.

Además, cuenta con el apoyo institucional de la Junta de Andalucía, a través del Centro Tecnológico Andaluz del Diseño, así como otras entidades como el Consorcio Escuela de Joyería y su Oficina Técnica, que apoya a las empresas en las tareas relacionadas con la calidad, la seguridad industrial y la formación.

3.3. ANÁLISIS DEL ENTORNO ESPECÍFICO

El análisis del entorno general se complementa con el análisis del sector o industria en el que opera la empresa, el llamado entorno específico. Para poder realizar este análisis, en primer lugar es preciso establecer los límites del entorno específico. En segundo lugar, hay que determinar cuál es el grado de atractivo de un sector a partir de la rentabilidad media esperada e identificar cuáles son los factores clave de éxito en dicho sector. En tercer lugar, dentro de casi todos los sectores, se pueden establecer entornos competitivos más reducidos a través de la identificación de segmentos. Por último, conviene conocer cuáles son las prácticas y el comportamiento que están teniendo los rivales para prevenir sus movimientos competitivos o anticipar sus reacciones ante nuestras acciones.

3.3.1. Delimitación del entorno específico

El entorno específico de una empresa hace referencia a los factores externos que influyen en su estrategia según el tipo de actividad que desarrolla, esto es, a los factores relacionados con el sector industrial en el que la empresa opera. Este concepto parece fácil de comprender pero, en muchas ocasiones, es difícil de delimitar para una empresa en concreto. La delimitación del entorno específico para una empresa debe responder a la pregunta: **¿quiénes son nuestros competidores?**

En una primera aproximación, el sector industrial se define como un «conjunto de empresas que ofrecen productos o servicios que son sustitutivos cercanos uno del otro» (Hill y Jones, 2009: 43). En esta definición se encuentra una primera interpretación de quiénes son los competidores: todas las empresas que ofrezcan productos sustitutivos entre sí. Ahora bien, la característica de sustituibilidad puede medirse por dos criterios: tecnológico y de mercado.

1) El **criterio tecnológico** se aplica desde el punto de vista de la oferta y define una industria como el conjunto de empresas que emplean procesos productivos o materias primas similares en la elaboración de uno o diversos productos. La clave, pues, de esta definición es el grado de sustituibilidad de los procesos productivos.

2) El **criterio de mercado** se aplica desde el lado de la demanda y selecciona el conjunto de empresas que fabrican productos que son sustitutos próximos unos de otros desde el punto de vista de las necesidades cubiertas a los clientes.

Ambas definiciones dan lugar a la misma clasificación de industria cuando los productos son sustituibles para compradores y productores; pero esto no será siempre así, ya que hay casos donde el grado de sustituibilidad para unos y otros difiere bastante. Por ejemplo, para un consumidor de ocio, un libro, un disco o el cine pueden considerarse como sustitutivos cercanos, cosa que no ocurre desde el punto de vista de la oferta, dado que el proceso productivo empleado es muy diferente. El caso contrario puede ser el de la ropa de hombre y mujer, difícilmente sustituibles desde el lado de la demanda, pero en cuya producción se emplean técnicas y procesos muy similares.

Con el fin de delimitar los distintos sectores, es frecuente acudir a las clasificaciones y **nomenclaturas** que han establecido diferentes instituciones a partir de desagregaciones en sectores y subsectores de todas las actividades económicas como la Clasificación Nacional de Actividades Económicas (CNAE, *www.ine.es*), de ámbito español o la Standard Industrial Classification (SIC, *www.census.gov/epcd/www/sic.html*), de ámbito internacional, especialmente utilizada en EE.UU.

Además del concepto de sector industrial, existen otros estrechamente relacionados con él, como son los de **industria**, **negocio** y **mercado**, los cuales pueden ayudar a resolver los problemas de delimitación expuestos anteriormente. Siguiendo el planteamiento de Abell (1980), el entorno competitivo se puede definir a partir de tres dimensiones:

1. **Grupo de clientes servidos**, esto es, a quién se dirigen los productos o servicios.
2. **Funciones que el producto o servicio cubre a dichos clientes**, lo que está estrechamente relacionado con las necesidades satisfechas.
3. **Tecnología empleada** o cómo se ofrece el producto, es decir, la forma en que una función es cubierta.

A partir de las anteriores dimensiones pueden definirse tres conceptos básicos que nos van a ayudar a aproximarnos a la definición y delimitación del entorno competitivo:

a. ***Industria***: Comprende al **conjunto de empresas que, a partir de una tecnología determinada, tratan de atender a todos los grupos de clientes y cubrir todas las funciones posibles**. De este modo, este concepto delimitaría al sector industrial por el lado de la oferta (figura 3.4).

Figura 3.4: Representación de una industria

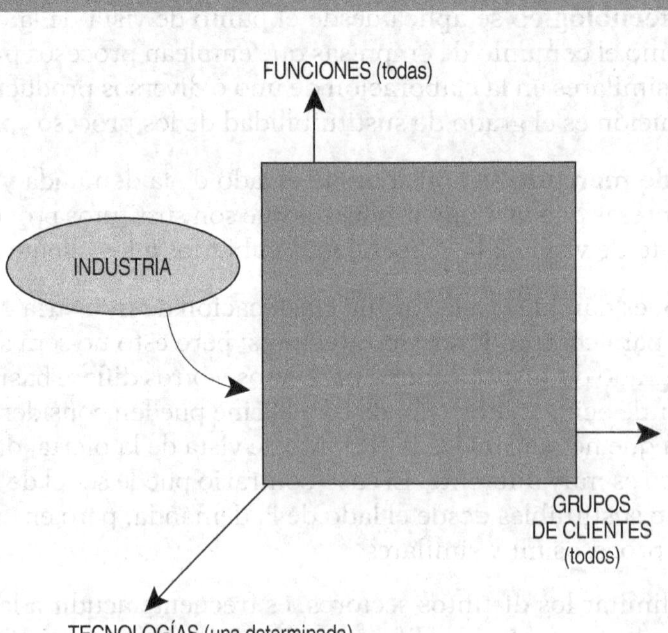

b. ***Negocio de una empresa***: En una industria pueden existir numerosas empresas. Cada una de ellas decide, a partir de la tecnología elegida, atender a uno o varios tipos de clientes y atender una o varias funciones. Así, el concepto de negocio representa **la selección concreta que cada empresa hace de las funciones y grupos de clientes que quiere atender**. Como se ve en la figura 3.5, distintas empresas pueden definir su negocio en una misma industria de manera muy diferente. Así, mientras que la empresa A elige cubrir una función para una gran variedad de grupos de clientes, la empresa B prefiere atender a un único grupo de clientes tratando de cubrir un ámbito amplio de funciones. Por su parte, la empresa C decide especializarse en una sola función para un único grupo de clientes. Del mismo modo, una empresa puede dedicarse a diferentes negocios pertenecientes a industrias distintas. Por ejemplo, dentro de la industria editorial, existen empresas que se dedican a editar únicamente libros de texto, publicaciones periódicas, poesía, etc. Otras abarcan un rango más amplio de productos editoriales, estando algunas de ellas integradas en grupos de empresas que operan también en otras industrias, como la radiofónica.

Figura 3.5: Distintos negocios en una misma industria

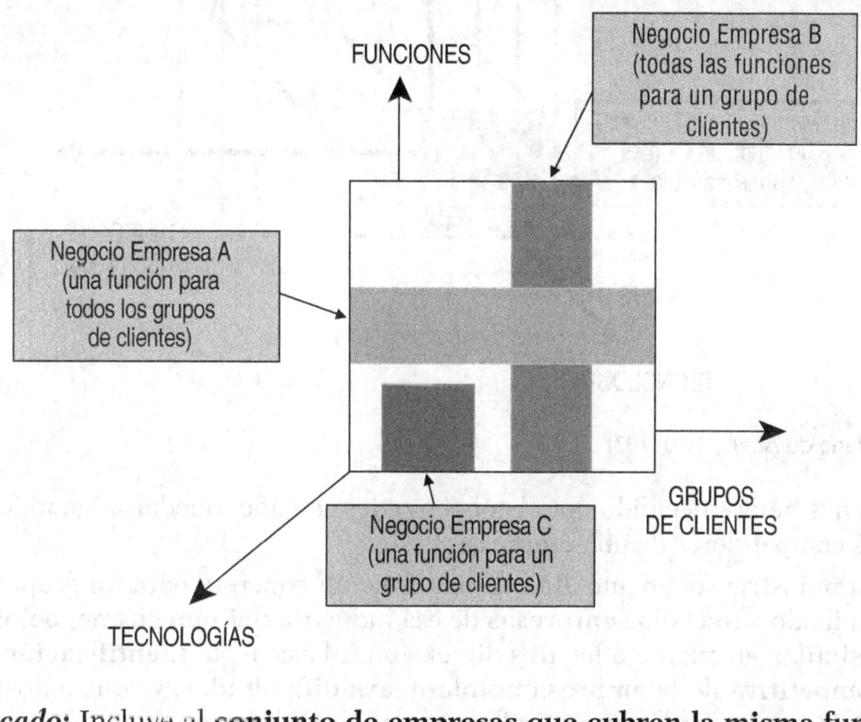

c. ***Mercado***: Incluye al **conjunto de empresas que cubren la misma función para un mismo grupo de clientes, independientemente de la industria en la que operen**, es decir, de la tecnología que utilicen (figura 3.6). Este concepto tiene que ver con la definición del sector industrial desde el lado de la demanda.

Desde un punto de vista de análisis estratégico, lo más importante es definir el entorno competitivo de la empresa. Éste está formado por los competidores, los clientes y los proveedores. El concepto de mercado que hemos definido es, por tanto, el más próximo a la definición del entorno específico o competitivo que la empresa debe analizar, ya que incluye a los competidores y a los clientes, si bien no a los proveedores. La figura 3.6 recoge las tres dimensiones utilizadas para la delimitación del sector industrial, resaltando los conceptos de industria y mercado.

Figura 3.6: Concepto de mercado

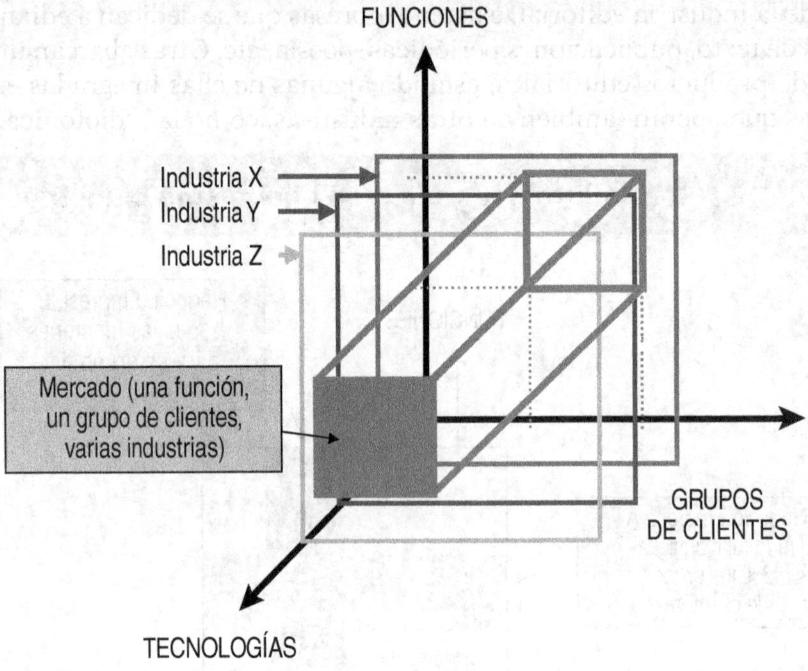

Fuente: Adaptado de Abell (1980: 197)

Una vez nos hemos decidido por el concepto de mercado, quedaría identificar específicamente los competidores de una empresa:

- Si una industria solamente atiende una función concreta para un grupo de clientes determinado y **todas las empresas** de esa industria **definen sus negocios de forma muy similar** en cuanto a las tres dimensiones básicas, **la identificación del entorno competitivo de la empresa no planteará dificultades**, ya que todos los competidores proceden de la misma industria y cubren el mismo conjunto de funciones a los mismos grupos de clientes.

Aplicación 3.3:

Aplicación del modelo de Abell a los medios de comunicación

La figura que acompaña al recuadro refleja, de forma aproximada, la aplicación del modelo de Abell a los medios de comunicación. Éstos cumplen una serie de funciones y se dirigen a distintos tipos de clientes (hemos elegido la variable geográfica para su segmentación). Cada tipo de medio se puede considerar una tecnología distinta o forma específica de cubrir las funciones. De esta forma, cabría hablar de distintas industrias tales como «prensa escrita», «revistas», «radio», «televisión», «internet» y «tabletas/móviles». Desde cada una de ellas se puede tratar de satisfacer las distintas necesidades a los diferentes grupos de clientes.

La mayoría de las funciones descritas son comunes a todos los medios. Sin embargo, cada empresa perteneciente a una de las industrias puede cubrir o no las distintas necesidades a todos o parte de los tipos de clientes. Por ejemplo, una radio pública –como Radio Nacional de España– no cubre la función de servir de soporte publicitario; o un periódico local –como La Rioja o El Norte de Castilla– sólo atiende a los clientes de su entorno regional. De esta forma, las tres dimensiones del modelo de Abell quedan definidas como sigue:

Funciones: Información de actualidad, información de servicio (farmacias de guardia, cartelera, el tiempo, el tráfico en la ciudad, etc.), ocio, cultura, soporte publicitario, compra de productos o servicios (teletienda), intermediación y contactos (teleempleo, anuncios por palabras, etc.).

Grupos de clientes: local, regional, nacional, internacional.

Tecnologías: periódicos (prensa escrita), revistas, radio, televisión, Internet, tabletas/móviles.

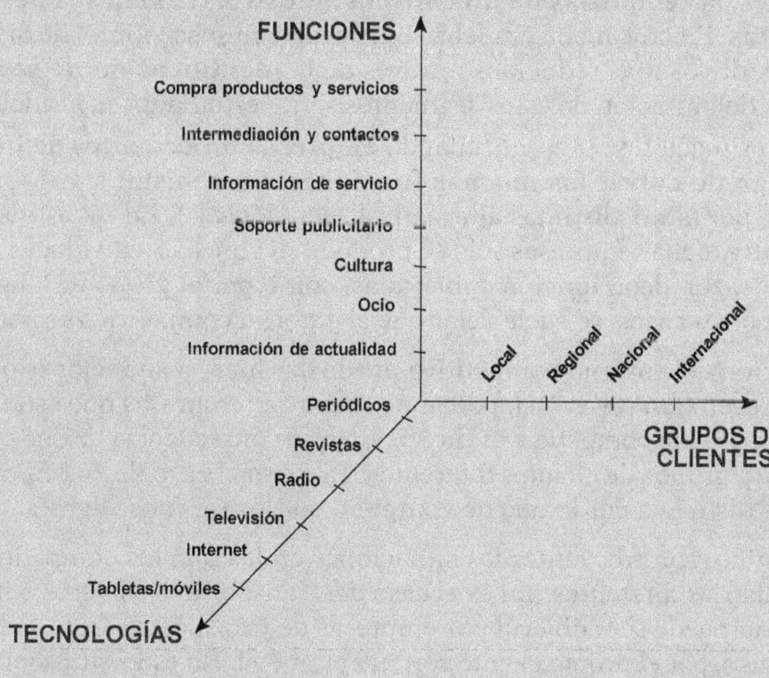

El negocio hace referencia a la forma en que cada empresa define su campo de actividad como conjunto de funciones, grupos de clientes y tecnologías. Algunas empresas definen su negocio de forma muy amplia como, por ejemplo, el Grupo Prisa que participa en varias industrias (El País, Cadena Ser, Canal+), trata de cubrir todas las funciones y se dirige a todo tipo de clientes (El País Internacional, Edición internacional de El País). Otras empresas definen su negocio de forma muy restringida. Por ejemplo, el periódico Segunda Mano sólo cubre las funciones de «intermediación» y «soporte publicitario» desde un soporte de prensa escrita e internet.

En cuanto al concepto de mercado, éste viene definido por una función o conjunto de funciones y un grupo de clientes. Así, el mercado publicitario está referido a la función de «soporte publicitario» y dirigido, por ejemplo, a nivel nacional, independientemente de la industria desde la que se cubra dicho servicio. Es preciso señalar que algunas de las funciones incluidas en la figura pueden ser cubiertas por empresas procedentes de otras industrias. Por ejemplo, la función de soporte publicitario puede ser cubierta también por vallas publicitarias, autobuses, etc., por lo que estas empresas compiten con los medios de comunicación por cubrir dicha función. De forma similar, la función de ocio puede ser cubierta también por otras muchas industrias, tales como el cine, la música, los libros, etc. competidores directos de la radio y la televisión especialmente.

Como consecuencia de todo ello, la empresa debe definir su entorno específico para cada función y grupo de clientes, es decir, para cada mercado en el que actúa. De este modo, podrá conocer quiénes son sus competidores directos e indirectos y analizar así las características –oportunidades y amenazas– del entorno en el que actúa. Esta definición no siempre es sencilla, ya que para cada combinación de funciones y grupos de clientes pueden aparecer competidores procedentes de industrias muy distintas de aquella en la que está situada la empresa.

- En ocasiones, **las empresas de una misma industria definen sus negocios de formas distintas.** Efectivamente, muchas industrias son susceptibles de dividirse en ámbitos competitivos más reducidos a través de la **identificación de segmentos**. Los criterios de delimitación de estos segmentos serán estudiados más adelante.
- Una tercera situación se presenta cuando **empresas procedentes de industrias distintas tratan de cubrir las mismas funciones a los mismos grupos de clientes** (utilizando, por tanto, distintas alternativas tecnológicas). En esta situación, la competencia entre dichas empresas sólo se produce en aquellas actividades en las que coinciden por razón de la función cubierta así como por el grupo de clientes al que se dirigen. En estos casos, se suele decir que el entorno competitivo es heterogéneo

La identificación del entorno competitivo puede dar lugar a situaciones que, a primera vista, pueden parecer llamativas. Así, podemos encontrar empresas que están en la misma industria pero que no son competidoras directas, como consecuencia de que cubren funciones diferentes para grupos de clientes diferentes. Tal sería el caso de dos compañías aéreas que cubren rutas distintas, por lo que no compiten por los mismos clientes.

De forma similar, son frecuentes las situaciones en las que los competidores directos proceden de industrias diferentes. Tal es el caso del transporte de viajeros entre dos ciudades. Dicha función puede ser cubierta por empresas de transporte aéreo, de ferrocarril, de autobuses o, incluso, por el propio cliente con su automóvil. En estas situaciones, el concepto de sector industrial desde el lado de la oferta resulta irrelevante desde el punto de vista estratégico, ya que no ayuda a identificar a los competidores.

3.3.2. Análisis de la estructura de la industria

El objetivo del análisis de la estructura de la industria es poner de manifiesto las **oportunidades y amenazas** que la misma ofrece a la empresa y que determinan su capacidad para obtener beneficios. Este análisis responde a la pregunta: **¿cómo se compite en la industria?** La idea que subyace en este análisis es que la estructura de la industria condiciona la actuación de la empresa y sus posibilidades de obtener rentabilidad.

En una industria en situación de competencia perfecta, las alternativas disponibles para la empresa son muy escasas, limitándose a aplicar el precio de mercado, sin capacidad de influir en la oferta o la demanda. En las industrias en régimen de competencia imperfecta es donde surgen las posibilidades de obtener rentas superiores, si se es capaz de aprovechar las oportunidades y combatir las amenazas adecuadamente. A continuación se plantea un modelo de análisis que parte justamente de esta hipótesis, de mercados imperfectos en los cuales es posible obtener resultados superiores a los competidores. Desde este punto de vista:

- Las oportunidades serán factores que reducen la competencia y posibilitan la obtención de rentas superiores a las normales.
- Las amenazas estarán constituidas por aspectos que pueden aumentar el grado de competencia, conduciendo a las empresas de la industria a obtener rentas más limitadas.

Porter (1982) plantea el denominado **modelo de las cinco fuerzas**, que constituye la metodología de análisis más estandarizada para investigar acerca de estas oportunidades y amenazas. Según Porter, el grado de atractivo de una industria viene determinado por la acción de cinco fuerzas competitivas básicas que, en su conjunto, definen la posibilidad de obtención de rentas superiores, siempre que se combatan las amenazas y se aprovechen las oportunidades. Estas cinco fuerzas, representadas en la figura 3.7, son:

> **Análisis**
>
> Un análisis de las oportunidades y amenazas del sector del juguete se puede encontrar en Pastor y Chinchilla (2009), *Economía Industrial*, nº 372: *www.minetur.gob.es/revistaei*

a) La intensidad de la competencia actual

La primera de las fuerzas del modelo de Porter hace referencia a la **actuación de los competidores existentes en la industria en un determinado momento**. Aquí se estudian las características básicas de la industria que definen el marco genérico para la competencia, así como posibles acciones y reacciones de las empresas ya establecidas que puedan alterar la intensidad de la competencia.

A medida que la intensidad de la competencia sea mayor, la posibilidad de obtención de rentas superiores es menor y, por tanto, el atractivo de la industria disminuye. La intensidad de la competencia es el resultado de una serie de factores estructurales, tales como (Porter, 1982: 38 y ss.):

Figura 3.7: El modelo de las cinco fuerzas competitivas

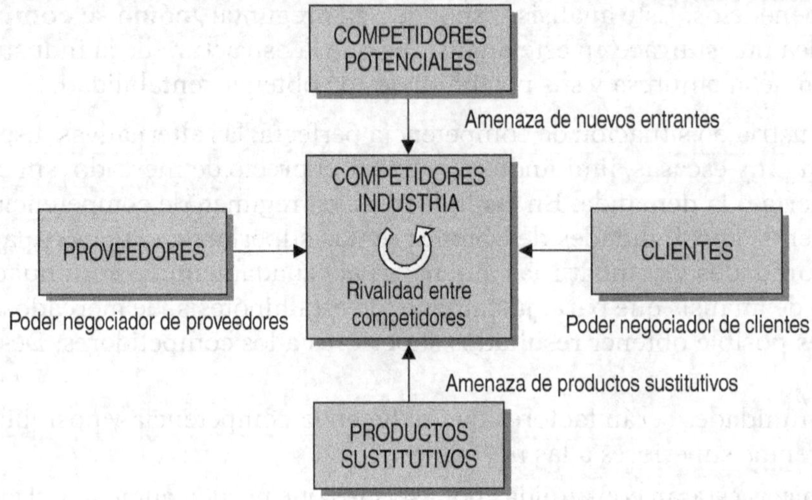

Fuente: Porter (1982: 24)

- ***Número de competidores y equilibrio entre ellos***: a medida que sea mayor el número de competidores establecidos y el equilibrio entre los mismos, la intensidad de la competencia será mayor. Este factor tiene que ver con el grado de concentración de la industria, que explica cómo se distribuye la cuota de mercado entre los distintos competidores. En este sentido, las industrias pueden ser **concentradas** o **fragmentadas**, siendo la intensidad de la competencia menor en las primeras.
- ***Ritmo de crecimiento de la industria***: a medida que el ritmo de crecimiento de la industria se reduce, la intensidad de la competencia se incrementa. Si tomamos como referencia el modelo de ciclo de vida de la industria, se puede distinguir entre industrias **emergentes**, **en crecimiento**, **maduras** y **en declive**. A medida que la industria entra en su fase de madurez o declive la intensidad de la competencia aumenta, ya que las ventas totales se estancan o decrecen y los competidores se ven obligados a ser más agresivos para captar nuevos clientes o mantener los actuales.
- ***Barreras de movilidad***: son aquellos obstáculos o dificultades que impiden a las empresas moverse de un segmento a otro dentro de la misma industria. La existencia de barreras de movilidad limita la competencia a las empresas incluidas en cada segmento, por lo que su intensidad para el conjunto de la industria decrece.
- ***Barreras de salida***: son factores que impiden o dificultan el abandono de una industria, incluso en el caso de resultados pobres o negativos. Su existencia fuerza a las empresas a seguir compitiendo para sobrevivir, por lo que la intensidad de la competencia aumenta. Las principales barreras de salida son: **activos especializados** de

difícil reutilización fuera de la industria, **costes fijos de salida** como indemnizaciones por despido o liquidación de existencias, **interrelaciones estratégicas** de unos negocios con otros que obligan a continuar en todos ellos, **barreras emocionales** o sicológicas y **restricciones sociales** (huelgas, manifestaciones, boicots a los productos, etc.) o políticas (legislación, presión política, etc.) que dificultan el cese de actividad (Porter, 1982: 40 y ss.).

- ***Estructura de costes de las empresas***: un mayor peso de los costes fijos sobre los costes variables impulsa a las empresas a operar a plena capacidad, para intentar reducir sus costes medios. Ello tiende a incrementar los volúmenes de producción y forzar su venta en el mercado, con lo que la intensidad de la competencia aumenta.
- ***Diferenciación de productos***: a medida que en una industria se dé un mayor nivel de diferenciación de productos, la intensidad de la competencia se reduce, ya que los clientes se fidelizan con los productos diferenciados.
- ***Costes de cambio***: se refieren a los costes que un cliente tiene que asumir por cambiar de proveedor. Su existencia reduce la intensidad de la competencia, ya que dificulta la elección del cliente y protege al proveedor de una actuación agresiva de los competidores.
- ***Capacidad productiva instalada***: un exceso de capacidad productiva instalada en la industria implica un desajuste entre la oferta y la demanda. Ello fuerza a las empresas del sector a realizar movimientos competitivos más agresivos para dar salida a grandes volúmenes de producción.
- ***Diversidad de competidores***: cuando los competidores difieren en estrategias, orígenes nacionales, personalidad, relaciones con sus compañías matrices, objetivos, tamaño y formas de competir, se puede intensificar la competencia por la dificultad para establecer reglas del juego comúnmente aceptadas o predecir el comportamiento de los competidores.
- ***Intereses estratégicos***: a medida que más empresas estén interesadas simultáneamente en lograr el éxito en una industria, la competencia se intensifica, ya que estarán dispuestas a desarrollar todo tipo de acciones que las conduzcan a ese fin, aunque tengan que sacrificar temporalmente sus resultados.

b) Competidores potenciales

Los competidores potenciales hacen referencia a las **nuevas empresas que quieren entrar en una industria**. En general, puede decirse que cuanto más atractiva sea una industria, más competidores potenciales habrá. El grado de atractivo de la industria disminuirá si los competidores potenciales logran entrar a competir en condiciones similares a los competidores actuales y aumentará en caso contrario. La posibilidad de que los nuevos competidores entren a competir depende de dos factores: las barreras de entrada a la industria y la reacción de los competidores establecidos ante un nuevo ingreso.

1) ***Barreras de entrada***: Podemos definir las barreras de entrada como aquellos **factores que dificultan la entrada de nuevas empresas a la industria**, normalmente mediante la disminución de las expectativas de rentabilidad de los posibles nuevos competidores. La existencia de barreras de entrada frena la aparición de nuevos competidores, protegiendo a los ya instalados y preservando, por tanto, sus expectativas de rentabilidad. La presencia de barreras de entrada es una condición para que una industria mantenga su atractivo a lo largo del tiempo. Efectivamente, si una industria es rentable pero no tiene barreras de entrada, muchos competidores se instalarán en ella, creciendo de forma inevitable la intensidad de la competencia. Se pueden diferenciar dos grandes tipos de barreras de entrada:

- ***Barreras de entrada absolutas***: son aquellas que son imposibles de superar, salvo en casos excepcionales. El caso más típico sería el de aquellas industrias en las que se requiere una concesión administrativa para operar, como, por ejemplo, las cadenas de televisión o las administraciones de loterías.
- ***Barreras de entrada relativas***: son aquellas que pueden ser superables, aunque ofrezcan niveles de dificultad diferentes. Evidentemente, la distinción entre barreras absolutas y relativas es subjetiva, ya que para una empresa concreta, una barrera relativa podría significar tal grado de dificultad que la convierta en absoluta.

Establecida esta diferenciación, las **principales barreras de entrada** a una industria vienen dadas por economías de escala y alcance que puedan tener los competidores actuales, otras ventajas en costes (como tecnología de producto patentada, acceso favorable a materias primas, ventajas de localización, curva de aprendizaje o de experiencia, etc.), diferenciación de producto a favor de las empresas establecidas, necesidades de capital para empezar a competir, costes de cambio de los clientes desde las empresas actuales a los nuevos entrantes, acceso a los canales de distribución (restringidos para los nuevos competidores o disponibles a un coste elevado) o política gubernamental favorable a las empresas establecidas (como subvenciones, limitación de licencias, legislación ecológica o de seguridad, etc.) (Dess y otros, 2011: 56).

En cualquier caso, **la eficacia de las barreras depende de los recursos y capacidades que tengan los nuevos entrantes** (Grant, 2006: 116). En efecto, empresas con altas competencias (en recursos financieros, tecnología, imagen, marca, capacidad de innovación, etc.) podrán superar con relativa facilidad las barreras constituyéndose en amenazas reales para las establecidas en la industria. Por ejemplo, en el sector financiero, la utilización de las nuevas tecnologías de la información ha posibilitado a algunas entidades financieras la apertura de oficinas virtuales en Internet, superando la barrera de entrada que suponía la red de oficinas de la banca tradicional.

2) ***Reacción de los competidores establecidos***: En la medida en que los competidores actuales sean capaces de desarrollar una reacción fuerte, los nuevos entrantes tienden a ser disuadidos. Las condiciones que señalan una probabilidad alta de represalias son:

- ***Tradición de represalias en la industria***, como pueden ser guerras de precios, campañas de publicidad masivas, ofertas especiales u otros aspectos emocionales o localistas, que tratan de disuadir al nuevo entrante.

• ***Empresas establecidas con fuertes recursos para defenderse*** como, por ejemplo, exceso de liquidez, capacidad de endeudamiento no utilizada, capacidad productiva excedente para atender necesidades futuras o ventajas en canales de distribución.

c) Productos sustitutivos

Los productos sustitutivos son **aquellos productos que satisfacen las mismas necesidades de los clientes que el producto que ofrece la industria**. En una primera aproximación, estos productos procederían de la propia industria. Sin embargo, es preciso contemplar como productos sustitutivos todos aquellos que desempeñen las mismas funciones desde el punto de vista de los clientes, independientemente de la industria de la que provengan. Este planteamiento nos lleva a retomar el modelo de Abell (figura 3.6) en el que aparecen las distintas industrias desde las cuales se satisfacen las mismas funciones a los distintos grupos de clientes.

> **Análisis**
> Un análisis de la estructura competitiva del sector del vidrio se puede encontrar en Marbella (2006), *Universia Business Review*, nº 11: *http://ubr.universia.net*

A medida que en una industria aparezcan productos sustitutivos, su grado de atractivo tenderá a decrecer y, por tanto, sus expectativas de obtención de rentas. La existencia de sustitutivos obliga a las empresas establecidas a convencer a sus clientes de las ventajas que tiene consumir sus productos en cuanto a calidad, precio, características, satisfacción de necesidades, facilidad de uso, etc., frente a los provenientes de otras industrias. La importancia de la amenaza de los productos sustitutivos depende de los siguientes **factores**:

- El grado en el que satisfacen mejor las necesidades de los consumidores.
- Los precios de los productos sustitutivos en relación con los de la industria.
- La obsolescencia que incorporan en los productos de la industria.
- Los costes de cambio a los productos alternativos.

En determinadas ocasiones, el nivel de precios propio de la industria marca el umbral a partir del cual se pueden hacer económicamente rentables productos alternativos como ocurre, por ejemplo, con el petróleo como fuente de energía frente a otras energías alternativas como la solar o la eólica. Por el contrario, cuando los productos sustitutivos se ofrecen a precios más bajos, las empresas de la industria se ven obligadas a reducir los suyos, disminuyendo sus márgenes de rentabilidad, salvo que encuentren formas nuevas de reducir sus costes. Esta situación se observa con frecuencia en la competencia entre el transporte aéreo y el ferroviario.

d) Poder negociador de los proveedores y de los clientes

Definimos el poder de negociación de los proveedores o de los clientes como la **capacidad de imponer condiciones en las transacciones que realizan con las empresas de la industria**. Estas condiciones pueden revestir muy diversas formas, como logro de descuentos, aplazamientos de pago, exigencias de calidad, plazos de entrega, devoluciones, reclamaciones, etc., que captan parte del valor añadido que se genera en la industria y, por tanto, hacen disminuir su rentabilidad. Por tanto, a medida que el poder de negociación de proveedores y clientes es mayor, el atractivo de la industria disminuye.

Evidentemente, el poder negociador de proveedores y clientes no es siempre homogéneo para todos ellos, al igual que no lo es para las distintas empresas de la industria. Sin embargo, existen algunos factores que influyen, de manera general, en dicho poder negociador, favoreciendo a unos u otros agentes. Podemos considerar que los factores que explican el poder negociador de proveedores y clientes son similares y están vinculados a la relación genérica proveedor-cliente. Por ello, vamos a analizarlos de forma conjunta observando cuándo favorecen la posición del proveedor y cuándo la del cliente. De esta forma, integramos el análisis de ambas fuerzas competitivas sin más que considerar que las empresas de una industria actúan como clientes respecto de sus proveedores y como proveedores respecto de sus clientes. Por ello, en la práctica, el análisis debe realizarse dos veces: una, en la que la empresa actúa como cliente, y otra, en la que la empresa actúa como proveedor.

Consulta la web

Ver Aplicación AN-05.01-ES: La estructura competitiva de la industria de la automoción en España, por Daría Sánchez Fernández

Los **factores** más importantes que afectan al poder negociador de proveedores y/o clientes son, según Porter (1982: 44 y ss.), los siguientes: grado de concentración en relación con la industria, volumen de transacciones realizadas con las empresas de la industria, grado de importancia de las compras efectuadas en relación con los costes del cliente, grado de diferenciación de los productos o servicios objeto de la transacción, costes de cambio de proveedor, nivel de beneficios del cliente en relación con el proveedor, amenaza real de integración vertical hacia adelante o hacia atrás, importancia del producto o servicio vendido para la calidad de los productos o servicios del comprador, existe o no existe posibilidad de almacenar el producto, nivel de información que tiene una de las partes en relación con la otra.

La figura 3.8 recoge los principales factores o circunstancias que afectan al poder negociador de los proveedores o clientes, señalando en cada columna la forma en que afecta positivamente –mejorando su poder negociador– a cada tipo de agente.

Figura 3.8: Factores que afectan al poder de negociación de proveedores y clientes

PROVEEDORES	CLIENTES
Proveedores concentrados	Clientes concentrados
Compra de pequeños volúmenes	Compra en grandes volúmenes
Productos diferenciados	Productos no diferenciados
Altos costes de cambio	Bajos costes de cambio
Amenaza real integración hacia adelante	Amenaza real de integración hacia atrás
No existen productos sustitutivos	Existen productos sustitutivos
Producto no almacenable	Producto almacenable
Producto importante para el cliente	Producto poco importante para el cliente
El proveedor tiene información total	El comprador tiene información total

e) Limitaciones del modelo de las cinco fuerzas

El modelo de las cinco fuerzas, aun siendo muy consistente para el análisis del entorno específico de una empresa, es susceptible de ser mejorado o ampliado. Varias son las críticas aparecidas desde distintas corrientes teóricas:

1) ***Representa una imagen estática de la competencia***: El modelo ofrece una imagen de las características de la competencia en un momento determinado, pero no considera los posibles cambios que se puedan producir y que establezcan nuevas condiciones en la naturaleza de la competencia y, por tanto, en las expectativas de rentabilidad en el futuro. La clave está en conocer la velocidad del cambio (Grant, 2006: 149). Este cambio puede provenir del **desarrollo tecnológico de la industria o de la estrategia de las propias empresas de la industria,** que con sus actuaciones transforman la estructura competitiva.

2) ***No tiene en cuenta la existencia de productos complementarios***: El modelo contempla la existencia de productos sustitutivos que reducen el grado de atractivo pero no los productos complementarios que, utilizados conjuntamente con los de la industria, aumentan considerablemente el valor percibido por el cliente aumentando así el grado de atractivo de una industria. El caso típico es el del sector de la informática, en el que los fabricantes de ordenadores elevan sus utilidades en la medida que se desarrolle la industria del software, y viceversa.

3) ***No tiene en cuenta la existencia de otros agentes***: Además de los proveedores y los clientes, las empresas se relacionan con otros grupos de interés, denominados **agentes de frontera**, que con sus actuaciones pueden llegar a limitar el atractivo de la industria. Se trata de agentes como las administraciones públicas, las organizaciones de consumidores, los grupos ecologistas y otros similares, que con sistemas impositivos, movimientos de defensa del consumidor o acciones de protección al medio ambiente pueden influir decisivamente en el nivel de rentabilidad de la industria. Por ejemplo, si el gobierno liberaliza la instalación de estancos, farmacias o administraciones de lotería, desaparece de forma instantánea una importante barrera de entrada que protege a las empresas establecidas de potenciales competidores.

4) ***No todas las fuerzas tienen la misma importancia***: y, más desagregadamente, no todos los factores que influyen sobre cada fuerza tienen la misma importancia. Hay que saber reconocer los factores críticos que influyen decisivamente en el atractivo de la industria.

5) ***Da una importancia excesiva a la estructura de la industria para explicar la rentabilidad de la empresa***: Si el grado de atractivo de la industria fuera el determinante principal de la rentabilidad de las empresas, su estrategia se limitaría a elegir la industria correcta y a comprender las fuerzas competitivas mejor que los competidores. De acuerdo con este modelo, las empresas de éxito serían aquellas que son capaces de aprovechar en mayor grado los factores externos favorables y/o combatir los desfavorables.

3.3.3. Segmentación de la industria: Grupos estratégicos

En la mayoría de las industrias es posible identificar áreas competitivas más reducidas en las que la dinámica de la competencia se estructura de forma particular. Este proceso, que completa el análisis general de la industria, consiste en identificar segmentos, mediante lo que se denomina **segmentación de la industria**.

La forma más tradicional de realizar la segmentación se basa en variables de demanda como las características de los productos (calidad, precio, tamaño físico, presentación, etc.) o las de los clientes (áreas geográficas, canal de distribución, estilo de vida del cliente, tipos de población, etc.). Sobre cada uno de estos segmentos se pueden utilizar los mismos instrumentos de análisis que en la industria para estimar su grado de atractivo.

Pero, además de esta forma convencional, se puede investigar la posible división de la industria en entornos competitivos más reducidos desde el punto de vista de la oferta mediante lo que se denominan **grupos estratégicos,** definidos por Porter (1982: 148) como **el conjunto de empresas en un sector industrial que siguen una misma o similar estrategia a lo largo de las dimensiones estratégicas**. Estas dimensiones estratégicas pueden incluir variables tales como la línea de productos, el alcance geográfico, los canales de distribución, la calidad de los productos, la política de precios, la estructura de costes, el grado de integración vertical, la tecnología, la atención al cliente, el servicio postventa, etc.

El análisis de grupos estratégicos puede contribuir a comprender la dinámica de la competencia entre los rivales directos mejor que cuando se hace para el conjunto de la industria. De hecho, en la mayoría de las industrias es posible encontrar con relativa facilidad empresas que coinciden en la forma de competir en algunas de las dimensiones antes citadas, y que a su vez lo hacen de forma distinta a otro conjunto de empresas. En esta circunstancia, se puede afirmar que existen grupos estratégicos.

Seleccionando dos dimensiones relevantes, los grupos se podrían representar en un **mapa de grupos estratégicos**, como el que aparece en la aplicación 3.4. Dicha figura muestra la homogeneidad respecto de las dimensiones elegidas de las empresas incluidas en cada uno de los grupos. El diámetro de los círculos representa la participación colectiva en el mercado de las empresas pertenecientes a cada grupo estratégico. La identificación de cada grupo permite a las empresas en él incluidas conocer cuáles son sus rivales más directos, que además de estar en la misma industria compiten de la misma forma. A su vez, permite aislarse, de alguna manera, del resto de competidores ya que, aun estando en la misma industria, compiten de forma diferente.

Por otra parte, cada grupo tiene su propio grado de atractivo, que se puede conocer aplicando el modelo de las cinco fuerzas al nivel de grupo. Por tanto, cada grupo tendrá un conjunto de oportunidades y amenazas distinto y, consecuentemente, diferentes expectativas de rentabilidad. La forma en la que se compite en cada grupo genera una estructura competitiva propia y, a su vez, diferente de la de otro grupo. Ante estas diferentes expectativas de rentabilidad hay que plantearse si es posible para una empresa trasladarse de un

Aplicación 3.4:

Grupos estratégicos en la industria hotelera urbana,
por Eva Pelechano Barahona

Existen múltiples criterios de clasificación de la oferta hotelera (según su carácter urbano o vacacional, según el número de estrellas, según el tipo de usos y servicios, etc.). En este caso el análisis de los grupos estratégicos se realiza para los hoteles urbanos, de acuerdo a dos variables: el *precio* y el *servicio ofrecido*. En la actualidad, la variable precio es difícil de precisar, puesto que existen múltiples canales de distribución hotelera, que influyen en el precio de contratación del servicio, así como una amplia gama de servicios adicionales que dificulta –a priori– la estimación del precio del producto final. En cuanto al servicio ofrecido, se incluyen aspectos tales como: el tamaño, diseño y confort de la habitación y resto de espacios, la localización del hotel y otros servicios complementarios (limpieza, piscina, *spa*, gimnasios, *amenities*, caja fuerte, servicio mini-bar, lavandería, garaje, etc.). Según las dos variables descritas, se pueden definir los siguientes grupos estratégicos en la industria hotelera urbana, teniendo en cuenta que algunas grandes cadenas hoteleras están posicionadas simultáneamente en varios grupos.

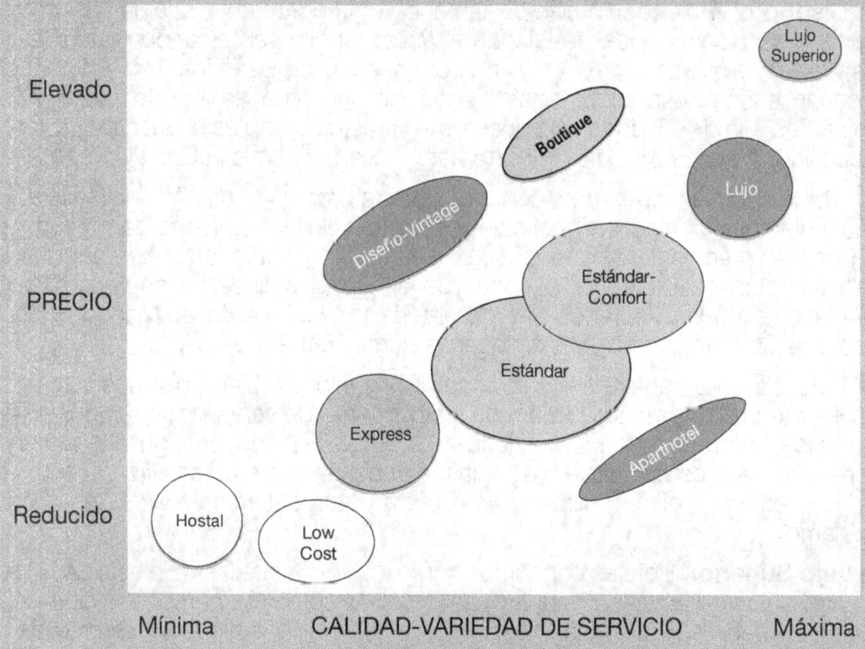

Hostales. Alojamientos de 1 ó 2 estrellas, de precio relativamente económico. Establecimientos céntricos con infraestructuras deficientes en muchos casos, un número reducido de habitaciones muy sencillas y con baños compartidos. Además de los hostales, se incluyen los albergues y las pensiones.

Hoteles Low-Cost. Hoteles de 1 ó 2 estrellas, de precio muy económico, que solamente proporcionan los servicios básicos de alojamiento, con unas habitaciones de tamaño reducido y un diseño funcional. Pueden estar situados tanto en el centro como en la periferia de las ciudades, situándose muchos de ellos cerca de las redes de comunicación (aeropuertos o estaciones de tren y autobuses). Cualquier servicio extra, por básico que sea, se paga aparte (limpieza, cambio de sábanas, tv, *amenities*, almacén de maletas, entrada/salida fuera de las convenciones horarias del sector, etc.). Algunos ejemplos: Sidorme, Formula 1, Etap, Travelodge, Tune Hotels.

Hoteles Express. Hoteles de 2 ó 3 estrellas, de precio económico, con unas habitaciones de tamaño pequeño o mediano y unos servicios básicos de alojamiento incluidos en el precio de la habitación (limpieza, cambio de sábanas, tv, *amenities*, almacén de maletas, gimnasio, etc.). Suelen estar localizados en la periferia de las ciudades. Algunos ejemplos: NH Express, Holiday Inn Express o Ibis.

Hoteles Estándar. Hoteles con una buena relación calidad-precio, que pueden tener 3 ó 4 estrellas. Sus habitaciones tienen un tamaño medio y ofrecen un producto relativamente completo, tanto en el alojamiento como en el resto de servicios adicionales. Suelen ser hoteles con una buena ubicación en el centro de las ciudades. Algunos ejemplos: Novotel, Holiday Inn o NH.

Hoteles Estándar-Confort. Hoteles con espacios amplios, de diseño elegante y cuidado en todos los detalles para lograr un servicio de alta calidad. Suelen tener reconocidas 4 ó 5 estrellas. Ofrecen un servicio completo tanto en el alojamiento como en el resto de servicios adicionales. Buena ubicación en el centro de las ciudades. Algunos ejemplos: AC, NH, Be by Meliá, Eurostar, Tryp o Mercure.

Hoteles de Diseño o *Vintage*. Hoteles de tamaño y categoría muy variable –3, 4 ó 5 estrellas– que destacan por su diseño moderno, elegante y cosmopolita, empleando materiales reciclados o elementos *vintage*, y ofreciendo mayor o menor variedad de servicios. Por ello, dentro de esta categoría podrían encontrarse tanto hoteles económicos como de lujo. En algunos casos, los edificios e interiores son diseñados por arquitectos o artistas como es el caso de Javier Mariscal o Victorio & Lucchino. Algunos ejemplos: Room Mate, Silken, Vincci o la Casa Camper.

Hoteles Boutique. Hoteles modernos, con arquitectura propia y/o diseño minimalista. Suelen ser hoteles independientes y con pocas habitaciones, y unos elevados niveles de confort y personalización, que justifican precios de los servicios por encima de lo que cabría esperar por su categoría –4 ó 5 estrellas–. Están localizados en el centro de las grandes ciudades en barrios de gran vitalidad social. Algunos ejemplos: Hotel *AC Palacio del Retiro* y Hotel *Adler* en Madrid, Hotel *Eurostars Ramblas-Boquería* en Barcelona o ciertas cadenas como Petit Palais o High Tech.

Hoteles de Lujo. Hoteles con espacios muy amplios y lujosos, bien ubicados que ofrecen a los clientes la mejor atención y calidad con la más amplia gama de servicios las 24 horas del día: restaurante con calidad internacional, piscina, jacuzzi y gimnasio, peluquería, guardería, tiendas boutique, etc. Pertenecen a la categoría de 5 estrellas. Algunos ejemplos: The Ritz-Carlton, The Westin Palace, Hilton, Sheraton, Sofitel, Pullman, Gran Meliá, Intercontinental, McGallery, Four Season, Gran Hyatt, Marriot.

Hoteles de Lujo Superior. Hoteles conocidos como los «6-7 estrellas». En este caso, se encuentran las mayores cotas de lujo y comodidad, así como la completa personalización del producto y la absoluta privacidad de la clientela. Incluyen servicios como: helipuerto, coches de lujo a disposición de los huéspedes, restaurantes de clase superior, mayordomos o niñeras particulares, y un largo etcétera. Las habitaciones son especiales, tienen excelentes vistas, ubicación y ambiente y dimensiones que alcanzan, en ocasiones, los 1.000 metros cuadrados. Algunos ejemplos: *The Town House Galleria* (Milán), *Gallery Hotel Art Florencia* (Florencia) o el *Hotel Burj el Arab* (Dubai).

Aparthoteles: Alojamientos caracterizados por ofrecer apartamentos céntricos, equipados con similares comodidades que una vivienda particular, para que el huésped se sienta como en su propia casa, pero con algunos servicios parecidos a los de un hotel (limpieza de habitaciones, lavandería, restaurante, etc.) a precio más económico. Suelen clasificarse entre 1 y 4 llaves (equivalentes a 2 y 4 estrellas) en función de los servicios ofrecidos.

grupo estratégico a otro y a qué coste. Ello dependerá de la existencia o no de las siguientes barreras (Hill y Jones, 2009: 59-60):

- **Barreras de movilidad entre grupos**, que actúan como verdaderas barreras de entrada al nuevo grupo y que derivan de la mayor o menor facilidad que exista para cambiar la forma de competir a lo largo de las dimensiones estratégicas antes citadas.
- **Barreras de salida del grupo actual**, que son similares, en general, a las barreras de salida de la industria.

Si en una industria con grupos estratégicos no existen barreras de movilidad y de salida, las empresas pueden trasladarse fácilmente de los grupos con menor rendimiento a los grupos con mayor rendimiento, igualándose las posibilidades de competir de todas las empresas lo que, como se señaló anteriormente, aumenta la intensidad de la competencia del conjunto de la industria.

3.3.4. Análisis de los competidores

El análisis de competidores investiga el comportamiento de los rivales directos de una empresa para identificar cuál es la estrategia que están siguiendo y, en consecuencia, definir cuál sería la forma más adecuada para hacerles frente, o bien para predecir cuáles serían sus reacciones ante movimientos de nuestra empresa.

Este análisis suele ser muy adecuado en sectores con una elevada concentración, en los que la competencia se limita a un grupo reducido de empresas rivales y, en muchos casos, a un único rival. En estas circunstancias, donde las características de la competencia se aproximan a un oligopolio o a un duopolio, el análisis de los competidores resulta crucial para el análisis y la formulación estratégica. La presión competitiva existente entre estos pocos rivales, hace que las empresas necesiten dar respuestas flexibles y rápidas ante los movimientos de los demás competidores.

Este análisis comprende dos actividades fundamentales (Grant, 2006: 160): Recogida de información acerca de los competidores y predicción de su comportamiento. Respecto de la **obtención de información**, la materia prima de este análisis es la información pública disponible sobre los competidores. Con este fin, se han desarrollado desde mediados de los años noventa, los denominados Sistemas de Inteligencia Competitiva (Arroyo, 2005), que están siendo aplicados con éxito por algunas de las más importantes empresas del mundo.

Aunque los Sistemas de Inteligencia Competitiva tratan de captar información del entorno, en su más amplio sentido, muchas empresas están desarrollando unidades específicas de análisis de sus competidores directos. Incluso, en ocasiones, la recopilación de este tipo de información sobre las empresas rivales se sitúa en la frontera entre la indagación honesta y la conducta poco ética o ilegal, que puede rozar el espionaje industrial.

Obtenida la información, es preciso poder **predecir el comportamiento de los competidores**. Para conseguirlo, la idea clave es intentar comprenderlos, es decir, ser capaces de «ponerse en su lugar». Grant (2006: 161-165) propone un modelo para dicho propósito que consta de las siguientes fases:

1) ***Identificación de la estrategia actual***: Con este fin puede utilizarse tanto la información que los competidores proporcionan a los mercados (informes anuales, páginas web, mensajes de la presidencia a diferentes grupos de poder, declaraciones públicas de altos directivos, charlas con los clientes, proveedores y antiguos empleados) como, sobre todo, el estudio de sus actuaciones competitivas (lanzamiento de nuevos productos, alianzas, fusiones, contratos, nuevas inversiones, políticas de precios, campañas de publicidad, etc.). Por lo general es razonable pensar que, en ausencia de presiones endógenas o exógenas, la empresa competidora continuará compitiendo como lo hace en la actualidad, especialmente cuanto más satisfactorios sean sus resultados.
2) ***Identificación de los objetivos de los competidores***: El comportamiento de un competidor depende de cuáles sean sus objetivos (obtener rentabilidad a corto plazo, a largo plazo, ganar cuota de mercado, entrar en nuevas industrias, etc.). Es importante tener en cuenta si la empresa rival analizada es a su vez una filial de otra empresa más grande. En estos casos, resulta vital analizar los objetivos de la empresa matriz, así como las relaciones de dependencia que existan.
3) ***Supuestos de los competidores sobre la industria***: El comportamiento de un competidor también se ve condicionado por sus percepciones, tanto sobre ellos mismos, como sobre el mundo que les rodea y la forma de entender los negocios. Son percepciones de los directivos sobre las reglas de la competencia y los factores clave de éxito en la industria y que Spender (1989) denomina las «**recetas de la industria**», es decir, las creencias compartidas acerca de la forma de competir en el sector. Por ejemplo, en la década de los sesenta, los grandes fabricantes de automóviles norteamericanos pensaban que los coches utilitarios no eran un buen negocio, cediendo el protagonismo en el segmento a los fabricantes europeos y japoneses. Posteriormente este negocio experimentó los mayores crecimientos del sector.
4) ***Identificación de los recursos y capacidades de los competidores***: Por último, un factor determinante para prever el comportamiento futuro de un competidor, así como para poder valorar correctamente la posibilidad de amenaza real, se refiere al análisis de sus recursos y capacidades, especialmente fortaleza financiera, marca y capacidades de producción y comercialización. La carencia de los recursos necesarios (por ejemplo, financieros) ha llevado a algunas empresas fuertemente innovadoras al fracaso frente a organizaciones con estrategias más conservadoras.

En resumen, cuando se tiene información sobre las estrategias, objetivos, suposiciones y recursos y capacidades de los competidores, podemos llegar a conocer, junto con un mapa de grupos estratégicos, las características de nuestra competencia más directa. En un planteamiento óptimo, el análisis de competidores debe permitir predecir los cambios de estrategia que los competidores pueden implantar, así como las posibles reacciones ante las actuaciones estratégicas de nuestra empresa

3.4. IMPORTANCIA DEL ANÁLISIS DEL ENTORNO PARA LA COMPETITIVIDAD DE LA EMPRESA

El análisis del entorno, como se decía al principio del capítulo, trata de identificar las oportunidades y amenazas que ofrece a la actuación de la empresa y que, por tanto, influyen en los niveles de rentabilidad que pueda alcanzar. El **análisis del entorno general** estudia aquellos factores vinculados a la localización en un determinado país, región o distrito industrial, ya que no todos los espacios económicos son igualmente atractivos para el desarrollo de la actividad empresarial. Entre los principales factores del entorno general que afectan a la competitividad de las empresas podemos mencionar los siguientes (Cuervo, 1993: 364-366): las dotaciones de infraestructuras del país (transporte, telecomunicaciones, educación, etc.), el marco regulador de los mercados (bienes y servicios, mercado laboral, etc.), las políticas públicas (gasto y déficit públicos, política fiscal y monetaria, cargas sociales), cultura empresarial o valoración que la sociedad hace de la actividad empresarial y el comportamiento de los agentes sociales (organizaciones empresariales, sindicatos).

Consulta la web

Ver Aplicación Actualizada AA-04.02: El índice de competitividad de España, por Jorge Cruz González

El **análisis del entorno específico** permite identificar aquellos factores relacionados directamente con el tipo de actividad al que se dedica una empresa y que configuran la estructura de la competencia con la que se va a enfrentar. Normalmente, estos factores suelen tener una incidencia mayor en los niveles de rentabilidad que los derivados del entorno general.

Ahora bien, los factores externos son los mismos para todas las empresas situadas en el mismo entorno competitivo, por lo que todas ellas tienen teóricamente las mismas oportunidades de rentabilidad. Sin embargo, se observa en la realidad cómo empresas situadas en una misma industria obtienen niveles de rentabilidad muy diferentes. Ello se puede llegar a explicar a través de la teoría de recursos y capacidades, que estudiaremos en el capítulo siguiente.

Por último cabe señalar que, dado que la implantación de una estrategia va a prolongarse durante un largo período de tiempo, parece conveniente investigar cómo los factores externos, tanto derivados del entorno general como del específico, se manifestarán en el futuro. En un entorno turbulento, en el que abundan los cambios, se requieren **métodos prospectivos** para definir tales factores. Dichos métodos se caracterizan por plantear una visión más global del futuro, dar una importancia especial a los aspectos cualitativos y subjetivos, suponer que las relaciones entre las variables son dinámicas y evolucionan en el tiempo, aceptar que el futuro depende del pasado y de las decisiones que se tomen en el presente y adoptar, por tanto, una actitud esencialmente activa y creativa frente al futuro (Menguzzato y Renau, 1991).

Entre los instrumentos que reúnen estas características y que más relevancia y difusión han tenido en el análisis de entornos futuros altamente cambiantes está el **método de los escenarios**. Se define un escenario como una descripción de las circunstancias, condiciones o acontecimientos que pueden representar la situación del entorno en un momento futuro del tiempo.

Consulta la web

Ver Aplicación AN-04.01-ES: Escenarios para el rescate del sistema financiero español, por Jorge Cruz González

En este sentido, un escenario es más bien un instrumento de enseñanza y aprendizaje que ayuda a comprender mejor la posible evolución del futuro y en el que el esfuerzo que realice la dirección de la empresa para su definición tiene tanta importancia o más que el resultado final que se pueda conseguir. Su diseño obliga a pensar sobre las variables relevantes a incorporar, su interrelación y las consecuencias sobre las decisiones estratégicas, preparando así a la dirección para adaptarse mejor a las contingencias del entorno.

CUADRO RESUMEN

✓ **EL ENTORNO DE LA EMPRESA: CONCEPTO Y TIPOLOGÍA**

- Concepto y tipos de entorno: general y específico

✓ **ANÁLISIS DEL ENTORNO GENERAL**

- Concepto de entorno general
- Concepto de perfil estratégico del entorno y metodología de diseño
- Utilidad, ventajas e inconvenientes del perfil estratégico
- Concepto de distrito industrial (*cluster*)
- Tipos de agentes existentes en un distrito industrial
- Ventajas que supone a una empresa su localización en un distrito industrial

✓ **ANÁLISIS DEL ENTORNO ESPECÍFICO**

- Delimitación de un sector industrial
- Conceptos de industria, negocio, mercado y entorno competitivo
- Fuerzas que definen el grado de atractivo de una industria y variables de las que dependen
- Limitaciones del modelo de las cinco fuerzas
- Criterios para establecer segmentos en una industria
- Concepto de grupos estratégicos y diseño de mapas representativos
- Conocimiento de las estrategias de los competidores para definir las acciones propias

✓ **IMPORTANCIA DEL ANÁLISIS DEL ENTORNO PARA LA COMPETITIVIDAD DE LA EMPRESA**

- Importancia y utilidad del análisis tanto del entorno general como del específico
- Utilidad del método de los escenarios para el análisis externo

PREGUNTAS SOBRE EL CAPÍTULO

- Análisis crítico del perfil estratégico del entorno como técnica de análisis.
- Ventajas e inconvenientes de pertenecer a un distrito industrial.
- Identificar las diferencias entre los conceptos de industria, negocio, mercado y entorno competitivo.
- Influencias de las barreras de entrada, movilidad y salida en las distintas fuerzas del modelo de Porter.
- Concepto y utilidad de la identificación de grupos estratégicos dentro de una industria.
- ¿Qué puede aportar a la empresa el análisis de los competidores?

ACTIVIDADES

3.a. Elegir una empresa cualquiera e identificar qué factores del entorno general le afectarían y cómo.

3.b. Identificar, en un sector económico cualquiera, los conceptos de industria, mercado, negocio (para una empresa determinada) y entorno competitivo.

3.c. Aplicar en una industria cualquiera el modelo de las cinco fuerzas de Porter, identificando sus principales amenazas y oportunidades.

3.d. DIseñar un mapa de grupos estratégicos para una industria que conozca.

3.e. Identificar los movimientos que hayan hecho los rivales directos de una empresa conocida.

LECTURAS RECOMENDADAS

Puede profundizar los contenidos de este capítulo en Guerras y Navas (2007, caps. 4 y 5), Dess y otros (2011, cap. 2), Porter (1982, caps. 1 y 7) y Ventura (2008, cap. 5).

Capítulo 4
Análisis interno

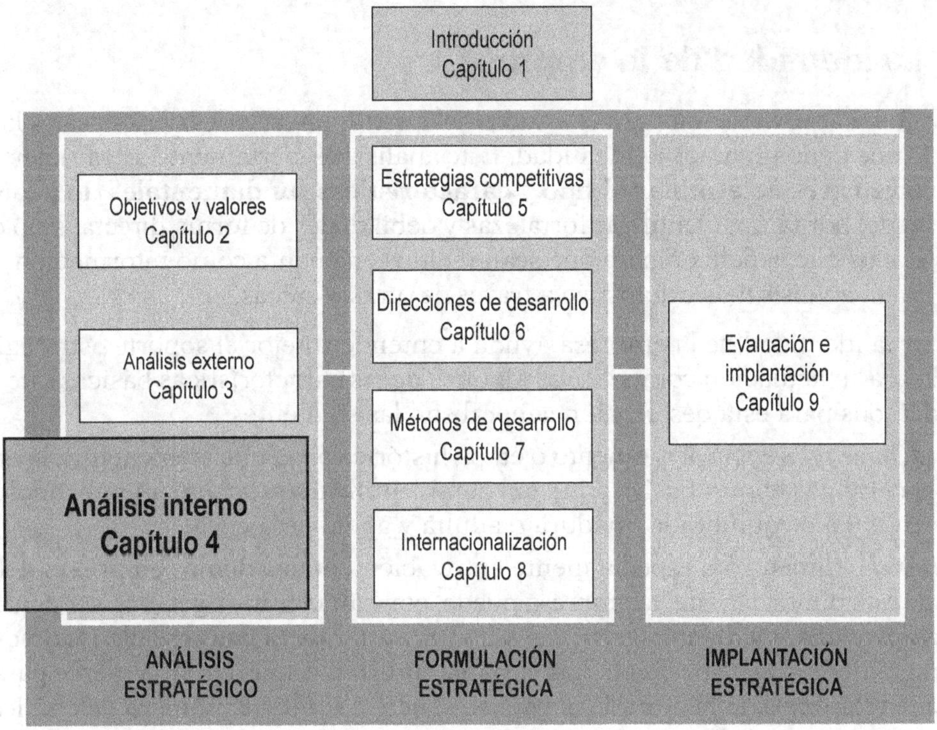

OBJETIVOS

- Identificar las fortalezas y debilidades de una empresa a través de su perfil estratégico y su cadena de valor.
- Analizar los recursos y capacidades de una empresa para saber identificarlos, evaluarlos y gestionarlos adecuadamente.
- Resumir el análisis estratégico (amenazas, oportunidades, fortalezas y debilidades) mediante la matriz DAFO.

4.1. EL DIAGNÓSTICO INTERNO DE LA EMPRESA

El análisis interno persigue identificar las **fortalezas y debilidades** que tiene una empresa para desarrollar su actuación competitiva. Para ello disponemos de un conjunto de técnicas de análisis que investigan, desde distintas ópticas, estos aspectos. A continuación, estudiaremos algunas de las principales técnicas de análisis existentes. Cada una de ellas recoge aspectos parciales del interior de la empresa teniendo presente sus ventajas e inconvenientes. Aunque no siempre es necesario, su utilización conjunta puede aportar mayor riqueza al análisis.

4.1.1. La identidad de la empresa

Una primera aproximación para el estudio del ámbito interno de la empresa es la delimitación de lo que denominamos la identidad. Este análisis es ciertamente de carácter muy general y su objetivo es **determinar el tipo y características fundamentales de la empresa**. No se pretende, por tanto, identificar fortalezas y debilidades de forma directa, sino conocer mejor los rasgos que la definen para que sean tenidos en cuenta como información complementaria en un análisis más exhaustivo a través de otras técnicas.

Conocer la identidad de la empresa ayuda a entender mejor el soporte estratégico fundamental para su actuación competitiva. Algunas de las características básicas que pueden ser consideradas para esta descripción general son las siguientes:

- ***Edad***: hace referencia al momento o etapa histórica en la que se encuentra la empresa. En general, las etapas básicas que pueden identificarse son: emergente, adolescente, desarrollada o equilibrada, madura o adulta y anémica o vieja.
- ***Tamaño*** o dimensión, especialmente en relación con las demás empresas del sector. Desde este punto de vista, la empresa puede, con carácter muy general, ser considerada como pequeña, mediana o grande. Es un indicador de la cantidad de recursos que la empresa tiene a su disposición. Las variables utilizadas más habitualmente para la medida del tamaño son la cifra de negocios, el activo total y el número de empleados.
- ***Campo de actividad***: combinación de productos y mercados a los que se dedica la empresa o, alternativamente, funciones o necesidades que trata de satisfacer, grupos de clientes a los que atiende y tecnologías empleadas para ello.
- ***Tipo de propiedad***: según sea la empresa de propiedad pública o privada. En este último caso, según sea su estructura de propiedad: familiar, concentrada en pocos socios o de propiedad muy dispersa.
- ***Ámbito geográfico***: se refiere a la amplitud del marco geográfico que se atiende. Así, la empresa puede ser local, regional, nacional o multinacional. Además, puede distinguirse entre empresas monoplanta (instalaciones en un único lugar) y multiplanta (varias instalaciones). En este último caso, convendría conocer si las instalaciones están geográficamente concentradas o próximas o si están dispersas.

- ***Estructura jurídica***: según la fórmula jurídica bajo la cual se va a desempeñar la actividad podemos distinguir, entre otros tipos, las sociedades anónimas, de responsabilidad limitada, cooperativas, etc. Asimismo, se puede hacer referencia a su carácter unisocietario (una única sociedad para todas las actividades) o plurisocietario (grupo de empresas).

La consideración de estos factores permite identificar las características generales de la empresa a través de una imagen global de ésta. No es lo mismo una pequeña empresa familiar que se dedica a una sola actividad que una empresa multinacional diversificada. No es lo mismo una empresa joven, con flexibilidad en sus planteamientos, que una empresa vieja con grandes resistencias a los cambios. O una empresa con la propiedad muy concentrada frente a otra con la propiedad dispersa que obliga a buscar soluciones de gobierno adecuadas.

4.1.2. El perfil estratégico de la empresa

El perfil estratégico de la empresa es una técnica de análisis interno que trata de **identificar sus puntos fuertes y débiles a través del estudio y análisis de las áreas funcionales**. Las áreas funcionales son las distintas actividades especializadas que toda empresa desarrolla, tales como producción, comercialización, financiación, recursos humanos, organización, etc.

Desde un punto de vista formal, su elaboración es muy similar a la del perfil estratégico del entorno, descrito en el capítulo anterior, aunque, evidentemente, con otro contenido y con otro objetivo. Mientras que el perfil del entorno busca identificar amenazas y oportunidades a partir del análisis de un conjunto de variables externas, el perfil de la empresa persigue identificar fortalezas y debilidades a partir de un conjunto de variables internas. Por tanto, la elaboración del perfil, tal y como aparece en la figura 4.1, consta de dos partes:

- ***Lista de variables***: son los factores o aspectos clave de cuyo correcto funcionamiento depende, en mayor o menor medida, la potencialidad de la empresa para alcanzar sus objetivos. En definitiva, sobre dichas variables reposan los puntos fuertes y débiles relevantes y es sobre ellas sobre las que se efectuará un diagnóstico más profundo. Estas variables se agrupan por áreas funcionales. Las áreas funcionales a considerar, el número de variables a identificar y el contenido de estas variables dependen de cada empresa, ya que un mismo aspecto puede tener un grado de importancia muy diferente dependiendo del tipo de empresa de que se trate, el sector en el que opera, la forma en que se compite en el sector, etcétera.

- ***Valoración de las variables***: para ello normalmente se suele utilizar una escala Likert de 1 a 5, representativa de un comportamiento muy negativo, negativo, equilibrado, positivo o muy positivo de cada variable, respectivamente. Esta valoración debe ser llevada a cabo por la alta dirección en función de la percepción que tiene de la situación de cada variable.

Figura 4.1: Perfil estratégico de la empresa

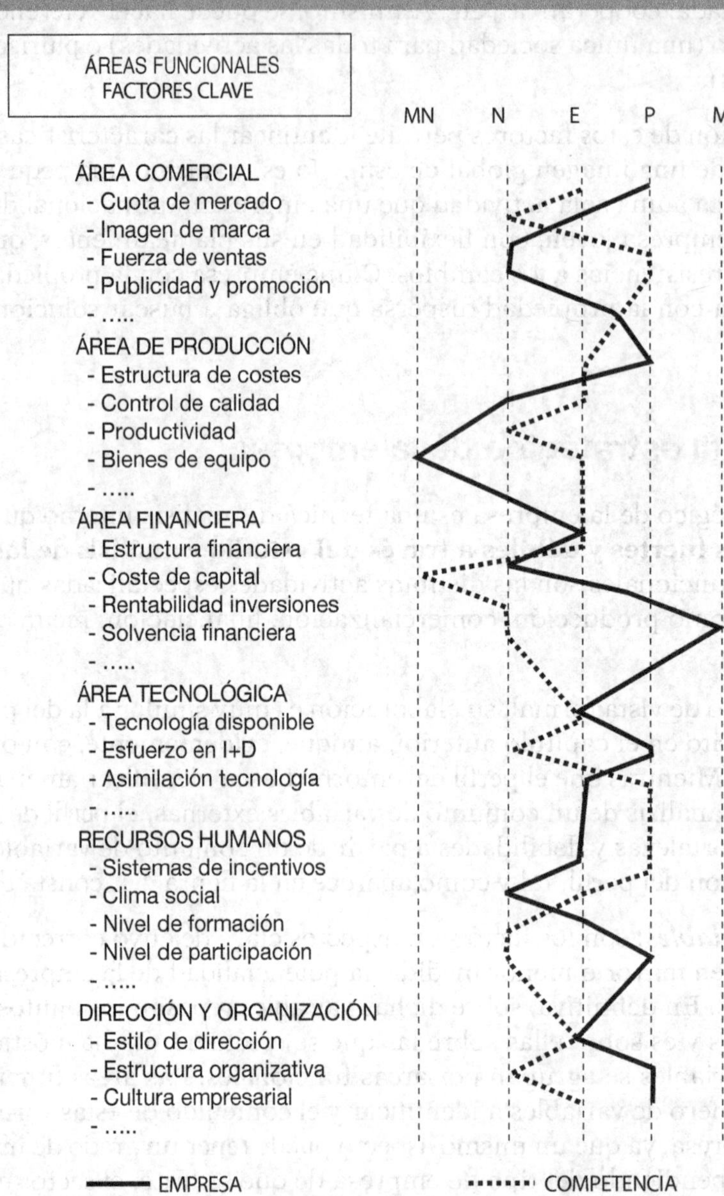

La interpretación del perfil estratégico es sencilla. En la medida en la que la representación grafica esté más vencida hacia la derecha o hacia la izquierda, indicará un perfil más favorable o desfavorable, respectivamente. Las desviaciones hacia la derecha que presente la figura respecto del valor equilibrado significan puntos fuertes, mientras que las desviaciones hacia la izquierda son representativas de puntos débiles.

El perfil estratégico es un instrumento muy intuitivo, cualitativo y sencillo de elaborar. Su diseño nos muestra una imagen gráfica muy fácil de interpretar acerca de la situación de la empresa. Su principal utilidad reside en servir de soporte sistemático para un diagnóstico adecuado de la situación, al permitir identificar cuáles son las variables clave para el funcionamiento interno y cómo se comportan cada una de ellas.

Sin embargo, la utilización del perfil estratégico debe hacerse con cierta prudencia debido a algunas **limitaciones** que es preciso tener en cuenta:

- Es ***relativo***, ya que la información que proporciona no debe considerarse en sus valores absolutos. Una empresa tendrá fortalezas o debilidades en la medida en la que sus actividades se desarrollen mejor o peor que las de sus rivales. Por ello, conviene proponer un perfil de referencia con el que comparar sus puntos fuertes y débiles, tal como se presenta en la figura 4.1. Este perfil de referencia puede ser la media del sector, el principal competidor, el líder de la industria o un perfil ideal.
- Es ***subjetivo***, lo que puede inducir a un problema de autocomplacencia por parte de la dirección de la empresa, al considerar que la autocrítica puede ir en contra de sus intereses. Este aspecto debe ser especialmente cuidado por cuanto que una visión complaciente o demasiado crítica no ayuda a preparar a la empresa para abordar sus retos con éxito.
- Es ***estático***, ya que representa la imagen de la empresa en un determinado momento del tiempo. Esta limitación podría obviarse diseñando varios perfiles de la misma empresa para distintos periodos temporales. Con ellos podría observarse cómo evolucionan los puntos fuertes y débiles a lo largo del tiempo.

4.2. LA CADENA DE VALOR

La cadena de valor constituye uno de los instrumentos más ricos y populares desarrollados para el análisis y diagnóstico interno de la empresa y su propuesta y difusión se debe a Porter (1987). El concepto de cadena de valor hace referencia a la **desagregación de la empresa en las actividades básicas que es preciso llevar a cabo para vender un producto o servicio**.

Cada actividad incorpora una parte del valor asociado al producto final y representa, asimismo, una parte del coste total de dicho producto. Si el precio que los clientes están dispuestos a pagar por el producto o servicio supera el coste de las distintas actividades, la empresa generará un margen o beneficio por su actividad (valor generado por la empresa).

La cadena de valor de una empresa debe ser contemplada como una parte de un **sistema de valor** más amplio que incluye las cadenas de valor de los proveedores y de los clientes fundamentalmente. El objetivo del análisis de la cadena de valor está en **identificar las fuentes de ventaja competitiva** para la empresa, es decir, los aspectos o partes de la empresa que más contribuyen a la generación del valor total obtenido. Estas fuentes pueden estar tanto en el desempeño de cada una de las actividades básicas como en las interrelaciones entre actividades bien sean de la propia empresa o dentro del sistema de valor.

4.2.1. Las actividades de la cadena de valor

La construcción de la cadena de valor se lleva a cabo mediante la desagregación de las actividades de la empresa, en función de su vinculación directa o indirecta con el proceso productivo, tal como aparece representado en la figura 4.2 (Porter, 1987: 57-61; Dess y otros, 2011: 80-89). Con base en este criterio, las actividades pueden ser clasificadas como sigue:

1) ***Actividades primarias***: son las que forman parte directamente del proceso productivo básico, así como su transferencia y atención post–venta al cliente. Éstas son:

- **Logística interna o de entrada de factores**: recepción, almacenamiento, control de existencias y distribución interna de materias primas y materiales auxiliares hasta su incorporación al proceso productivo.
- **Operaciones o producción propiamente dicha**: actividades relacionadas con la transformación física de los factores en productos o servicios.
- **Logística externa o distribución**: actividades de almacenamiento y distribución física a los clientes de los productos terminados.
- **Marketing y ventas**: actividades encaminadas a conseguir la venta del producto.
- **Servicio post–venta**: actividades relacionadas con el mantenimiento de las condiciones de utilización del producto vendido.

2) ***Actividades de apoyo***: no forman parte directamente del proceso productivo, pero sirven de soporte para las actividades primarias, garantizando el normal funcionamiento de la empresa. Éstas son:

- **Aprovisionamiento**: actividad de compra de factores que van a ser utilizados. Estos factores deben ser entendidos en sentido amplio, incluyendo materias primas, materias auxiliares, maquinaria, edificios, servicios de todo tipo, etcétera.
- **Desarrollo de tecnología**: actividades encaminadas a la obtención, mejora y gestión de tecnologías, tanto de producto como de proceso o de «gestión».
- **Administración de recursos humanos**: actividades relativas a la búsqueda, contratación, formación, adiestramiento, motivación, etc. de todos los tipos de personal. Es un soporte fundamental para las actividades primarias así como para el resto de las de apoyo e, incluso, para el conjunto de la empresa.
- **Infraestructura de la empresa**: actividades que pueden englobarse bajo la denominación genérica de administración y pueden incluir la planificación, el control, la organización, la información, la contabilidad, las finanzas, etc. Supone un soporte para el conjunto de la empresa más que para actividades individuales.

La ventaja competitiva podría estar en un diseño o ejecución excelente de alguna de estas actividades. Por ejemplo, una de las claves del éxito de una empresa podría estar en su gran capacidad de desarrollo tecnológico que permite ofrecer al mercado productos avanzados y novedosos. O una de las razones del éxito de una empresa de telecomunicaciones podría residir en la calidad de su servicio de atención al cliente («*Call Center*»), lo cual tiene que ver con su actividad de servicio post–venta.

Figura 4.2: La cadena de valor de Porter

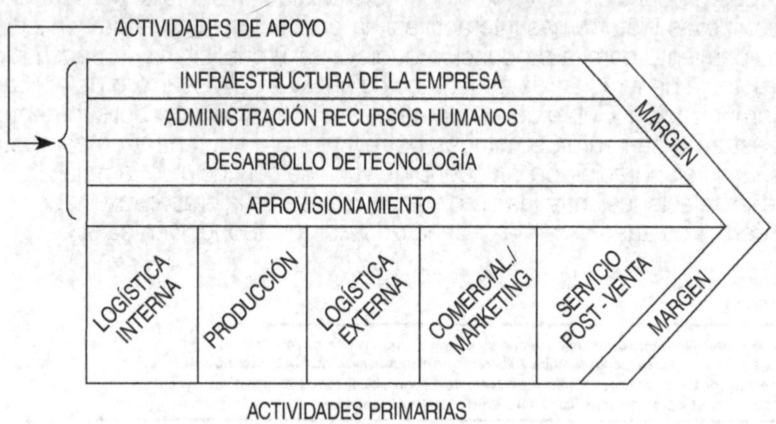

Fuente: Porter (1987:55)

4.2.2. Las interrelaciones de la cadena de valor

La ventaja competitiva puede provenir no sólo de una actividad concreta, sino también de las interrelaciones que pueden aparecer entre las actividades de la cadena de valor de la empresa y/o entre la cadena de valor de la empresa y el sistema de valor entre sí y/o entre la cadena de valor de la empresa y el sistema de valor formado con clientes y proveedores. A dichas interrelaciones se las denomina, de forma genérica, **eslabones** (Porter, 1987). La ventaja competitiva a través de los eslabones se puede conseguir, básicamente, a partir de dos **criterios**:

- ***Optimización***: La mejor realización de una actividad puede permitir reducir costes en la ejecución de otras actividades.
- ***Coordinación***: En este caso, la ventaja surge por alcanzar un alto grado de coordinación entre actividades que hace que ambas se desarrollen de forma más eficiente.

Como se puede observar, la ventaja competitiva no nace de la realización de tareas concretas, sino de las interrelaciones que surgen entre ellas, no siendo identificable la fuente de ventaja con ninguna actividad específica, sino precisamente por su relación con otras. Se pueden identificar dos tipos de interrelaciones, que analizamos a continuación (Porter, 1987):

Aplicación 4.1:

La cadena de valor del grupo Vértice 360,
por Fernando E. García Muiña

Vértice 360 fue constituida el 18 de octubre de 2006 a partir de la compañía Telson, una productora independiente de contenido audiovisual creada en 1976. Desde entonces, el Grupo ha ido integrando compañías relevantes del sector audiovisual. Por tanto, aunque Vértice 360 es una empresa joven, cuenta con una dilatada experiencia. Vértice 360 es un Grupo especializado en la producción y postproducción de contenidos para cualquier pantalla (ya sea cine, televisión o cualquiera de las nuevas plataformas interactivas), la prestación integral de servicios técnicos, de consultoría y equipamiento para la producción audiovisual y publicitaria, la transmisión de canales y eventos en directo, la generación de espectáculos en vivo y el desarrollo de aplicaciones y soluciones para la comunicación. Cubre completamente la cadena de valor del segmento audiovisual y sus actividades están únicamente delimitadas por el criterio de no entrar en competencia con sus propios clientes. En la elaboración de la cadena de valor se han incluido también las ventajas competitivas fruto de las relaciones entre las propias actividades de la empresa (eslabones horizontales) y las relaciones con otros agentes de la cadena de valor (eslabones verticales).

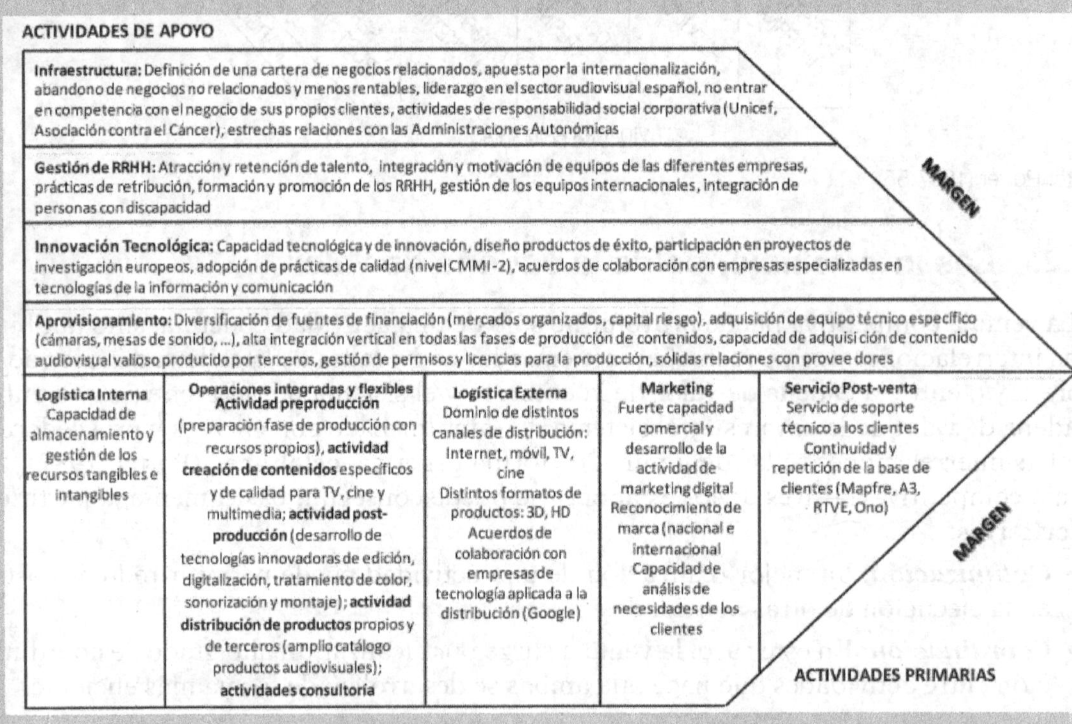

1) ***Interrelaciones entre actividades de la empresa***: surgen cuando se relacionan dos o más actividades internas y se las denomina **eslabones horizontales**. Las formas más típicas son las relaciones de actividades primarias entre sí o de éstas con las de apoyo. En todos los casos, se pueden aplicar los dos criterios anteriores de obtención de ventaja. Por ejemplo, si se optimiza el control de calidad en la actividad de producción, se reducen los costes del servicio post–venta como consecuencia del menor número de productos fallidos. Por otro lado, si se coordina la actividad de servicio post–venta con la de desarrollo de tecnología, es posible detectar frecuentes fallos en los productos vendidos y corregir lo antes posible la situación con el consiguiente impacto en la imagen de la empresa.

Consulta la web

Contestar Caso Breve CB–008-ES: Inditex crea su propia logística, por Ana Farto Muñoz

2) ***Interrelaciones con el sistema de valor***: surgen de las relaciones de la cadena de valor de la empresa con la de los proveedores o la de los clientes y se las denomina **eslabones verticales**. En este caso, la ventaja no se debe exclusivamente a la empresa sino a las relaciones que mantiene con aquellas otras con las que realiza transacciones. Si se aprovechan adecuadamente estas interrelaciones pueden verse beneficiados tanto la empresa como los proveedores o los clientes, de tal forma que el resultado favorece a ambos simultáneamente. Un ejemplo de eslabón vertical está en el conocido sistema de producción «*just–in–time*», el cual se basa en una perfecta coordinación entre los proveedores y el sistema productivo de la empresa que permite, entre otras cosas, reducir los inventarios intermedios y, por tanto, los costes de dichos inventarios.

Análisis

Un análisis sobre la inclusión de los proveedores en el desarrollo de nuevos productos, se puede encontrar en Valle y Vázquez (2009): *Universia Business Review*, nº 24: *http://ubr.universia.net*

En ambos casos juega un papel decisivo el **sistema de información** tanto de la propia empresa como el de proveedores y/o clientes ya que, gracias a las nuevas tecnologías de la información y las comunicaciones, se convierte en una variable clave para conseguir tanto la optimización como la coordinación de actividades.

Las actividades que conforman la cadena de valor de la empresa pueden ser excesivamente generales para un análisis en profundidad, por lo que pueden desagregarse en actividades más específicas, dependiendo del nivel de detalle al que se quiera llegar en el análisis. En sentido contrario, también pudieran eliminarse algunas de ellas, como, por ejemplo, ocurre en las empresas de servicios en las que no existe manipulación de materias primas y de productos terminados (Dess y otros, 2011: 88-89).

4.3. EL ANÁLISIS DE LOS RECURSOS Y CAPACIDADES

Con ser importantes las técnicas anteriores para el análisis interno, sin duda, la metodología que mayor poder explicativo aporta a la identificación de las potencialidades y debilidades de una empresa es la denominada Teoría o Visión de Recursos y Capacidades (*Resource–Based View*) cuyo objetivo es **identificar el potencial de la empresa para establecer ventajas competitivas mediante la identificación y valoración estratégica de los recursos y habilidades que posee o a los que puede acceder**.

Esta teoría se puede considerar un enfoque complementario al Análisis Industrial (estudiado en el capítulo anterior) en el sentido de que la rentabilidad de una empresa es consecuencia tanto de las características competitivas del entorno, como de la combinación de los recursos de que dispone, si bien, no es menos cierto que cada vez se concede mayor importancia relativa a estos últimos. En efecto, ante entornos turbulentos como los actuales en los que los cambios son cada vez más frecuentes, parece más adecuado basar la estrategia en aspectos internos que en externos. Cuanto mayor sea la importancia de los cambios en el entorno de una empresa, mayor es la probabilidad de que sus recursos y capacidades sean los cimientos seguros para su estrategia a largo plazo (Grant, 2006).

Por otro lado, el entorno competitivo ofrece las mismas oportunidades y amenazas a todas las empresas de una industria, por lo que todas ellas tienen teóricamente las mismas oportunidades de rentabilidad. Sin embargo, la realidad ofrece numerosos ejemplos en los que las diferencias de rentabilidad entre empresas situadas en una misma industria son mayores que las que existen entre empresas situadas en industrias diferentes. Ello significa que el éxito de las empresas se debe en menor medida a los efectos de la estructura competitiva de la industria (el llamado efecto industria), teniendo más que ver con los aspectos internos propios de cada empresa (el llamado efecto empresa).

La Teoría de Recursos y Capacidades parte de dos premisas básicas: en primer lugar, las empresas son diferentes entre sí por razón de los recursos y capacidades que poseen en un momento determinado, así como por las diferentes características de los mismos (heterogeneidad) y, en segundo lugar, dichos recursos y capacidades no están a disposición de todas las empresas en las mismas condiciones (imperfecta movilidad) (Barney, 1991).

Si esto es así, el análisis de los recursos y capacidades de la empresa se convierte en un instrumento esencial para el análisis interno y la formulación de la estrategia. Para ello, es preciso tener en cuenta tres **actividades fundamentales**, que serán los elementos centrales de análisis del resto del capítulo (figura 4.3):

- Primero, la empresa debe **identificar y medir** sus propios recursos y capacidades de modo que conozca con profundidad su potencial de partida para definir la estrategia. Esta fase es especialmente relevante para los intangibles.
- Segundo, es preciso **evaluar estratégicamente** sus recursos y capacidades, es decir, determinar en qué medida son útiles, adecuados y valiosos para conseguir una ventaja competitiva, mantenerla en el tiempo y apropiarse de los rendimientos.

- Tercero, es necesario analizar cómo la dirección empresarial puede **conseguir** los recursos que necesita, tanto interna como externamente, y **explotar** la dotación actual de recursos en el ámbito estratégico, tanto en el nivel de estrategia competitiva como corporativa.

Figura 4.3: Modelo de análisis de recursos y capacidades

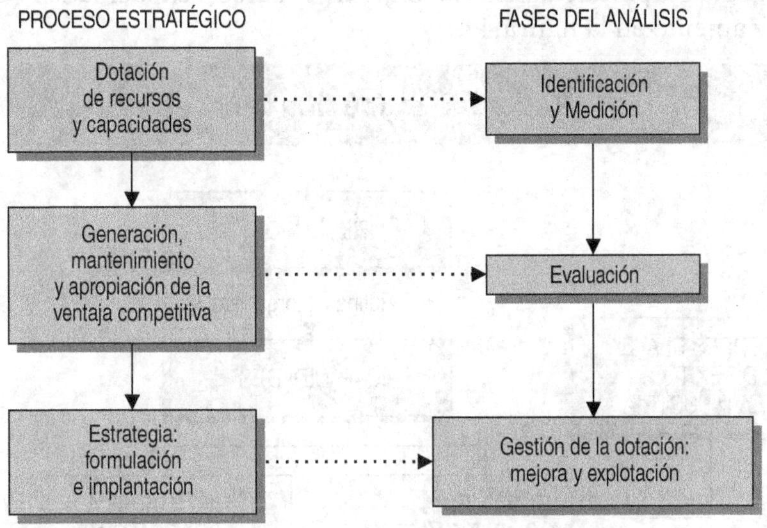

4.3.1. Identificación de los recursos y capacidades

La primera etapa del análisis consiste en identificar los diferentes recursos y capacidades que están disponibles para su utilización por parte de la empresa. El primer problema con el que nos encontramos para ello es de carácter terminológico. Efectivamente, los autores que han desarrollado este enfoque han utilizado denominaciones diversas tales como activos, recursos, capacidades, habilidades o competencias, no siempre con significaciones precisas. Así, mientras que algunos hablan de recursos con un sentido muy general incluyendo tanto los activos como las capacidades (Barney, 1991; Hall, 1992), otros distinguen un doble nivel de análisis (Grant, 2006).

Nosotros seguiremos este último criterio, aceptando que ambos conceptos están interrelacionados y representan dos niveles de agregación de los elementos que determinan el potencial de la empresa para competir. En un primer nivel, estarían los **recursos o activos** individuales, que constituyen las unidades básicas del análisis. Éstos pueden definirse como el conjunto de factores o activos de los que dispone y que controla una empresa.

Ahora bien, en la mayoría de los casos, estos recursos no crean valor por sí solos, sino que deben ser adecuadamente combinados y gestionados, generando una **capacidad**. En este segundo nivel de análisis, el concepto de capacidad se refiere a la habilidad de una empresa para llevar a cabo una actividad concreta (Grant, 2006) e implica una combinación de recursos y pautas o rutinas organizativas.

Las capacidades constituyen un segundo nivel de análisis y también pueden ser entendidas como competencias o habilidades colectivas de la organización. De este modo, los recursos y capacidades de la empresa pueden entenderse como el conjunto de elementos, factores, activos, habilidades, atributos que la empresa posee o controla y que le permiten formular y poner en marcha una estrategia competitiva y, en su caso, influir en algunos aspectos de la estrategia corporativa. La relación entre recursos, capacidades y estrategia queda reflejada gráficamente en la figura 4.4.

Figura 4.4: Recursos, capacidades y estrategia

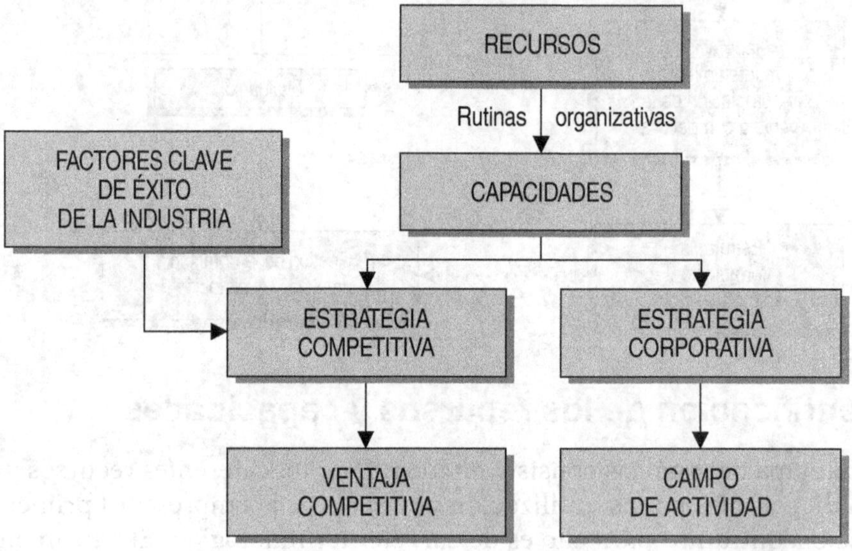

a) Identificación de los recursos

Ya hemos definido los recursos como el **conjunto de factores o activos de los que dispone la empresa para llevar a cabo su estrategia**. Su identificación constituye el primer paso del análisis. El objetivo, por tanto, sería elaborar un inventario de los recursos de la empresa lo que, aunque pueda parecer sorprendente, no siempre es una tarea fácil. Efectivamente, si bien muchos de los recursos pueden ser fácilmente identificados y medidos mediante los estados contables de la empresa, otros no suelen aparecer en dichos documentos haciendo su identificación y medición más complicada. Para poder realizar este inventario, puede ser útil clasificar los distintos recursos por categorías, siendo la más generalmente aceptada la que distingue entre tangibles e intangibles. La figura 4.5 recoge gráficamente una clasificación de los diferentes tipos de recursos, en función de este criterio.

Figura 4.5: **Clasificación de los recursos**

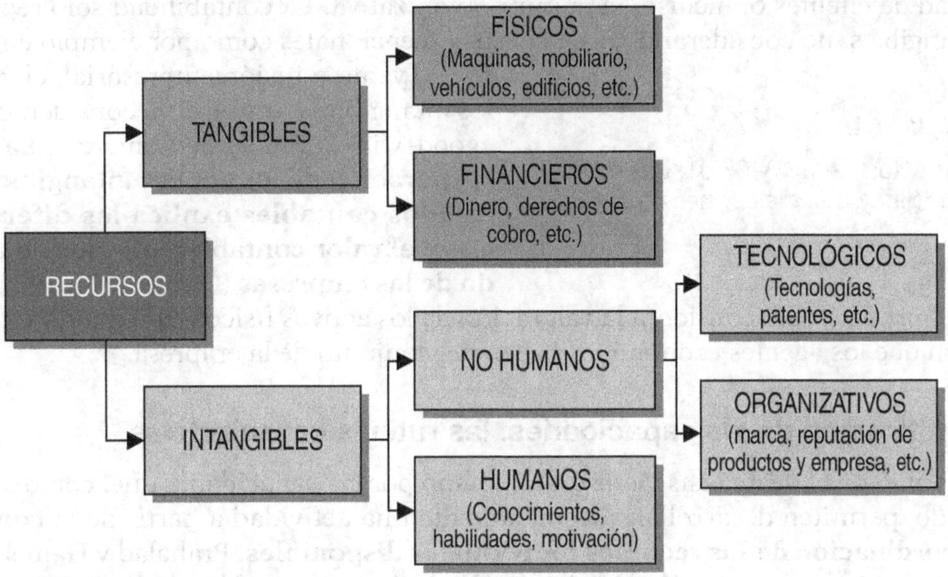

Los **recursos tangibles** son los que tienen una existencia física y normalmente son más fáciles de identificar y medir a través de la información que nos proporcionan los estados contables. De forma específica, se encuentran identificados en el balance de situación de la empresa y medidos con criterios contables. Dentro de los recursos tangibles podemos distinguir entre los **activos físicos** (edificios, maquinaria, mobiliario, herramientas, etc.) y **financieros** (disponibilidades, derechos de cobro, capacidad de endeudamiento, etc.).

Los **recursos intangibles** están basados en la información y el conocimiento y, por tanto, no tienen una existencia física. Dentro de los recursos intangibles, podemos diferenciar entre **activos humanos** y **no humanos** en función de su vinculación directa o no con las personas que forman parte de la empresa.

Los recursos intangibles no humanos, o independientes de las personas, pueden clasificarse, a su vez, en **tecnológicos** y **organizativos**. Los primeros incluyen las tecnologías y conocimientos disponibles que permiten fabricar los productos o prestar los servicios de la empresa y que pueden concretarse en patentes, diseños, bases de datos, etc. Entre los segundos, se pueden citar la marca, el logotipo, el prestigio, la reputación, la cartera de clientes, etc.

En cuanto a los recursos aportados por los seres humanos a la empresa, lo que se conoce en terminología económica como «**capital humano**», hacen referencia no tanto a las personas como tales cuanto a sus conocimientos, entrenamiento, experiencia, motivación, capacidad de adaptación, habilidad de razonamiento y decisión, lealtad hacia la empresa, etc.

Los recursos intangibles suelen permanecer invisibles a la información contable, por lo que su identificación y medición es bastante más complicada, especialmente cuando están basados en conocimiento de tipo tácito, como puede ser el caso de las emociones humanas, la fidelidad de clientes o, incluso, la cultura organizativa. La contabilidad sólo recoge los activos tangibles, no considerando, salvo casos excepcionales como por ejemplo en procesos de venta o fusión empresarial, el valor de los intangibles a través de la consideración del «good–will» o Fondo de Comercio. **La no incorporación de los activos intangibles a los estados contables explica las diferencias entre el valor contable y el valor de mercado de las empresas** (Grant, 2006: 192). Mientras que el primero sólo considera la valoración de los activos físicos, el segundo integra la valoración que los agentes económicos hacen del conjunto de la empresa.

Consulta la web

Ver Aplicación Actualizada AA–07.01: Las mejores marcas españolas y mundiales, por Jorge Cruz González

b) Identificación de las capacidades: las rutinas organizativas

El segundo nivel de análisis viene determinado por las capacidades que, como antes se ha definido, permiten desarrollar adecuadamente una actividad a partir de la **combinación y coordinación de los recursos individuales disponibles**. Prahalad y Hamel (1990) utilizan el término **competencias básicas o distintivas** para referirse al mismo concepto relacionándolo, no con la habilidad para realizar una actividad, sino con la posibilidad de desarrollarla mejor que los competidores.

En general, podemos señalar que las capacidades están ligadas al capital humano y se apoyan sobre todo en los activos intangibles, especialmente el conocimiento tecnológico y organizativo de la empresa (Fernández y otros, 1997: 13). Las capacidades son, por definición, intangibles por lo que no siempre resulta fácil distinguir entre lo que son recursos intangibles –especialmente los organizativos– y lo que son capacidades. Por este motivo, muchos autores prefieren hablar de recursos en general para referirse a ambos conceptos. López Sintas (1996) establece dos **criterios** clave para distinguir entre recursos y capacidades:

- El primero de ellos se basa en el **carácter de *stock* de los recursos** frente al carácter de flujo de las capacidades (Penrose, 1959; Mahoney y Pandian, 1992). Esta idea viene a significar que los recursos son cosas o elementos que se poseen o controlan y existen con relativa independencia del uso concreto que se les dé en la empresa. Por su parte, las capacidades representan formas de hacer las actividades, de utilizar los recursos.
- El segundo criterio de distinción está en el **carácter colectivo de las capacidades** y el individual de los recursos. Efectivamente, frente a las habilidades individuales de cada persona, las capacidades sólo existen en la medida en que dichas personas colaboran entre sí y se coordinan para resolver un problema o realizar una actividad. Sin este carácter colectivo o grupal no existen las capacidades organizativas.

Como consecuencia de todo lo anterior, resulta mucho más difícil identificar y clasificar las capacidades que los recursos de la empresa. En la medida en que éstas representan una habilidad para resolver determinados problemas o hacer bien determinadas actividades, la empresa debe realizar un inventario de las actividades y problemas que es capaz de llevar a cabo o resolver adecuadamente. Para ello, puede ser útil clasificar las actividades de acuerdo con un criterio funcional o a partir de la utilización de la cadena de valor (Grant, 2006).

En cuanto a la clasificación de las capacidades, una propuesta interesante es la que se debe a Hall (1993) quien distingue entre **capacidades funcionales** y **culturales**. Las primeras son aquellas que están orientadas a resolver problemas técnicos o de gestión específicos (fabricar un producto, gestionar un préstamo, controlar la calidad, etc.). Las capacidades culturales, por su parte, se vinculan más a la actitud y valores de las personas como puede ser la capacidad para gestionar cambios organizativos, para innovar, para trabajar en equipo, etcétera.

En cualquier caso, el reto para la dirección no se limita a identificar los recursos y capacidades de la empresa, sino a descubrir cómo se pasa de las habilidades y recursos individuales a las capacidades colectivas, lo que viene determinado por las llamadas rutinas organizativas. De acuerdo con Grant (2006: 201), las capacidades están organizadas en estructuras jerárquicas. A partir de recursos individuales, se crean capacidades específicas para tareas muy concretas; estas últimas, a su vez, se integran en capacidades más complejas, de mayor nivel y así sucesivamente. Para conseguir esta integración de recursos, habilidades y conocimientos, la dirección de la empresa puede recurrir a:

- ***Mecanismos formales de coordinación:*** tales como normalización de tareas, manuales de organización, directivos integradores, etc.
- ***Rutinas organizativas***: normalmente, los anteriores mecanismos no suelen ser suficientes para conseguir la necesaria integración de recursos, por lo que las rutinas organizativas son clave en este análisis. Nelson y Winter (1982) las definen como **patrones o modelos regulares y predecibles de actividades que están formados por una secuencia de acciones coordinadas por los individuos**.

Aplicación 4.2:

Las rutinas organizativas en la realización de un examen en la universidad

Una de las responsabilidades principales que tiene un departamento universitario es la evaluación de sus alumnos, para lo cual recurre habitualmente a la realización de exámenes. Ello, que parece una tarea sencilla, necesita sin embargo de una combinación compleja de recursos humanos, técnicos y materiales, constitutiva de una rutina organizativa que asegure su desarrollo adecuadamente. Para la realización de un examen, en el caso que sea común para todos los grupos de alumnos, se requieren las siguientes actividades:

- Reunión de profesores para acordar el contenido y forma de evaluación del examen.
- Estimación del número potencial de alumnos que pueden acudir a su realización, en función del cual se calcula los necesarios documentos de examen, aulas y profesores encargados de su vigilancia.

- Reproducción de los ejemplares de examen y custodia de los mismos hasta la fecha oportuna, y reserva de las aulas.
- Citación de alumnos y de profesores de vigilancia, en tiempo y forma, para el día, hora y lugar de desarrollo.
- Distribución adecuada de alumnos y profesores en las aulas para garantizar su correcta realización.
- Entrega del examen por parte de los alumnos a su finalización y canalización de los mismos hacia el profesor encargado de su evaluación.
- Corrección y calificación por parte del profesor correspondiente.
- Publicación de las evaluaciones y, en su caso, del día, hora y lugar para atender las reclamaciones.
- Entrega del acta final por parte del profesor en la sección administrativa pertinente.

Como se puede observar, llevar a cabo todas estas tareas no puede ser fruto de la improvisación y requiere de la coordinación adecuada de distintos tipos de recursos para que se desarrolle con éxito. Como cualquier otra rutina, a medida que el departamento correspondiente acumula experiencia en la realización de exámenes, su desarrollo tiende a mejorar. Por otro lado, constituye una forma de almacenamiento interno del conocimiento necesario para desarrollar sus tareas y que, de alguna forma, es independiente de las personas que participan.

Las rutinas organizativas son el equivalente a las habilidades individuales de las personas y, por tanto, la base para la generación de capacidades valiosas o competencias distintivas en la empresa y constituyen la forma principal de almacenamiento de información y conocimientos dentro de la organización. Al igual que las habilidades individuales se adquieren a lo largo del tiempo, las rutinas organizativas se mejoran a través de la experiencia y la práctica y se atrofian cuando no se usan. La habilidad de la dirección es importante para crear nuevas rutinas organizativas y mejorar las existentes y convertirlas así en competencias valiosas para conseguir ventajas competitivas relevantes.

Análisis

Un análisis del origen y evolución del concepto de capital intelectual puede encontrarse en Martín, Navas, López y Delgado (2010), *Economía Industrial*, nº 378: *www.minetur.gob.es/revistaei*

Las capacidades, al igual que los intangibles, presentan importantes dificultades para su identificación y medición. La Teoría o Visión de la Empresa basada en el Conocimiento (*Knowledge–Based View*) utiliza el término **capital intelectual** para identificar y medir todos los recursos basados en el conocimiento, es decir, los recursos intangibles y las capacidades, que, por definición, son intangibles. Aunque existen distintas propuestas, los distintos modelos de capital intelectual desarrollan un conjunto de variables e indicadores para medir de forma aproximada el conjunto de intangibles de una empresa.

4.3.2. Evaluación estratégica de los recursos y capacidades

No es suficiente con disponer de recursos o capacidades para disfrutar de una ventaja competitiva: es, además, necesario que sean valiosos en el sentido de ser relativamente diferentes y mejores que los de otras empresas competidoras (heterogeneidad de los recursos) y relativamente inmóviles o apropiables para que la ventaja competitiva pueda ser sostenida en el tiempo. Las rentas empresariales se derivan de la propiedad única de unos recursos y capacidades que son consecuencia de la desigualdad en las dotaciones de los recursos, resultado de las imperfecciones del mercado, de las asimetrías de información o del factor suerte (Cuervo, 1993).

Efectivamente, la posesión de activos que son similares a los que tienen las otras empresas competidoras o que éstas pueden adquirir fácilmente en el mercado no constituye una fortaleza para la empresa porque no la sitúan en una posición privilegiada para competir. Por el contrario, si los recursos y capacidades permiten explotar las oportunidades y neutralizar las amenazas, son poseídos sólo por un pequeño número de empresas competidoras y son costosos de copiar o difíciles de obtener en el mercado, entonces pueden constituir fortalezas de la empresa y de este modo fuentes potenciales de ventaja competitiva (Barney, 2007). En consecuencia, la siguiente fase del análisis consiste en evaluar el potencial que tiene cada uno de ellos para generar y sostener una ventaja competitiva que cree valor para la empresa.

Figura 4.6: Criterios de evaluación estratégica de los recursos y capacidades

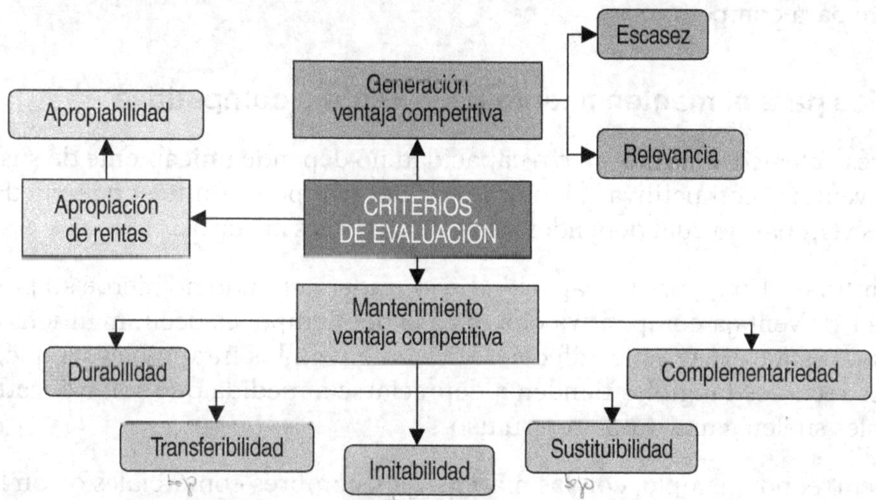

Fuente: Elaboración propia a partir de Amit y Schoemaker (1993) y Grant (2006)

a) Criterios para la obtención de la ventaja competitiva

Son varios los modelos existentes que proponen distintos criterios de evaluación entre los cuales se pueden citar a Barney (1991), Amit y Schoemaker (1993), Peteraf (1993) o Grant (2006). Cada uno de estos criterios de evaluación condiciona el potencial generador de rentas. Aquellos que cumplan de manera satisfactoria con la mayoría de ellos se denominan

recursos y capacidades estratégicos o distintivos, pues permitirán a la empresa obtener, mantener y disfrutar los beneficios derivados de una ventaja competitiva (figura 4.6).

Para que un recurso o capacidad pueda generar una ventaja competitiva debe cumplir dos requisitos:

- **Escasez**: Un recurso es escaso cuando no está a disposición de todos los competidores. Si un recurso o capacidad es importante o imprescindible para desarrollar una actividad empresarial pero es accesible a todas las empresas de la industria, se convierte en una condición necesaria para competir pero no en un elemento diferencial que otorgue ventaja competitiva. Así, por ejemplo, disponer de una adecuada flota de autobuses para una empresa de transporte de viajeros por carretera no constituye un elemento distintivo si las demás empresas disponen de vehículos similares. Ahora bien, si esta misma empresa cuenta con un sistema informático de diseño de rutas que no está al alcance de los demás, la situaría en superioridad competitiva.

- **Relevancia**: La relevancia de un recurso o capacidad hace referencia a su utilidad para competir en una determinada industria, es decir, que esté relacionado con alguno de sus factores clave de éxito. Así, por ejemplo, disponer de una gran capacidad de investigación y desarrollo puede ser extremadamente valioso en sectores de tecnología punta, mientras que resultaría irrelevante en industrias donde la tecnología no es la clave para competir.

b) Criterios para el mantenimiento de la ventaja competitiva

El valor estratégico de un recurso o capacidad no depende únicamente de sus aptitudes para lograr ventajas competitivas sino también del tiempo durante el que puedan mantenerse dichas ventajas, lo cual dependerá de los siguientes criterios:

- **Durabilidad**: Un recurso o capacidad es duradero cuando no pierde su potencial generador de ventaja competitiva con el paso del tiempo, es decir, mantiene o gana en utilidad. Esta característica afecta decisivamente a los intangibles ya que, mientras que los recursos tangibles tienden a depreciarse a medida que son utilizados, los intangibles suelen ganar valor con su uso.

  Ello ocurre, por ejemplo, con las marcas y los nombres comerciales o con las rutinas organizativas que tienden a permanecer en el tiempo, e incluso a mejorar, a medida que se utilizan repetidamente y se obtiene experiencia de su funcionamiento. Sin embargo, este hecho no afecta de igual forma a todos los recursos ya que la velocidad del cambio tecnológico está acortando la vida útil de algunos de ellos como los bienes de equipo o las patentes.

  Por otro lado, hay que tener en cuenta que los intangibles, al estar basados en la información y el conocimiento, presentan otras dos características que aumentan su durabilidad:

- Son susceptibles de **uso simultáneo** para distintas funciones, sin que pierdan la utilidad en ninguna de ellas. Tal es el caso de la marca que se puede utilizar al mismo tiempo para distintos productos.
- Tienen una **aplicabilidad ilimitada** en su uso, de tal forma que pueden ser utilizados indefinidamente cuantas veces se quiera en distintos procesos o productos.

• **Transferibilidad**: Este criterio tiene que ver fundamentalmente con la existencia o no de mercado para que pueda producirse la transferencia de activos entre empresas. Si existe mercado, los recursos pueden moverse entre empresas a través de procesos de compraventa. Pero si no existe mercado o los recursos son de difícil transferencia, aquellas empresas que los posean pueden mantener su ventaja competitiva en el tiempo.

Algunos recursos, sobre todo los tangibles, son fácilmente transferibles entre empresas como, por ejemplo, materias primas, componentes, terrenos, etc., para los que existe un mercado convencional. Sin embargo, otros recursos no son tan sencillos de transferir. Por ejemplo, algunos recursos tangibles, como las grandes plantas y máquinas, presentan el problema de la inmovilidad geográfica por la dificultad para cambiar su localización. Por su parte, la mayoría de los intangibles presentan importantes problemas de transferibilidad por las siguientes razones:

- **Su propia naturaleza intangible**: el hecho de que muchos de los intangibles estén basados en conocimientos tácitos, no codificables y cuyos derechos de propiedad son de difícil determinación, origina grandes inconvenientes para su valoración y venta, fundamentalmente derivados de las asimetrías informativas entre comprador y vendedor.
- **Son activos específicos**: algunos recursos, como los conocimientos tecnológicos y las marcas, son activos específicos de una empresa en el sentido de que su valor se puede reducir cuando se transfieren a otra empresa.

Como consecuencia de lo anterior, los costes de transacción que surgen de la transferencia de estos recursos y capacidades son elevados. Esto es especialmente cierto en el caso de las capacidades complejas ya que, para adquirirlas, es necesario transferir todo el conjunto de recursos que las integran. Tal podría ser el caso de una empresa que quisiera adquirir la capacidad de innovación de otra empresa o la cultura organizativa de un competidor. Por lo tanto, las empresas cuya ventaja competitiva depende de capacidades complejas corren un menor riesgo de que dichas capacidades sean compradas por sus competidores que aquellas otras cuya ventaja depende de recursos individuales más fácilmente transferibles.

Consulta la web

Ver Aplicación AN–07.01-ES: La transferencia de directivos entre Hewlett Packard y Oracle, por Jorge Cruz González

El problema de la transferencia afecta especialmente a los recursos humanos que, por su naturaleza, son móviles entre empresas. La realidad muestra cotidianamente ejemplos de empleados que cambian de empresa, incluso entre competidores directos, llevando sus habilidades de una a otra. Sin embargo, las personas suelen trabajar en equipo, de tal forma que, en bastantes ocasiones, pueden perder relevancia si al ser transferidas no van acompañadas del equipo anterior, lo cual resulta infrecuente.

- **Imitabilidad**: este criterio hace referencia a la capacidad que tengan los competidores para replicar los recursos y capacidades que posea la empresa de referencia, desarrollando internamente otros iguales o similares que tengan los mismos efectos. A medida que una empresa cuente con recursos inimitables o insustituibles podrá mantener su ventaja competitiva en el tiempo. La mejor protección frente a la posible imitación es el desconocimiento de las empresas competidoras acerca de la base sobre la que se asienta esa ventaja, lo que recibe el nombre de **ambigüedad causal** (Lippmann y Rumelt, 1982).

  Pero aun cuando no exista ambigüedad causal y la imitación de los recursos y capacidades sea posible, el tiempo puede jugar a favor de la empresa que ya los posee. Efectivamente, muchas capacidades complejas son de lenta y costosa acumulación y surgen de la propia experiencia, mediante un proceso único e irrepetible. Variables como la imagen o reputación, la cultura corporativa, las rutinas organizativas o el conocimiento tecnológico se van creando poco a poco, a través de la experiencia y la historia de la empresa.

  Cuando la empresa imitadora trata de reproducir un recurso o capacidad valiosos, la empresa imitada ha tenido tiempo de reforzarlo. Por otra parte, si la empresa imitadora intenta acortar el periodo de desarrollo de dicho recurso o capacidad clave invirtiendo de manera intensiva, los costes asociados favorecen a la empresa imitada, que ya incurrió en ellos de manera fraccionada a lo largo del tiempo, y desincentivan al potencial imitador.

  Al igual que ocurre con criterios anteriores, cuanto más compleja sea una capacidad, más difícil es de imitar. Ello se debe a la mayor ambigüedad causal existente así como a la necesidad de imitar un conjunto de recursos y la forma en que se interrelacionan. En cualquier caso, la posibilidad de que los recursos y capacidades sean imitados o sustituidos por los competidores dependerá del potencial que tengan éstos para replicarlos o para conseguir otros alternativos.

- **Sustituibilidad**: si las empresas competidoras no pueden adquirir en el mercado los recursos y capacidades valiosos poseídos por otra empresa y tampoco pueden imitarlos, disponen de una tercera vía para atacar esa ventaja competitiva: buscar recursos y capacidades alternativos que produzcan los mismos servicios en condiciones similares.

  Al igual que un producto puede ser sustituido en el mercado, puede serlo un factor productivo. Si una capacidad hace referencia a una forma de resolver un problema, la sustituibilidad hace referencia a las formas alternativas de abordar y resolver ese mismo problema. En la medida en que los recursos y capacidades de una empresa no tengan alternativas que los sustituyan, tendrán un mayor valor para la empresa que los posee, ya que los competidores tendrán mayores dificultades para conseguir los recursos y capacidades que necesitan para atacar la ventaja competitiva.

Por ejemplo, la banca española dispone de una capacidad valiosa a través de la amplia red de oficinas en el territorio nacional. La banca extranjera ha intentado conseguir esta capacidad mediante la compra de bancos españoles o imitarla mediante la creación de una red de oficinas propia. Pero casi todos los intentos han fracasado por el alto coste que suponen ambas opciones. Algún banco ha optado por sustituir la forma tradicional de llegar a los clientes mediante la red de oficinas, utilizando las nuevas tecnologías: la banca por Internet. Ello le ha permitido captar un importante volumen de depósitos sin recurrir a comprar ni a imitar la capacidad básica de la banca tradicional.

- **Complementariedad**: tanto los recursos como las capacidades se pueden combinar entre sí para desarrollar mejor determinadas actividades empresariales. Se dice que los recursos y capacidades son complementarios cuando su valor conjunto es superior al que tendrían por separado. La existencia de complementariedad implica que los recursos y capacidades de una empresa sean más difíciles de transferir, imitar y sustituir, ya que se hace necesario para los competidores disponer de todos ellos de manera simultánea y adecuadamente combinados para conseguir las mismas ventajas.

  Por ejemplo, la capacidad de innovación de una empresa puede depender de un equipo interdisciplinar en el que la complementariedad de las aportaciones de cada investigador hace que el valor del equipo sea mayor que la suma de las contribuciones que cada persona pueda hacer por separado. Además, el equipo de investigación es complementario con otros recursos tales como laboratorios sofisticados, acceso a bases de datos, presencia en foros científicos, etc. En este caso, cualquier empresa que quisiera hacerse con esa capacidad de innovación debería contratar a todo el equipo o crear un equipo similar, lo cual es más difícil que contratar a un solo investigador.

c) Criterios para la apropiación de las rentas de la ventaja competitiva

Aun cuando una empresa logre y mantenga una ventaja competitiva sobre sus rivales, puede que no consiga apropiarse de la rentabilidad extraordinaria que genera dicha posición de ventaja. Que logre o no hacerlo dependerá de los derechos de propiedad de los activos disponibles. El criterio de **apropiabilidad** hace referencia al grado en el cual estén definidos los **derechos de propiedad** sobre los recursos y capacidades que son fuente de ventaja competitiva. En la medida en que tales derechos estén bien establecidos, las empresas poseedoras de los recursos se apropiarán de las rentas derivadas. En caso contrario, no se puede asegurar dicha apropiación.

Los derechos de propiedad sobre los recursos tangibles –activos financieros y físicos– son fácilmente identificables. También pueden establecerse derechos de propiedad en ciertos activos intangibles como patentes, marcas o logotipos. Sin embargo, para otros muchos in-

Aplicación 4.3:

Los recursos y capacidades en un equipo deportivo

Para comprender mejor la Teoría de Recursos y Capacidades (RyC) vamos a suponer el caso de un equipo deportivo, por ejemplo, un equipo de fútbol. Su éxito deportivo y económico está muy vinculado con la existencia de RyC distintivos en la entidad en mayor número y calidad que en los equipos rivales.

Identificación de recursos: el éxito de un equipo de fútbol depende en buena medida de los recursos de que disponga. Estos pueden ser:

- Tangibles físicos: estadio, propiedades, etc.
- Tangibles financieros: disponibilidades financieras.
- Intangibles no humanos: prestigio (un equipo se cotiza más que otro para un partido amistoso de acuerdo con su prestigio e historial), sistemas de gestión (económica, captación de socios, etc.), nombre del equipo, logotipo.
- Intangibles humanos: jugadores de la plantilla (cada uno con sus habilidades específicas), entrenador (capacidad de liderazgo, conocimientos técnicos), directivos.

Identificación de capacidades: el éxito de un equipo de fútbol no depende habitualmente sólo de sus recursos, sino muy especialmente de sus capacidades. Un equipo plagado de estrellas no necesariamente funciona mejor que otro con menos estrellas pero mejor conjuntado. Las capacidades representan la habilidad colectiva del equipo para jugar y ganar partidos y campeonatos. Estas capacidades serán distintivas en la medida en que sean superiores a las de sus rivales.

La forma de conseguir capacidades –juego colectivo– depende básicamente de las rutinas organizativas. Éstas pueden incluir, por ejemplo, la disposición de los jugadores en el campo, el reparto de papeles entre ellos, la realización de un saque de falta o una jugada concreta ensayada o la práctica de la táctica del fuera de juego.

Esta última, por ejemplo, requiere de un reconocimiento rápido por parte de cada defensa de la situación en que debe ser aplicada –habilidades individuales–, así como una coordinación tácita y perfecta de movimientos para dejar al contrario en fuera de juego –habilidad colectiva–. El más mínimo fallo en la aplicación de la táctica puede hacer vulnerable al equipo. El equipo que realiza con perfección esta táctica consigue una capacidad distintiva que reduce las posibilidades ofensivas del rival.

Evaluación de los RyC: los principales criterios aplicados a un equipo de fútbol serían:

- **Escasez**: los buenos jugadores no están generalmente al alcance de todos los equipos. Por ejemplo, los grandes goleadores son muy escasos en el mercado, lo que los convierten en altamente valiosos. Aquellos equipos que sean capaces de conseguirlos estarán en posición de superioridad frente al resto.
- **Relevancia**: si el objetivo de un equipo es ganar los partidos, ello se consigue metiendo goles o evitando encajarlos. Ello convierte en relevantes a determinados tipos de jugadores capaces de cumplir mejor una u otra función. Así, los puestos de delantero centro, portero o defensa central suelen estar más cotizados que otros. Igual podría decirse respecto de las habilidades colectivas, en el sentido de la importancia de las tácticas para el objetivo de ganar los partidos.
- **Durabilidad**: la mejora en el rendimiento de los recursos individuales –jugadores– trata de obtenerse mediante entrenamientos, conocimientos tácticos, etc. La mejora de las capacidades colectivas depende en buena medida del mantenimiento de los jugadores en la plantilla –baja rotación de jugadores–, del mantenimiento de su rendimiento –motivación, ausencia de lesiones– y del mantenimiento del entrenador en su puesto. A medida que más se ejercitan los entrenamien-

tos individuales y colectivos más rendimiento se suele obtener del equipo. Asimismo, influye la actitud y gestión de los directivos: planificación de recursos, cantera de jugadores, coherencia en las decisiones, visión de largo plazo, etc. En cualquier caso, debido a los anteriores factores, parece que el éxito continuado de un equipo es muy difícil, si no imposible, de conseguir (afortunadamente para los campeonatos), por lo que parece que la durabilidad, en el mejor de los casos, no es muy grande.

- **Transferibilidad**: la posibilidad de que un equipo pierda sus capacidades competitivas está vinculada a la posibilidad de que otros equipos fichen a uno o varios de sus más valiosos jugadores o a su entrenador. Las capacidades son prácticamente intransferibles pues no se pueden trasladar todos los jugadores, entrenador, equipo técnico, etc. simultáneamente a otro equipo, salvo compra de aquél por éste. Así, en la medida en que el éxito de un equipo dependa de las capacidades colectivas más que de los recursos individuales, la marcha de un jugador a otro equipo no tiene por qué suponer una merma significativa –salvo en casos excepcionales– de su capacidad competitiva.
- **Imitabilidad**: hace referencia a la posibilidad de que otros equipos reproduzcan las capacidades ya que la imitación de los recursos, al estar altamente individualizados, es prácticamente imposible. Cuanto más dependa el éxito de un equipo de las capacidades colectivas frente a las individuales, más difícil será para cualquier equipo contrario imitar o reproducir todos sus factores de éxito.
- **Sustituibilidad**: aunque es posible sustituir a un jugador por otro, los jugadores más valiosos son difícilmente sustituibles dadas sus características singulares. La forma habitual de ganar un partido, mediante mejores jugadores o tácticas, podría ser sustituida por la presión sobre el árbitro o las entidades organizativas para inclinar favorablemente ciertas decisiones que faciliten el camino del triunfo. Sería el caso de sobornos al árbitro, suspensiones cautelares de sanciones, presión de los aficionados o medios de comunicación, etc.
- **Complementariedad**: hace referencia al hecho de que ciertos jugadores son capaces de desempeñar mejor su trabajo si están acompañados de otros determinados jugadores con los cuales se complementa mejor en ese equipo que en otro. Esto mismo podría decirse de algunas tácticas de juego más adecuadas en unos equipos que en otros. Aunque los jugadores pueden ser transferidos y algunas rutinas organizativas imitadas –táctica del fuera de juego–, el éxito de un equipo que combine adecuadamente recursos valiosos, rutinas organizativas eficaces y capacidades colectivas distintivas, difícilmente puede ser imitado, al menos a corto plazo.
- **Apropiabilidad**: Las habilidades de un jugador le pertenecen a él como persona y, por lo tanto, el equipo sólo se puede apropiar de ellas en la medida en que el jugador preste sus servicios en la entidad. El equipo trata de conseguir el control de los jugadores mediante contratos adecuados. Si el jugador fuera fichado por otra entidad, se llevaría consigo sus habilidades individuales, aunque no las habilidades colectivas.

Un riesgo para la entidad está en que el jugador decida no poner en práctica sus habilidades al servicio del colectivo. La entidad no puede obligarle fehacientemente a hacerlo. Una forma de defenderse de esta actitud es vincular la remuneración del jugador con el rendimiento individual (partidos jugados) o con el colectivo (primas por ganar partidos).

Otro aspecto interesante de la apropiabilidad está en el reparto de rentas con los jugadores. En la medida en que la aportación individual de un jugador al éxito del equipo es más significativa y el equipo depende más de sus habilidades para obtener éxitos, el jugador puede negociar mejoras sustanciales en su contrato bajo la amenaza de fichar por otro equipo.

Finalmente, es preciso reconocer que el factor «suerte» tiene un papel relevante en el éxito de un equipo en el transcurso de un campeonato. Y es que, como dicen los entendidos, ¡el fútbol es así!

tangibles, el personal, la reputación, la cultura, la fidelidad de clientes, la confianza de aliados, etc., no pueden definirse estos derechos porque su propia naturaleza lo impide.

Ahora bien, aún no siendo posible establecer derechos de propiedad, en la medida en que los recursos estén integrados formando capacidades socialmente complejas o sean específicos de la empresa poseedora, las posibilidades de apropiación aumentan. Tal es el caso, por ejemplo, de la reputación o la cultura, que por estar creadas de forma altamente compleja en el seno de la empresa y ser absolutamente específicos de la misma, son susceptibles de apropiación.

Particularmente interesante es **el caso de los recursos humanos**, sobre los que la empresa no puede establecer derechos de propiedad, ya que el propietario de las aptitudes y actitudes de un trabajador es el propio trabajador. Esta circunstancia entronca con lo expuesto en el criterio de transferibilidad respecto de la posibilidad de que los empleados cambien de empresa, llevándose sus habilidades. En este sentido, la única forma que tiene la empresa de asegurar que los individuos ponen sus habilidades al servicio de la organización es mediante el establecimiento de los correspondientes contratos de trabajo.

Sin embargo, en el diseño de los contratos de trabajo cobra mucha importancia el poder relativo de negociación entre la empresa y los trabajadores para determinar la forma de reparto de rentas entre ellos. **A medida que el poder de negociación de los individuos sea mayor, la apropiación de rentas por parte de la empresa será menor**.

Cuando el capital humano es la principal fuente de ventaja competitiva de la empresa, los empleados pueden amenazar con marcharse a la competencia, lo que aumenta su poder de negociación. De este modo, cuanto más visible sea la aportación del individuo al éxito de la empresa o más específico sea su trabajo (en virtud de sus conocimientos, habilidades, experiencia, etc.), más poder de negociación tendrá para apropiarse de las rentas derivadas. Por el contrario, si las habilidades de los individuos se integran en capacidades colectivas en las que es muy difícil establecer la contribución personal, su poder de negociación disminuirá.

Una alternativa que tiene la empresa para incrementar sus rentas deriva del establecimiento de contratos de trabajo en los que las retribuciones de los trabajadores dependan de su contribución a la generación de resultados empresariales. De esta forma, los intereses de los individuos se alinean con los objetivos de la empresa.

4.3.3. La gestión de los recursos y capacidades

En la medida en la que los recursos y capacidades de una empresa constituyen la base para definir su estrategia, tanto en el nivel competitivo como en el corporativo, se hace necesaria una adecuada gestión de los mismos, lo que implica dos tipos de actividades importantes (figura 4.7):

- **Mejorar la dotación de recursos y capacidades**, que incluye desarrollar nuevos recursos internos, mejorar los existentes, conseguir recursos nuevos del exterior y adaptarlos a la empresa.
- **Explotar estratégicamente los recursos y capacidades de que dispone**, mediante la utilización más eficiente de la actual dotación en su aplicación a la estrategia puesta en marcha por la empresa y la búsqueda de usos alternativos y novedosos para los recursos a disposición de la empresa.

Figura 4.7: La gestión de los recursos y capacidades

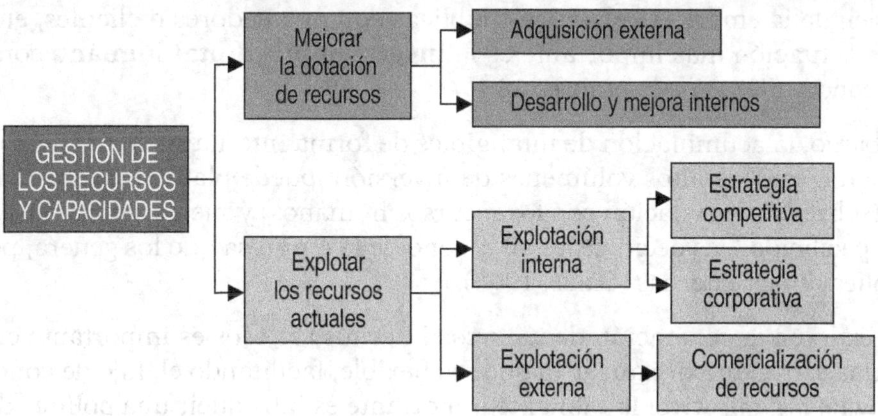

a) Mejora de la dotación

La mejora de la dotación de recursos y capacidades se refiere tanto a mantener y mejorar la dotación actual como a ampliar la base de recursos con la que se pueda contar en el futuro. Para ello, tal y como se ha visto a lo largo de este capítulo, en primer lugar, es necesario identificar y evaluar los recursos y capacidades de los que dispone la empresa. A partir de dicho análisis es posible deducir:

- Cuáles son los recursos y capacidades que entrañan mayor potencial para la generación, sostenimiento y apropiación de la ventaja competitiva.
- Cuál es la posición relativa de la empresa con respecto a sus rivales en cuanto a su dotación de recursos y capacidades.
- Cuál es el déficit o carencias que la empresa tiene en cuanto a su dotación actual.
- Cuáles pueden ser las necesidades futuras de nuevos recursos y capacidades.

A partir de este análisis, la empresa debe mejorar su dotación actual, haciendo que los que posee sean más valiosos desde el punto de vista estratégico, o consiguiendo nuevos recursos de los que aún no dispone. Para ello, caben dos grandes alternativas:

1) La adquisición externa: consiste en buscar en el entorno los recursos necesarios, bien mediante la compra directa (en el caso de que exista mercado) a través de los sistemas convencionales de compra–venta, bien adquiriendo empresas o unidades de negocio ya existentes o bien formalizando alianzas para compartir recursos con un socio. La adquisición externa presenta la ventaja de que acorta el proceso de conseguir los recursos y capacidades respecto de su generación interna. Sin embargo, no suele permitir disponer de los recursos más valiosos ya que éstos están a disposición de otras empresas bien porque los han generado ellas mismas o porque también los han adquirido en el mercado.

2) El desarrollo interno: supone conseguirlos a través de actividades internas como inversiones en I+D que generen nuevo conocimiento tecnológico, campañas de publicidad tendentes a incrementar el reconocimiento de la marca, procesos internos de mejora continua que fortalecen las rutinas organizativas, acciones de responsabilidad social que mejoran la imagen de la empresa, relaciones públicas con proveedores o clientes, etc. Aunque, sin duda, la actuación más importante es la **inversión en capital humano** como soporte último del conocimiento en la empresa.

Sin embargo, la acumulación de intangibles de forma interna suele requerir un elevado plazo temporal, implica altos volúmenes de inversión, puede plantear problemas de apropiabilidad (sobretodo en relación con los recursos humanos) y suelen ser activos con un alto grado de especificidad, es decir, útiles en el seno de la empresa que los genera, pero menos en otras aplicaciones externas (Salas, 1996).

Para el éxito en la generación de recursos internos valiosos es importante el establecimiento de una estructura organizativa que sea flexible, facilitando el flujo de conocimientos y el aprendizaje organizativo. Igualmente importante es introducir una política de recursos humanos que fomente aspectos como la evaluación de objetivos a largo plazo, la promoción basada en la antigüedad o la experiencia, el compromiso con la empresa, la colaboración, la mejora continua o la formación. Finalmente, la **cultura organizativa** debe reforzar las políticas anteriores mediante la promoción de valores y creencias que favorezcan la acumulación de conocimientos especializados y un deseo de mejora constante y de aprendizaje permanente (Fernández Rodríguez, 1993; Salas, 1996).

b) Explotación de la dotación

Ahora bien, de poco sirve tener recursos y capacidades superiores a los de los competidores si no se sabe cómo explotarlos adecuadamente ni cuáles de ellos van a ser más importantes para alcanzar el éxito. La estrategia que se vaya a definir con posterioridad deberá tener en cuenta cómo explotar eficazmente las fortalezas derivadas de los recursos y reducir la vulnerabilidad que representan las debilidades. Las formas mediante las que se pueden explotar más adecuadamente las fortalezas derivadas de una dotación superior de recursos pueden ser tanto internas (estrategia competitiva y corporativa) como externas (comercialización de recursos):

1) **Estrategia competitiva**. La principal vía para la explotación de recursos y capacidades es a través de su utilización en las actividades actuales de la empresa. Si los recursos son estratégicamente valiosos, constituyen la base fundamental sobre la que se cons-

truye la estrategia competitiva de la empresa para generar una ventaja competitiva (ver figura 4.2).

2) **Estrategia corporativa**. Cabe la posibilidad de que la empresa tenga recursos y capacidades excedentarios que pueden ser utilizados más eficientemente en actividades alternativas. Es preciso recordar que los recursos intangibles y las capacidades suelen estar basados en la información y el conocimiento, por lo que no tienen límites definidos en su capacidad de utilización. Este uso alternativo de los recursos excedentes puede servir para orientar la estrategia corporativa, es decir, el diseño de su campo de actividad (ver figura 4.2), en dos direcciones:

> **Análisis**
>
> Un análisis sobre la explotación de los intangibles en el Real Madrid, se puede encontrar en Blanco y Forcadell (2006): *Universia Business Review*, nº 11: *http://ubr.universia.net*

- Mediante **procesos de diversificación**, ampliando el campo de actividad de la empresa con nuevos productos o mercados. La posibilidad de generar sinergias en una estrategia de diversificación relacionada está de manera importante en los recursos y capacidades que se comparten o transfieren de unos negocios a otros (Salas, 1996).
- Mediante **procesos de internacionalización**, en los que el campo de actividad se amplía desde el punto de vista geográfico, a partir de recursos y capacidades valiosos o excedentarios susceptibles de ser utilizados en otros países (Dunning, 1988, 1991).

3) Mediante la **comercialización** de recursos y capacidades que no son específicos a la empresa y pueden ser útiles para otras empresas. Para que una empresa pueda adquirir en el exterior los recursos que necesita y de los que no dispone, es necesario que otra empresa se los venda o ceda. De esta manera, las empresas con una mayor y mejor dotación de recursos pueden encontrar una fuente adicional de rentabilidad mediante la explotación externa de su cartera de recursos y capacidades. Tal es el caso de la empresa innovadora que, además de utilizar la tecnología por ella generada, la cede a través de contratos de licencia obteniendo a cambio el pago de los correspondientes derechos. Evidentemente, los recursos y capacidades susceptibles de comercialización son, en general, aquellos que no constituyen la base de la ventaja competitiva, evitando así la posibilidad de imitación o apropiación por parte de otras empresas.

4.4. EL ANÁLISIS DAFO

La matriz o análisis DAFO es un resumen de todo el análisis estratégico, tanto interno como externo, al presentar, de forma conjunta, las principales conclusiones que se derivan del mismo. La expresión DAFO es el acrónimo de las palabras **Debilidades–Amenazas–Fortalezas–Oportunidades**, correspondientes al original anglosajón SWOT (*Strengths–Weaknesses–Opportunities Threats*).

En cada una de las áreas de la matriz DAFO se representan, respectivamente, los puntos fuertes y débiles con los que cuenta la organización, así como las oportunidades y ame-

Aplicación 4.4:

La matriz DAFO de Vértice 360,
por Fernando E. García Muiña y Eva Pelechano Barahona

OPORTUNIDADES	AMENAZAS
• Aumento del consumo de horas de TV • Desarrollo de un entorno de distribución multicanal fragmentado (TDT) y nuevos formatos tecnológicos (distribución y exhibición) • Concentración empresarial en el segmento de las grandes productoras integradas • Elevado ritmo de crecimiento de la industria en la demanda de contenido audiovisual de TV y multimedia • Potencial de crecimiento en el mercado internacional (mercados emergentes) • Existencia de barreras de movilidad hacia el segmento de las grandes productoras integradas • Fidelidad de clientes a formatos tecnológicos específicos: diferenciación de productos • Progresiva exteriorización de actividades de las operadoras de TV y otros clientes • Existencia de barreras de entrada y reacciones defensivas de los competidores establecidos en el segmento de las grandes productoras integradas	• Disminución recursos financieros dedicados a la actividad audiovisual e incertidumbre en la evolución del crédito • Incertidumbre política y regulatoria en el sector • Límite a la libre actuación de las empresas del sector • Disminución del poder adquisitivo de la sociedad • Gustos y tendencias de la sociedad cambiantes e impredecibles • Alta obsolescencia tecnológica • Contracción del segmento de contenido cinematográfico • Dificultad para establecer a priori el valor comercial de los productos • Concentración de las operadoras de TV generalistas y distribuidoras cinematográficas • Limitado control de la distribución y exhibición de los contenidos televisivos • Prácticas ilegales de piratería • Fragmentación y ausencia de barreras de entrada y movilidad en el segmento de las pequeñas productoras especializadas
FORTALEZAS	**DEBILIDADES**
• Amplia cartera de negocios relacionados: preproducción, producción, postproducción, consultoría, etc. • Liderazgo y experiencia en el sector audiovisual español • Apuesta por la internacionalización • Evita entrar en competencia con sus propios clientes • Fuerte capacidad comercial, tecnológica y de innovación • Participación en proyectos de investigación europeos • Reconocimiento de marca (nacional e internacional) • Única empresa cotizada en el Mercado Continuo • Implantación de prácticas de RSC y buen gobierno • Capacidad de atracción y retención de talento e integración de equipos de las diferentes empresas • Relaciones estables con la Administración Autonómica • Sólidas relaciones con socios comerciales, proveedores y clientes	• Dificultad para crear y explotar sinergias • Elevado riesgo derivado de la integración vertical • Elevados costes de coordinación y organización interna del Grupo • Compleja integración cultural, organizativa y productiva entre las empresas del Grupo • Elevado nivel de endeudamiento • Dificultad para la refinanciación de las deudas • Fracasos en diferentes proceso de integración de sociedades • Valoración negativa de la empresa por parte de los mercados • Conflicto de intereses entre accionistas y entre accionistas y directivos

nazas que la empresa puede encontrar en su entorno. El diseño de la matriz es meramente cualitativo, expresándose en cada cuadrante los aspectos más relevantes de cada factor.

Mediante esta matriz se consigue resumir los análisis interno y externo, proporcionando una visión global de la situación en la que se encuentra la empresa para diseñar la estrategia. Sin embargo, adolece de integración entre ambos tipos de análisis, al no establecer relaciones entre las variables clave que componen ambos sistemas. Un diseño adecuado de la matriz debería permitir sacar conclusiones acerca de la forma en la que la estrategia puede aprovechar los puntos fuertes y las oportunidades del entorno y la urgencia que representa para la empresa corregir sus debilidades y protegerse contra las amenazas externas (Duncan y otros, 1998).

Consulta la web

Ver Aplicación AN–06.01-ES: Elaboración de un DAFO para Vertice 360, por Fernando E. García Muiña y Eva Pelechano Barahona

CUADRO RESUMEN

✓ **EL DIAGNÓSTICO INTERNO DE LA EMPRESA**

- Características básicas de la empresa
- Elaboración del perfil estratégico de la empresa
- Análisis comparado de los puntos fuertes y débiles en relación con la competencia
- Limitaciones del perfil estratégico como instrumento de análisis: relativo, subjetivo, estático

✓ **LA CADENA DE VALOR**

- Objetivo: identificar las fuentes de ventaja competitiva
- Criterio de desagregación de actividades: actividades primarias y de apoyo
- Ventaja competitiva en actividades individuales
- Interrelaciones entre actividades: eslabones horizontales
- Interrelaciones con el sistema de valor: eslabones verticales
- Criterios para la valoración de los eslabones: optimización y coordinación

✓ **EL ANÁLISIS DE LOS RECURSOS Y CAPACIDADES**

- Identificación: conceptos y tipos de recursos y capacidades
- La medición de los intangibles: el capital intelectual
- Criterios para la obtención de la ventaja competitiva: escasez y relevancia
- Criterios para el mantenimiento de la ventaja competitiva: durabilidad, transferibilidad, imitabilidad, sustituibilidad, complementariedad
- Criterios para la apropiación de las rentas de la ventaja competitiva: apropiabilidad
- Mejora de la dotación actual de recursos y capacidades: adquisición externa frente a desarrollo interno

- Explotación estratégica de la dotación actual de recursos y capacidades: estrategias competitivas, estrategias corporativas y comercialización de recursos

✓ **EL ANÁLISIS DAFO**

- Resumen de las fortalezas, debilidades, oportunidades y amenazas del análisis estratégico: la matriz DAFO
- Utilidad que se debe extraer de una matriz DAFO

PREGUNTAS SOBRE EL CAPÍTULO

- ¿Cuál es el objetivo del análisis interno de la empresa?
- ¿Cómo se construye el perfil estratégico de la empresa?
- ¿Dónde pueden encontrarse las fuentes de ventaja competitiva en el análisis de la cadena de valor?
- ¿Cuál es la utilidad del análisis DAFO?
- Razonar por qué los intangibles (tanto recursos como capacidades) pueden ser una mejor base de una ventaja competitiva sostenible para la empresa.
- Análisis comparativo de los criterios de evaluación de recursos y capacidades.
- ¿Qué alternativas tiene una empresa para conseguir los recursos y capacidades que necesita?
- ¿Cómo se pueden explotar los recursos y capacidades existentes en la estrategia corporativa de la empresa?

ACTIVIDADES

4.a. Elegir una empresa y elaborar su identidad, su perfil estratégico y su cadena de valor.

4.b. Identificar en una empresa los recursos y capacidades con los que cuenta y evaluar el potencial estratégico de cada uno de ellos.

4.c. Diseñar una Matriz DAFO para una empresa cualquiera

LECTURAS RECOMENDADAS

Puede profundizar los contenidos de este capítulo en Guerras y Navas (2007, caps. 6 y 7), Dess y otros (2011, cap. 3), Grant (2006, cap. 5) y Ventura (2008, cap. 12)

Parte II
Formulación de las estrategias

CONTENIDOS

- **Estrategia y ventaja competitiva**
- **Direcciones de desarrollo**
- **Métodos de desarrollo**
- **La internacionalización de la empresa**

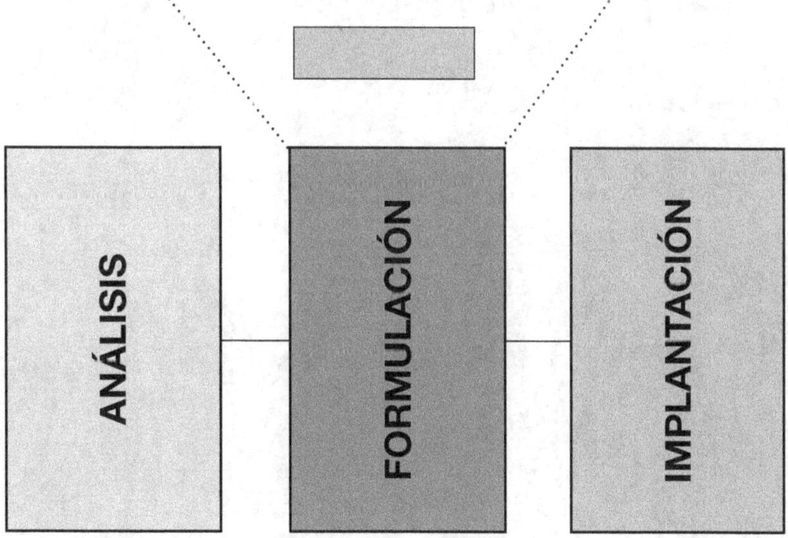

Capítulo 5
Estrategias y ventajas competitivas

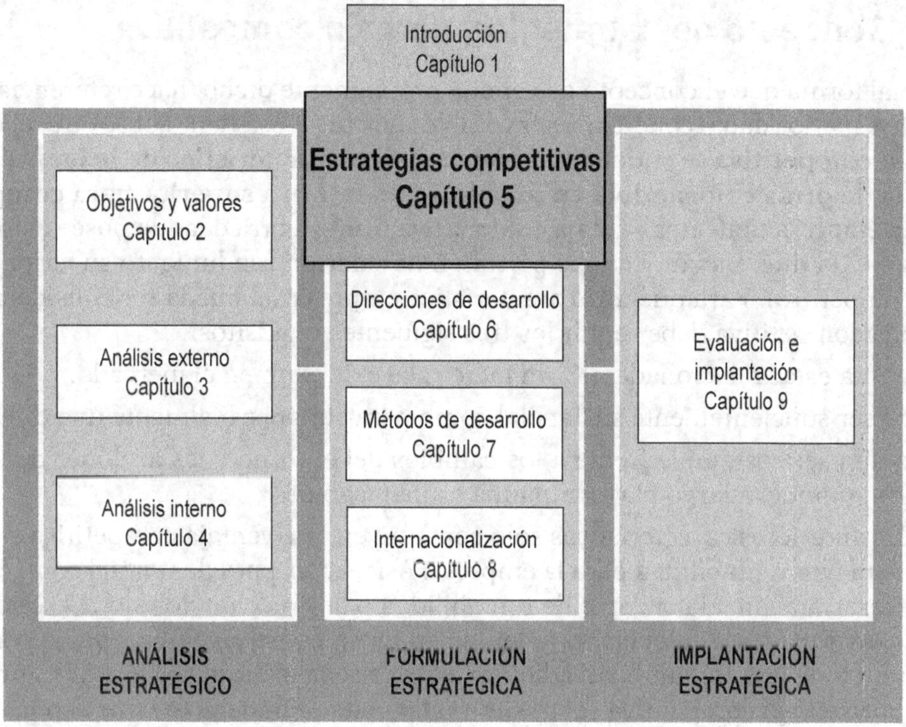

OBJETIVOS

- Identificar cómo se crea y cómo se protege la ventaja competitiva.
- Analizar con detalle las características de las ventajas competitivas en costes y en diferenciación de producto.
- Discutir sobre posibles situaciones intermedias respecto a las dos ventajas competitivas genéricas a través del modelo del «reloj estratégico».
- Caracterizar las industrias y proponer las estrategias más adecuadas en función del ciclo de vida de la industria.

5.1. ESTRATEGIA Y VENTAJA COMPETITIVA

Una vez que la empresa ha elegido la industria donde quiere competir, deberá identificar la forma en la que lo va hacer para conseguir rentabilidades superiores a las de sus competidores. A ello se dedican los conceptos de estrategia y ventaja competitiva. Estamos, por tanto, en la definición de estrategias al nivel de negocio o competitivo, en el que las empresas deciden cómo quieren competir.

5.1.1. Concepto de estrategia y ventaja competitiva

De igual forma que el concepto de ventaja propiamente dicho, hace referencia a una situación de superioridad o condiciones favorables que una cosa tiene sobre otra, el **concepto de ventaja competitiva** se entiende como **cualquier característica de la empresa que la diferencia de otras colocándola en una posición relativa superior para competir**. Por tanto, una empresa tiene una ventaja competitiva frente a otra cuando posee ciertas características que la diferencian y que le permiten obtener un rendimiento superior en su actuación competitiva. Para que una característica empresarial pueda ser considerada como una ventaja competitiva debe reunir los tres siguientes requisitos:

- Necesita estar relacionada con un factor clave de éxito en el mercado.
- Debe ser suficientemente sustancial como para suponer realmente una diferencia.
- Necesita ser sostenible frente a los cambios del entorno y las acciones de la competencia aunque, a largo plazo, ninguna es inatacable.

Pero las anteriores características sólo constituyen una ventaja competitiva si se traducen en una mayor rentabilidad para la empresa. Así, el concepto de ventaja competitiva nos remite necesariamente al concepto de rentabilidad o de creación de valor. De esta manera, ninguna característica diferenciadora de una empresa constituye una ventaja competitiva si no proporciona una rentabilidad adicional. Como señala Grant (2006: 287), «una empresa posee una ventaja competitiva sobre sus rivales cuando obtiene (o tiene el potencial para obtener) una tasa de beneficios persistentemente mayor».

La vía por la que una empresa alcanza una ventaja competitiva es la estrategia competitiva. Por tanto, **la estrategia competitiva** se entiende como **la forma mediante la cual una empresa se enfrenta a sus competidores para intentar obtener un rendimiento superior**. Porter (1982: 55) la define como «emprender acciones ofensivas o defensivas para crear una posición defendible en un sector industrial, para enfrentarse con éxito a las cinco fuerzas competitivas y obtener así un rendimiento superior sobre la inversión de la empresa». En definitiva, la estrategia competitiva es la actuación que la empresa emprende para lograr una ventaja competitiva.

Aunque la ventaja competitiva puede provenir de numerosas variables, tanto internas como externas a la empresa, cualquiera de ellas conduce, de una forma u otra, a una de las dos siguientes **ventajas competitivas básicas**: **liderazgo en costes** y **diferenciación de producto** (Porter, 1982).

La rentabilidad económica de la empresa procede del margen que obtiene de su actividad básica. Dicho margen viene definido por la diferencia entre el precio que la empresa cobra a sus clientes al venderles su producto o servicio y el coste de producirlo. Cuando la empresa tiene una ventaja competitiva, su margen es mayor que el de sus competidores. Este margen puede aumentar incrementando el precio de los productos o reduciendo los costes. Si la empresa centra su atención en la reducción de costes para conseguir la ventaja, estamos ante el liderazgo en costes. Si la empresa busca aumentar el precio, estamos ante la diferenciación de productos.

En ocasiones, la empresa puede intentar conseguir con éxito las dos ventajas competitivas, lo que implica tratar de reducir costes y aumentar el precio de forma simultánea. Esta opción es difícil de sostener ya que la ventaja competitiva normalmente se deriva de un compromiso global de la organización con la estrategia elegida, por lo que es necesario optar entre las dos ventajas competitivas básicas. Lo contrario significa caer en una situación que Porter (1982) denomina de estar «**atrapado a la mitad**», lo que supone no tener ventaja competitiva alguna y obtener con ello una rentabilidad inferior a la de los competidores, con el consiguiente riesgo de ser expulsado de la industria. Esta situación se ha justificado tradicionalmente a partir de dos argumentos (Day, 1989):

- Alcanzar una ventaja en diferenciación supone normalmente incurrir en mayores costes para lograr esa característica especial, y viceversa, los costes reducidos no permiten conseguir características diferenciadoras por las que el cliente esté dispuesto a pagar un precio superior.
- La consecución de una u otra ventaja requiere recursos y capacidades diferentes entre sí, lo que hace muy difícil conseguir ambas ventajas simultáneamente.

5.1.2. Creación y mantenimiento de la ventaja competitiva

Una ventaja competitiva puede tener su origen tanto en aspectos externos como internos a la empresa (Grant, 2006). Con respecto a los **aspectos externos**, en primer lugar, hay que tener presente que **si los mercados fueran de competencia perfecta, no hay bases para la creación de una ventaja competitiva**. Las características esenciales de los mercados de competencia perfecta (homogeneidad del producto, igualdad de precios, información completa de todos los agentes, ausencia de barreras de entrada) impiden la obtención de rentas a medio y largo plazo superiores a la media de la industria.

Ahora bien, no en todas las industrias es posible obtener las mismas ventajas competitivas, ni en cuanto al número de variables que dan origen a las mismas ni respecto a su magnitud. Se puede decir que a medida que en una industria se produzca un mayor número de cambios en los factores que la caracterizan, y el alcance de estos cambios sea mayor, mayores son las posibilidades de conseguir ventajas. Sin embargo, no basta con la existencia de estos cambios en el entorno, sino que la empresa deberá desarrollar una habilidad para detectar los cambios y tener una **capacidad de respuesta** para aprovecharse de los mismos, adaptándose de forma rápida y flexible y anticipándose en la explotación de las oportunidades a sus competidores.

En principio, la posibilidad de utilización favorable de estos factores externos por parte de todas las empresas de una industria es similar, ya que son factores ajenos a las mismas. Si esto fuera así, todas las empresas de la industria obtendrían los mismos niveles de rentabilidad ya que accederían a las mismas fuentes de ventaja competitiva. Sin embargo, la realidad muestra que esto no es así, lo que nos lleva a la consideración de **factores internos** para explicar dichas diferencias de rentabilidad. El conjunto de recursos y capacidades estratégicos con el que cuenta la empresa, y la forma en la que son desplegados y explotados son la base más sólida para explicar la creación de la ventaja competitiva. Esta utilización de los recursos y capacidades se transforma en ventaja competitiva a través de la eficiencia en la utilización de los recursos, la calidad de los productos o servicios, la innovación en producto o en proceso o la capacidad de satisfacer adecuadamente las necesidades de los clientes (Hill y Jones, 2009: 87-92).

Figura 5.1: Factores para la creación de la ventaja competitiva

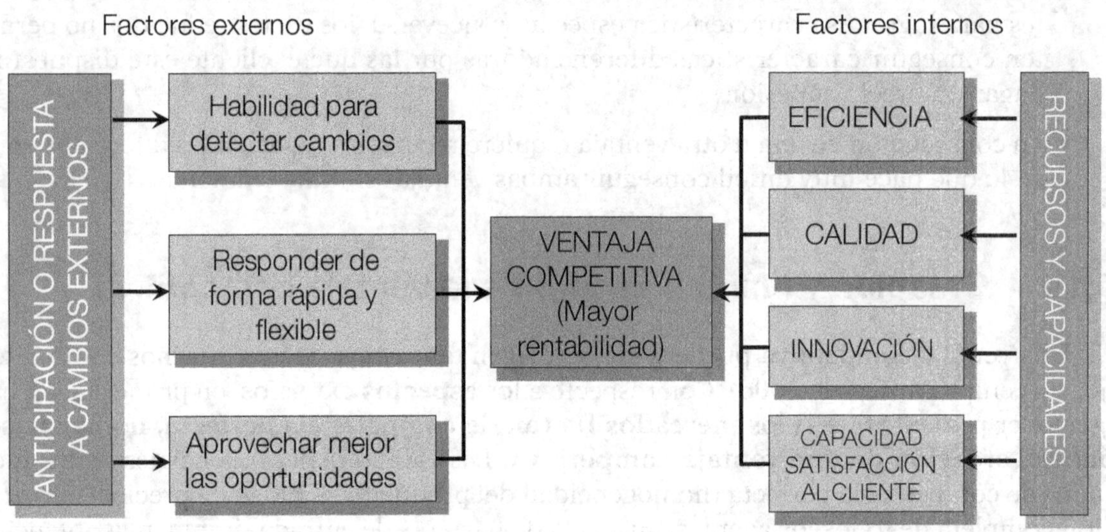

Pero la ventaja competitiva no sólo hay que crearla sino mantenerla en el tiempo. La realidad presenta múltiples ejemplos en los que la aparición de una posición ventajosa resulta inexplicable, desde un punto de vista racional, acudiéndose a **la suerte** o **el azar** como el fundamento del éxito. En tales casos, la estrategia, como toma de decisión consciente y deliberada, pasaría a segundo término y perdería importancia. Si bien es cierto que la suerte puede jugar un papel decisivo en el éxito inicial de una empresa, es decir, en la creación de una ventaja competitiva, no parece lógico aceptar que la suerte es el factor determinante del mantenimiento de la ventaja en el tiempo.

Según Hill y Jones (2009: 97-100), el **mantenimiento de la ventaja competitiva** depende de tres factores, que no se excluyen entre sí sino que pueden interactuar unos con otros dificultando o facilitando aún más el mantenimiento de la ventaja competitiva (figura 5.2):

a) Barreras a la imitación: Las barreras a la imitación se pueden definir como los obstáculos que impiden a los demás competidores reproducir la ventaja competitiva, por lo que actúan como elemento para su protección y defensa. Rumelt (1984: 567-568) introduce el término «**mecanismos de aislamiento**» definiéndolos como «las barreras que impiden un posterior equilibrio de rentas entre las empresas individuales». La importancia de estos mecanismos reside en que hacen estables y defendibles las posiciones competitivas alcanzadas.

Se pueden plantear distintos mecanismos de aislamiento o barreras a la imitación. La ambigüedad causal, el conocimiento protegido (patentes, marcas, etc.), la experiencia acumulada, la posesión de activos únicos, la cultura corporativa, la imagen externa, la información privilegiada, la concesión administrativa o las restricciones legales, pueden ser ejemplos adecuados. Quizás la ambigüedad causal es el más interesante de estudiar. Se considera que existe ambigüedad causal cuando no es posible identificar o conocer con exactitud las causas que generan la ventaja, es decir, no es posible establecer con precisión las relaciones causa–efecto entre los factores utilizados y los resultados conseguidos.

Figura 5.2: Factores para el mantenimiento de la ventaja competitiva

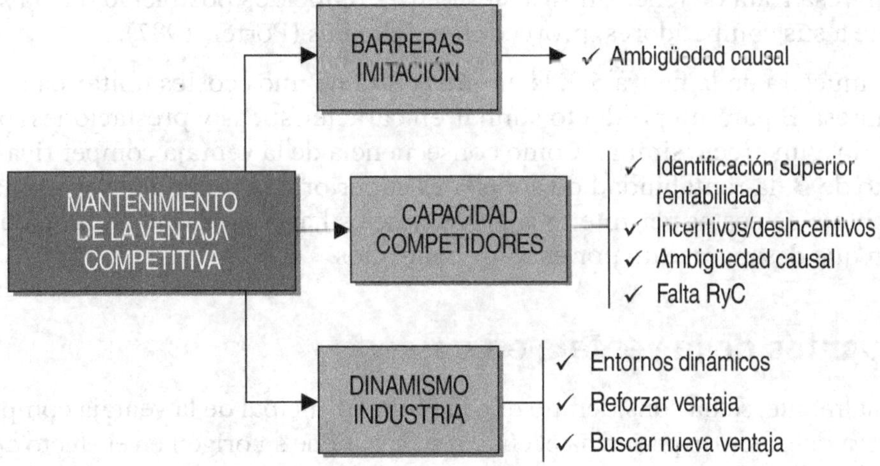

b) Capacidad de los competidores: La capacidad de los competidores hace referencia a sus posibilidades para imitar la ventaja competitiva de quien la posee o, en su caso, de introducir innovaciones para eliminarla. Para que los competidores tengan capacidad de imitación deben saber identificar la posición de superioridad de la empresa de referencia, ser capaces de diagnosticar las fuentes de su éxito y poseer los recursos y capacidades necesarios para intentar compensarla (Grant, 2006: 296-301).

c) Dinamismo de la industria: A medida que en una industria aparezca un mayor número de cambios, las innovaciones de producto se aceleren y los ciclos de vida se acorten, las ventajas competitivas tienden a ser más transitorias. Este factor afecta negativamente al mantenimiento de la ventaja competitiva. Sería el caso, por ejemplo, de la industria informática donde los cambios son, cada vez, cualitativamente más importantes y más rápidos.

Consulta la web

Ver Aplicación AN-08.05-ES: La dinámica competitiva en la industria de la telefonía móvil, por Javier Amores Salvadó

En cualquier caso, incluso aunque pueda ser imitada por los competidores o el dinamismo de la industria sea alto, la empresa puede intentar sostener la ventaja competitiva reforzándola a partir de los recursos financieros generados por la propia ventaja, la experiencia conseguida o la disponibilidad de factores productivos en condiciones favorables. Si ello no fuera posible, no cabe otra solución que la búsqueda de nuevas fuentes de ventaja competitiva que compensen la pérdida, en muchos casos inevitable, de la anterior ventaja.

5.2. LA VENTAJA COMPETITIVA EN COSTES

Una empresa tiene ventaja en costes cuando tiene **costes inferiores a los de sus competidores para un producto o servicio semejante o comparable en calidad**. Mediante ella, la empresa trata de tener unos costes lo más reducidos posible, lo que la situará en ventaja frente a sus competidores, proveedores y clientes (Porter, 1987).

Como se muestra en la figura 5.3, la empresa A tiene unos costes unitarios inferiores a los de la empresa B para un producto similar en características y prestaciones, por lo que puede venderlo a un precio similar. Como consecuencia de la ventaja competitiva en costes de A respecto de B, la rentabilidad de aquélla es superior a la de ésta al ser su margen superior. La ventaja en costes permite rebajar los precios hasta anular el margen de los competidores sin que desaparezcan, por ello, los beneficios.

5.2.1. Fuentes de la ventaja en costes

Tradicionalmente, se ha considerado que la fuente principal de la ventaja competitiva en costes se deriva del efecto experiencia el cual, a su vez, tiene su origen en el efecto aprendizaje. Éste fue observado ya en los años treinta en la industria aeronáutica norteamericana y generalizado posteriormente por el Boston Consulting Group a otras empresas y aplicaciones (Hirschmann, 1964).

Figura 5.3: La ventaja competitiva en costes

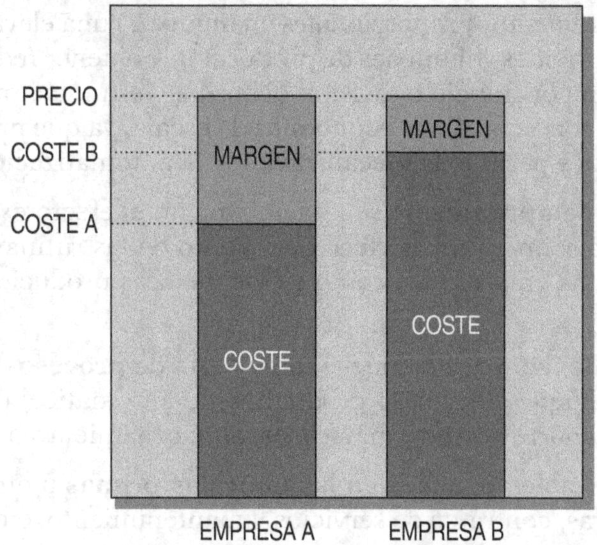

El **efecto aprendizaje** consiste en que el tiempo de fabricación de una unidad de producto disminuye conforme se va produciendo mayor número de unidades. Esta disminución del tiempo de realización supone, por tanto, una disminución en los costes unitarios de la mano de obra directa y, en consecuencia, una disminución de los costes unitarios del producto.

El **efecto experiencia** es una generalización del efecto aprendizaje, al aplicarlo no sólo a los costes de la mano de obra directa sino a otros costes productivos, así como a los de otras actividades empresariales. En definitiva, como consecuencia de la experiencia acumulada, el coste real del valor añadido total de la empresa disminuye en términos unitarios. Incluso si se aplica el efecto experiencia a los componentes comprados a los proveedores, se puede afirmar que **el coste total real de un producto disminuye conforme aumenta la producción acumulada**. Este efecto se produce, no sólo como consecuencia del aprendizaje sino también debido a la introducción de mejoras en el proceso productivo (círculos de calidad, automatización de la producción), el rediseño de productos para reducir sus componentes o sustituir materias primas e, incluso, las economías de escala que pueden potenciar el efecto experiencia al permitir acumular producción más rápidamente (Aaker, 1987; Abell y Hammond, 1993).

Además del efecto experiencia, algunos factores que posibilitan que la empresa pueda alcanzar la ventaja competitiva en costes pueden resumirse como sigue (Grant, 2006: 319-331):

- Las **economías de escala** aparecen cuando el incremento en la cantidad de inputs empleados en una producción da lugar a un incremento más que proporcional en el total de outputs producidos. Pueden surgir de tres fuentes principales: 1) la relación técnica input–output, de modo que en algunas actividades, los incrementos en output no requieren incrementos proporcionales en inputs; 2) una elevada cuota de mercado permite colocar grandes volúmenes de producción y obtener reducciones de costes; 3) la especialización por trabajo o división del trabajo es un factor particularmente importante para la consecución de economías de escala, ya que produce un incremento de las habilidades y permite la mecanización y la automatización.
- Las **economías de aprendizaje** se relacionan con el efecto experiencia y son el resultado del establecimiento y perfeccionamiento de las rutinas organizativas colectivas dentro de una empresa así como de las mejoras producidas en las habilidades individuales.
- El desarrollo o adopción de una nueva **tecnología de proceso** o un **rediseño de producto** que simplifique el proceso productivo, lo automatice, reduzca el número de componentes, o ahorre coste de materiales, almacenamiento o distribución.
- Condiciones favorables de **acceso a las materias primas** u otros suministros clave, fuentes financieras, contratos de servicios y mantenimiento, etc.
- Condiciones favorables de **localización de la empresa**, que pueden afectar a aspectos tales como diferencias salariales, costes energéticos o de transporte, etc.
- Un alto **poder de negociación con los proveedores** permite a la empresa presionar a su favor en el precio y captar parte del margen del proveedor.
- Establecimiento de **relaciones de cooperación con clientes o proveedores** (eslabones verticales) que abaraten costes finales.
- Rígidos **controles de costes** de las diferentes actividades, tales como los costes indirectos, gastos en I+D, gastos de ventas, servicio post–venta, publicidad, etc.
- El **ajuste de la capacidad productiva** de forma rápida al nivel real de la demanda, en industrias sometidas a una importante fluctuación de la misma.
- La eliminación de la denominada **laxitud organizativa o X–ineficiencia**, entendida como aquella ineficiencia residual, que suele ser muy habitual en muchas organizaciones, relativa a aspectos en principio marginales a la actividad productiva pero que pueden tener cierta importancia respecto a la reducción de costes como, por ejemplo, el cumplimiento estricto de horarios, evitar la relajación en la realización de tareas o conseguir la máxima eficiencia en la utilización de recursos.

5.2.2. Barreras a la imitación y condiciones de aplicación

A medida que estas fuentes de costes consideradas puedan ser utilizadas por el resto de los actuantes de la industria, la ventaja competitiva en costes tenderá a difuminarse. Las

Aplicación 5.1:

Fuentes de ventaja competitiva en costes en las grandes superficies de distribución

Las grandes superficies de distribución, entre las cuales encontramos empresas como Alcampo, Carrefour, Eroski, Hipercor, etc., se suelen distinguir por su política de precios ajustados en buena parte de los productos con los que trabajan. Esta política está basada en la reducción de costes cuyas fuentes más significativas son las siguientes:

- Importantes economías de escala basadas en las grandes cantidades de productos manejadas.
- Adopción de una tecnología comercial estandarizada que hace que el cliente actúe como un operario de la empresa, a través del autoabastecimiento.
- Como consecuencia de lo anterior, reducción de costes laborales por eliminación de puestos de trabajo de operarios.
- Estandarización de los procedimientos de cobro a clientes que permiten procesos de cobro masivos con pocos empleados.
- Predominio del cobro al contado, con escasos costes financieros por aplazamiento de pagos.
- Fuerte poder de negociación con proveedores a los cuales se les imponen exigentes condiciones de calidad, plazos de entrega y pagos.
- Reducción de los costes de compra de los productos mediante acuerdos de cooperación con fabricantes que permiten la utilización de marcas blancas.
- Localización en las afueras de las grandes ciudades que implica menores costes en el precio del suelo.
- Reducción de costes indirectos, principalmente referidos a servicio post-venta.

Todas estas circunstancias permiten a estas empresas actuar con precios relativamente menores que los de sus competidores, pero mantener los márgenes de rentabilidad por la reducción en costes que consiguen.

barreras a la imitación pueden surgir de la escasez o dificultad de acceso a ciertos factores de coste por parte de los competidores (como localización única, redes de distribución cerradas, acuerdos preferentes con proveedores, etc.), la imposibilidad de imitar las fuentes de coste derivadas de complejos procesos de decisión tomados por la empresa a lo largo del tiempo (como reducciones en los costes indirectos o ausencia de laxitud organizativa) (Barney, 2007).

Las **condiciones de aplicación** de la estrategia de liderazgo en costes son especialmente adecuadas cuando la competencia de precios es intensa en la industria siendo un factor clave de éxito, el producto está estandarizado y es ofrecido por múltiples oferentes, existen pocas maneras de conseguir la diferenciación de productos que sean significativas para los compradores o los clientes de las empresas de la industria tienen un alto poder de negociación, con lo que pueden presionar para bajar los precios (Thompson y otros, 2012: 140-141).

5.2.3. Riesgos de la ventaja en costes

De todas formas, esta estrategia está sometida a algunos riesgos que pueden hacer desaparecer la ventaja competitiva. Algunos de los principales **riesgos** son (Porter, 1987; Ventura, 2008):

- Requiere una **atención constante a los costes**, vigilando costes superfluos (laxitud organizativa), adoptando rápidamente las nuevas tecnologías de proceso, reinvirtiendo en equipo moderno, etc.
- La **utilización excesiva del efecto experiencia** puede conducir a consecuencias estratégicas perjudiciales como puede ser el crecimiento sostenido para ganar cuota de mercado, la rigidez por la excesiva estandarización de productos, no detectar cambios en la demanda que exige nuevos productos o nuevos atributos al producto y procesos o las dificultades para aceptar y buscar innovaciones.
- Cuando la base de la ventaja es el efecto experiencia, éste puede quedar anulado rápidamente como consecuencia de la **aparición de productos sustitutivos**, cambios importantes en el producto o en el proceso, diferenciación de productos por parte de los competidores, etc.
- Aprendizaje rápido o **imitación por parte de los competidores** establecidos o de nuevos competidores que anulen el efecto experiencia conseguido.
- La **inflación de costes** puede hacer que la empresa no pueda mantener un diferencial de precio suficiente como para hacer atractivo su producto frente a otro producto diferenciado.
- Competidores que actúen sólo en determinados **segmentos** pueden lograr aún menores costes en los segmentos que cubren, que aquellos otros que actúen en el conjunto de la industria. Por ejemplo, en la industria textil, una empresa podría conseguir mejores costes si se dedica solamente a ropa infantil que otra que lo hiciera con todo tipo de ropa.

5.3. LA VENTAJA COMPETITIVA EN DIFERENCIACIÓN DE PRODUCTOS

Se dice que una empresa tiene una ventaja competitiva en diferenciación de productos cuando ofrece un **producto o servicio que, siendo comparable con el de otra empresa, tiene ciertos atributos que lo hacen que sea percibido como único por los clientes,** por lo que éstos están dispuestos a pagar más por ese producto que por el de los competidores.

La figura 5.4 refleja gráficamente la ventaja competitiva en diferenciación de productos. La empresa A del gráfico fabrica un producto diferenciado, es decir, apreciado de forma especial por los clientes. Por ello, puede cobrar un precio superior por dicho producto. Aun cuando los costes unitarios de A sean algo superiores a los de la empresa B, el aumento de precio compensa con creces el aumento del coste, por lo que A tiene un margen o rentabilidad superior al de B, lo que le concede una ventaja competitiva.

Figura 5.4: La ventaja competitiva en diferenciación

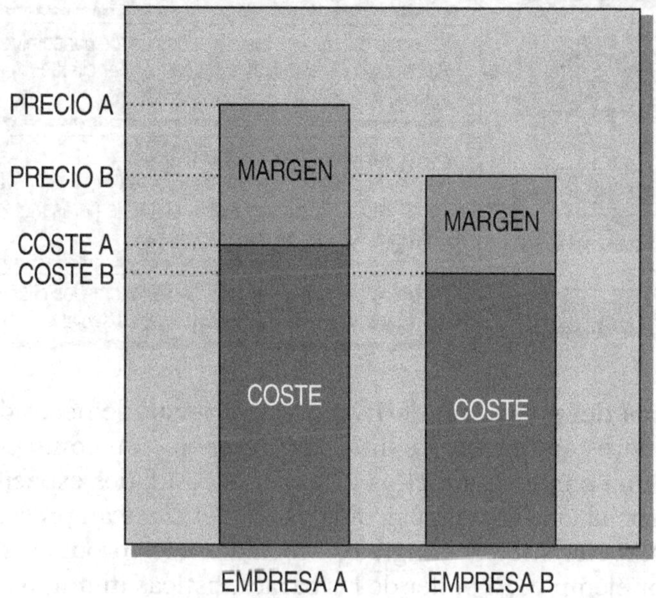

5.3.1. Fuentes de diferenciación de productos

Una empresa puede diferenciar su oferta a los clientes en un gran número de formas. Las variables sobre las que se puede construir la ventaja en diferenciación se relacionan con las características técnicas de un producto, con las características de sus mercados, con las características de la propia empresa o con otras variables difícilmente clasificables como es el tiempo o la atención a los criterios de responsabilidad social. Un resumen de estos criterios aparece recogido en la figura 5.5.

> **Consulta la web**
>
> Ver Aplicación AN-08.04-ES: La diferenciación de producto en Patek Philippe, por Miriam Delgado Verde

a) Características del producto: La diferenciación de productos puede estar basada en: 1) las características observables de un producto o servicio, tales como tamaño, forma, color, peso, diseño, material y tecnología, 2) el rendimiento del producto o servicio en términos de fiabilidad, seguridad, consistencia, durabilidad, etc., y 3) los complementos al producto principal como servicio pre–venta y post–venta, accesorios, disponibilidad y rapidez de entrega y crédito.

Figura 5.5: Variables para la diferenciación de productos

b) Características del mercado: derivan de la variedad de necesidades y gustos por parte de los consumidores que puede facilitar la diferenciación como consecuencia de la mejor adaptación de una empresa a dichos gustos y necesidades específicos. Además, las percepciones de tipo social, emocional, psicológico y estético están presentes en la elección de los clientes como características intangibles asociadas a los productos o servicios. Tal es el caso de la moda, por ejemplo. El poder de las características intangibles en la elección es todavía mayor cuando el rendimiento del producto o servicio es difícil de averiguar, como ocurre con los servicios médicos o la educación.

Además, para que exista diferenciación de producto, no basta con que éste tenga características diferentes, sino que es necesario que dichas diferencias sean positivamente percibidas y valoradas por los clientes, de modo que estén dispuestos a pagar un sobreprecio. Por el contrario, en algunos casos, podría ocurrir que productos objetivamente similares sean percibidos de forma diferente por los clientes, por lo que gozarían también de la característica de diferenciación. Por ejemplo, algunas empresas de electrodomésticos utilizan una política de doble marca con productos técnicamente similares. Sin embargo, el producto de la primera marca tiene un precio superior al de la segunda como consecuencia de la distinta confianza o credibilidad que el cliente asocia a cada una de las marcas.

c) Características de la empresa: El alcance de la diferenciación también puede estar basado en las características de la empresa que fabrica el producto o presta el servicio, como consecuencia de la forma en la cual concibe o realiza sus negocios, la forma en que se relaciona con sus clientes, la identidad, estilo, valores o reputación y prestigio frente a los clientes. Este aspecto está próximo a la consideración de los intangibles asociados a un producto salvo que, en este caso, los intangibles están asociados con la empresa tal como ocurre, por ejemplo, con la prestación de servicios profesionales.

d) **Otras variables para la diferenciación**: Otros dos factores de diferenciación, que están adquiriendo relevancia en los últimos años y que pueden estar vinculados al producto, al mercado y a la propia empresa simultáneamente, son el tiempo y la atención a criterios de responsabilidad social.

Algunos autores defienden como una alternativa la denominada **estrategia de respuesta rápida** y que se refiere a la posibilidad de ofrecer un producto o prestar un servicio de forma inmediata a los clientes. Ello se puede conseguir de varias formas como la aceleración de las actividades de I+D, métodos de fabricación flexibles, horarios continuados de atención a los clientes, servicios a domicilio, etc. En este sentido, **el tiempo se constituye en la fuente básica de obtención de la ventaja competitiva** (Stalk, 1989; Stalk y Hout, 1991). Evidentemente, aunque el tiempo es una variable competitiva importante en muchos tipos de actividad, la respuesta rápida se debe entender como una variante de la ventaja en diferenciación.

Esta variable es especialmente relevante en aquellas industrias en las que el tiempo es importante para los clientes que están dispuestos a pagar un sobreprecio, como ocurre con los servicios de transporte urgente, los restaurantes que sirven a domicilio, la prensa diaria o los informativos de las cadenas de radio y televisión. Ciertamente, esta fuente de ventaja puede requerir unos sistemas tecnológicos y de recursos humanos muy diferentes a los que habitualmente se suelen implantar para procesos productivos convencionales.

Recientemente va cobrando fuerza la diferenciación vinculada con la atención a **criterios de responsabilidad social** por parte de la empresa. Efectivamente, el mercado valora cada vez más este aspecto y muchos clientes están dispuestos a pagar un sobreprecio para premiar a las empresas respetuosas con los derechos humanos, el medio ambiente, etc. La diferenciación, en este caso, puede estar vinculada al producto, al proceso de fabricación o a la propia empresa. En el primer caso, estarían productos naturales o ecológicos o los derivados del comercio justo con países menos desarrollados. En cuanto al proceso de fabricación, muchos clientes están dispuestos a pagar algo más por productos que saben que la empresa respeta en su producción el medio ambiente, como es el caso del papel reciclado. Finalmente, para muchas personas, las empresas socialmente responsables merecen una mayor confianza y prefieren los productos y servicios de estas empresas respecto de otras similares menos responsables socialmente.

Consulta la web

Ver Aplicación AN–08.01-ES: Ejemplos de fuentes para la ventaja competitiva en diferenciación, por Pablo Moura Díez

5.3.2. Barreras a la imitación y condiciones de aplicación

Al igual que ocurría con los costes, a medida que el resto de los competidores puedan acceder a sus fuentes, la ventaja competitiva en diferenciación tenderá a difuminarse. Las **barreras a la imitación** que protegen este tipo de ventaja pueden derivar de un alto nivel de creatividad a través de sucesivas innovaciones, de interrelaciones complejas de recursos y capacidades propias, de una localización irreproducible o de la ausencia de vías alternativas de diferenciación (Barney, 2007).

Respecto a las **condiciones de aplicación**, a pesar de la variedad de factores sobre los que se puede construir una ventaja en diferenciación, no siempre es posible su consecución para una empresa concreta. En general, puede decirse que para un producto que es técnicamente simple, que satisface necesidades sencillas y que es producido con una técnica específica estandarizada, las oportunidades de diferenciación son reducidas. Por el contrario, a mayor complejidad y variedad de las características de los productos o servicios, de los gustos y necesidades de los clientes y de las características de las empresas oferentes, mayores son las posibilidades de obtener una ventaja competitiva en diferenciación.

Además de las anteriores condiciones, la estrategia de diferenciación de producto resulta más adecuada cuando se da alguna de las siguientes circunstancias:

- Los clientes otorgan una especial importancia a aspectos tales como la calidad, o utilizan el producto para diferenciarse socialmente.
- Pocos competidores eligen el mismo criterio de diferenciación ya que, en caso contrario, resulta más difícil conseguir que el cliente perciba y valore el producto como distinto.
- Las características distintivas son difíciles de imitar, al menos con rapidez y de manera económica.

Por otro lado, la empresa que quiera tener éxito con una estrategia de diferenciación de producto debe asumir esfuerzos importantes para mejorar las ofertas de los competidores. Estos esfuerzos pueden implicar un mayor y mejor conocimiento de las necesidades y preferencias de los consumidores, un compromiso elevado con sus clientes antes, durante y después de la operación de venta, un conocimiento a fondo de sus recursos y capacidades para su adecuada explotación o una especial orientación hacia la innovación tanto de producto como de proceso.

La estrategia de diferenciación **impide normalmente una participación elevada en el mercado** porque exige una percepción de exclusividad que en muchas ocasiones es incompatible con una alta cuota de mercado. Pero, a cambio, crea una barrera de entrada por la lealtad a la marca, ya que el competidor tendrá que salvar ese carácter único del producto percibido por el mercado.

La diferenciación **no permite olvidarse de los costes pero éstos no son un objetivo primordial**. Efectivamente, la diferenciación proporciona lealtad de los clientes y menor sensibilidad al precio, lo que evita la necesidad de costes bajos. En cualquier caso, supone una transacción con los costes, pues muchas de las actividades encaminadas a lograr la diferenciación implican costes elevados. Si los costes se disparan, habrá clientes potenciales que no estén dispuestos a pagar el incremento de precio exigido por la empresa.

Aplicación 5.2:

Las estrategias competitivas en El Corte Inglés y DIA

Un ejemplo para entender la diferencia de actuación entre dos empresas con estrategias competitivas diferentes lo podemos encontrar al comparar, en el sector de la distribución, los supermercados de El Corte Inglés con la cadena de tiendas DIA. La estrategia de El Corte Inglés, en general, y de sus supermercados, en particular, es claramente de diferenciación de productos, mientras que la de la cadena de tiendas DIA se orienta hacia el liderazgo en costes.

EL CORTE INGLÉS	DIA
• Locales e instalaciones atractivos.	• Sencillez de los locales e instalaciones.
• Gran variedad de productos.	• Sólo productos muy básicos.
• Gran variedad de marcas para cada producto.	• Sólo dos marcas para cada producto, una de ellas la propia de DIA.
• Disposición atractiva de los productos en estanterías con fácil acceso para los clientes.	• Disposición poco atractiva de los productos con no siempre fácil acceso al ir incluidos en los embalajes generales.
• Personal con funciones relativamente especializadas. Atención personalizada al cliente.	• Personal con múltiples funciones dentro del establecimiento. Atención generalista.
• Es posible el pago con tarjeta de El Corte Inglés o con otras tarjetas (VISA, etc.).	• El pago con tarjeta está limitado.
• Posibilidad de compra por ordenador y por pedido telefónico de forma integrada con El Club del Gourmet.	• No es posible la compra por ordenador ni el pedido telefónico.
• Servicio a domicilio gratuito con un determinado volumen de compra.	• Servicio a domicilio disponible sólo en algunos supermercados y con coste adicional.
• Servicios adicionales como aparcamiento en todos los supermercados, tarjeta regalo o carta de compra	• Sin servicios adicionales, aparcamiento solamente en tiendas Maxi DIA.

A pesar de las claras diferencias mostradas en el cuadro anterior, ambas estrategias se pueden considerar de éxito. Efectivamente, hay clientes que prefieren reducciones de precio en los productos básicos y acuden a las tiendas DIA a pesar de la baja calidad del servicio ofrecido. Otros clientes, sin embargo, prefieren el nivel de servicio ofrecido por El Corte Inglés, aún cuando tengan que pagar por él un sobreprecio en los productos adquiridos.

En cualquier caso, el funcionamiento de ambas organizaciones se orienta hacia los objetivos perseguidos. Dicho de otra forma, las diferencias mostradas por ambas organizaciones son congruentes con la estrategia competitiva seguida.

5.3.3. Riesgos de la ventaja en diferenciación

En cualquier caso, la diferenciación de productos también está afectada por una serie de riesgos que pueden reducir sus ventajas (Porter, 1987; Ventura, 2008), entre los que podemos encontrar los siguientes:

- La **diferencia de precio** entre los competidores que siguen una estrategia de bajo coste y la empresa diferenciada puede ser demasiado grande para que los clientes mantengan la lealtad hacia la marca. En este caso, los clientes renunciarán a alguna de las características, servicios o imagen prestados por la empresa diferenciada para conseguir precios menores.

Consulta la web

Contestar Caso Breve CB-001-ES: La estrategia competitiva de «A Todas Horas», por Miriam Delgado Verde

- Se puede **reducir la necesidad** o la apreciación del comprador por el factor determinante de la diferenciación. Por ello, esta estrategia suele exigir un constante esfuerzo en innovación para ofrecer nuevos productos o con atributos diferentes que sigan proporcionando el factor de diferenciación.
- La **imitación de los competidores** limita la diferencia percibida, lo que es bastante frecuente a medida que la industria madura. Un problema importante en este sentido, que afecta a bastantes industrias, sobre todo aquellas relacionadas con los productos de lujo, es la **falsificación** o imitación fraudulenta de dichos productos.
- Los competidores con **estrategia de segmentación** pueden lograr mayor diferenciación en los segmentos que cubren, que aquellos otros que lo hacen para el conjunto de la industria, al ofrecer productos específicos a esos clientes que satisfacen mejor sus necesidades.

5.4. LA AMPLIACIÓN DE LAS ESTRATEGIAS COMPETITIVAS DE PORTER: EL «RELOJ ESTRATÉGICO»

La propuesta de Porter (1982, 1987) sobre las ventajas competitivas se reducía a los dos tipos analizados –liderazgo de costes y diferenciación de productos–, siendo el esquema más ampliamente utilizado y difundido. No obstante, presenta algunos inconvenientes en su concepción, de modo que se limitan sus posibilidades de aplicación por lo que han surgido otros esquemas o enfoques que tratan de ofrecer visiones alternativas, ampliadas o complementarias en la definición de las estrategias competitivas.

Respecto de la ventaja en costes, Porter ha utilizado los términos de «liderazgo en costes» y «bajo precio» como conceptos intercambiables entre sí, lo cual dista de ser cierto ya que se refieren a variables distintas. El coste es una variable interna que hace referencia al consumo de recursos mientras que el precio es una variable externa dirigida hacia el cliente.

Esta distinción es importante por varios motivos. En primer lugar, en sentido estricto, sólo una empresa podría ser líder en costes en una industria dada, mientras que varias empresas podrían seguir estrategias de precios bajos. Segundo, los bajos costes no dan una ventaja competitiva inmediata si es a costa, por ejemplo, de una menor calidad de los productos, lo cual puede forzar a la empresa a reducir sus precios de forma que pierda margen respecto de sus competidores. Tercero, una empresa con bajos costes no tiene por qué reducir necesariamente sus precios, sino que puede dedicar parte del margen adicional para reinvertirlo y mejorar su capacidad competitiva.

Respecto de la ventaja en diferenciación, se define de tal manera que necesariamente se debería traducir en un incremento de precio, sin tener en cuenta la posibilidad de que se mantengan los precios para poder ganar cuota de mercado y poder así reducir los costes unitarios al aumentar el volumen de producción.

En definitiva, se plantea la posibilidad de que las estrategias de liderazgo en costes y diferenciación no sean tan mutuamente excluyentes como sugiere Porter, pudiendo observarse en la realidad empresas de éxito que ni son líderes en costes ni sus productos son los más diferenciados. Para describir el atractivo de esta situación se suele utilizar la expresión de que tal o cual producto tiene una «muy buena relación calidad-precio».

Para superar estas limitaciones, Johnson y otros (2010) proponen ampliar las opciones estratégicas de Porter y para ello plantean el modelo del «reloj estratégico» que es, a su vez, una ligera adaptación del esquema propuesto por Bowman (1992). La figura 5.6 recoge gráficamente este esquema, que, si bien está fuertemente basado en las ideas de Porter, trata de matizarlas, ampliarlas y dar a sus estrategias genéricas una visión más externa –orientada al mercado– que interna –orientada a los costes–.

Figura 5.6: El esquema del «reloj estratégico»

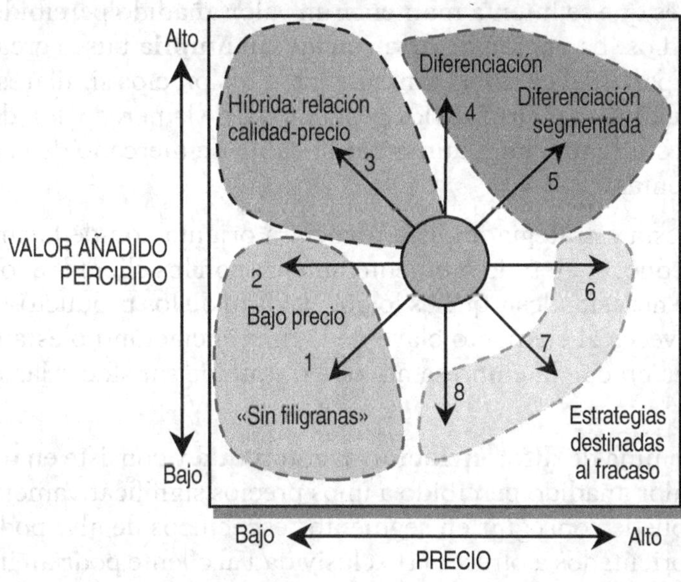

Fuente: Adaptado de Johnson y otros (2010: 156)

De este modo, los clientes de una industria pueden comprar a unas empresas o a otras en función de dos criterios, según sean más altos o bajos: a) el precio del producto o servicio ofrecido, y b) el valor añadido percibido por el cliente. Combinando estos dos criterios aparecen las ocho opciones estratégicas competitivas del esquema que pueden ser agrupadas, a su vez, en cuatro categorías de estrategias.

a) Estrategias orientadas a precios bajos: Este tipo de estrategias (opciones 1 y 2) está próximo al liderazgo en costes y se caracteriza porque la empresa busca competir con precios bajos manteniendo un nivel de valor añadido percibido bajo o medio. La estrategia más próxima al liderazgo en costes es la opción 2 (**precios bajos**) en la que se trata de ofrecer precios bajos pero manteniendo un cierto nivel de calidad de los productos. Efectivamente, esta opción es especialmente viable cuando la empresa es líder en costes ya que, en ese caso, los competidores no pueden imitar dicha actuación salvo que quieran entrar en una guerra de precios en la que normalmente saldrían perdiendo.

La opción 1 (**«sin filigranas»**) implica bajos precios y bajo valor añadido percibido. Estas empresas, por tanto, no tratan de mantener la calidad media de los productos sino que la reducen conscientemente buscando a aquellos clientes especialmente sensibles a las reducciones de precios, sin importarles demasiado la calidad de los productos o servicios recibidos. Si bien esta opción no permite mantener un margen sobre ventas elevado como en la otra, las empresas pueden obtener una rentabilidad final alta como consecuencia de un gran volumen de ventas y una alta rotación de activos.

b) Estrategias orientadas a la diferenciación: Las opciones 4 y 5 del «reloj estratégico» se pueden identificar con la estrategia de diferenciación de productos de Porter, bien referida al conjunto de la industria (opción 4) bien a un segmento específico (opción 5). El rasgo común a ambas es que se intenta mantener un valor añadido percibido alto, bien sea con precios altos o medios. La opción de **diferenciación amplia** busca crear un alto valor añadido percibido por parte del cliente, manteniendo unos precios similares o algo más altos. De esta forma, mediante la mejora de los productos o de la percepción de éstos, se consigue la diferenciación sin renunciar a aumentar la cuota de mercado de la empresa y, por tanto, el volumen de ventas.

El seguimiento de esta estrategia implica una clara orientación de la empresa hacia el mercado, tratando de conocer en todo momento quiénes son los clientes a los que se dirige, cuáles son sus gustos y necesidades y qué es lo que valoran de los productos o servicios que adquieren. Por ello, a veces el elemento clave de la diferenciación no está en el producto mismo sino en la forma en que la empresa atiende o trata de satisfacer las necesidades de los clientes.

La opción 5 se denomina de **diferenciación segmentada** y consiste en tratar de ofrecer a los clientes un alto valor añadido percibido a unos precios significativamente altos, lo que normalmente sólo se puede conseguir en segmentos específicos de alto poder adquisitivo. Los productos de lujo orientados a ofrecer la exclusividad al cliente podrían incluirse en este tipo de opción. Es preciso señalar que esta estrategia es particularmente incompatible con una alta cuota de mercado ya que se perdería la percepción de exclusividad y el incentivo a pagar un elevado sobreprecio.

c) Estrategias híbridas u orientadas a la relación calidad–precio: La opción 3 del esquema de la figura 5.6 puede considerarse

Consulta la web

Contestar Caso Breve CB-015-ES: El reloj estratégico en el sector automovilístico en España, por Pablo Moura Díez y José Javier Fernández Rodríguez

híbrida entre la diferenciación y los precios bajos, y consiste en proporcionar a los clientes productos con alto o medio valor añadido percibido pero manteniendo precios relativamente bajos o medios, manteniendo en consecuencia una **buena relación entre la calidad ofrecida y el precio pagado**. Evidentemente, esta estrategia exige una doble habilidad para captar y atender los gustos y necesidades de los consumidores a la vez que se mantiene una estructura de costes relativamente reducida, lo que no es fácil de conseguir.

Si la estrategia híbrida se sitúa en la zona superior izquierda de la figura 5.6 puede plantear problemas, ya que se puede argumentar que si la empresa ha conseguido la percepción diferenciada del producto por parte del cliente y baja el precio, en realidad está trasladando o regalando parte del valor creado a éste en lugar de apropiárselo subiendo adecuadamente los precios. Aunque ciertamente esto es así, esta estrategia puede ser útil cuando la empresa consigue de esta forma un volumen de ventas superior al de sus competidores y, por tanto, mantener un margen atractivo como consecuencia de la reducción de costes conseguida. Igualmente, puede ser una estrategia válida para superar las barreras de entrada de un mercado con competidores ya establecidos mediante la oferta de productos superiores a los de los competidores a precios similares o inferiores. Una vez obtenida una cuota de mercado adecuada y un reconocimiento de una parte significativa de clientes, la empresa puede subir sus precios aumentando así su margen y rentabilidad. Por lo tanto, debe considerarse una estrategia transitoria en el tiempo.

Consulta la web

Ver Aplicación AN-08.06-ES: El cambio de estrategia competitiva en los supermercados de El Corte Inglés, por Diana Benito Osorio y contestar CB-004-ES: Cambios en las estrategias competitivas de las principales cadenas de supermercados, por Rocío González Sánchez

Una opción más estable a largo plazo es la situada cerca del centro de la matriz en la figura 5.6. Las empresas que siguen una estrategia de este tipo no son las más diferenciadas ni las que ofrecen precios más bajos pero el valor añadido percibido es superior al precio exigido por lo que el cliente entiende que la relación entre la calidad ofrecida por el producto y el precio que tiene que pagar es positiva. Así, de estas empresas se suele decir que ofrecen una buena relación calidad–precio.

d) Estrategias destinadas al fracaso: Las opciones 6, 7 y 8 del «reloj estratégico» están destinadas con toda probabilidad al fracaso. Ello es así porque los precios pagados por los clientes son superiores al valor añadido percibido por lo que la relación entre ambas variables resulta negativa. Las dos primeras implican estrategias de precios altos pero con un valor percibido por el cliente normal o bajo. Evidentemente, en esta situación, los clientes buscarán competidores que mejoren la oferta, bien sea con precios bajos o valor percibido alto. Por ello, las opciones 6 y 7 sólo se pueden mantener desde una posición de monopolio de la empresa que las desarrolla. De este modo, la empresa se apropia de parte del valor del cliente mediante subidas de precios o de reducciones de calidad de los productos, obteniendo así unos beneficios extraordinarios sin que éste tenga realmente opción de cambiar de proveedor. Efectivamente, esta es la situación

Consulta la web

Ver Aplicación AN–08.03-ES: Estrategias destinadas al fracaso en el sector del automóvil

en la mayoría de los casos de monopolio, produciéndose una evolución significativa hacia la reducción de precios y/o la mejora de la calidad cuando se eliminan las barreras y se introduce la competencia.

La opción 8 supone la reducción del valor percibido por los clientes manteniendo los precios. Podrían ser seguidas por empresas con una alta reputación en el mercado pero con dificultades de rentabilidad. Mediante esta estrategia tratarían de recuperar parte del margen perdido confiando en la imagen positiva de la empresa. Evidentemente, el resultado más probable de esta estrategia es la pérdida de la imagen empresarial y de los clientes que ya no están dispuestos a pagar más por una marca si el producto no les ofrece algo distintivo, es decir, si ya no perciben un valor añadido adecuado.

5.5. ESTRATEGIAS CON BASE EN EL GRADO DE MADUREZ DE LA INDUSTRIA

Dentro de las estrategias competitivas es interesante analizar cómo estas estrategias se adaptan a las distintas industrias, especialmente en función de una de sus características más habitualmente considerada como es su grado de madurez. Con base en este criterio se distinguen industrias emergentes, en crecimiento, maduras y en declive. Estudiaremos a continuación las principales peculiaridades de cada una de ellas así como las diferentes líneas de actuación más recomendables en cada caso. No se tratarán las industrias en crecimiento ya que sus características específicas hacen relativamente más fácil la actuación competitiva y permiten ajustar la forma de competir a los modelos generales que han sido analizados con anterioridad.

5.5.1. La competencia en industrias nuevas o emergentes

Se conocen con el nombre de **industrias nuevas o emergentes aquellas que han surgido muy recientemente y, por tanto, se encuentran en la primera fase de su ciclo de vida.** La mayoría de las industrias emergentes surgen bien como consecuencia de algún tipo de innovación en los productos o en los servicios, en sus características o en la forma de fabricarlos o prestarlos, o bien porque sin necesidad de un cambio tecnológico, aparecen nuevas oportunidades o necesidades de los consumidores que deben ser satisfechas (Hill y Jones, 2009). En ambos casos, se abren nuevas posibilidades de negocio conformándose una nueva dinámica competitiva.

> **Análisis**
>
> Un análisis de las posibilidades de explotación que ofrece el coche eléctrico se puede encontrar en Montoro y Romero (2010), *Economía Industrial*, nº 377: *www.minetur.gob.es/revistaei*

Independientemente del origen de la industria, su atractivo más importante radica en el potencial de crecimiento y rentabilidad de cara al futuro. En efecto, de acuerdo con el modelo de ciclo de vida de los productos es de esperar que, con el paso del tiempo, la industria se consolide y entre en su fase de crecimiento o consumo masivo, lo que hará aumentar su atractivo.

Las **características** más importantes de las industrias emergentes son los altos costes iniciales debido a los bajos volúmenes de producción, el lento crecimiento de la demanda debido al escaso conocimiento del producto o de la necesidad en el mercado y el elevado riesgo debido a la incertidumbre e inestabilidad derivada del comportamiento futuro (Porter, 1982; Hill y Jones, 2009).

Centrando especialmente nuestra atención en este último factor, es preciso señalar que esta incertidumbre puede ser tanto tecnológica como estratégica (Porter, 1982). La **incertidumbre tecnológica** está relacionada con la falta de consolidación de la innovación o cambio que ha dado lugar a la industria. Esto es especialmente importante cuando existen distintas alternativas tecnológicas para un mismo producto defendidas por distintas empresas.

La **incertidumbre estratégica** es una consecuencia de la falta de experiencia de las empresas en la industria, lo que impide identificar la estrategia de éxito más adecuada. En esta situación, las empresas disponen, por lo general, de un elevado número de opciones estratégicas que se irán revelando como adecuadas o no, conforme la industria se vaya consolidando. Por este motivo, las decisiones se adoptan para un período temporal relativamente corto, siendo frecuentes las rectificaciones de decisiones anteriores.

Este nivel de incertidumbre puede constituirse, por su parte, en una importante barrera de entrada. En efecto, las industrias emergentes son consideradas de alto riesgo por los mercados financieros, por lo que las empresas pueden tener limitadas sus posibilidades de acceso a las fuentes de financiación, así como soportar unos mayores costes sobre tales fuentes, generando otra fuente de riesgo adicional: los desequilibrios financieros.

Como consecuencia de la incertidumbre existente, las industrias emergentes suelen estar acompañadas de una alta inestabilidad asociada con las características propias tanto del entorno como de las empresas que actúan en él. Además de la incertidumbre, **otros factores de inestabilidad** son la novedad que atrae a un elevado número de empresas, que los clientes compran el producto por primera vez, por lo que pueden desconocer sus características básicas, no tienen experiencia con dicho producto y no existe todavía una fidelidad, por lo que pueden cambiar fácilmente de proveedor y la intervención de los poderes públicos en relación al interés que para un país pueda tener una determinada industria emergente.

Como consecuencia de estas características, las empresas instaladas en industrias emergentes tienen como objetivo estratégico reducir la incertidumbre y la inestabilidad del entorno. Para ello, **las estrategias más adecuadas** que las empresas deben llevar a cabo deben tratar de resolver las tres cuestiones siguientes:

a) Influencia en la configuración de la industria: Porter (1982) recomienda, para este tipo de industrias, orientar la actividad de la empresa hacia la configuración futura de la industria naciente. Es decir, la empresa puede intentar fijar las condiciones en las que posteriormente se van a desarrollar las políticas de producto, el enfoque comercial y las políticas de precios, de tal forma que a largo plazo asuma una posición de mayor fortaleza. En la medida en que la empresa sea capaz de influir en este proceso, su posición competitiva futura se verá favorecida.

La consolidación y configuración de la industria depende de su tamaño potencial, de su tasa de crecimiento prevista, de la tecnología dominante, de los canales de distribución que surjan y de los posibles competidores que aparezcan. En este sentido, las estrategias de cooperación entre competidores suelen ser habituales en las industrias emergentes ya que, de esta forma, se consigue con mayor facilidad la consolidación de la industria en su conjunto y se influye con mayor poder en su configuración futura, creando nuevas barreras de entrada. Cuando la industria ha surgido de una innovación tecnológica, es especialmente importante para la empresa perfeccionar la tecnología y tratar de convertirla en el estándar dominante en el futuro (Thompson y otros, 2012).

b) Momento de entrar a competir: El tiempo es probablemente uno de los factores más críticos para la formulación estratégica en industrias emergentes, especialmente en lo que se refiere al momento adecuado para entrar en la industria. La cuestión principal es decidir si se tiene vocación de líder o de seguidor en el mercado. El líder tendrá la ventaja de ser el primero, pero también soportará un mayor nivel de riesgo y los costes de ser el pionero.

El ingreso precoz es apropiado cuando la imagen de la empresa es importante para el comprador, favorece el aprendizaje generándose un efecto experiencia difícil de imitar, la lealtad del cliente será grande o se pueden obtener ventajas de coste por una entrada temprana en cuanto a materias primas, canales de distribución, etc. (Porter, 1982: 247).

Consulta la web

Ver Aplicación AN–09.01-ES: Las «electrolineras», una industria emergente, por Miriam Delgado Verde

De igual forma, **el ingreso temprano es arriesgado** cuando los criterios que definen la competencia en la industria cambian conforme la industria va creciendo, el coste de abrir el mercado es alto y los posibles beneficios de esta apertura no quedan en propiedad de la empresa, el cambio tecnológico convierte rápidamente en obsoletas las inversiones iniciales y la competencia inicial se da entre empresas pequeñas e innovadoras resultando difícil sobrevivir bien porque van a ser compradas por otras más fuertes o expulsadas de la industria (Porter, 1982: 247-248).

c) Gestión del riesgo: que se convierte en esencial para asegurar la supervivencia y el éxito futuro, a la vista del alto nivel de incertidumbre, por lo que se recomienda cooperar con los usuarios iniciales que se pueden convertir en una fuente de datos importante para estimar las posibles tendencias del mercado, políticas financieras rigurosas que eviten el endeudamiento y flexibilidad que permita a la empresa responder rápida y eficazmente a los cambios del entorno (Grant, 2006: 421-422).

5.5.2. La competencia en industrias maduras

Se dice que una industria entra en su fase de madurez cuando la tasa de crecimiento se reduce, manteniendo **niveles de crecimiento pequeños o, incluso, nulos**. Este factor hace que las posibilidades de crecimiento natural de la empresa se reduzcan, lo que redunda en un incremento de la intensidad de la competencia entre las empresas establecidas en una industria.

Además de la disminución de la tasa de crecimiento, otra característica importante es la **difusión y acumulación de conocimientos**, tanto por parte de los consumidores que normalmente han comprado en repetidas ocasiones el producto por lo que aumentan su poder de negociación al conocer sus características, como por parte de los productores que ven limitada las oportunidades de obtener una ventaja competitiva porque las posibilidades de innovación son más escasas al ser la tecnología conocida por todos los competidores.

Otros factores que influyen en la intensificación de la competencia en las industrias maduras son el exceso de capacidad por las inversiones que se han hecho durante la fase de crecimiento, la dificultad para desarrollar nuevos productos, la aparición de nuevos competidores localizados en países de costes más bajos y la presencia de distribuidores con alto poder de negociación (Porter, 1982; Grant, 2006).

Ante estas circunstancias, las **opciones estratégicas** que cabe aplicar pueden ser de dos tipos:

a) Obtención de una ventaja competitiva sólida: Ante la intensificación de la competencia, las empresas que posean una ventaja competitiva tendrán más oportunidades y capacidad para competir y seguir desarrollándose que aquéllas que no dispongan de dicha ventaja, cuya existencia puede verse amenazada. De acuerdo con el análisis de las estrategias competitivas efectuado anteriormente, la empresa dispone de las siguientes opciones:

- **Liderazgo en costes**, dado que una de las características esenciales de las industrias maduras es la estandarización del producto, la primera opción básica es reducir los costes como forma de obtener la ventaja competitiva. Esta moderación puede derivar de la aplicación de la curva de experiencia, el aprovechamiento de economías de escala, reducción de costes de aprovisionamiento o aumento de la eficiencia operativa.
- **Diferenciación de producto**, ya que, aunque el producto esté muy estandarizado, ello no elimina el potencial de diferenciación. En este sentido, la diferenciación no va dirigida tanto al producto como a los niveles de calidad, servicio y/o distribución, prestigio de la empresa, imagen de marca, etc.
- **Segmentación del mercado**, dado que el grado de madurez o de atractivo de todos los segmentos de una industria no es necesariamente el mismo, las empresas pueden orientar su actividad hacia aquellos segmentos con más potencial de desarrollo o con una estructura competitiva más atractiva.

b) Reorientación del campo de actividad: Si las expectativas de crecimiento de la industria en general o de la empresa en particular no son favorables, ésta puede optar por redefinir su campo de actividad mediante:

- **Estrategias de diversificación**: como veremos en el próximo capítulo, una de las razones básicas de la diversificación o entrada en nuevos negocios es la saturación del mercado tradicional al que se dirige la empresa. De esta forma, la empresa puede mantener sus niveles de actividad en la industria madura invirtiendo los excedentes generados en otras industrias emergentes o en crecimiento.

- **Estrategias de crecimiento externo**, para incrementar el poder y la cuota de mercado, por ejemplo, mediante adquisiciones de competidores con dificultades económico–financieras.
- **Internacionalización de la empresa**, como forma de ampliar los mercados y alargar el ciclo de vida, así como la absorción de los posibles excesos de capacidad generados por el estancamiento del mercado original. Como veremos en un capítulo posterior, la saturación de los mercados nacionales ha constituido una de las razones históricas por las que las empresas se han internacionalizado.

Aplicación 5.3:

Estrategias en la industria de la construcción,
por Jorge Cruz González

La industria de la construcción en España se puede considerar una industria madura. Bastantes de las características que la tipifican aparecen en este caso. Probablemente la más importante es la reducción de la demanda global que, para el caso de las seis principales constructoras de nuestro país (Acciona, ACS, FCC, Ferrovial, OHL y Sacyr–Vallehermoso) han visto cómo sus ventas en el mercado doméstico han caído una media alrededor del 20% interanual, entre 2007 y 2011.

Ello ha provocado un exceso de capacidad productiva instalada, que se une a la dificultad en el desarrollo de innovaciones y al aumento de la competencia internacional. Ante esta situación, las constructoras españolas, para tratar de mitigar esta negativa situación, además de controlar internamente sus costes de la mejor manera posible, han optado principalmente por una doble vía:

- La diversificación de sus actividades hacia negocios ajenos a la construcción. Así, en 2011, por ejemplo, el 84% del resultado operativo bruto (Ebitda) de Acciona provenía de su división energética. Por su parte, la mitad de las ventas del grupo ACS se debían a la división de servicios industriales. Del mismo modo, las actividades de servicios y energía son las que sostenían las cuentas de FCC. En OHL, un 30% de sus ventas provienen de actividades fuera del sector de la construcción.
- La internacionalización. Así, la mayoría de los ingresos y la rentabilidad de Ferrovial procedía del extranjero, en concreto, el Reino Unido constituía su principal mercado, donde se concentraba el 67% de sus ventas. En FCC, la actividad internacional suponía ya casi la mitad de sus ingresos. ACS y Sacyr Vallehermoso contaban con unas tasas de internacionalización de aproximadamente un tercio de su facturación total. Por su parte, en OHL, el 70% de su facturación procedía del exterior, principalmente de las actividades desarrolladas en Brasil y México que aportaban aproximadamente un 40% a la rentabilidad bruta del grupo.

5.5.3. La competencia en industrias en declive

El modelo de ciclo de vida de la industria marca la evolución natural desde de la fase de madurez a la de declive, a medida que se agudizan las características de la etapa de madurez y aparecen productos sustitutivos que mejoran las prestaciones de los productos tradicionales. La transición desde la madurez al declive no siempre es fácil de detectar puesto que, en general, se manifiesta a través de cambios cualitativos en las características de la industria que no siempre son claros.

Quizás el indicador más significativo sea la **disminución constante de la demanda** –no debida a razones coyunturales–, que suele provocar que la industria sea sustituida total o parcialmente por otra. En ocasiones, el declive puede ser lo suficientemente lento como para no hacer previsible su desaparición a corto plazo o surgir algún tipo de innovación que incremente las expectativas futuras. Igualmente, hay industrias que, tras un cierto declive, estancan su demanda en un cierto nivel y siguen funcionando.

Otras características relevantes son el gran exceso de capacidad productiva instalada, la competencia agresiva en precios, la ausencia de cambios tecnológicos, la alta edad media de los recursos físicos y humanos, la posible existencia de fuertes barreras de salida o la inestabilidad de la oferta, por los cambios de actitud de los competidores restantes, por tratar de mantener su posición renunciando incluso al excedente empresarial.

Según Grant (2006: 462-464) las consecuencias del declive para la competencia y la rentabilidad dependen de dos factores clave (figura 5.7):

Figura 5.7: Consecuencias del declive de la industria

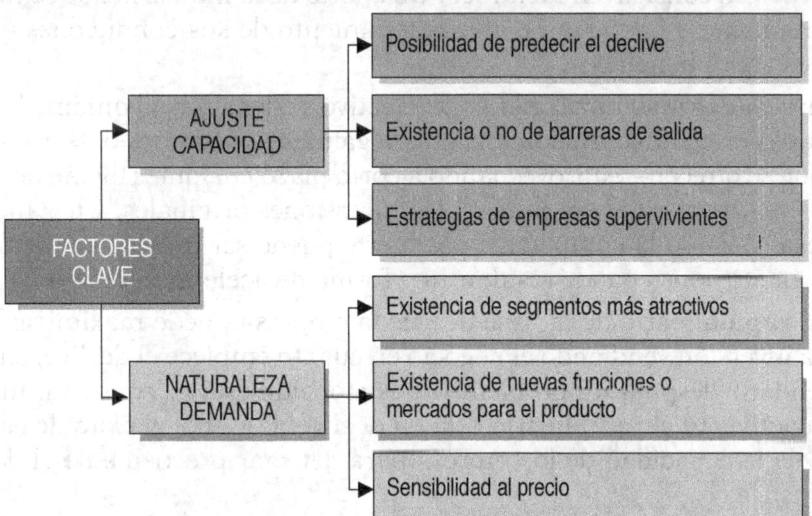

a) El ajuste de la capacidad de la industria a la demanda decreciente es la clave de la estabilidad y la rentabilidad durante la fase de declive. Este problema ha aparecido, por ejemplo, de forma manifiesta en las últimas décadas en el sector siderúrgico mundial, que ha debido someterse a importantes ajustes de producción. Este ajuste depende de las posibilidades de predecir el declive, las barreras de salida existentes y de las estrategias de las empresas supervivientes.

b) La naturaleza de la demanda, ya que existen industrias en las que o bien se pueden encontrar bolsas de demanda o segmentos que no sigan el mismo patrón de declive o bien se puede encontrar una nueva función o un nuevo mercado para el producto. Tal es el caso de la propia industria siderúrgica, en la que se pueden encontrar países en vías de desarrollo con fuertes crecimientos de demanda. Por otro lado, en aquellas industrias en las que el producto está poco diferenciado y existe una sensibilidad al precio alta, la competencia se realiza a través de los precios y la intensidad de ésta aumenta considerablemente.

Ante estas circunstancias, **las estrategias más adecuadas** a seguir en industrias en declive pueden ser las mismas que para las industrias maduras, tanto en el nivel competitivo (obtención de un ventaja competitiva sólida) como corporativo (reorientación del campo de actividad). Sin embargo, pueden aparecer connotaciones diferentes, ya que si existe un potencial de rentabilidad residual en la industria, otras estrategias pueden resultar atractivas. Harrigan y Porter (1999) identificaron cuatro estrategias que pueden ser rentables en industrias en declive:

- **Liderazgo en la industria**: la empresa se orienta a ser la única o una de las pocas que queden en la industria. De esta forma, la empresa consigue una posición predominante que le permite controlar mejor la evolución final de la industria, así como adoptar más rentablemente otra estrategia, por ejemplo, de cosecha.
- **Segmentación**: consiste en identificar una parte de la industria que se mantenga, decaiga lentamente o que, debido al mantenimiento de sus condiciones estructurales, permita elevados beneficios.
- **Cosecha**: se busca maximizar el flujo de efectivo, reduciendo al mínimo las inversiones necesarias –por ejemplo, racionalizando la gama de productos o de canales de distribución que se ofrecen– y aprovechando a corto plazo cualquier fuente de obtención de ingresos, incluso vendiendo parte de las inversiones originales, y llegando a liquidar la empresa. Cuando la competencia es fuerte puede ser muy difícil de llevar a cabo. En algunas ocasiones puede resultar una forma de acelerar el declive.
- **Retirada rápida**: parte de la base de que la empresa puede maximizar la recuperación de la inversión vendiendo el negocio en cuanto empiece el declive, en vez de cosechar y venderlo después. El problema de esta opción está en conseguir un comprador para una actividad cuya industria está en declive. Por ello, el éxito de esta estrategia depende de la capacidad de la empresa para detectar precozmente el declive futuro de la industria.

Aplicación 5.4:

El declive de la industria boinera,
por Carmen de la Calle Durán

La boina, especie de sombrero originario del País Vasco, ha sido durante décadas una prenda de vestir muy típica dentro de la cultura española. Sin embargo, en los últimos tiempos su uso está decreciendo rápidamente y el modelo original (la boina negra tradicional) ha quedado casi limitado a personas de avanzada edad de zonas rurales.

La empresa Antonio Elósegui, con fábrica en Tolosa (Guipúzcoa), ha sido la única que se ha mantenido en una industria que, sobre los años cincuenta, contaba con 17 factorías boineras. Elósegui, fundada a mediados del siglo XIX, llegó a contar con una producción diaria de 3.500 unidades, mientras que en 2012 esta producción oscilaba sólo entre las 600-700 unidades, encontrándose con una importante capacidad productiva ociosa.

Las causas del declive no sólo radican en el menor uso civil de la prenda, sino también en un segmento muy específico de esta industria: el campo militar. En efecto, la disminución de los ejércitos, fundamentalmente los occidentales, en gran parte debido a su profesionalización (lo que disminuye el número total de usuarios), la supresión de la boina de muchos uniformes militares y la entrada de otros fabricantes como China, Corea del Sur y la India con costes laborales muy bajos, incrementaron los problemas con los que se enfrenta la empresa.

La empresa Elósegui trata de sobrevivir manteniéndose como la única empresa española (liderazgo en el sector) e incluso europea (sólo otras dos empresas en Francia) y buscando nuevos ámbitos de actividad mediante estrategias de desarrollo de productos y de mercados. Mediante el desarrollo de productos trata de adaptarse a los gustos más modernos de la población fabricando, además de la clásica boina, otros 6 modelos de boinas mas actuales que incluso se pueden personalizar bordadas a petición del cliente. Pero también fabrican gorras de visera en cuatro modelos y sombreros para la lluvia en otros tres modelos. Mediante el desarrollo de mercados geográficos, Elósegui vende boinas a los principales ejércitos occidentales (el 77% de su producción se destina a España y la Unión Europea) pero también exporta un 23% de su producción a países de América (Norte y Sur) (10%), África (5%) y Asia (8%).

Una tercera posibilidad que podría utilizar la empresa para expandirse podría ser la penetración en el mercado, a través de campañas publicitarias para el renacer de la moda de la boina, aprovechando el uso que de esta prenda han hecho determinados personajes públicos como el tenista René Lacoste, el director de cine Billy Wilder, el compositor Richard Wagner o la siempre innovadora cantante Madonna e, incluso, la cantante española Chenoa, que han popularizado esta prenda en los últimos años.

CUADRO RESUMEN

✓ **ESTRATEGIA Y VENTAJA COMPETITIVA**

- Conceptos de estrategia y ventaja competitiva
- El problema de quedar «atrapado a la mitad»
- Fuentes para la creación de una ventaja competitiva: externas e internas
- Factores para el mantenimiento de la ventaja competitiva: barreras a la imitación, capacidad de los competidores para la imitación y dinamismo de la industria

✓ **LA VENTAJA COMPETITIVA EN COSTES**

- Concepto, fuentes, barreras a la imitación, condiciones de aplicación y riesgos de la ventaja en costes

✓ **LA VENTAJA COMPETITIVA EN DIFERENCIACIÓN DE PRODUCTOS**

- Concepto, fuentes, barreras a la imitación, condiciones de aplicación y riesgos de la diferenciación de producto

✓ **LA AMPLIACIÓN DE LAS ESTRATEGIAS COMPETITIVAS DE PORTER: EL «RELOJ ESTRATÉGICO»**

- La insuficiencia de las categorías de estrategias competitivas de Porter
- Confusión entre bajos costes y bajo precio
- Compatibilidad entre la atención a los costes y a la diferenciación
- El modelo del reloj estratégico: estrategias orientadas hacia los bajos costes, orientadas hacia la diferenciación, híbridas y destinadas al fracaso

✓ **ESTRATEGIAS CON BASE EN EL GRADO DE MADUREZ DE LA INDUSTRIA**

- Definición y características básicas de las industrias nuevas o emergentes y estrategias para competir: la configuración de la estructura futura de la industria, la decisión sobre el momento de entrada y la gestión de la incertidumbre
- Definición y características básicas de las industrias maduras y estrategias para competir: obtención de una ventaja competitiva sólida y reorientación del campo de actividad
- Definición y características básicas de las industrias en declive y estrategias para competir: liderazgo, segmentación, cosecha y retirada rápida

PREGUNTAS SOBRE EL CAPÍTULO

- Comparar la situación de «atrapado a la mitad» sugerida por Porter con la del modelo del «reloj estratégico» de Johnson y otros.
- Relación entre las ventajas competitivas en costes y en diferenciación con la cuota de mercado.
- Fuentes de ventaja en costes y en diferenciación que pueden ser mejor mantenidas en el tiempo.
- Analice las diferencias entre la estrategia de diferenciación genérica y la de diferenciación segmentada a partir del modelo del «reloj estratégico».
- Argumentos a favor y en contra de una entrada precoz en industrias emergentes.
- Características diferenciales de los sectores maduros y en declive.
- Problemática del ajuste de la capacidad productiva instalada en las industrias en declive.

ACTIVIDADES

5.a. Identificar dos empresas que, respectivamente, sigan una estrategia de liderazgo en costes y de diferenciación de producto. Hacer un análisis comparativo de las fuentes de ventaja que utilizan, las condiciones competitivas en las que se mueven y los riesgos en los que incurren.

5.b. Identificar en una misma industria varias empresas que sigan las distintas alternativas que plantea el modelo del «reloj estratégico». Discutir las ventajas e inconvenientes de cada una de las alternativas.

5.c. Elegir una industria cualquiera e identificar de qué tipo de industria se trata en función de su grado de madurez. Identificar, asimismo, las estrategias que siguen las principales empresas de esa industria.

LECTURAS RECOMENDADAS

Puede profundizar los contenidos de este capítulo en Guerras y Navas (2007, caps. 8 y 9), Porter (1982, caps. 10, 11 y 12), Porter (1987, caps. 1, 3 y 4) y Ventura (2008, caps. 8, 9 y 10)

Capítulo 6
Las direcciones de desarrollo

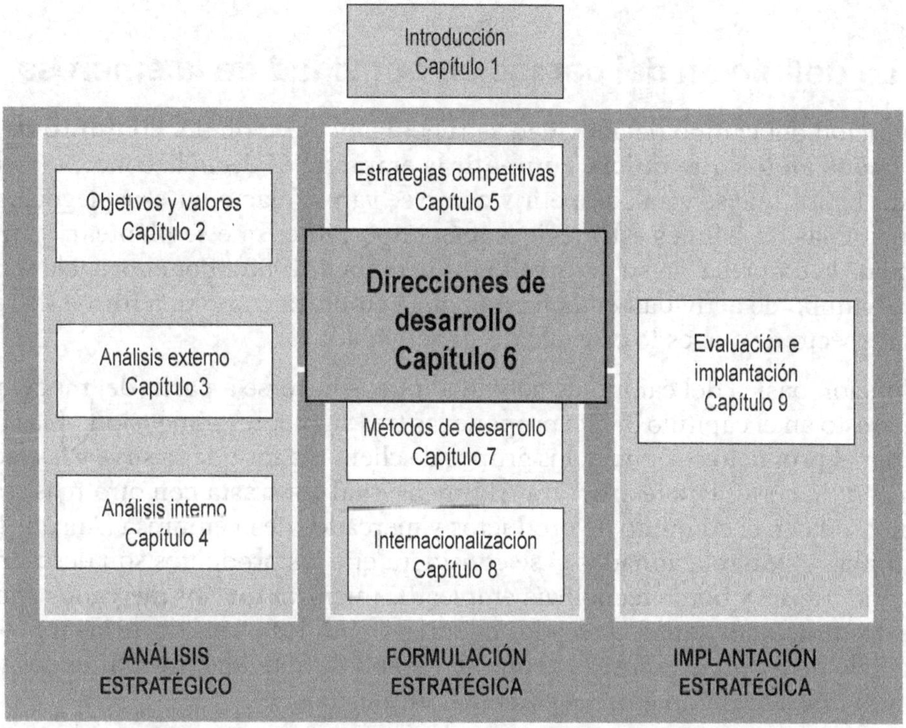

OBJETIVOS

- Conocer las variables clave para la definición del campo de actividad de la empresa.
- Proponer un esquema general para identificar y estudiar las principales estrategias o direcciones de desarrollo de la empresa.
- Analizar las distintas alternativas de desarrollo: expansión, diversificación, integración vertical y reestructuración.

6.1. EL CAMPO DE ACTIVIDAD Y EL DESARROLLO DE LA EMPRESA

Las estrategias corporativas giran en torno a la definición del conjunto de actividades en las que opera una empresa y en su modificación a lo largo del tiempo. La primera de las cuestiones se refiere a la definición del campo de actividad o cartera de negocios de una empresa. La segunda, a las estrategias de desarrollo empresarial. Los siguientes apartados van a ocuparse de los problemas relacionados con la definición del campo de actividad, la conceptuación de las estrategias de desarrollo (direcciones y métodos) y la identificación de las principales direcciones de desarrollo.

6.1.1. La definición del campo de actividad de la empresa

La definición del campo de actividad se refiere a la elección del **conjunto de productos y mercados en los que quiere competir** la empresa, es decir, la concepción básica de los negocios en los que se va a competir y cómo se van a relacionar esos negocios entre sí. Esta es una de las decisiones estratégicas más importantes que se plantean ya que afecta al conjunto de la empresa y a su desarrollo futuro (Abell, 1980). Por ello, suele ser frecuente incluir el campo de actividad en la misión de la empresa como una forma de recoger su identidad respecto de qué es lo esencial de su actividad.

La definición básica del campo de actividad puede hacerse a partir del modelo de Abell (1980), expuesto en el capítulo 3, que propone las tres siguientes dimensiones: las funciones cubiertas por el producto o servicio, los grupos de clientes a los que se sirve y las tecnologías utilizadas para hacerlo. Esta estructura tridimensional contrasta con otra más tradicional y limitada basada en el conjunto de productos y mercados de la empresa (Ansoff, 1976). No obstante, ambas están relacionadas si se considera que los productos son descritos por las funciones que cubren y por la tecnología empleada, mientras que los mercados se describen a partir de las funciones satisfechas y los clientes atendidos. A partir de las tres dimensiones del modelo de Abell, la empresa define su campo de actividad mediante dos variables: el ámbito y la diferenciación entre segmentos estratégicos.

a) Ámbito: hace referencia al número de funciones, de grupos de clientes o de tecnologías que utiliza la empresa. Tiene, por tanto, un carácter esencialmente cuantitativo. Así, un ámbito estrecho o enfocado corresponde a una empresa que atiende a una única función, a un solo grupo de clientes y utiliza una única tecnología. Un ámbito amplio, por el contrario, supone atender múltiples funciones y/o grupos de clientes y/o utilizando varias tecnologías. El **ámbito de funciones** explica la diversidad de necesidades de los clientes que se quiere satisfacer (figura 6.1.a). Se trataría, por ejemplo, de una empresa de telecomunicaciones que tratar de cubrir todas las necesidades de comunicación de particulares (voz, internet, transmisión de datos, televisión a la carta, servicios varios, etc.) a partir de la tecnología del cable.

El **ámbito de clientes** identifica el tipo de clientes al que se quiere llegar, a partir de alguno de los criterios habituales de segmentación de la demanda. Por ejemplo, sería el caso de una empresa de telecomunicaciones que trata de atender tanto a clientes particulares como a autónomos, pequeñas y medianas empresas, grandes empresas, instituciones y otro tipo de organizaciones. En el caso de utilizar un criterio geográfico para diferenciar entre grupos de clientes, la elección del ámbito en esta dimensión estaría relacionada con la orientación a un entorno local, regional, nacional o internacional (figura 6.1.b).

Figura 6.1: La definición del ámbito

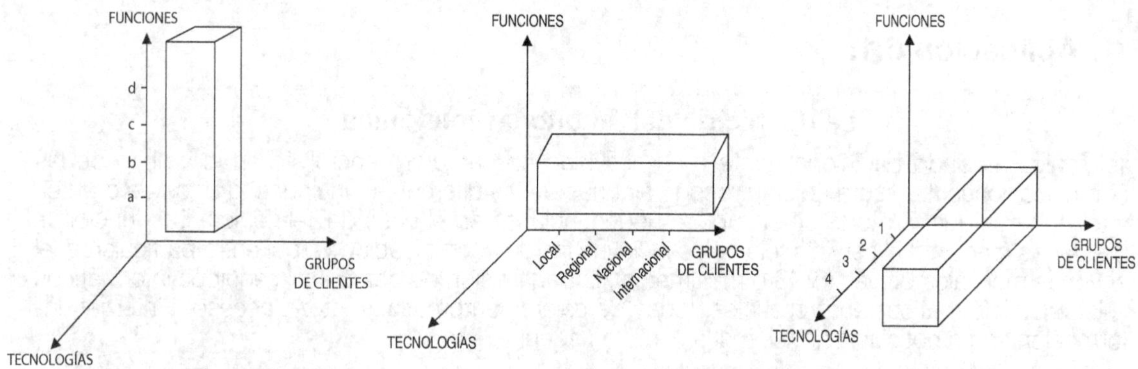

a) Ámbito amplio de funciones b) Ámbito amplio de clientes c) Ámbito amplio de tecnologías

Fuente: Adaptado de Abell (1980:30-31)

Si una empresa elige un **ámbito de tecnologías** con carácter amplio implica que va a competir en distintas industrias con distintos negocios (figura 6.1.c). Sería el caso de una empresa de telecomunicaciones que ofrece a sus clientes servicios de transmisión de datos a través de distintas tecnologías tales como banda ancha, móvil, cable o satélite. Evidentemente, una empresa puede combinar ámbitos amplios y/o estrechos en cada una de las tres variables utilizadas. En el extremo, se situaría una empresa que elige un ámbito amplio tanto por funciones como por grupos de clientes y tecnologías.

b) Diferenciación entre segmentos estratégicos: Otro aspecto importante en la definición del campo de actividad, con un carácter más cualitativo, es el de la diferenciación entre segmentos estratégicos[1] que hace referencia al grado en el que una empresa trata de forma diferente a los distintos segmentos de acuerdo con cada una de las dimensiones básicas (principalmente funciones y grupos de clientes, y a veces tecnologías). Esta diferenciación se plantea como una respuesta a las distintas necesidades de los consumidores,

1. Conviene aclarar que esta acepción de segmentación que se utiliza aquí es distinta de la utilizada en el capítulo 3 cuando se estudiaba la segmentación de la industria, mediante la cual se pretendía identificar áreas de competencia más reducidas en industrias heterogéneas.

por lo que se puede conseguir de dos formas principalmente: por una modificación en el propio producto o por alguna modificación en la estrategia comercial de la empresa. En el caso de la diferenciación en el eje de tecnologías, habitualmente supone un cambio de industria, lo que normalmente obliga a la empresa a diferenciar su oferta para cada industria en la que actúa.

La diferenciación entre segmentos estratégicos habla, no tanto de la cantidad de funciones, grupos de clientes y tecnologías, sino de la variedad de los mismos y de la forma que la empresa tiene de abordar dicha variedad. Así, una empresa que atiende a varios grupos de clientes, puede decidir homogeneizar su oferta o tratar de especializar la misma en función de cada segmento de demanda atendido. Por ejemplo, dirigiéndose a todos sus clien-

Aplicación 6.1:

La definición del ámbito en Telefónica

Telefónica ha dado tradicionalmente a su actividad un carácter generalista en el ámbito de las comunicaciones. La figura adjunta recoge algunas de las diferentes funciones, grupos de clientes y tecnologías que, a modo de ejemplo, pueden incluirse en el caso de Telefónica. Las funciones prestadas mediante el servicio telefónico incluyen las de comunicación verbal entre particulares, el envío de mensajes breves (SMS o multimedia), la transmisión de datos entre equipos informáticos –sistemas informáticos empresariales, redes de cajeros automáticos, etc.–, acceso a internet, información sobre noticias, televisión a la carta –Imagenio–, etc.

Los grupos de clientes con diferentes características y/o necesidades que podrían identificarse serían los particulares o economías domésticas, las pequeñas y medianas empresas, las grandes empresas y las instituciones públicas. Desde el punto de vista de la tecnología, pueden encontrarse diferencias entre el servicio tradicional, la banda ancha, la telefonía móvil, las comunicaciones vía satélite y el cable de fibra óptica, por ejemplo.

En el caso de Telefónica, al haber operado tradicionalmente en régimen de monopolio, su vocación generalista le ha hecho ir cubriendo un ámbito de actividad tan amplio como ha sido posible. En la medida en que se fue liberalizando el sector de las telecomunicaciones en España, surgieron otras empresas que cubrían algunas de las funciones a uno o varios grupos de clientes con una o varias tecnologías. Éste fue el caso de la empresa Airtel (posteriormente Vodafone) que para empezar a operar en el sector, en la década de los noventa, lo hizo a partir de una sola tecnología –telefonía móvil–, cubriendo especialmente la función de comunicación verbal. Otro operador, Ono, cubría a través del cable varias de las funciones: comunicación verbal, transmisión de datos, acceso a internet o televisión a la carta. En el caso de la tecnología por satélite, Canal Satélite Digital competía especialmente en la función de televisión a la carta pero no en otras de las funciones.

Durante varias décadas, el campo de actividad de Telefónica se caracterizó por abarcar un ámbito amplio de funciones y grupos de clientes y estrecho en cuanto a las tecnologías basadas en la línea telefónica fija tradicional. Por otra parte, el carácter de monopolio de la empresa y el escaso desarrollo del mercado español facilitaban una escasa diferenciación entre segmentos estratégicos con tarifas y funciones similares para los distintos tipos de clientes, aparatos receptores homogéneos, no discriminación de clientes, etc.

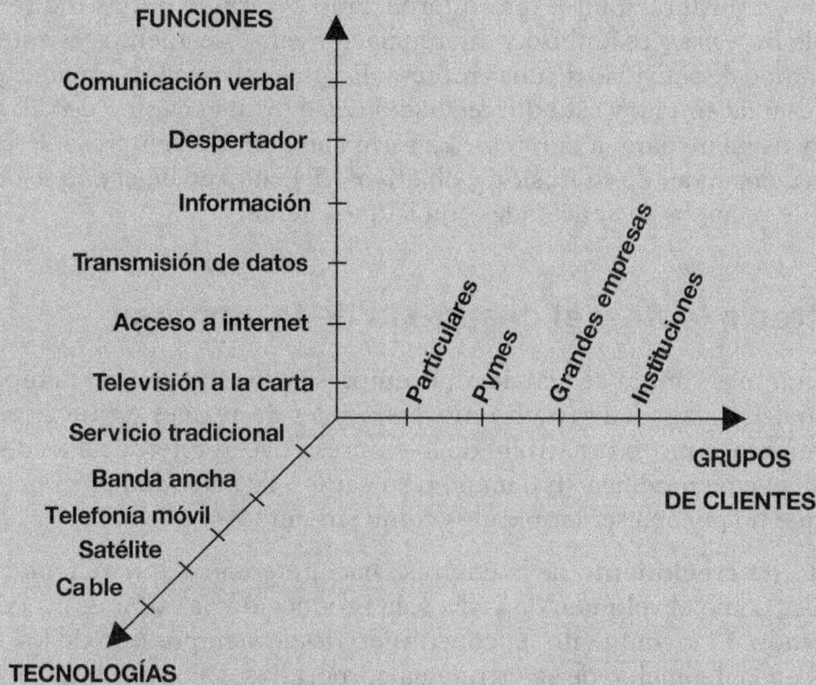

La evolución tecnológica hizo aparecer la telefonía móvil, las redes de banda ancha, el cable, Internet, etc., lo cual permitió a Telefónica ampliar el número y variedad de funciones atendidas, como el acceso a internet o la televisión a la carta. Por otro lado, la aparición de nuevos competidores (como los anteriormente citados) le obligó a desarrollar productos distintos para cada tipo de clientes así como estrategias comerciales especialmente adaptadas. Por ejemplo, los particulares demandaban servicios de televisión a la carta que las empresas no solicitaban, mientras que éstas requerían servicios especializados para su centro de atención al cliente, no necesarios para particulares.

Finalmente, la amplia dotación de recursos y capacidades de Telefónica orientada hacia las telecomunicaciones le ha permitido ofertar servicios como la televisión a la carta (Imagenio), entrando directamente a competir con empresas procedentes de otras industrias más vinculadas con los medios de comunicación, ampliando así de forma más drástica su campo de actividad.

tes (nacionales o internacionales) con una oferta homogénea o especialmente adaptada a cada país o región.

En cuanto a las dimensiones de funciones y tecnologías, en industrias de consumo se ofrecen multiproductos que tratan de cubrir varias necesidades utilizando varias tecnologías que, en principio, proceden de industrias diferentes. Tal es el caso de algunos fabricantes de impresoras que integran en un producto multifuncional las prestaciones de una impresora, un fax, una fotocopiadora y un escáner, cubriendo distintas funciones a partir de la combinación de varias tecnologías.

De acuerdo con la diferenciación entre segmentos estratégicos, el campo de actividad puede ser, para un mismo ámbito, más diferenciado o variado o más indiferenciado. La combinación de las variables ámbito y diferenciación entre segmentos estratégicos define finalmente el campo de actividad de una empresa. En general, puede afirmarse que a medida que el ámbito es más amplio y esta diferenciación es mayor, el campo de actividad resulta más complejo y exigente para la empresa. La forma en que cada empresa defina su campo de actividad va a depender de su misión y objetivos, del entorno en el que se desenvuelve y de la dotación de recursos y capacidades con la que cuente.

6.1.2. El crecimiento y el desarrollo de la empresa

Una vez definido el campo de actividad, la empresa evoluciona en el tiempo como consecuencia tanto de su actividad actual como de posibles decisiones estratégicas adoptadas. Tanto el crecimiento como el desarrollo de la empresa hacen referencia a su proceso evolutivo mediante el cual modifica su tamaño o su campo de actividad en el que actúa, pero son términos que no pueden ser empleados como sinónimos.

El **concepto de crecimiento** de la empresa hace referencia a incrementos de tamaño en variables tales como el volumen de activos, la producción, las ventas, los beneficios o el personal empleado. El crecimiento ha constituido desde siempre uno de los ingredientes fundamentales en la definición de su estrategia corporativa. Ello se debe a varios motivos:

- Al igual que ocurre con las personas, el crecimiento es interpretado como un signo de salud, vitalidad y fortaleza. Las empresas que crecen reflejan una progresión continua, una sensación de no estar estancadas y tener posibilidades de futuro.
- En entornos tan dinámicos y competitivos como los actuales, las empresas tienen que crecer y desarrollarse continuamente, tanto para mantener su posición competitiva relativa con otras empresas que crecen como para mejorarla.
- El objetivo de crecimiento está estrechamente relacionado con la función de utilidad de los directivos de la empresa (ver capítulo 2), por lo que éstos, en la medida en que las condiciones lo permitan, tratarán de potenciarlo.

El **concepto de desarrollo** es más amplio que el de crecimiento. Las estrategias de desarrollo se refieren a las decisiones que se adoptan en relación con la evolución futura de su campo de actividad tanto en lo que se refiere a sus aspectos cuantitativos –crecimiento– como a los cualitativos –composición de la cartera de negocios–. Así, cuando hablamos de estrategias de desarrollo estamos haciendo referencia al nivel de estrategia corporativa ya que afectan a la empresa en su conjunto y a la definición o redefinición de su campo de actividad.

Más allá de objetivos específicos a corto plazo, la lógica de la elección de las estrategias de desarrollo debe estar orientada hacia la creación de valor. Tener claro este objetivo, ayuda a no identificar crecimiento con desarrollo empresarial. Así, las estrategias de desarrollo pueden crear valor con crecimiento o sin él mediante una reestructuración de la cartera de negocios o, incluso, con una reducción del tamaño de la empresa. De igual forma, el crecimiento diversificado con el objetivo de reducir el riesgo global de la empresa puede conseguirse a costa de no crear valor o, incluso, destruir valor para el conjunto.

En las decisiones estratégicas sobre el desarrollo de la empresa se dispone, en general, de diversas opciones que dependen de la respuesta que se dé a los **dos problemas básicos**:

- **Dirección de desarrollo**: hace referencia a decidir si la empresa debe centrarse o especializarse en las actividades que viene realizando, desarrollar otras nuevas o reestructurar el conjunto de sus negocios. Igualmente, la empresa puede decidir acerca de la salida a los mercados exteriores mediante la internacionalización de sus actividades. En definitiva, decidir acerca de la modificación o no del campo de actividad.
- **Método de desarrollo**: una vez elegida la dirección, es preciso decidir acerca del método, forma o vía para conseguir los objetivos marcados en la dirección de desarrollo elegida. Las opciones básicas aquí son el desarrollo interno u orgánico –nuevas inversiones en el seno de la empresa– y el externo –fusiones, adquisiciones y alianzas–. Estos métodos pueden ser utilizados, con carácter general, para las distintas opciones en cuanto a la dirección de desarrollo.

Este capítulo se dedicará a las direcciones de desarrollo mientras que los métodos serán analizados en el capítulo 7. Por sus especiales características, la ampliación del ámbito de actividades en el contexto internacional se analizará de forma específica en el capítulo 8.

6.1.3. Las direcciones de desarrollo

La definición del campo de actividad de una empresa puede ir variando a lo largo del tiempo, ya que los factores que influyen en su definición pueden modificarse (la misión, las tecnologías, la variedad de necesidades de los clientes o la dotación de recursos y capacidades) y con ello plantear la conveniencia de una modificación del campo de actividad. Ésta es, precisamente, la esencia de las estrategias de desarrollo que serán analizadas a continuación y que implican, en la mayoría de los casos, algún tipo de modificación en el campo de actividad.

Una de las tipologías más conocidas y extendidas de las estrategias básicas de crecimiento y desarrollo se debe a Ansoff (1976), quien fundamenta su clasificación en la relación que existe entre la situación actual o tradicional de la empresa y los nuevos desarrollos, tanto en lo que se refiere a los productos como a los mercados. Así, se identifican dos estrategias básicas: **expansión** y **diversificación**. Mientras que la primera implica mantener una relación estrecha con la situación actual, la segunda supone una cierta ruptura con la situación actual, desarrollándose la empresa a partir de mercados y productos nuevos. A pesar de seguir vigente, en buena medida, esta clasificación plantea el problema de identificar el desarrollo con el crecimiento empresarial, no contemplando, por ejemplo, opciones de reducción del tamaño o de reestructuración.

Figura 6.2: Direcciones básicas de desarrollo

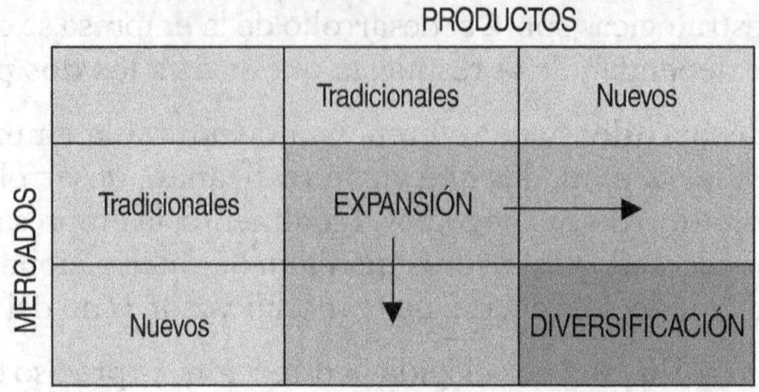

Fuente: Ansoff (1976: 144)

La identificación de las estrategias de desarrollo se puede hacer a partir de una determinada definición del campo de actividad o composición de la cartera de negocios en el momento actual, planteando distintas alternativas según cuatro criterios básicos: a) que la estrategia elegida suponga o no una modificación del campo de actividad; b) que la estrategia elegida implique crecimiento o no; c) que se siga actuando o no con los mismos productos y en los mismos mercados; y d) que los productos y los mercados nuevos en los que se entra tengan o no relación con los tradicionales, así como el tipo de relación mantenida.

Con base en los anteriores criterios se pueden identificar las siguientes **estrategias o direcciones de desarrollo** (figura 6.3):

1) Consolidación: se produce cuando la empresa trata de mantener los negocios actuales en los niveles actuales, es decir, no supone crecimiento ni modificación del campo de actividad. Esta situación podría presentarse cuando la empresa actúa en industrias maduras o en declive en las que el objetivo sería mantener y proteger su posición actual.

2) Expansión: implica mantener una estrecha relación con la situación actual bien sea a partir de los productos tradicionales, de los mercados tradicionales o de ambos a la vez. Esta estrategia supone crecimiento para la empresa y puede suponer o no, dependiendo de los casos, una modificación del campo de actividad.

3) Diversificación: la empresa se introduce en nuevos productos y mercados simultáneamente, lo que supone una cierta ruptura con la situación actual. Según que el nuevo negocio mantenga o no relaciones con los anteriores hablaremos de **diversificación relacionada** y **no relacionada**, respectivamente. Esta estrategia implica crecimiento y supone, en todos los casos, una modificación del campo de actividad.

4) Integración vertical: se produce cuando la empresa se introduce en nuevos negocios que están relacionados con el ciclo completo de explotación de su producto principal, por lo que se convierte en su propio proveedor o cliente emprendiendo actividades que antes eran cubiertas con operaciones de mercado. Según que el nuevo negocio esté situado en la fase anterior o posterior de la del producto principal hablaremos de integración vertical **hacia atrás** y **hacia delante**, respectivamente. La integración vertical es una forma particular de diversificación por cuanto se entra en nuevos negocios, por lo que también implica crecimiento y modificación del campo de actividad. Sin embargo, sus características específicas respecto de sus motivos, ventajas e inconvenientes hacen conveniente un tratamiento diferenciado.

5) Reestructuración*:* aparece cuando se decide recomponer la cartera de negocios, lo que implica el abandono de uno o algunos de los negocios actuales. Esta estrategia supone normalmente mantener el tamaño o, incluso, reducirlo si el negocio abandonado no es sustituido por otro. En todo caso, implica una modificación del campo de actividad.

Figura 6.3: Direcciones de desarrollo estratégico

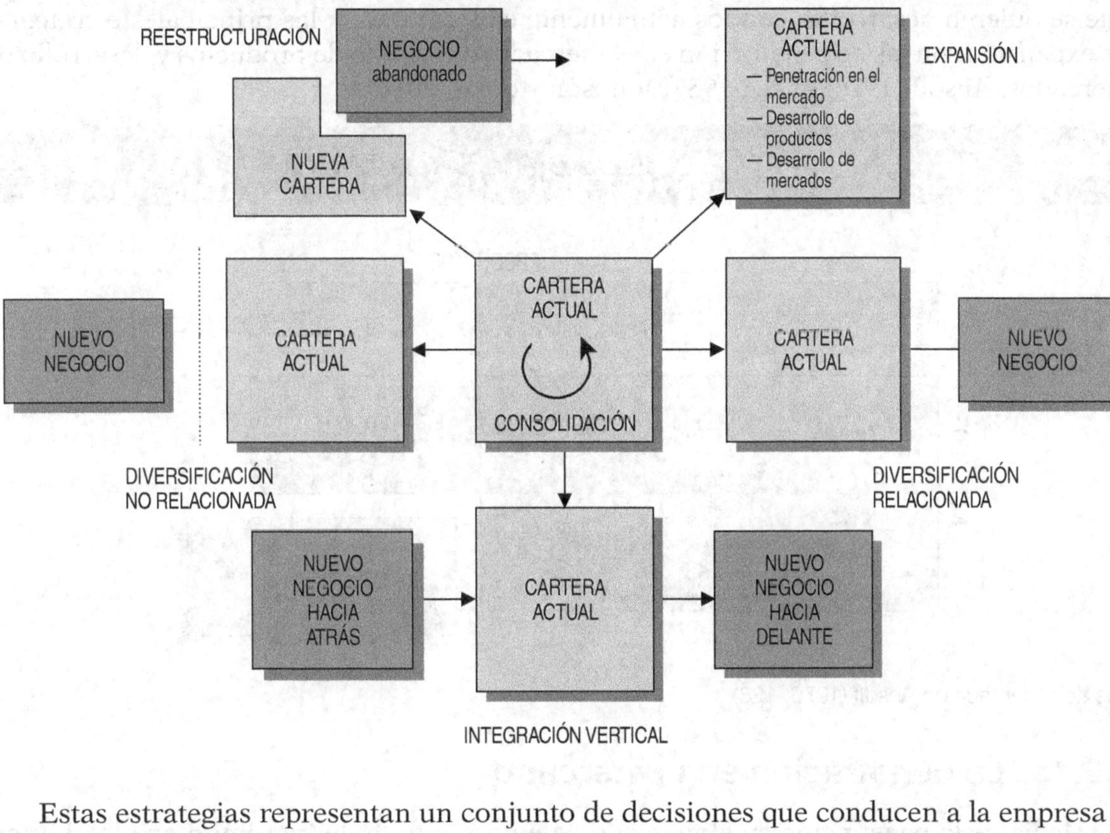

Estas estrategias representan un conjunto de decisiones que conducen a la empresa al mantenimiento o modificación del campo de actividad. Básicamente, las distintas estrategias de desarrollo se pueden analizar en un marco tridimensional en el que la empresa decide sobre su ámbito horizontal o de producto, su ámbito vertical y su ámbito geográfico (Ghemawat, 2000; Grant, 2006; Díez y otros, 2011). En el ámbito horizontal o de producto, la empresa puede decidir mantenerse especializada (consolidación, expansión), ampliar su cartera de actividades (diversificación relacionada y no relacionada) o reducir dicha cartera (reestructuración). En el ámbito vertical la empresa puede decidir ampliar o reducir el grado de integración vertical. Finalmente, en el ámbito geográfico, la empresa puede decidir extender o reducir sus actividades en otros países. A continuación se estudian las distintas estrategias de desarrollo, salvo la de consolidación, que no implica crecimiento ni modificación del campo de actividad.

6.2. LA EXPANSIÓN DE ACTIVIDADES

La estrategia de expansión es aquella que se basa en la ampliación o explotación de los **productos y mercados tradicionales de la empresa**, por lo que supone una estrecha relación con su actividad actual. Por este motivo, habitualmente se pueden utilizar los mismos recursos técnicos, financieros y comerciales que se emplean para la línea de productos actual. Presenta diversas variantes en función de la relación de los productos y mercados que se quieren desarrollar con los actualmente existentes. Así, las principales estrategias de expansión son las de penetración en el mercado, desarrollo de productos y desarrollo de mercados (Ansoff, 1976; Aaker, 1987; Johnson y otros, 2010).

Figura 6.4: Estrategias de expansión

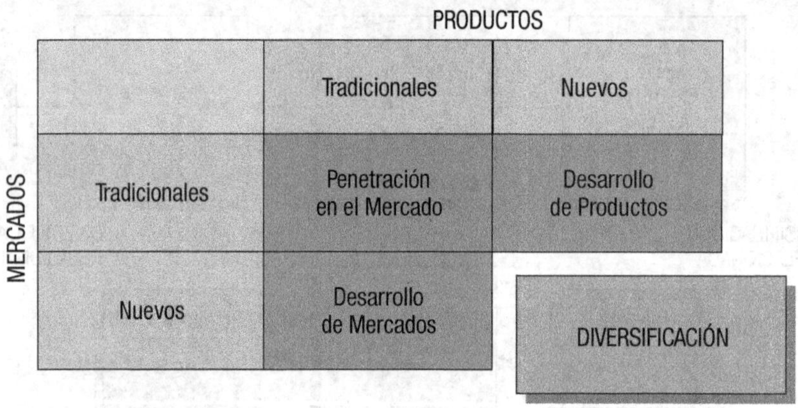

Fuente: Adaptada de Ansoff (1976: 128)

6.2.1. La penetración en el mercado

Mediante la penetración en el mercado, la empresa trata de **incrementar el volumen de las ventas** dirigiéndose a sus clientes actuales o bien tratando de encontrar nuevos clientes para sus actuales productos. La penetración en el mercado no supone modificación del campo de actividad, ya que la empresa se mantiene en sus negocios actuales –productos y mercados tradicionales–, aunque sí implica crecimiento ya que al menos aumenta el volumen de las ventas y, probablemente, los activos y la contratación de personal.

La penetración en el mercado puede conseguirse, en primer lugar, con variables comerciales tales como campañas publicitarias, promociones, reducciones en precio, etc. Estas acciones comerciales pueden ir dirigidas a los actuales clientes tratando de conseguir el incremento en la frecuencia de uso del producto o servicio (cuando se incentiva a usar el producto un mayor número de veces o a reponerlo con mayor rapidez) o el incremento de la cantidad de uso (cuando en un mismo acto de consumo se incrementa la cantidad consumida).

Pero también pueden ir dirigidas a captar nuevos clientes de otras empresas o nuevos clientes potenciales que actualmente no consumen el producto o servicio. Este último sería el caso de una editorial que inicie una campaña para lograr que la población que habitualmente no lee se incorpore al hábito de la lectura. Dado que se trata de aumentar el volumen total de ventas de la industria, este tipo de acciones comerciales se suelen llevar a cabo de forma conjunta entre las empresas de una industria ya que todas ellas salen beneficiadas con el aumento del consumo. Tal es el caso de las campañas que promocionan los plátanos de Canarias o el cine español.

Pero las acciones comerciales clásicas tienen un efecto más a corto plazo, que puede decaer cuando dichas acciones cesan. Una alternativa más consistente y que permite un mayor crecimiento a largo plazo consiste en explotar las fuentes de ventaja competitiva que la empresa posee, bien sea de liderazgo en costes, ofreciendo productos más baratos que la competencia, o por diferenciación de producto, con atributos diferentes a los productos de los competidores que los hagan más atractivos a los clientes. De esta manera, la empresa puede reforzar su ventaja competitiva. En el caso del liderazgo en costes, al aumentar las ventas se pueden generar importantes economías de escala o conseguir efecto experiencia. Por otra parte, la mayor presencia de la empresa en el mercado puede favorecer el conocimiento de la marca por parte de un mayor número de clientes, lo cual refuerza su valor y, por tanto, la diferenciación del producto.

La penetración en el mercado es más adecuada cuando se da alguna de las siguientes **circunstancias** (Johnson y otros, 2006: 339-340):

- La industria está en fase de rápido crecimiento, con importantes expectativas de crecimiento futuro. Ésta es, quizás, la condición más frecuente.
- Aun cuando la industria esté en fase de madurez a veces es posible la localización de bolsas de demanda insatisfechas que pueden proporcionar un importante número de clientes potenciales.
- Incluso en industrias en declive, es posible crecer como consecuencia del abandono de otras empresas de la industria que no han podido soportar la presión competitiva. Este crecimiento se puede producir mediante la adquisición de estas empresas o mediante la captación de sus clientes.

- La complacencia de los líderes del mercado permite que los competidores con menores cuotas vayan creciendo paulatinamente porque no son considerados competidores serios. Tal podría ser el caso de las compañías aéreas de bajo coste que no fueron consideradas en su inicio competidores importantes por las compañías tradicionales y, sin embargo, han ido ganando cuota de mercado de forma ininterrumpida.

6.2.2. El desarrollo de productos

Con esta estrategia la empresa **se mantiene en el mercado actual pero se desarrollan productos** que poseen características nuevas y diferentes que permiten mejorar la realización de la función para la que sirven. Estas modificaciones en los productos pueden ser accesorias –mejoran ligeramente los productos– o sustanciales –suponen la sustitución de los productos tradicionales al quedar éstos obsoletos–. El desarrollo de productos puede conseguirse introduciendo innovaciones tecnológicas en los productos tradicionales que mejoren sus prestaciones. Otro objetivo del desarrollo de productos puede ser atender mejor a las diversas necesidades de los clientes mediante, por ejemplo, la ampliación de la gama del producto tradicional.

La estrategia de desarrollo de productos permite a la empresa, por un lado, ofrecer al mercado una imagen de innovación que refuerza su prestigio ante los clientes y, por otro, generar sinergias al compartir los distintos productos –o variantes de los mismos– las mismas estructuras comerciales y de distribución y, al menos en parte, las de producción.

La estrategia de desarrollo de productos es especialmente **adecuada** cuando (Johnson y otros, 2006: 340-341):

- Los ciclos de vida de los productos son muy cortos, por lo que el desarrollo de productos se convierte en una cuestión esencial para el éxito. Así ocurre, por ejemplo, en industrias tecnológicas tales como la electrónica de consumo o los programas informáticos.
- Las necesidades de los clientes son diversas o son cambiantes, apareciendo nuevas necesidades, como sucede en bastantes productos alimenticios con variantes *light*, bajo en colesterol, contenido en soja, etc.
- La empresa tiene una fuerte capacidad en investigación y desarrollo de nuevos productos.

6.2.3. El desarrollo de mercados

Con la estrategia de desarrollo de mercados, la empresa trata de **introducir sus productos tradicionales en nuevos mercados**. De esta forma, aprovecha la tecnología y las capacidades de producción existentes o nuevas para vender sus productos en ámbitos distintos de los actuales. Los nuevos mercados a los que la empresa se dirige pueden entenderse en un triple sentido (Johnson y otros, 2010: 185):

- **Nuevos segmentos** de la industria con parecidos factores críticos de éxito a los existentes en los segmentos en los que anteriormente se actuaba. Estos nuevos segmentos pueden derivar de distintos criterios como tipo de cliente, renta, canal de distribución, etc.
- **Nuevas aplicaciones** para los actuales productos, adaptándolos a nuevas funciones distintas de las que anteriormente satisfacía.
- **Nuevas áreas geográficas**, ya sean locales, regionales, nacionales o internacionales, en las que vender los productos tradicionales.

Consulta la web

Contestar Caso Breve CB–002-ES: Papaking, nuevo competidor en el mercado de snacks de patatas fritas, por Carmen de la Calle Durán, y Caso Breve CB–011-ES: Heineken. Cronología de una centenaria empresa cervecera, por Carmen de la Calle Durán y Noelia Gonzalo Hevia

Algunos de los **motivos** por los que puede elegirse esta opción de crecimiento quedan recogidos a continuación (García Falcón, 1987):

- Aparecen nuevos canales de distribución de alta calidad, confianza y de costes no excesivamente elevados.
- La empresa ha alcanzado altas tasas de eficiencia y eficacia en los mercados actuales pretendiendo introducirse en otros nuevos que no están saturados.
- Las instalaciones productivas se encuentran actualmente infrautilizadas, por lo que se pueden buscar nuevos mercados para aprovechar mejor la capacidad instalada.

En la medida que el desarrollo de mercados lleve aparejado un desarrollo de productos, es decir, que la entrada en nuevos mercados requiera de nuevos productos o variantes de los anteriores, nos acercamos a la estrategia de diversificación.

Aplicación 6.2:

La estrategia de expansión en Leche Pascual

A lo largo de los últimos años, además de otras estrategias de desarrollo, Leche Pascual ha aplicado de forma intensiva las distintas alternativas de expansión, a partir de su producto original, la leche. Así, dentro de su catálogo de productos podían encontrarse, a principios de 2012, las siguientes modalidades.

La familia de productos más amplia dentro de las leches que ofrecía la empresa se denominaba «Leche Pascual Clásica» y estaba disponible en entera, desnatada y semidesnatada. La leche entera se comercializaba en varios formatos: tetrabrik de un litro y botella de 1,5 litros, para el consumo en el hogar, y el brik slip de 200 ml., en paquetes de tres unidades con pajita incluida, para consumir en colegios, de excursión, etc. Para los profesionales de hostelería y catering estaba disponible un formato de 16,7 ml., que se podía servir como complemento al café u otras bebidas. La leche desnatada ayudaba a mantener la línea, pues tenía todo el valor nutritivo de la leche entera menos la grasa. La leche semidesnatada se situaba entre las dos anteriores.

Leche Pascual Calcio, también estaba disponible en las modalidades de entera, desnatada y semidesnatada, estando enriquecida con vitaminas y minerales y con calcio procedente al 100% de la propia leche. Está especialmente recomendada para el fortalecimiento de los huesos y previene el envejecimiento celular. Además, es recomendable durante el embarazo y disminuye el riesgo de enfermedades cardiovasculares. Además de las anteriores, Leche Pascual comercializaba la leche Sin Lactosa apta para niños y adultos intolerantes a la lactosa. También se ofrecía en las modalidades de entera, desnatada y semidesnatada. Finalmente, ofrece Pascual Omega 3, con ácidos grasos Omega 3 y vitaminas antioxidantes.

Además de esta política de expansión, Leche Pascual aborda procesos de diversificación relacionada a partir de productos derivados de la leche, como la nata, la mantequilla, los yogures Bifrutas, como combinado de leche y zumos, Yosport, yogur líquido combinado con zumos, y Batidos Pascual, en diversos sabores y formatos o los postres lácteos. Este catálogo de productos de Leche Pascual ilustra cómo a partir de un producto inicial como es la leche, una empresa puede satisfacer las necesidades y gustos específicos de diferentes tipos de clientes, penetrando y desarrollando mercados, al tiempo que se desarrollan nuevos productos derivados.

6.3. LA DIVERSIFICACIÓN DE ACTIVIDADES

La estrategia de diversificación consiste en que la empresa añade simultáneamente **nuevos productos y nuevos mercados** a los ya existentes y supone una modificación del campo de actividad ampliando el ámbito de productos. Estas nuevas actividades hacen que la empresa opere en entornos competitivos nuevos, con factores de éxito probablemente diferentes de los habituales. Por tanto, la diversificación implica generalmente nuevos conocimientos, nuevas técnicas y nuevas instalaciones, así como cambios en su estructura organizativa, sus procesos de dirección y sus sistemas de gestión. En definitiva, representa una clara ruptura con su trayectoria pasada. Es, por tanto, una estrategia más drástica y arriesgada que la expansión. Entonces, ¿por qué diversifican las empresas?

En general, podemos señalar que las empresas diversifican tanto por razones ofensivas como defensivas. Los factores desencadenantes de la decisión de diversificar pueden estar en el entorno general (presiones legales, políticas, económicas, tecnológicas, sociales, etc.), en el entorno específico (características estructurales de la industria y fuerzas competitivas básicas), en las características propias de la empresa que diversifica y en su rendimiento (baja rentabilidad en el negocio básico) (Ramanujam y Varadarajan, 1989). Algunas de las **razones** principales por las cuales las empresas diversifican sus actividades son:

- **Reducción del riesgo global**: La razón más poderosa para la diversificación es que disminuye el riesgo a largo plazo de la empresa en su conjunto, al repartirlo entre un conjunto de negocios distintos entre sí, de tal forma que aunque alguna de las actividades fracase, es difícil pensar que todas ellas vayan mal simultáneamente.
- **Saturación del mercado tradicional**: Las empresas diversifican cuando no pueden alcanzar los objetivos de crecimiento dentro de la industria tradicional, debido a su saturación, al declive general de la demanda, a la obsolescencia de la línea de productos, a que sea muy pequeña o a la aparición de productos sustitutivos.
- **Recursos y capacidades excedentes** de las necesidades de las actividades tradicionales. Como ya se vio en el capítulo 4, los recursos y capacidades excedentarios se

pueden explotar a través de la diversificación. Estos excedentes pueden hacer referencia tanto a recursos físicos –instalaciones, locales, etc.– o financieros como recursos intangibles y capacidades –marca, tecnología, reputación, fidelidad de clientes, habilidades humanas, etc–.

- **Oportunidades de inversión:** Incluso en el caso de que se alcancen los objetivos de crecimiento con la expansión, una empresa puede diversificar si las oportunidades de diversificación prometen mayor rentabilidad que las oportunidades de expansión.
- **Generación de sinergias** por el aprovechamiento común de recursos o por las interrelaciones estratégicas entre actividades, de tal forma que el desempeño del conjunto de los negocios resulte mejor que el de cada uno de ellos por separado. Se pueden distinguir cuatro tipos de sinergias: **comerciales** –marca comercial, canales de distribución, fuerza de ventas, publicidad, conocimiento de los clientes, etc.–, **productivas** –tecnología de producto y de proceso compartida entre negocios, mejor utilización de equipos, reparto de costes indirectos, compartir efecto experiencia, compras concentradas, etc.–, **financieras** y de inversiones –utilización conjunta de activos fijos, captación conjunta de recursos financieros en los mercados, transferencia de recursos financieros de unos negocios a otros, etc., y **directivas** –aprovechamiento de la competencia, habilidades y experiencia de los directivos– (Ansoff, 1976).
- **Otros motivos**: Las empresas también pueden entrar en nuevos negocios por otras razones menos frecuentes como estar presente en actividades en las que se realizan cambios tecnológicos importantes y que pueden influir en la tecnología utilizada en la actividad principal (**diversificación ventana**). En otros casos, la diversificación se justifica por el deseo de una empresa de mantener o mejorar su imagen ante la sociedad (**diversificación imagen**).

Aunque la estrategia de diversificación supone la entrada en nuevos mercados con nuevos productos, tanto aquéllos como éstos pueden estar o no relacionados de alguna forma con los actuales. Así, se suelen identificar dos tipos de diversificación básicos: **relacionada** y **no relacionada**. La diversificación es relacionada cuando existen recursos compartidos entre los negocios, canales de distribución similares, mercados comunes, tecnologías compartidas o, en definitiva, cualquier intento tangible de explotar de forma conjunta factores de producción (Rumelt, 1974, 1982). La diversificación no relacionada o conglomerada supone un mayor grado de ruptura con la situación actual ya que los nuevos productos y mercados no mantienen relación alguna con los tradicionales (Ansoff, 1976).

6.3.1. La diversificación relacionada

Como se acaba de señalar, la diversificación se considera relacionada cuando existen similitudes entre los recursos utilizados por los negocios, los canales de distribución, los mercados, las tecnologías, etc. o, cualquier otro elemento que permita complementar los negocios entre sí. Rumelt (1974) distingue dos tipos de diversificación relacionada en función de la forma en la que los distintos negocios se relacionan entre sí. Así, se distingue entre **«diver-**

sificación limitada» –la mayoría de los negocios están relacionados entre sí a través de un activo o competencia esencial situado en el negocio central– y **«diversificación vinculada o encadenada»** –cada actividad o negocio está relacionada con al menos una de las otras actividades aunque no con un activo o competencia esencial– (figura 6.5).

Figura 6.5: Tipos de diversificación relacionada

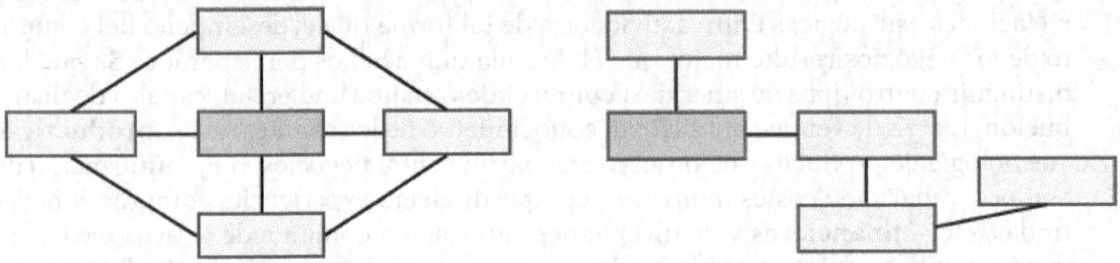

a) Diversificación limitada b) Diversificación encadenada

Fuente: Montgomery (1982: 301)

a) Razones para la diversificación relacionada

La principal razón para que las empresas lleven a cabo estrategias de diversificación relacionada es la **generación de sinergias entre los distintos negocios**. Se dice que aparecen sinergias cuando el desarrollo conjunto de dos negocios ofrece un resultado mejor que la suma del desarrollo de cada uno de ellos por separado. Es decir, se generan rentabilidades adicionales a partir de la relación entre negocios. La generación de estas sinergias puede hacerse básicamente de dos formas (figura 6.6):

- **Compartiendo recursos y capacidades**, tanto tangibles como intangibles, existentes en la empresa, generando así economías de alcance. Esto puede hacerse bien porque los recursos o capacidades están infrautilizados –instalaciones, almacenes, recursos humanos, red de distribución, etc.– o bien porque algunos de ellos no tienen límite en su capacidad de utilización debido, normalmente, a su carácter intangible –marca, tecnología, etc.–.
- **Transfiriendo conocimientos y/o habilidades de unos negocios a otros**, de forma que se puedan aprovechar las interrelaciones entre las antiguas actividades y las nuevas para obtener ventajas competitivas sostenibles que antes no existían o transferir las ventajas competitivas a las nuevas actividades con un coste inferior al que habría que soportar si hubiera que crearlas directamente.

Estos conocimientos y habilidades, que pueden ser trasladados a otros negocios dotándoles de una ventaja competitiva más rápida, constituyen lo que Prahalad y Hamel (1990) denominan **competencias esenciales** de la empresa y que pueden ser la base lógica de una estrategia de diversificación relacionada limitada en la que los conocimientos y habilidades del negocio central se exportan a otros negocios de la empresa.

Pero las competencias esenciales hacen referencia básicamente a conocimientos y habilidades vinculadas con los aspectos más técnicos y económicos de la empresa, especialmente los tecnológicos. Sin embargo, también es posible generar sinergias a partir de las habilidades directivas, lo que implica una capacidad para dirigir negocios y una forma determinada de entender la dirección. Para Prahalad y Bettis (1986), el éxito de la diversificación relacionada no sólo está en la vinculación técnica o económica de los distintos negocios, sino en la existencia de una **lógica dominante** en la cartera de negocios o forma común de concebir y dirigir los negocios implicados.

Figura 6.2: Formas de generar sinergias en la diversificación relacionada

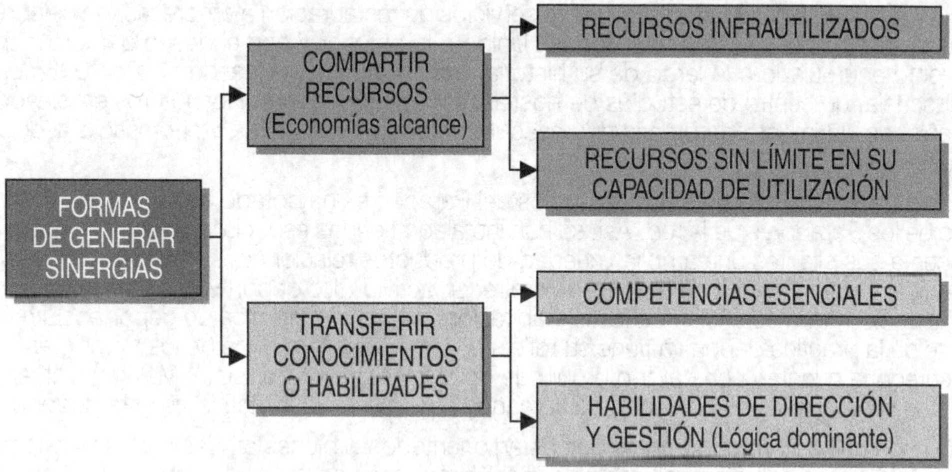

Los ámbitos concretos en los que es más habitual compartir recursos o transferir conocimientos suelen ser: actividades de I+D, de suministro, de fabricación, de distribución, de ventas y marketing, y directivas y de apoyo administrativo (Thompson y otros, 2012: 252-254). En definitiva, la utilización de las sinergias originadas por compartir actividades o conocimientos puede **reforzar la posición competitiva** de la empresa en cada uno de sus distintos negocios al facilitar estrategias tanto de liderazgo en costes (por ejemplo, permitiendo un uso más eficiente de recursos, facilitando la obtención de economías de escala o potenciando el efecto experiencia) como de diferenciación de productos (utilizando, por ejemplo, una marca o una tecnología de base comunes).

Consulta la web

Ver Aplicación AN–12.01-ES: La diversificación relacionada en Imaginarium

Aplicación 6.3:

La diversificación relacionada en Paradores,
por Noelia Gonzalo Hevia

Desde los años sesenta, la empresa pública Paradores ha mostrado su compromiso con los procesos de expansión y modernización para adaptarse a los nuevos tiempos, a través de nuevas aperturas de centros, remodelaciones de otros, programas de fidelización y promoción, etc. Su objetivo: desarrollar un producto turístico de calidad y atractivo en el ámbito nacional. Además de este plan de expansión y modernización, desde la década de 2000 ha comenzado un proceso de diversificación hacia nuevas actividades, vinculadas a la hotelera, con el fin de dar mayor solidez a su política de crecimiento.

En primer lugar, cabe destacar que se otorga más importancia a la restauración, dotando a los restaurantes de identidad propia, y orientándolos a la cocina tradicional autóctona. Cada restaurante dispone de una salida independiente a la calle, estimulando la entrada de nuevos clientes, distintos a los alojados en el Parador, y ofrece servicios de restauración a empresas y la celebración de bodas en sus salones (Paradores Bodas). Unido a lo anterior y con el deseo de aprovechar el conocimiento acumulado a lo largo de su historia, Paradores cuenta desde el año 2006 con Paradores Escuela, un centro de estudios de hostelería en el que formar a los futuros empleados de la compañía, en un intento de preservar y asegurar la imagen de marca y el prestigio asociado a Paradores.

En segundo lugar, en lo referente a los servicios del Parador, se ha dotado de servicios temáticos a cada uno de los Paradores de la red. Así, se han instalado tiendas especializadas en el ámbito local que ofrecen a sus clientes una amplia variedad de productos relacionados con la cultura o la gastronomía local. Además, algunos alojamientos ofrecen actividades deportivas permitiendo además la personalización de la estancia con rutas, habitaciones únicas o práctica de deportes. El máximo exponente de la práctica deportiva tiene su reflejo en Paradores Golf. Dos de los Paradores dentro de esta categoría cuentan con campo propio de golf (El Saler, en Valencia, y Málaga) y el resto de alojamientos tiene convenios con campos cercanos para facilitar la práctica de este deporte.

También encontramos ocho Paradores que están orientados al bienestar, dedicados al tratamiento termal y productos de belleza de alta calidad. Por último, cabe destacar la iniciativa de convertir los Paradores ubicados en edificios de alto contenido histórico en museos, ofreciendo al huésped una experiencia diferente y única. Tal es el caso de los Paradores de Santiago de Compostela o León.

Todas estas nuevas actividades se ubican en los mismos centros hoteleros y se dirigen principalmente, a los mismos clientes alojados en el parador, aunque abriendo la posibilidad de incorporar nuevos clientes.

b) Riesgos de la diversificación relacionada

A pesar de ser la diversificación relacionada la forma más conservadora y lógica que tiene una empresa para diversificar, por la estrecha relación que se mantiene con la situación anterior, hay frecuentes experiencias de fracaso que obligan a pensar en sus riesgos. En general, se puede afirmar que los mayores problemas de la diversificación relacionada provienen de las dificultades y costes para generar sinergias –compartiendo recursos o transfiriendo conocimientos y habilidades–. Porter (1987: 347-350) identifica tres tipos de costes asociados con la generación de sinergias:

- **Costes de coordinación**: por el mayor esfuerzo de coordinación organizativa. Las sinergias no se generan de forma automática por invertir en negocios relacionados sino que hay que crearlas mediante un esfuerzo continuado. En general, puede afirmarse que los costes de coordinación crecen con el **número** de negocios que componen la cartera y, sobre todo, con la **variedad** existente entre unos negocios y otros y con la complejidad de los **mecanismos de coordinación** adoptados.
- **Costes de compromiso**: Si los distintos negocios tienen recursos compartidos no se puede gestionar autónomamente uno de ellos obviando las repercusiones que pudiera tener en el desarrollo de otros. Por ejemplo, si se comparte una fuerza de ventas común para toda la empresa, el conocimiento especializado de los productos de cada uno de los negocios tiende a ser menor.
- **Costes de inflexibilidad**: las relaciones entre los distintos negocios pueden crear situaciones de inflexibilidad por las dificultades que pudiera tener un negocio para responder autónomamente a movimientos de los competidores sin perjudicar a otros negocios o por las barreras de salida que se crean en un negocio que comparte recursos con otro negocio de la cartera.

En definitiva, la diversificación relacionada sólo puede tener éxito cuando se aprovechan adecuadamente las habilidades y recursos para generar sinergias sin que los costes asociados destruyan totalmente los beneficios conseguidos. Pero esto no siempre es posible ni fácil, ya que los nuevos negocios requieren, en cualquier caso, desarrollar competencias nuevas y esto supone un reto para la empresa que no siempre se consigue superar.

6.3.2. La diversificación no relacionada

La diversificación no relacionada o conglomerada (Ansoff, 1976) supone la forma más drástica de crecimiento al no existir relación alguna entre la actividad tradicional de la empresa y los nuevos negocios en los que se invierte. Representa una ruptura con la situación anterior, mediante la cual la empresa se aventura en industrias alejadas de su actividad tradicional de manera que amplía al máximo su ámbito horizontal o de productos.

Los distintos negocios son observados como componentes de una cartera de inversiones en la que se busca principalmente la obtención de sinergias financieras, mediante la mejor asignación posible de recursos financieros entre ellos, de manera que aquellos que son excedentarios financiarían a aquellos otros que son deficitarios. Al no estar las actividades relacionadas entre sí, es bastante difícil la generación de otro tipo de sinergias. Aparte de las financieras, quizás las únicas sinergias que pudieran aparecer son las directivas, derivadas de la posibilidad de aplicar a los nuevos negocios la capacidad genérica de la dirección para afrontar y resolver problemas.

La diversificación conglomerada suele llevarse a cabo mediante procesos de adquisición y fusión de empresas, más que mediante inversiones internas. Esto es lógico ya que, en la medida en que se adquiera una empresa ya existente, se evitan algunas de las dificultades de todo proceso de diversificación. Es decir, se aprovechan las habilidades y recursos de la empresa instalada, su conocimiento del mercado y la capacidad de sus directivos para dirigirla. Algo que, invirtiendo directamente, costaría mucho tiempo y dinero conseguir. Por otro lado, se reduce el riesgo de entrar en una actividad completamente nueva para la que probablemente no se tienen las competencias específicas requeridas.

a) Razones para la diversificación no relacionada

Veamos algunos de los motivos que pueden aconsejar a una empresa el seguimiento de una estrategia de diversificación conglomerada:

- **Reducción del riesgo global de la empresa**: Si uno de los argumentos que explican la diversificación en general es la reducción del riesgo, ésta se hace más evidente cuando se trata de la diversificación no relacionada. En efecto, cuando los negocios no están vinculados entre sí, el riesgo de la variabilidad de los beneficios tiende a decrecer. Sin embargo, introducirse en nuevos negocios completamente distintos de los anteriores también implica asumir un riesgo adicional derivado del desconocimiento de la nueva actividad y de la dificultad de trasladar la experiencia en los antiguos negocios a los nuevos. Por ello, se puede pensar que la reducción del riesgo beneficia especialmente a la alta dirección de la empresa y no tanto al accionista quien puede diversificar su cartera de acciones autónomamente, de forma más flexible y sin asumir los costes derivados de la diversificación hacia negocios muy alejados de los tradicionales. Esta distinta percepción del riesgo puede estar en el fondo de muchos procesos de diversificación conglomerada.
- **Búsqueda de alta rentabilidad**: una empresa con excedentes financieros importantes o instalada en un sector maduro con escasas perspectivas de crecimiento puede buscar, mediante la diversificación no relacionada, oportunidades de inversión en sectores de futuro –emergentes o en crecimiento– que incrementen su rentabilidad global. También puede hacerse localizando empresas infravaloradas en el mercado, de modo que con una inversión relativamente baja pueda obtenerse una adecuada rentabilidad económica mediante su reestructuración.
- **Mejor asignación de recursos financieros**: la consideración de la empresa como una cartera de inversiones permite mejorar la gestión de sus recursos financieros, canalizando los excedentes que puedan producirse en algunas actividades hacia otras en las que exista una demanda neta de recursos. Se trataría, por tanto, de obtener sinergias financieras en la gestión de la cartera de negocios, reduciendo el coste de acudir a los mercados financieros para proveer de fondos a los negocios deficitarios.
- **Objetivos de la dirección**: de la misma forma que la reducción del riesgo empresarial global beneficia especialmente a la alta dirección de la empresa, la consecución de otros objetivos de la clase profesional directiva, tales como poder, estatus, posibilidades de promoción, incremento de remuneraciones, etc., pueden justificar una estrategia de diversificación no relacionada. El objetivo estratégico de crecimiento suele

estar más cercano a la función de utilidad de los directivos que el de la rentabilidad. Cuando la empresa actúa en industrias maduras o en declive, la falta de expectativas de crecimiento y la aversión a la reducción del tamaño, tienta a los directivos a posicionar la empresa en otras industrias. Aunque este razonamiento puede ser aplicado a cualquier estrategia de crecimiento, la diversificación no relacionada conjuga la consecución de dichos objetivos con la reducción del riesgo y, además, puede ser la única salida cuando no existen oportunidades claras de crecimiento con otras estrategias más moderadas.

Aplicación 6.4:

La diversificación no relacionada en El Pozo,
por Miriam Delgado Verde

El actual grupo Agroalimentario Fuertes, con una facturación en 2010 de más de 1.100 millones de euros y unos 6.000 empleados, es el resultado del proceso de crecimiento de la charcutería familiar creada en 1936 en la localidad murciana de Alhama, a la que siguió una pequeña industria cárnica levantada en 1954. Tradicionalmente, la empresa se ha dedicado al negocio de los productos cárnicos con su marca más conocida El Pozo.

Alrededor de esta actividad, fueron surgiendo otras estrechamente vinculadas en el ámbito agrario y ganadero como plantaciones de cereales para la fabricación de piensos (Agrifusa), crianza de ganado porcino (Cefusa), productos del pavo (Provaci), vino (Bodegas Luzón), agua (Aquadeus), quesos (Palancares), elaboración de productos alimenticios preparados (Fripozo) y biotecnología (I+D Fuertes), que complementaban el negocio principal.

Sin embargo, desde la primera mitad de los años 2000, empezó a adentrarse en áreas de actividad alejadas del sector cárnico en lo que se puede considerar una política de diversificación no relacionada. Entre estas actividades se podían encontrar Profusa, dedicada a la gestión del suelo, construcción y promoción, Vishoteles, dentro del sector hotelero, Aemedsa, fabricante de aceites blancos medicinales, la cerámica Todagrés, Savia, en centros residenciales, y Terra Natura, en el sector del ocio para la explotación de parques naturales. Además, participaba en ONO, compitiendo así en el sector de las telecomunicaciones, y en Sacyr, en la industria de la construcción.

b) Riesgos de la diversificación no relacionada

Como se puede deducir fácilmente de todo lo anterior, la diversificación no relacionada presenta evidentes riesgos que reducen su atractivo y que se pueden concretar en los siguientes aspectos:

- La **ausencia de sinergias entre los negocios**, salvo las financieras y directivas, hace que la entrada en un nuevo negocio no aporte nada al mejor funcionamiento de la empresa en su conjunto, por lo que resulta más difícil crear valor.
- Aunque las competencias y habilidades genéricas de la dirección puedan ser traspasadas a otro negocio, **las competencias específicas sólo se obtienen con el tiempo y la experiencia** y éstas son, normalmente, las que pueden generar ventajas competitivas.

- La **dispersión de intereses** que se produce como consecuencia de la alta diversidad de actividades hace que el negocio tradicional de la empresa se pueda ver perjudicado.
- Las **dificultades de gestión y coordinación** de un conjunto de actividades poco relacionadas entre sí pueden hacer casi inmanejable una empresa conglomerada.
- La diversificación no relacionada como una forma de aprovechar oportunidades de inversión rentables, exige tener que **superar las barreras de entrada que existan en la nueva industria**. Estas barreras pueden hacer perder atractivo a la inversión, salvo que la empresa logre disminuirlas mediante la explotación de sinergias, lo que no es fácil en la diversificación no relacionada.

Por todo ello, ha sido muy frecuente ver en la realidad cómo empresas que han llevado a cabo procesos de alta diversificación, preocupadas principalmente por el objetivo del crecimiento, han dado un giro con posterioridad a su política de desarrollo deshaciéndose de algunos de los negocios en los que se habían introducido, lo que implica una estrategia de reestructuración, que veremos al final de este capítulo.

En cualquier caso, el posible éxito de la diversificación no relacionada depende de la capacidad de la empresa para hacer aflorar nuevas capacidades no desarrolladas hasta ahora en los negocios tradicionales, lo que depende de las habilidades directivas que pueden ser exportadas de unos negocios a otros, creando así las sinergias directivas a las que hacíamos referencia anteriormente.

Análisis

Un análisis de la relación entre las estrategias de diversificación y los resultados empresariales se puede encontrar en Jiménez y Benito (2011), *Esic Market*, nº. 140: *www.esic.es/editorial*

Un tema ampliamente estudiado en la literatura es la relación entre las estrategias de expansión, diversificación relacionada y no relacionada, y los resultados empresariales. Si bien la mayoría de los estudios empíricos parecen avalar la tesis de que las empresas con diversificación relacionada, por término medio, obtienen rentabilidades superiores a las empresas no diversificadas o con diversificación no relacionada, no todos los estudios conducen a estas mismas conclusiones.

Además de problemas metodológicos de conceptuación y medida de la diversificación, esta disparidad de resultados se puede deber al diferente atractivo de las industrias en las que participa la empresa o a los problemas de implantación de la diversificación. La diversificación relacionada exige un esfuerzo directivo mayor para generar y explotar sinergias, lo que se traduce, necesariamente, en unos mayores costes de coordinación. Si estos costes crecen por encima de los beneficios derivados de las sinergias obtenidas, la rentabilidad esperada de la diversificación relacionada se ve seriamente afectada. Así, la dirección de las empresas diversificadas se convierte en un elemento clave para el éxito de la diversificación relacionada.

En definitiva, según los argumentos teóricos cabría esperar a priori un mejor comportamiento en términos de rentabilidad de la diversificación relacionada respecto de la conglomerada y de la especialización. Esto significa que los resultados se incrementan conforme la empresa cambia de una estrategia de negocio único hacia una diversificación relacionada debido a la mejor explotación de los recursos excedentarios tal como vimos en el capítulo 4. Sin embargo, los resultados se reducen conforme se pasa de una diversificación relacionada a una no relacionada por las dificultades para crear sinergias en esta última. Además, si los problemas derivados del proceso de diversificación crecen, los resultados perjudican notablemente a las empresas conglomeradas.

6.4. LA INTEGRACIÓN VERTICAL

La integración vertical supone la entrada de una empresa en **actividades relacionadas con el ciclo completo de producción de un producto o servicio**, convirtiéndose así en su propio proveedor o cliente. Si la empresa se convierte en su propio proveedor, se dice que la integración es «hacia atrás» o «aguas arriba» –según la imagen del flujo del producto desde las materias primas hasta el consumidor final–. Si la empresa se convierte en su propio cliente, se dice que la integración es «hacia delante» o «aguas abajo».

Con estas alternativas la empresa entra en nuevas actividades, distintas de las anteriores, situadas en distintas fases del ciclo completo del producto, por lo que es un caso particular de diversificación. Además de por razón del proceso de producción, los nuevos negocios pueden estar relacionados tecnológicamente o no con los actuales, por lo que podemos encontrar aspectos de la diversificación relacionada junto con otros más próximos a la no relacionada. Dada esta situación mixta junto con el hecho de que los motivos, ventajas e inconvenientes por los que las empresas llevan a cabo esta estrategia de desarrollo son específicos, la estudiamos separadamente de la diversificación.

Además, es preciso hacer notar que la integración vertical existe siempre en cualquier empresa. Efectivamente, toda empresa elabora ella misma parte de su producto y adquiere otra parte en el exterior a los proveedores. Del mismo modo, toda empresa comercializa o vende en algún grado sus productos o servicios. Resulta, por tanto, muy difícil encontrar empresas sin ningún grado de integración vertical, del mismo modo que no suelen existir empresas totalmente integradas que abarquen todas y cada una de las fases del ciclo completo de producción. Por ello, lo que se plantea desde el punto de vista estratégico es el **nivel adecuado de integración** que una empresa requiere o puede ser apropiado o, lo que es lo mismo, el punto en el que se quiere situar dentro del eje del ámbito vertical en la definición de su campo de actividad.

El grado de integración vertical adoptado por una empresa es el resultado de un conjunto de decisiones que afectan a las distintas dimensiones de este fenómeno tales como el grado de autoabastecimiento en el que los factores requeridos en una fase del ciclo productivo son facilitados por la propia empresa, el número de etapas integradas, el volumen de actividades de cada etapa asumidas por la propia empresa, la mayor o menor relación tecnológica de las actividades integradas con las tradicionales e, incluso, la forma en la que se materializa la integración, según el diferente grado de propiedad y control que la empresa posea sobre los activos utilizados en el proceso productivo (Harrigan, 1986).

a) Razones para la integración vertical

Evidentemente, conviene señalar que la integración vertical puede representar importantes ventajas para la empresa pero también puede suponer una fuente de riesgos considerable. Así, las principales ventajas de una estrategia de este tipo vienen dadas a través de la obtención de una mayor rentabilidad mediante la reducción de costes o a través de la obtención de una posición competitiva fuerte en la industria en la que opera la empresa (figura 6.7).

Figura 6.7: Razones para la integración vertical

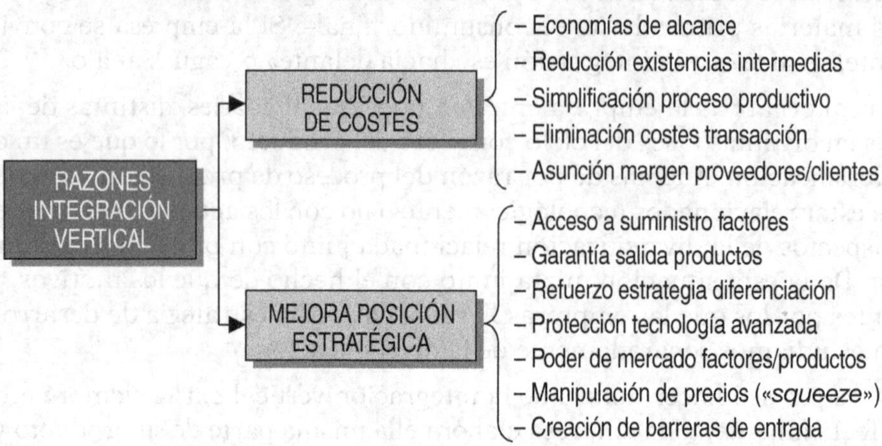

Los principales mecanismos por los que una empresa integrada verticalmente puede obtener mejoras en su rentabilidad, mediante la **reducción de costes**, pueden ser:

- La aparición de **economías de alcance** que se derivan de un mejor aprovechamiento de recursos que pueden ser compartidos, tales como instalaciones productivas, almacenes, sistemas de transporte, etc. De esta forma, se podrán repartir los costes fijos asociados con activos infrautilizados o sin un límite físico en su capacidad de utilización –información, conocimientos, etc–. También se podrían aprovechar habilidades o capacidades ya existentes y utilizadas en otras etapas del ciclo del producto (Hoetker, 2005; Jacobides y Winter, 2005).
- La integración de actividades permite **reducir los niveles de existencias intermedios**, así como simplificar, en ocasiones, el proceso productivo mediante la **eliminación de procesos intermedios** que, de otra forma serían necesarios. Tal podría ser el caso del transporte de materiales o componentes desde el proveedor a la empresa o la simplificación de la logística interna reduciendo los trabajos de manipulación de materiales en el almacén.
- La integración vertical permite eliminar los llamados **costes de transacción** que son aquellos que se derivan de contratar con proveedores o clientes externos. Estos cos-

tes pueden ser de obtención de información, de negociación o simplemente de reducción de los procedimientos administrativos. Si una empresa se convierte en su propio proveedor eliminará los costes de búsqueda, negociación y litigio que pudiera tener con un proveedor externo.

- La integración vertical permite a la empresa **asumir el margen** que lleva asociado la actividad de los proveedores o clientes reduciendo así sus costes de aprovisionamiento e, indirectamente, los de distribución. En todo caso, se pretende aumentar el margen propio apropiándose del que antes tenían los proveedores y/o los clientes mejorando la rentabilidad.

Además de las anteriores ventajas en costes, mediante la integración vertical, la empresa puede obtener **mejoras en su posición competitiva**, a partir de los siguientes factores:

- La integración vertical facilita el **acceso al suministro de factores** o garantiza una **salida para los productos**. Este aspecto puede ser importante cuando el poder de negociación de clientes o proveedores impone condiciones duras para la empresa o genera incertidumbre en el aprovisionamiento o comercialización. Tal ocurre en las compañías petroleras con el acceso a los yacimientos de petróleo. También, en industrias con productos altamente perecederos, como determinados productos alimenticios. Este argumento es bastante relevante ya que la disponibilidad de materias primas influye decisivamente en el precio final.

> **Consulta la web**
>
> Ver Aplicación AN–12.02-ES: La integración vertical en Caladero, por Miriam Delgado Verde

- La integración vertical permite **reforzar una estrategia de diferenciación de producto** basada, por ejemplo, en la calidad. De este modo la empresa controla mejor la calidad de los componentes o factores que necesita para sus productos y puede cuidar más la imagen de marca frente a los consumidores finales ofreciendo, por ejemplo, un mejor servicio post–venta. Una empresa lechera puede potenciar su imagen si garantiza la calidad del producto desde la crianza ganadera hasta la venta de la leche al consumidor final.
- La **protección de una tecnología avanzada**, fabricando sus propios componentes sin tener que depender de la tecnología de los proveedores.
- En industrias con un alto nivel de concentración (oligopolios), la integración vertical puede suponer un incremento del **poder de mercado**. La empresa integrada verticalmente (hacia atrás) puede situarse favorablemente frente a sus rivales no integrados excluyendo del mercado una parte de las materias primas disponibles, lo que genera escasez en el mercado intermedio elevando su precio. Esto suele ocurrir mediante fusiones o adquisiciones de empresas. Por ejemplo, si una constructora adquiere una fábrica de cemento para su suministro únicamente, y si esa industria está muy concentrada, está reduciendo la oferta de cemento en el mercado. Esta situación también se puede repetir con la integración hacia delante, con el acaparamiento de canales de distribución (Díez, 2006).

- La integración vertical permite **manipular los precios** mediante lo que se conoce como «***squeeze* de precios**» o estrategia que exprime los precios: consiste en reducir por debajo del nivel aceptable el margen de una empresa competidora no integrada. Dado que la empresa integrada acumula los distintos márgenes de las etapas del proceso en las que actúa, podría reducir el margen en uno de ellos para ganar cuota de mercado en dicha etapa o expulsar a competidores especializados que no pudieran afrontar esta situación. Aunque tal reducción implica una disminución del margen total de la empresa integrada, se fortalece la posición competitiva en la etapa elegida, provocando rentabilidades superiores.
- Como consecuencia de algunas de las anteriores razones, la integración vertical puede crear **barreras de entrada** a la industria difíciles de superar para las empresas no integradas. Tal es el caso de la diferenciación de producto o del poder de mercado. Además, el nuevo competidor que quiera entrar, se vería obligado a hacerlo en varias de las fases del proceso de producción de manera simultánea, tal como lo hacen las empresas integradas establecidas, lo cual multiplica las barreras de entrada existentes.

b) Riesgos de la integración vertical

Pero frente a las anteriores ventajas, la integración vertical presenta algunos serios inconvenientes o riesgos que han llevado a muchas empresas integradas al fracaso o a procesos de desintegración vertical:

- Aunque la integración vertical supone la entrada en nuevas actividades, el **riesgo global de la empresa se incrementa** al comprometer un mayor volumen de recursos con el ciclo completo de un determinado producto. Si el mercado final de dicho producto entra en declive, el resto de las actividades se verán también afectadas al disminuir su demanda. Además, el incremento del riesgo puede devenir de la realización de actividades que no están relacionadas tecnológicamente con las actuales y que, por tanto, requieren habilidades muy distintas. Por, ejemplo, una empresa de embutidos que se introdujera en la cría de ganado requerirá normalmente habilidades bien distintas para uno y otro negocio.
- **Eleva las barreras de salida de la industria** al tener un mayor volumen de activos involucrados en las distintas etapas en las que actúa que las empresas especializadas que sólo tienen actividad en una de esas etapas.
- **Falta de flexibilidad** ante los cambios –tecnológicos o de otro tipo– que se produzcan tanto en el mercado de factores como en el de productos. En estos casos, la adaptación a los cambios es más sencilla con sustitución de proveedores o clientes que con modificaciones internas que pueden afectar a todas las fases del ciclo del producto y que pueden exigir, por tanto, grandes inversiones. Cuanto mayores y más especializadas sean las inversiones que requiera la integración vertical, mayor será la rigidez resultante (Afuah, 2001).
- **Reduce la capacidad para introducir innovaciones autónomas**. Según Langlois y Robertson (1995: 74-75) la empresa integrada se encuentra en una posición de desven-

Aplicación 6.5:

La integración vertical en Globalia,
por Diana Benito Osorio

El uso de internet, la desintermediación, el boom de la oferta de destinos y alojamiento o la expansión de las compañías aéreas de bajo coste, entre otras cuestiones, plantean una nueva situación competitiva para los grupos turísticos. El Grupo Globalia ha sido uno de los que más ha diversificado su cartera de negocios optando por crear negocios complementarios con distintas finalidades, como el ahorro de costes, el control de la venta y la distribución, la expansión geográfica o la exploración de nuevos mercados. Todo ello redunda en que la integración vertical de este grupo turístico se haya consolidado.

Desde los años sesenta, a partir de los viajes estandarizados, la integración vertical se ha convertido en una estrategia corporativa altamente ligada al sector turístico, cobrando actualmente más relevancia si cabe, debido a la globalización. Las empresas turísticas muestran una clara inclinación hacia el control y dominio de todos los componentes que forman el sistema de valor en el que operan con el fin de generar sinergias. Así, podemos observar la integración vertical hacia atrás a la que tienden las compañías aéreas en la búsqueda del control de determinados servicios, como los de mantenimiento o los de *handling*. O en los procesos de integración de los tour operadores (considerándolos productores turísticos y no intermediarios) controlando hoteles y compañías de transporte. Globalia actúa en los sectores de transporte, hostelería, viajes y turismo, entre otros, y está integrada, básicamente, por las siguientes unidades de negocio:

- Globalia Corporación Empresarial S.A., como sociedad dominante del grupo.
- La división aérea liderada por Air Europa y miembro de la alianza Sky Team. En ella consideramos la sub–división de *handling* operando con la denominación Groundforce. Presta servicio en tierra a Air Europa y a terceros en más de 17 aeropuertos en España, Marruecos y México.
- La división minorista en la que se encuentran Viajes Halcón y Viajes Ecuador con 1.393 oficinas abiertas en España y Portugal.
- La división mayorista encabezada por Travelplan.
- La división *incoming* representada por Welcome Incoming Services. Esta división ha sido creada en 2010 para dotar de infraestructura propia a los destinos más importantes donde Globalia opera actualmente.
- La división hotelera que opera con la denominación Be Live Hotels. Gestiona hoteles nacionales e internacionales (Marruecos, República Dominicana, México y Cuba) contando en 2012 con 6.200 habitaciones aproximadamente.
- Finalmente, cuenta con otras empresas dentro de su cartera de negocios que complementan las divisiones anteriormente mencionadas.

INDUSTRIAS	NOMBRE DE LA EMPRESA	TIPO DE ACTIVIDAD
Transporte aéreo	Air Europa León Activos Aeronáuticos Globalia Handling Grounforce	Transporte aéreo Transporte aéreo de pasajeros y carga Servicios de *handling*
Agencias de viaje	Halcón Viajes Viajes Ecuador Globalia France Viajes Unalia	Agencia de viajes Agencia de viajes Agencia de viajes Agencia de viajes para empresas

INDUSTRIAS	NOMBRE DE LA EMPRESA	TIPO DE ACTIVIDAD
	TuBillete.com PepeTravel Welcomebeds.com	Agencia de viajes online Agencia de viajes online Agencia de viajes online para profesionales
Tour operadores	Travelplan Touring Club Latitudes Iberrail GlobaliaClub Spain Globalia Business Travel Iberotours Globalia Trading Services	Viajes generales Viajes especiales (Disneyland París) Viajes a destinos lejanos Viajes en tren Mayorista Mayorista Mayorista Mayorista
Incoming	Welcome Income Services	Servicios diversos en destino (receptivo)
Hoteles	BeLive Hoteles	Hoteles
Otras empresas	Pepeworld Media & Design Globalia Distribuciones Gráficas Globalia Sistemas y Comunicaciones Globalia Call Center HalcónBoda.com EcuadorBoda.com Globalia Autocares Globalcentro CEE Globalia Formación Globalia Lease Finance Globalia Mantenimiento Aeronaútico Globalia Broker Services Globalia Activos Inmobiliarios Globalia Gestión de Seguros Guillardan	Línea de negocios *low cost* (p.ej., chófer) Comunicación y publicidad Distribución material publicitario turístico Servicios de comunicaciones Atención al cliente Organización de bodas Organización de bodas Transporte de viajeros por carretera nacional Centro especial de empleo Formación Propietaria de aeronaves Mantenimiento aeronaves Bróker aéreo Inmobiliaria Mediación de seguros Seguridad

Fuente: Informe Anual Consolidado de Globalia 2011

taja para introducir innovaciones por la falta de contacto con proveedores o clientes externos, la excesiva dispersión de la atención de la empresa en múltiples actividades y la falta de incentivos que supone la competencia del mercado.

- **El margen de proveedores o clientes sustituidos no se capta automáticamente.** Éstos pueden disfrutar de ventajas competitivas que la empresa no puede aprovechar, como el efecto experiencia. Incluso aunque se capten estas ventajas mediante la adquisición del proveedor o del cliente, pueden perderse antiguos clientes ya que los competidores directos difícilmente aceptarán que la empresa les aprovisione de factores importantes. E incluso en el caso de que se pueda captar todo el margen, hay que tener en cuenta las inversiones que la empresa tendría que realizar para sustituir la actividad de proveedores y/o clientes. Si el margen asumido no es suficiente, la rentabilidad de las inversiones puede ser baja y resentirse, por tanto, la rentabilidad global de la empresa.
- **Diferencias en la escala óptima de las distintas fases productivas**. Esta limitación surge de la relación entre la cantidad de productos que la empresa va a demandar de una fase anterior y el volumen total que es preciso alcanzar para conseguir una pro-

ducción eficiente en esa etapa. Si el volumen de autoabastecimiento que se realiza es inferior al volumen de producción de la fase anterior que se obtendría con una instalación de tamaño óptimo, la empresa se enfrenta con el dilema de, o bien fabricar con un tamaño inferior y sufrir la consiguiente desventaja en costes, o bien enviar el exceso de producción al mercado con el inconveniente que supondría tener que venderla a sus propios competidores (Porter, 1982).

- Finalmente, cabe destacar el incremento considerable de la **complejidad organizativa**, lo que requerirá sistemas de planificación, coordinación y control sofisticados, lo que redunda en un incremento de costes.

Consulta la web

Contestar Caso Breve CB-012-ES: Las direcciones de desarrollo de Coca–Cola y Pepsico, por Rocío González Sánchez, y Caso Breve CB-017-ES: La estrategia de desarrollo de Pescanova, por Diana Benito Osorio y Marta Peris Ortiz

6.5. LA REESTRUCTURACIÓN DE LA CARTERA DE NEGOCIOS

Las estrategias de expansión y diversificación de actividades asumen implícitamente la vinculación entre el desarrollo de la empresa y su crecimiento. Sin embargo, algunas empresas se pueden plantear reducir su tamaño o su ámbito tratando de centrar más sus actividades en torno a los negocios básicos –especialización– o reestructurar la composición de su cartera de negocios eliminando alguno o cambiando unos por otros. Esta alternativa se suele denominar estrategia de reestructuración[2], y hace referencia a **la modificación o redefinición del campo de actividad de la empresa con el posible abandono (desinversión) de al menos uno de los negocios**. La empresa se movería así en sentido contrario al habitual en el eje del ámbito horizontal o de productos.

Si bien la reducción del tamaño de la empresa o la reestructuración de su cartera puede tener, al menos en principio, una percepción negativa, éste es un fenómeno cada vez más frecuente, debido principalmente a la prioridad que se le debe dar a la creación de valor para el accionista frente al mero objetivo de crecimiento, intentado que la empresa se concentre en sus negocios centrales para una mejor explotación de los recursos y capacidades esenciales (Goold y otros, 1994: 65-67; Grant, 2006: 540-542).

Como se ha expuesto con anterioridad, el crecimiento en sí mismo no garantiza necesariamente mejorar la rentabilidad y la creación de valor para la empresa, pudiendo aparecer **situaciones** como las siguientes:

- Uno o varios negocios de la cartera tienen resultados negativos con lo que disminuyen la rentabilidad global.
- Uno o varios negocios de la cartera, aún teniendo resultados positivos, no generan sinergias, por lo que al no crear valor para el conjunto, se podría prescindir de ellos.

2. Si bien en la literatura se habla de tres tipos de reestructuración (financiera, organizativa y de la cartera de negocios), aquí vamos a hablar exclusivamente de la tercera ya que es la que tiene una relación directa con la estrategia corporativa de desarrollo (Bowman y Singh, 1993; Johnson, 1996).

Esta es una situación que podríamos llamar de sobrediversificación de la cartera de negocios.

- La estructura de la cartera en su conjunto no responde a una lógica dominante, por lo que aparecen dificultades para generar sinergias y crear valor.

En la primera de las situaciones, la empresa se tiene que plantear qué hacer con el negocio que tiene resultados insatisfactorios. Las otras dos situaciones afectan directamente a la estructura de la cartera de negocios y, por tanto, a la definición del campo de actividad. Por tanto, se pueden distinguir dos problemas diferentes: el bajo rendimiento de un negocio por causas vinculadas al propio negocio (saneamiento) o el abandono de uno o varios negocios (reestructuración propiamente dicha).

6.5.1. El saneamiento de un negocio

La razón más evidente por la que una empresa se plantea abandonar un negocio es la persistencia de unos resultados deficientes. Efectivamente, en ocasiones, una empresa se enfrenta a la situación de que uno de sus negocios no responde a las expectativas de rentabilidad que de él se esperaban, por lo que se plantea qué hacer con dicho negocio. La decisión crucial en este caso es abandonar el negocio o tratar de recuperarlo o sanearlo.

Las **causas más frecuentes** de los malos resultados suelen derivar de una dirección poco eficiente, un exceso en la rapidez del crecimiento, una estrategia competitiva inadecuada, altos costes internos, aparición de nuevos competidores o cambios inesperados en la demanda (Hill y Jones, 2005: 394-397). Con frecuencia, los malos resultados del negocio suelen ir acompañados de un fuerte endeudamiento derivado del recurso a la financiación ajena, ante la incapacidad de obtener beneficios, para cubrir las necesidades financieras básicas.

En estos casos, hay dos **opciones básicas**: **saneamiento** –manteniéndolo en la cartera– o **abandono** del negocio –reestructurando la cartera y modificando así el campo de actividad–. La opción del saneamiento sería adecuada cuando hay posibilidades reales de recuperar la rentabilidad, bien porque los malos resultados sean coyunturales, el negocio esté en una industria atractiva o sea parte importante de la cartera.

Si la empresa opta por el saneamiento podría tomar **medidas** tales como el cambio del equipo directivo responsable del negocio, la redefinición de la estrategia competitiva (cambio estratégico), la venta de algunos activos, la refinanciación de la deuda o la implantación de medidas concretas de reducción de costes para recuperar la rentabilidad –despido de trabajadores (*downsizing*), renovación de la maquinaria, implantación de controles de costes estrictos, etc. El objetivo inicial sería detener la caída de los resultados para, posteriormente, iniciar el proceso de recuperación.

Sin embargo, es preciso señalar que a veces las empresas no analizan las causas reales de los malos resultados, de modo que se adoptan decisiones que resuelven los problemas de desequilibrio a corto plazo pero no permiten generar una ventaja competitiva a medio y largo plazo. En estos casos, los problemas volverán a aflorar con toda probabilidad. Tal es el caso del recurso al despido masivo de trabajadores o al recorte de inversiones en I + D, decisiones que ajustan a corto plazo la cuenta de resultados pero que no tienen en cuenta que la empresa puede estar desprendiéndose de recursos intangibles valiosos, con lo que puede estar hipotecando su capacidad para competir en el futuro.

Si la empresa considera que el negocio no tiene posibilidad de ser saneado o, siendo posible su saneamiento, no tiene ya interés en el negocio, entonces optará por la desinversión o abandono del negocio, lo que se analiza en el siguiente subapartado.

Aplicación 6.6:

La reestructuración de la cartera de negocios en Ferrovial,
por Pedro López Sáez

La empresa constructora Ferrovial llevó a cabo un importante proceso de internacionalización y diversificación durante la primera mitad de la década 2000, que le llevó a desarrollar actividades en un amplio número de países así como a introducirse en otros sectores económicos como las concesiones y la gestión de infraestructuras.

Una de las operaciones más importantes fue la adquisición en 2006, por unos 14.600 millones de euros, del gestor de aeropuertos británico BAA, que explotaba los aeropuertos de Heathrow, Gatwick y Stansted en Londres, Glasgow, Edimburgo y Aberdeen en Escocia y Southampton, en el sur de Inglaterra, además de participar en otros aeródromos de Estados Unidos, Australia y Hungría. Sin embargo, todo este proceso llevó a la empresa a un alto nivel de endeudamiento, que llegó a rondar los 20.000 millones de euros.

El fuerte apalancamiento y el estallido de la crisis económica, que se cebó especialmente en la construcción, tuvieron una incidencia negativa en la cuenta de resultados, por lo que Ferrovial acometió durante los años 2010 y 2011, un proceso de reestructuración de su cartera de negocios con el objetivo de reducir su endeudamiento y conseguir liquidez para nuevas inversiones.

Así, en 2010, Ferrovial vendió su filial de *handling* aeroportuario Swissport por 655 millones, un 10% de su participación del 53,23% en la autopista 407 ETR, que circunvala Toronto, por 640 millones de euros, y su participación del 50% en Autopista Trados, que gestiona 14,5 kilómetros en la M-45 madrileña, por 68 millones. En 2011, la empresa española vendió un 5,88% de BAA por 325 millones de euros al fondo estadounidense Alinda, lo que redujo su participación al 49,99%.

Con estas operaciones, la empresa consiguió reducir su deuda consolidada hasta los 5.170 millones de euros, así como su grado de apalancamiento (deuda neta sobre el Ebitda) de 8,6 a 5,9. Asimismo, el proceso permitió a Ferrovial la compra de la constructora de infraestructuras ferroviarias polaca PNI y financiar varios proyectos de envergadura en 2011, como la construcción de túneles y otras infraestructuras ferroviarias dentro del proyecto Crossrail que atraviesa Londres, por importe de 600 millones de euros, el contrato logrado por su filial Cespa, para la limpieza viaria y recogida de residuos en Murcia durante 20 años por un importe de 1.000 millones de euros o el contrato de su filial Amey en 2012, para el mantenimiento de las infraestructuras urbanas de la ciudad de Sheffield (Inglaterra) durante 25 años por importe de 2.400 millones de euros.

6.5.2. La reestructuración de la cartera de negocios

En ocasiones, no es un negocio aislado el que plantea malos resultados sino la empresa en su conjunto como consecuencia de la composición de su cartera de negocios, lo cual obliga a plantear la redefinición de dicha cartera.

Los principales **motivos** que pueden conducir a esta decisión pueden derivar de un exceso de diversificación previa, la aparición de importantes competidores en los negocios centrales o la prevalencia de los objetivos de los directivos sobre los de creación de valor. En otros casos, la proliferación de formas de cooperación hace más conveniente establecer una alianza que llevar adelante el negocio por sí mismo o se utiliza la desinversión en un negocio como fórmula para financiar la adquisición de otro (Pearce y Robinson, 1994; Hill y Jones, 2009).

Consulta la web

Contestar Caso Breve CB-006-ES: Diversificación y reestructuración en el Grupo SOS, por Noelia Gonzalo Hevia

Las **estrategias** para el abandono de un negocio de la cartera pueden ser de tres tipos: venta, cosecha y liquidación (Hill y Jones, 2005: 382-382). La estrategia de **venta** es la más atractiva en principio porque puede permitir recuperar mejor la inversión realizada en el negocio. La venta se podría realizar a un conjunto de inversores independientes, a otra empresa o a los directivos/profesionales del negocio que se trata de vender. La opción más atractiva resulta cuando es posible encontrar una empresa para la que el negocio en venta encaje adecuadamente en su cartera reforzándola, por lo que estará normalmente dispuesta a pagar un buen precio.

La estrategia de **cosecha** supone intentar maximizar los flujos financieros a corto plazo mediante el cese de las inversiones en dicho negocio y la explotación de las oportunidades de rentabilidad todavía existentes. Al cabo de un tiempo, el negocio será abandonado normalmente mediante su liquidación. El problema de la estrategia de cosecha es que puede acelerar el declive del negocio si los trabajadores o el mercado perciben la actitud de la empresa.

Análisis

Un análisis de la reestructuración de las empresas eléctricas españolas se puede encontrar en Blanco, Guerras y Forcadell (2011), *Revista Globalización, Competitividad y Gobernabilidad*, vol. 5, nº 2: *http://gcg.universia.net/*

La estrategia de **liquidación** es teóricamente la menos atractiva ya que supone el cese de actividades y la venta de los activos remanentes. El problema de esta alternativa puede estar en la resistencia a reconocer el fracaso del negocio e iniciar el proceso de liquidación de una forma planificada y ordenada. En general, los directivos tratan de salvar el negocio hasta el final, confiando en que los problemas son pasajeros o esperando algún «golpe de suerte» o milagro. Si esto no se produce, la empresa puede acabar en una situación de quiebra legal con lo que se pierde el control del proceso de liquidación.

CUADRO RESUMEN

✓ EL CAMPO DE ACTIVIDAD Y EL DESARROLLO DE LA EMPRESA

- Variables para la definición del campo de actividad: ámbito y diferenciación entre segmentos estratégicos
- Conceptos de crecimiento y desarrollo
- Problemas clave de las estrategias de desarrollo: direcciones y métodos de desarrollo
- La clasificación tradicional de estrategias de Ansoff: limitaciones
- Identificación de las principales estrategias de desarrollo: consolidación, expansión, diversificación relacionada y no relacionada, integración vertical y reestructuración

✓ LA EXPANSIÓN DE ACTIVIDADES

- La penetración en el mercado: definición, ventajas y condiciones de aplicación
- El desarrollo de productos: definición, ventajas y condiciones de aplicación
- El desarrollo de mercados: definición, ventajas y condiciones de aplicación

✓ LA DIVERSIFICACIÓN DE ACTIVIDADES

- La diversificación empresarial: Concepto, tipos y motivos
- Concepto y tipos de diversificación relacionada: limitada y encadenada
- Razones, ventajas e inconvenientes de la diversificación relacionada
- Concepto de diversificación no relacionada
- Razones, ventajas e inconvenientes de la diversificación no relacionada
- Relación entre estrategias de desarrollo y resultados empresariales

✓ LA INTEGRACIÓN VERTICAL

- Concepto y tipos de integración vertical: hacia atrás y hacia delante
- Formas de medir la integración vertical
- Razones, ventajas e inconvenientes de la integración vertical
- Relación entre el grado de integración vertical y el resultado empresarial

✓ LA REESTRUCTURACIÓN DE LA CARTERA DE NEGOCIOS

- Concepto de reestructuración de la cartera de negocios
- El saneamiento de un negocio: causas de los malos resultados y acciones posibles
- La reestructuración de la cartera de negocios: motivos
- Alternativas para abandonar un negocio: venta, cosecha y liquidación

PREGUNTAS SOBRE EL CAPÍTULO

- Justificar la importancia de la definición del campo de actividad en el marco de las estrategias corporativas.
- ¿Cuáles son las diferencias entre los conceptos de crecimiento y de desarrollo?
- ¿Cuáles de las estrategias de desarrollo implican una modificación del campo de actividad? ¿Y cuáles de ellas no implican crecimiento?
- ¿Cómo se pueden entender los nuevos mercados en una estrategia de desarrollo de mercados?
- Análisis comparativo de las ventajas e inconvenientes de la diversificación relacionada y la no relacionada.
- Ventajas e inconvenientes de la integración vertical.
- Causas por las que se hacen necesarias las estrategias de reestructuración.
- ¿Qué alternativas pueden seguirse para la venta de un negocio?

ACTIVIDADES

6.a. Elija una industria cualquiera e identifique tres empresas que operen en dicha industria. Analice el campo de actividad de cada una de esas empresas y compárelos.

6.b. A partir de una empresa que produce leche de vaca para el consumo general, proponga todas las posibles estrategias de desarrollo que puede llevar a cabo, en las distintas modalidades de cada una.

6.c. Identificar una empresa que esté diversificada. Justificar, a partir de su negocio originario, cuál es el tipo de diversificación que ha seguido. Comparar las ventajas e inconvenientes que tenga esta empresa con otra del mismo sector económico originario que no esté diversificada. (Esta misma actividad se puede hacer con una empresa integrada verticalmente, respecto a otra que no lo esté).

6.d. Identifique una empresa que haya llevado a cabo un proceso de reestructuración reciente de su cartera de negocios. Identifique las causas probables que llevaron a esa situación así como las acciones emprendidas por la dirección corporativa, tanto para deshacerse de algunos negocios como para incorporar, en su caso, otros nuevos.

LECTURAS RECOMENDADAS

Puede profundizar los contenidos de este capítulo en Guerras y Navas (2007, caps. 11 y 12), Ansoff (1976, cap. 7), Collis y Montgomery (2007, caps. 3 y 4) y Suárez (1999)

Capítulo 7
Los métodos del desarrollo

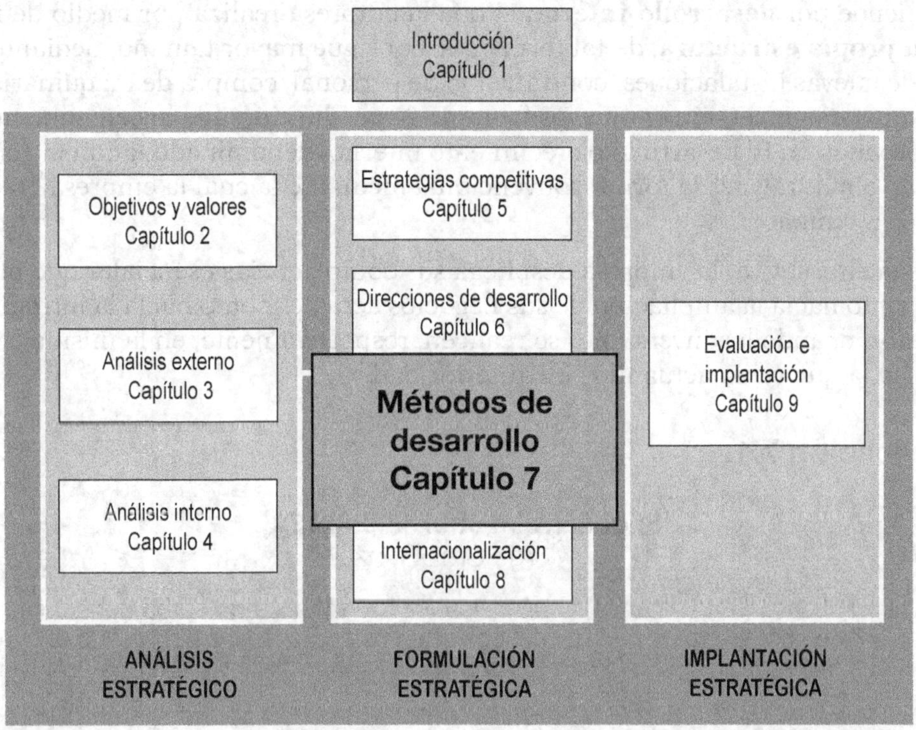

OBJETIVOS

- Analizar comparativamente el desarrollo interno y externo como métodos de desarrollo de la empresa.
- Analizar las características de la fusión y adquisición de empresas.
- Analizar las características y los distintos tipos de alianzas.
- Analizar los problemas vinculados con la gestión del desarrollo externo.

7.1. DESARROLLO INTERNO FRENTE A DESARROLLO EXTERNO

Una vez analizadas las distintas estrategias relativas a las direcciones de desarrollo que puede seguir una empresa, es necesario plantear a continuación los métodos o vías a través de los cuales alcanzar los objetivos de dichas estrategias. Estos métodos son el desarrollo o crecimiento interno y el desarrollo o crecimiento externo. Mediante la utilización de estos métodos la empresa puede conseguir cualquiera de las direcciones de desarrollo descritas en los capítulos anteriores.

Se entiende por **desarrollo interno** el que la empresa realiza por medio de **inversiones en su propia estructura**, de tal forma que consigue mayor tamaño mediante la construcción de nuevas instalaciones, contratación de personal, compra de maquinaria, etc. En esencia, supone la inversión en nuevos factores de producción que hacen aumentar su capacidad productiva. El desarrollo o crecimiento interno, denominado también «crecimiento orgánico o natural», es la forma convencional mediante la cual la empresa crece, incrementando su tamaño.

Con esta alternativa, la empresa despliega sus competencias esenciales que pueden ser dirigidas tanto hacia la ampliación de sus negocios actuales como hacia la introducción en otros nuevos, cuando las inversiones se realicen, respectivamente, en la misma o diferente industria en la que venía actuando con anterioridad.

Aplicación 7.1:

El desarrollo interno en IKEA,
por Jorge Cruz González

La multinacional sueca Ikea alcanzó en 2011 los 24.700 millones de euros de facturación, con 325 establecimientos abiertos en 28 países. Los ingresos en España fueron de 1.279 millones de euros, lo que convertía a nuestro país en el séptimo mercado dentro del grupo por volumen de facturación.

Para alcanzar estas cifras, Ikea ha seguido habitualmente, tanto en España como en el resto del mundo, un modelo de desarrollo interno, llevando a cabo inversiones para construir sus propios centros antes que comprar empresas o instalaciones existentes. Ello le ha permitido modelar sus establecimientos más adecuadamente de acuerdo a sus necesidades de diseño comercial en el que los clientes son prácticamente obligados a recorrer las distintas secciones. También elegir las ubicaciones y tamaños oportunos.

En concreto en España, anunció a finales de 2011 un nuevo plan de inversiones en nuevos centros por importe de 2.500 millones de euros, con los que pretendía pasar de los 13 disponibles en aquel momento a 27 en el horizonte de 2020.

Sin embargo, en las últimas décadas, en los países de economía de mercado más desarrollados, asistimos a un proceso cada vez más importante y acelerado de concentración de empresas mediante distintas formas de agrupamiento que se denominan de desarrollo o crecimiento externo. Así, el **desarrollo externo** es aquel tipo de crecimiento que resulta de la **adquisición, participación, asociación o control, por parte de una empresa, de otras empresas o de activos de otras empresas que ya estaban en funcionamiento**. La empresa consigue así un mayor tamaño mediante la incorporación a su patrimonio de la capacidad productiva correspondiente a la empresa o activos integrados. Al igual que ocurre con el desarrollo interno, con el externo se pueden ampliar los negocios actuales o introducirse en otros nuevos.

Este tipo de desarrollo se materializa, por tanto, poniendo a disposición de una empresa capacidades de producción ya existentes, por lo que, desde un punto de vista macroeconómico o sectorial, no representa un aumento de la inversión real, ni tampoco un nuevo crecimiento de la producción agregada, sino que un conjunto más o menos importante de activos productivos cambia de propiedad o se comparte. Esta circunstancia es relevante en la distinción entre ambos tipos de desarrollo, dado que sólo el desarrollo interno significa crecimiento tanto para la empresa como para el sistema económico, al crearse nueva capacidad productiva. Mediante el externo, la empresa implicada crece pero no lo hace el sistema económico ya que la capacidad productiva resultante es la misma que antes tenían las empresas por separado. El desarrollo externo se materializa, como veremos más adelante, mediante fusiones, adquisiciones o alianzas.

7.1.1. Justificación del desarrollo externo

Muchos son los argumentos que justifican la importancia cada vez mayor que está teniendo el desarrollo externo –fusiones, adquisiciones y alianzas– en el mundo occidental durante las últimas décadas. Sin embargo, por su distinta naturaleza, es preciso distinguir entre cuando se adquieren nuevos activos –fusiones y adquisiciones (F/A)– y cuando se comparten –alianzas. Las razones comunes para ambas alternativas son de muy diversa índole, que agrupamos en las siguientes categorías (García Canal, 1993; Menguzzato, 1995; Cuervo, 2001; Mascareñas, 2011):

1) **Motivos de eficiencia económica:**

- Reducción de **costes de funcionamiento** a través de la consecución de economías de escala, alcance y/o aprendizaje, que generen sinergias entre las empresas que se unen. Además, si las empresas que se unen son complementarias, pueden beneficiarse mutuamente de las eficiencias de la otra parte.
- Reducción de **costes de transacción** en el caso de que las empresas que se unen tengan relaciones comerciales entre sí bien porque las transacciones se interioricen (F/A) o bien porque se establece una relación de confianza duradera con los socios que evita comportamientos oportunistas en las alianzas.
- Conseguir **nuevos recursos y capacidades** que tenga la otra empresa, especialmente cuando existe reciprocidad o complementariedad entre los recursos. Cuando las capacidades están basadas en conocimiento tácito o son complejas, la única forma de

adquirirlas es uniéndose con la empresa que las posee. De esta manera, cada empresa puede aprender de las habilidades o capacidades de la empresa con la que se une.

- Rentabilizar **fondos excedentarios** disponibles, que sobrepasan las necesidades financieras de sus negocios actuales, especialmente ante la oportunidad de una buena inversión mediante la adquisición de otra empresa.

Figura 7.1: Motivos para el desarrollo externo

2) **Motivos de poder de mercado:**

- Puede ser la única forma o, en su caso, la mejor manera de **superar una barrera de entrada a una industria o a un país**, ya que puede ser muy difícil obtener internamente la habilidad o recursos necesarios para competir en esa industria o país y adaptarse a las condiciones específicas del nuevo entorno competitivo.
- Cuando las empresas que se unen son competidoras directas (uniones horizontales), el resultado es el incremento del poder de mercado de la empresa resultante y, en consecuencia, una **reducción del nivel de la competencia en la industria** (Trautwein, 1990). También puede servir para influir o controlar la evolución futura de la industria.
- Cuando las uniones son de carácter vertical, es decir, se integran empresas que actúan en distintas etapas del ciclo productivo, se consiguen de manera inmediata las **ventajas de la integración vertical**, lo cual afecta tanto a la eficiencia económica como a la posición en el mercado.
- Ante la globalización de los mercados, convertirse en un **competidor internacional de primer nivel** o simplemente lograr un tamaño adecuado para poder competir exi-

ge tener un tamaño de empresa significativo que se puede alcanzar mucho más rápidamente por procesos de desarrollo externo.

3) **Otros motivos,** relacionados con los intereses de los directivos o como respuestas político–administrativas:
   - **Cumplimiento de los objetivos propios de los directivos**, los cuales, a través del desarrollo externo, pueden satisfacer más fácilmente su función de utilidad que está relacionada con el aumento de retribuciones, el aumento de poder, la disminución del riesgo empresarial, el reconocimiento social, etc. (Manne, 1965; Weston y otros, 1990), pero cuyo objetivo primordial no es la creación de valor para el accionista. Este argumento ha sido denominado genéricamente como la «construcción de imperios» y es especialmente adecuado para las operaciones de fusión o adquisición de empresas.
   - A veces, el desarrollo externo es simplemente una respuesta ante tendencias mayoritarias o **moda en la industria**, por presiones de las Administraciones Públicas o de grupos de interés, que responden a actuaciones similares seguidas por otras empresas del sector. Tal es el caso del sector bancario en España en los últimos años que se ve sometido a una presión de las autoridades para llevar a cabo procesos de integración ante las dificultades derivadas de la crisis financiera de finales de la década de 2000.

En el caso de las F/A pueden aparecer otros motivos específicos como la **sustitución del equipo dirigente** de la empresa objetivo cuando se observa que su rentabilidad es muy inferior al potencial de rentas que puede alcanzar (Parrino y otros, 1999), o la **obtención de incentivos fiscales** cuando existe una política gubernamental para favorecer los procesos de integración entre empresas con la finalidad de lograr una mayor dimensión que mejore su competitividad (Auerbach y Reishus, 1988).

En el caso de las alianzas, las empresas recurren a la cooperación como una **alternativa a las F/A**, buscando conseguir sus ventajas pero evitando sus riesgos al mantener autónomos sus equipos de gestión. También se consigue reducir los riesgos y la incertidumbre asociados a fuertes inversiones. En la práctica, se puede decir que difícilmente es un único factor el que motiva los procesos de desarrollo externo, sino más bien una combinación de algunos de estos factores.

7.1.2. Ventajas e inconvenientes del desarrollo externo

Al ser el desarrollo interno y externo formas alternativas, se puede decir que las ventajas de uno son los inconvenientes del otro y viceversa. Por este motivo, como criterio de exposición, nos centraremos en la consideración de las ventajas e inconvenientes desde el punto de vista del desarrollo externo.

Si bien existe una estrecha relación entre los motivos que justifican el desarrollo externo y las **ventajas** que presenta, trataremos éstas como resultado del análisis comparativo entre los dos tipos de desarrollo considerados, alrededor de los siguientes puntos principales (Chevalier, 1976; Menguzzato y Renau, 1991):

- El desarrollo externo es **más rápido** que el interno, ya que incorpora inmediatamente la capacidad productiva de la empresa integrada, sin tener que esperar el período de maduración de las inversiones propias hechas por desarrollo interno.
- El crecimiento externo facilita los **procesos de diversificación no relacionada o internacionalización**, ya que la unión con una empresa en funcionamiento en el sector o país de destino facilita la entrada, reduce el riesgo del crecimiento al conocerse su trayectoria anterior y posibilita la adquisición de nuevos recursos y capacidades para actuar en ese entorno competitivo.
- Desde un punto de vista temporal, el desarrollo externo puede permitir una **mejor selección del momento adecuado en el que entrar a una industria o a un país**, consiguiendo además empezar a competir desde el mismo momento en el que la operación se lleva a cabo.
- En las **industrias maduras** suele ser más fácil introducirse mediante desarrollo externo ya que no se altera el tamaño total de la industria. En este tipo de industrias, en las que la intensidad de la competencia es muy elevada, es más difícil conseguir cuotas adicionales de mercado mediante desarrollo interno. Sin embargo, éste es más recomendable en industrias emergentes o en crecimiento.

Sin embargo, el desarrollo externo no está exento de ciertas dificultades, que pueden provocar con frecuencia resultados peores que los esperados. La distinta naturaleza de las F/A y las alianzas hace que sea conveniente tratarlas de forma separada. Los inconvenientes de las alianzas serán analizados más adelante. En el caso de las fusiones y adquisiciones, los principales inconvenientes son:

Aplicación 7.2:

El proceso de concentración en el sector bancario español

El sector bancario español ha estado formado, tradicionalmente, por bancos y cajas de ahorros. La crisis financiera que comenzó en 2007 y el exceso de financiación por la burbuja inmobiliaria ha generado una situación de dificultad para el sector bancario español, especialmente en el caso de las cajas de ahorro. Por estos motivos, el gobierno empezó en 2009 un proceso para reestructurar dicho sector promoviendo, entre otras medidas, la concentración de las distintas entidades mediante acuerdos de colaboración (las llamadas «fusiones frías»), fusiones, absorciones y compras. Como resultado de este proceso, de las 50 entidades financieras existentes en 2009, a principios de 2012 quedaban 14 entidades y el proceso de concentración, se preveía que podía continuar. Teniendo en cuenta que algunas de las entidades más conocidas son el resultado de procesos de concentración anteriores (BBVA es el resultado de la fusión del Banco de Bilbao, el Banco de Vizcaya y Argentaria, el Banco de Santander incorporó a los antiguos Central e Hispano Americano además de la compra de Banesto), la estructura del sector bancario español en 2012 era muy diferente de la existente 25 o 30 años antes. La figura siguiente refleja el proceso de concentración realizado a partir de 2009.

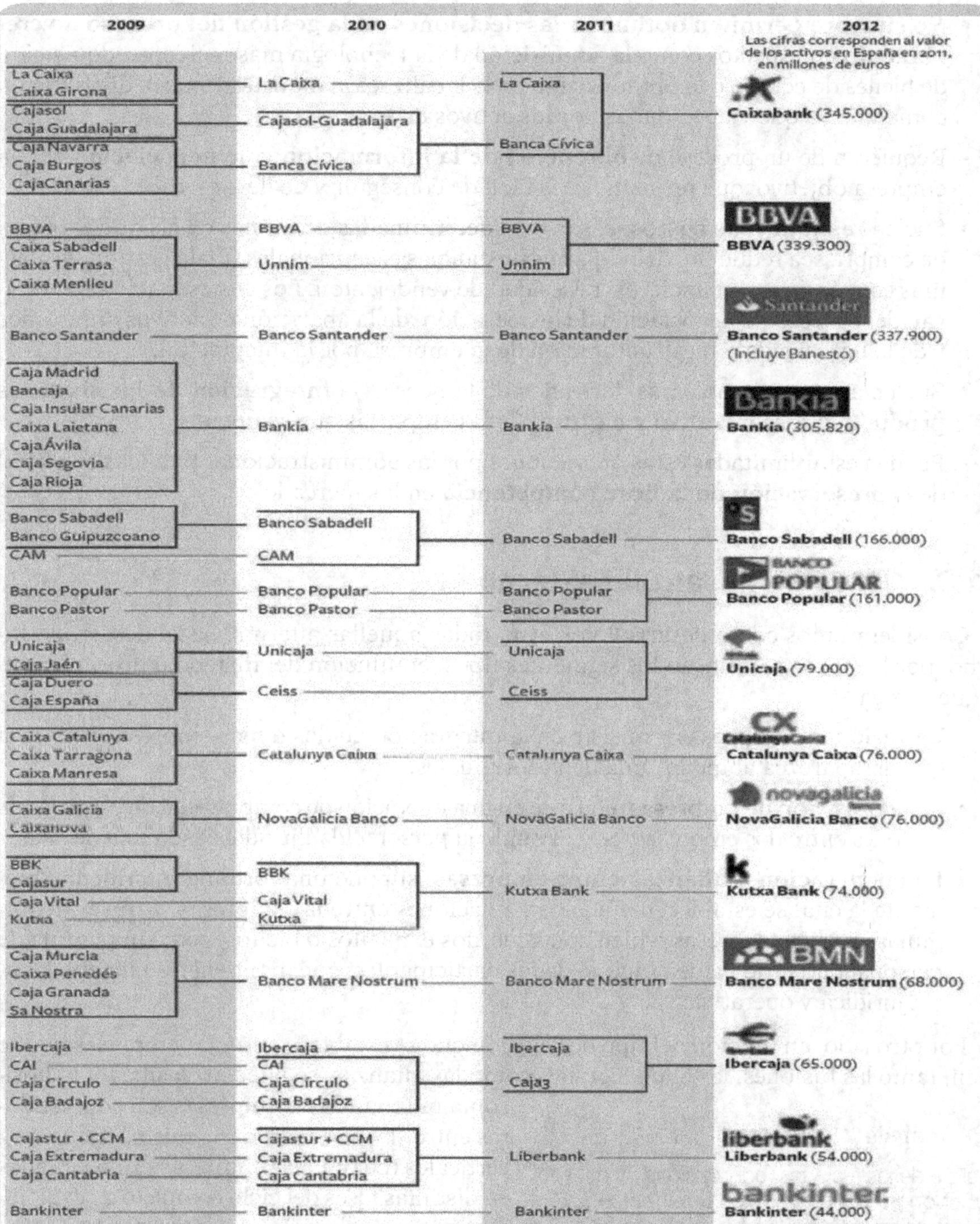

Fuente: El País, 12-05-2012

- **No siempre permiten optimizar las decisiones en la gestión del proceso de crecimiento** en aspectos como la adquisición de la tecnología más reciente, adquisición de bienes de equipo o la optimización de la localización industrial y de la distribución comercial ya que vienen dadas por los activos existentes.
- Requieren de un proceso de **obtención de la información y de negociación** con la empresa objetivo, que no siempre es fácil de conseguir y de llevar a cabo.
- Suelen **resultar más costosas**, salvo en determinadas ocasiones en las que el precio de compra sea reducido, debido a circunstancias excepcionales (mala gestión, problemas económicos y financieros, necesidad de vender, etc.). Los costes adicionales derivan del proceso de negociación de la operación, de la aparición de activos duplicados y de la necesidad de reestructuración de la empresa por la integración.
- Suelen aparecer problemas derivados de la necesaria **integración de los sistemas productivo, organizativo y cultural** de las empresas que se unen.
- Pueden estar limitadas estas operaciones por las administraciones públicas en virtud de la **preservación de la libre competencia** en los mercados.

7.1.3. Tipos de desarrollo externo

Consideraremos como desarrollo externo todas aquellas alternativas al desarrollo interno, por lo que se identifican los siguientes tipos, en función del método o procedimiento que se siga:

- **La fusión de empresas**: consiste en la integración de dos o más empresas de forma que desaparezca al menos una de las originales.
- **La adquisición de empresas**: consiste en una operación de compraventa de paquetes de acciones entre dos empresas, conservando la personalidad jurídica cada una de ellas.
- **La cooperación o alianzas entre empresas**: supone una fórmula intermedia, mediante la cual se establecen vínculos y relaciones entre las empresas, a través de fórmulas jurídicas expresas o bien con acuerdos explícitos o tácitos, pero sin pérdida de personalidad jurídica de ninguno de los participantes, que mantienen su independencia jurídica y operativa.

Por otro lado, en función del tipo de relación que se establece entre las empresas que se unen, tanto las fusiones, las adquisiciones como las alianzas, se pueden clasificar en: horizontales (cuando las empresas son competidoras entre sí y pertenecen a la misma industria), verticales (cuando las empresas están situadas en distintas fases del ciclo completo de explotación de un producto) y complementarias (cuando las empresas no tienen relaciones verticales ni son competidores directos).

Análisis

Un análisis de las fusiones, adquisiciones y acuerdos de cooperación en la Unión Europea se puede encontrar en Ortiz de Urbina, Montoro y Guerras (2009), *Universia Business Review*, nº 22: *http://ubr.universia.net*

7.2. FUSIONES Y ADQUISICIONES DE EMPRESAS

En este apartado vamos a analizar las principales formas de concentración o integración empresarial que constituyen las distintas modalidades de fusión así como la compra o adquisición de empresas. No obstante, incluiremos también una breve referencia a los procesos de desconcentración empresarial ya que van unidos muchas veces a los propios procesos de concentración como una forma de reestructurar sociedades.

7.2.1. Las fusiones

Las fusiones de empresas son uniones entre dos o más empresas, normalmente con la pérdida de personalidad jurídica de al menos un participante. Esta modalidad puede revestir diferentes formas, recogidas en las figuras 7.2 y 7.3.

Consulta la web

Ver Aplicación AN–14.02-ES: La fusión entre Iberia y British Airways, por Pedro López Sáez

a) Fusión pura: se produce cuando dos o más empresas, generalmente de un tamaño equivalente, acuerdan unirse, creando una nueva empresa a la que aportan todos sus recursos: patrimonio –bienes, derechos– y también deudas, disolviendo a continuación las empresas primitivas. Según la figura 7.2a, las empresas originarias (A y B) desaparecen para dar lugar a la creación de una nueva empresa (C).

b) Fusión por absorción: se produce cuando una de las empresas implicadas (absorbida) desaparece, integrándose su patrimonio en la empresa absorbente. En este caso (figura 7.2b), la empresa absorbente (A) sigue existiendo, pero acumula a su patrimonio el correspondiente a la empresa absorbida (B), que desaparece jurídicamente.

Figura 7.2: Fusión pura y fusión por absorción

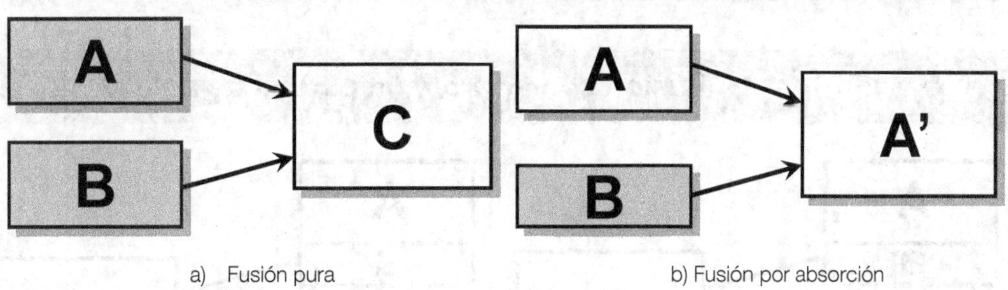

Fuente: Bueno (1996: 366-367)

Aplicación 7.3:

La fusión por absorción de Antena 3 y La Sexta,
por Gregorio Martín de Castro

Tras casi dos años de intensas negociaciones, en diciembre de 2011 se anunció la integración de las cadenas de televisión Antena 3 y La Sexta, siguiendo los mismos pasos que a finales de 2009 habían dado otras dos cadenas españolas, Telecinco y Cuatro.

La operación fue una fusión por absorción por la que Antena 3 integraba a La Sexta, a través de una ampliación de capital. La ecuación de canje pactada fue que los entonces accionistas de Antena 3, principalmente el Grupo Planeta y la alemana Berstelman, pasaron a controlar el 41,7% y el 19,2% del grupo resultante respectivamente. Por su parte, los socios de La Sexta se hicieron con un 7% del nuevo grupo (si bien se podría ampliar hasta el 14% en función del grado de cumplimiento de determinados objetivos hasta 2016), quedando el resto entre cotización en bolsa y autocartera.

La fusión implicaba un nuevo reparto de cargos en la empresa resultante, en la que José Manuel Lara, presidente de Planeta, presidiría la nueva Antena 3 ampliada, correspondiendo los principales puestos ejecutivos a los anteriores directivos de Antena 3, Silvio González como Consejero Delegado y Javier Barjadí como Director General del área de televisión. Por su parte, algunos de los principales directivos de La Sexta pasaron a ocupar puestos no ejecutivos o cargos de menor peso.

La nueva cadena controlaba ocho canales, además del canal dedicado a las retransmisiones de fútbol, Gol T, en alquiler, con lo cual pretendía alcanzar aproximadamente un 25% de cuota de pantalla, así como un 42% en el mercado publicitario de la televisión en España.

c) Fusión con aportación parcial de activo: La fusión con aportación parcial de activo (figura 7.3) se produce cuando una sociedad (A) aporta tan sólo una parte de su patrimonio (a) junto con la otra empresa con la que se fusiona (B), bien a una nueva sociedad (C) que se crea en el propio acuerdo de fusión, o bien a otra sociedad preexistente (B), que ve aumentado así su tamaño (B'). Para que esta situación se dé, es necesario que la sociedad que aporta los activos (A) no se disuelva.

Figura 7.3: Fusión con aportación parcial de activo

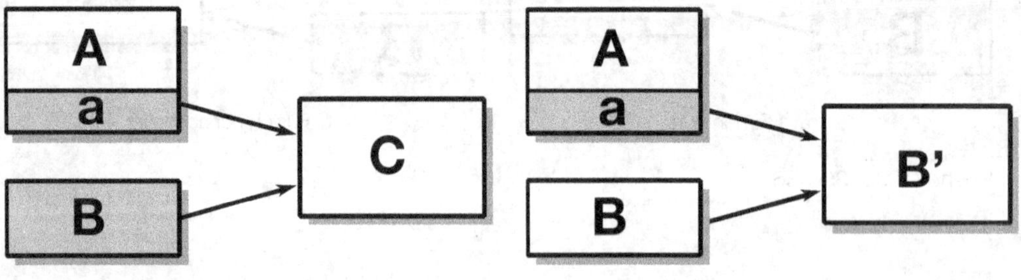

Fuente: Bueno (1996: 369)

7.2.2. Las adquisiciones

La participación o adquisición de empresas tiene lugar cuando una empresa, mediante diversos procedimientos, compra una parte del capital social de otra empresa, con la intención de dominarla bien sea total o parcialmente. En este proceso, normalmente ninguna empresa pierde su personalidad jurídica, por lo que tanto la empresa adquirente como la adquirida siguen existiendo.

La adquisición o participación en empresas dará lugar a distintos niveles o grados de control según el porcentaje del capital social de la adquirida que alcance la operación (absoluto, mayoritario o minoritario) y según la manera en que estén distribuidos el resto de los títulos entre los demás accionistas: que existan grandes paquetes de acciones en manos de muy pocos individuos o, por el contrario, que permanezcan un gran número de accionistas minoritarios con escasa participación individual.

Consulta la web

Ver Aplicación AN–14.04-ES: La compra parcial de Sogecable por Telefónica, por Ana Farto Muñoz y Aplicación AN–14.05-ES: La compra de Talecris por Grifols, por Javier Amores Salvadó

La compra de una empresa puede hacerse mediante un contrato de compraventa convencional en el que se especifican las condiciones del mismo. Pero, en las últimas décadas, se han desarrollado dos fórmulas financieras que, aunque también pueden darse para fusiones y absorciones, son bastante más frecuentes en los procesos de compraventa de empresas, como son (Mascareñas, 2011):

a) La compra mediante apalancamiento financiero (*Leveraged Buy–Out*, LBO): consiste en financiar una parte importante del precio de adquisición de una empresa mediante el empleo de deuda. Esta deuda queda asegurada, no sólo por el patrimonio o capacidad crediticia del comprador, sino también por los activos de la empresa adquirida y por sus futuros flujos de caja. Cuando el agente comprador es el equipo directivo de la empresa objetivo, la operación se denomina ***Management Buy-Out* (MBO)**.

b) La oferta pública de adquisición de acciones (OPA), se produce cuando una empresa realiza una oferta de compra, de todo o parte del capital social, a los accionistas de otra empresa cotizada bajo determinadas condiciones, generalmente de precio, porcentaje de capital social de compra y tiempo.

Análisis

Un análisis de las fusiones y adquisiciones en el sector del automóvil se puede encontrar en Montoro, Mora y Ortiz de Urbina (2010): *Economía Industrial*, nº 376: *www.minetur.gob.es/revistaei*

7.2.3. La desconcentración empresarial

Las formas de desconcentración de empresas no sólo no implican crecimiento de la empresa original sino que, en muchos casos, se produce una reducción de su tamaño. Estas operaciones son las de escisión y segregación (figura 7.4). En una sociedad (A) se produce un proceso de **escisión** cuando hace aportación de su patrimonio a varias sociedades (al menos dos, B y C) nuevas o preexistentes y deja de existir. Cuando las diferentes partes del patrimonio escindido se aportan a sociedades nuevas, nos encontramos ante una escisión pura. Si van a parar a sociedades preexistentes se habla de escisión y absorción, y si el patrimonio de la sociedad escindida junto con las sociedades preexistentes forman una sociedad nueva, estaremos en el caso más complejo de escisión y fusión. La **segregación** aparece cuando una parte del patrimonio (a) de una sociedad existente (A) se desgaja en una o varias partes para formar otras tantas sociedades jurídicamente independientes, aunque la mayoría o la totalidad de sus acciones se hallen en poder de la sociedad primera o matriz.

Figura 7.4: Modalidades de desconcentración de empresas

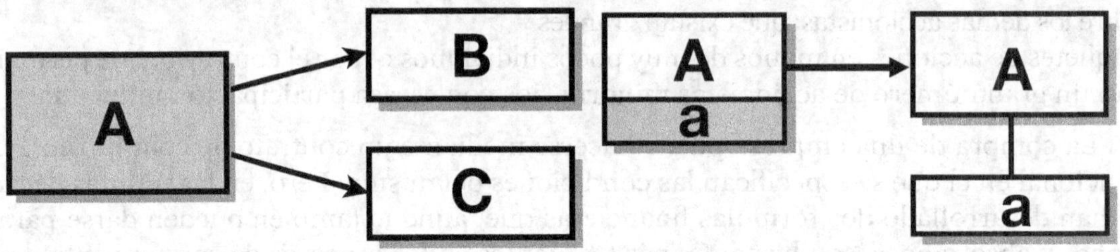

a) Escisión b) Segregación

En ambos casos, no se produce crecimiento sino separación del patrimonio empresarial en varias partes jurídicamente independientes. Desde el punto de vista estrictamente de la empresa original se produce una reducción de su tamaño aunque, si las nuevas empresas constituidas siguen formando parte del grupo de empresas, no habrá variación del tamaño del conjunto de la unidad empresarial. Si alguna de estas nuevas empresas es vendida o asignada a nuevos propietarios, se producirá una disminución del tamaño de la empresa en su conjunto.

Consulta la web

Ver Aplicación AN–14.03-ES: La segregación de Opel de General Motors, por Fernando García Muiña

Las operaciones de escisión y segregación de empresas aparecen en tres tipos de situaciones: a) para ordenar más racionalmente la estructura jurídica de una empresa o grupo de empresas en cuyo caso, es frecuente que vayan acompañadas de otras operaciones de fusión o adquisición: b) como forma de articular una estrategia de reestructuración (saneamiento de un negocio o reestructuración de la cartera de negocios) a través de operaciones de venta, cosecha o liquidación de un negocio; c) como forma de desprenderse de una parte de sus actividades obligadas por decisiones de las Administraciones Públicas en defensa de la libre competencia en una industria cuando se dan fusiones o adquisiciones horizontales.

7.2.4. La gestión de las fusiones y adquisiciones

Existen numerosos trabajos, tanto de carácter académico como de consultoras empresariales, que reflejan un relativo fracaso de las F/A, si se considera como indicador del éxito la creación de valor para el accionista (Caves, 1989; Schleifer y Vishny, 1991; Brush, 1996; Loughran y Vijh, 1997). En estos estudios se señala que un número muy significativo de F/A, a veces más de la mitad de los casos estudiados, no alcanza la creación de valor esperada para el accionista o, lo que viene a ser equivalente, las empresas por separado habrían conseguido mayores tasas de rentabilidad y valor. Ello puede ser debido a la aparición de distintos factores que condicionan el éxito de las F/A y que se pueden agrupar en torno a los cuatro siguientes aspectos (figura 7.5):

Figura 7.5: La gestión de las fusiones y adquisiciones

a) Selección de la empresa objetivo: hace referencia a la identificación de las **características que debiera tener la empresa objetivo** de la F/A para que se ajuste a lo que se pretende con la operación. Se trata de obtener la información suficiente para determinar el valor, los riesgos y todas aquellas variables que afecten al futuro de la empresa objetivo (García Estévez, 2006). En este proceso se suele contar con asesores especializados como bancos de inversión, bufetes de abogados, empresas de consultoría, etc.

Localizada la empresa objetivo, el siguiente problema es la **fijación del precio** de la operación, lo que implica, en el caso de las fusiones, la valoración de las dos empresas involucradas y, en el caso de las adquisiciones, sólo afecta a la empresa objetivo, salvo que se pague total o parcialmente la compra con acciones de la empresa compradora. La mayor dificultad para la fijación del precio está en la valoración de los intangibles que no aparecen en el balance contable y que tienen que ver con la capacidad de la empresa para generar rentas en el futuro. Además, en la mayoría de las operaciones, el comprador suele pagar la llamada **«prima de control»** o cantidad extra por conseguir el control de la empresa objetivo. La forma de financiación de la operación puede revestir diversas modalidades como el pago en efectivo, canje de acciones, emisión de obligaciones, etc.

b) Integración organizativa y cultural: hace referencia a los problemas derivados de la integración de los sistemas organizativos y humanos que pudieran surgir como consecuencia de (Schein y otros, 1990):

- El intento por parte de las empresas que se unen de mantener su cultura, valores, identidad, símbolos, etc.
- Las diferencias en el diseño estructural de las empresas que se unen en cuanto a niveles jerárquicos, hábitos de información entre niveles, tamaño de los equipos administrativos, rutinas organizativas y procedimientos burocráticos (Kitching, 1967).
- Las diferencias en factores de carácter psicológico en aspectos tales como las necesidades de poder personales, suposiciones éticas, estilos de dirección y liderazgo, grado de participación de los trabajadores, etc. (Buono y Bowditch, 1989).
- Las diferencias en los sistemas de remuneración, incentivos y prestaciones sociales del personal de las empresas originarias.
- El peligro de éxodo masivo de aquellas personas que, aún siendo muy valiosas para la nueva etapa, abandonan la organización por no sentirse vinculadas moralmente o fracasadas en sus expectativas ante el proceso de integración, lo cual implica habitualmente a altos directivos de la empresa objetivo (Buono y Bowditch, 1989).

La consideración de todos estos problemas exige un esfuerzo de información y comunicación hacia la plantilla de la empresa resultante de modo que se transmita suficientemente las condiciones en las que se va a producir la integración. Ello hace necesario un **proceso de ajuste organizativo** que trate de analizar el grado de compatibilidad existente entre los sistemas organizativo y sociocultural de las dos empresas originarias que debería valorar las siguientes variables:

- **Elementos estructurales**: diseño de puestos de trabajo, agrupación de unidades organizativas, tamaño de las unidades, escala de mando, etc.
- **Procesos y sistemas administrativos**: normalización de procesos, sistemas de comunicación, planificación de actividades y control del rendimiento, etc.
- **Recursos humanos**: sistemas de selección, formación, motivación, promoción, participación, remuneración, etc.
- **Cultura organizativa**: valores, creencias, hábitos, ritos, símbolos, normas de comportamiento, etc.

c) Integración productiva: tiene que ver con la integración de los sistemas productivos de las empresas integradas y la potencial generación de sinergias. La posible duplicación de activos de todo tipo obliga a afrontar el coste adicional que supone la reestructuración de la empresa resultante, como consecuencia de la integración de los sistemas operativos, la relocalización de actividades, el abandono de instalaciones o actividades duplicadas y la reducción de personal. Especialmente relevante es el caso de la eliminación de puestos de trabajo sobrantes por la aparición de costes de despido o, incluso, barreras de salida por la oposición de los trabajadores.

d) Defensa de la competencia: Las F/A, principalmente entre competidores directos, están sujetas a la normativa que todos los países occidentales tienen establecida para preservar la libre competencia en sus mercados. En España, el organismo que regula y controla determinadas F/A es el Tribunal de Defensa de la Competencia (*www.cncompetencia.es*), como órgano consultivo de la Administración Central. Pero además en el seno de la Unión Europea, también existe una normativa legal, de obligado cumplimiento para todos los países miembros, sobre concentraciones de empresas que puedan poner en peligro la libre competencia en el marco comunitario.

7.3. LA COOPERACIÓN ENTRE EMPRESAS

7.3.1. Concepto y características de la cooperación empresarial

La cooperación entre empresas se puede definir como **un acuerdo entre dos o más empresas independientes que, uniendo o compartiendo parte de sus capacidades y/o recursos, sin llegar a fusionarse, instauran un cierto grado de interrelación con objeto de incrementar sus ventajas competitivas** (Fernández Sánchez, 1991: 27). A partir de una definición muy similar a ésta, García Canal (1993: 94) sintetiza los rasgos básicos que caracterizan a un acuerdo de cooperación en los seis siguientes:

- **No existe una relación de subordinación entre las empresas que cooperan**: ya que al participar voluntariamente no suele haber una subordinación de una empresa a la otra, como ocurre con frecuencia en las F/A.
- **Coordinación de acciones futuras**: para poder realizar conjuntamente determinadas actividades adquiriendo así ciertos compromisos.
- **Pérdida de cierta autonomía organizativa**: derivada del acuerdo establecido y los compromisos asumidos.
- **Difuminación de los límites de la organización**: siendo en ocasiones difícil determinar con claridad qué actividades, personas o activos forman parte de una empresa y cuáles quedan fuera de ella y pertenecen al socio.
- **Interdependencia**: unos socios dependen de los otros para poder llevar a cabo con éxito el acuerdo, ya que, si no fuera así, habrían tratado de conseguir sus objetivos por separado.
- **Consecución de un objetivo**: que difícilmente se podría lograr, o se haría en peores condiciones, sin el acuerdo.

> **Consulta la web**
>
> Contestar Caso Breve CB–007-ES: Telefónica y Vodafone, la colaboración de dos grandes competidores, por Rocío González Sánchez y Fernando García Muiña

Además de los motivos o ventajas del desarrollo externo, en relación con las F/A, se puede decir que la cooperación pretende conseguir un mayor **equilibrio entre eficiencia y flexibilidad** tratando de conseguir las ventajas y evitar los riesgos que suponen las F/A, principalmente, porque mantiene independientes los equipos de gestión, con lo que se reducen los problemas de integración cultural, organizativa y productiva. Todo ello supone un compromiso más reversible, que permite que cada socio se concentre en aquello en lo que es especialista. Además, la cooperación limita la incertidumbre y los riesgos de la actividad empresarial, al compartir recursos y capacidades con los socios, al mismo tiempo que supone un ahorro de tiempo en la consecución de objetivos estratégicos (Menguzzato, 1995: 520).

Aplicación 7.4:

La alianza de General Motors y Peugeot-Citröen,
por Gregorio Martín de Castro

Las multinacionales automovilísticas General Motors (GM) y Peugeot-Citröen (PSA) anunciaron a principios de marzo de 2012 una alianza para intentar conseguir el liderazgo mundial en su sector. La operación suponía que General Motors adquiría el 7% del capital del grupo automovilístico francés, convirtiéndose en su segundo accionista, tras la familia Peugeot.

El objetivo planteado por la alianza era la generación de unas sinergias cifradas en 1.500 millones de euros anuales para el periodo 2012-2017. Así, los esfuerzos conjuntos de GM (primer fabricante mundial) y de PSA (el segundo en Europa) sumarían una capacidad productiva instalada de 11 millones de vehículos anuales, permitiendo el reajuste de instalaciones productivas con unos importantes ahorros de costes, necesarios para afrontar la profunda crisis económica mundial iniciada en 2008.

Dentro de las actividades objeto de la alianza, se habían previsto dos grandes actuaciones: a) instalaciones productivas compartidas de vehículos, componentes y módulos en todo el mundo, lo cual permitiría reducir costes, generar eficiencias y reducir emisiones. Los dos socios se centraban inicialmente en coches pequeños y medianos, así como monovolúmenes y todoterrenos. Además, estaba prevista la apertura de una nueva instalación para vehículos de bajas emisiones, y b) constitución de una sociedad conjunta de compras que gestionaría anualmente un presupuesto de 93.300 millones de euros.

Frente a estas ventajas, los **inconvenientes** más destacables de la cooperación entre empresas son (Hamel y otros, 1989; Fernández Sánchez, 1991, 1993, 1996; Hill y Jones, 2009):

- Puede **erosionar la posición competitiva** de la empresa, principalmente cuando las alianzas son entre competidores directos, en la medida en que puede desvanecer las fuentes de ventaja competitiva, al compartir recursos, tecnología y conocimientos con los socios. En este sentido, la cooperación se puede convertir en un **«caballo de Troya»** que permita, a un socio aprovecharse de las habilidades del otro, o facilitar la entrada en los mercados locales a los competidores extranjeros cuando las alianzas son internacionales.
- **Falta de delegación de poder** a los responsables de la cooperación para que tomen las decisiones oportunas como consecuencia del desplazamiento de poder e influencia dentro de las organizaciones o entre éstas y los órganos gestores de la alianza.

- **Pérdida de autonomía** en la toma de decisiones al quedar limitada por las condiciones del acuerdo y por el control que sobre el mismo pueden ejercer otros socios.
- Implica **costes en tiempo y dinero** en la negociación y vigilancia del acuerdo, así como **incremento de la complejidad organizativa** ya que requiere una coordinación continua entre los socios.
- Pueden existir **intereses divergentes** entre los socios, al perseguir objetivos distintos, lo que dificulta el planteamiento de una estrategia común.
- Pero probablemente el problema principal de las alianzas es la **posible falta de confianza y compromiso** entre los socios. Cuando aparecen recelos o no se ofrece al socio lo mejor que cada empresa tiene, el acuerdo tiende a perder eficacia. Esta circunstancia suele ser más habitual cuando los aliados son competidores directos (Montoro, 2005).

Los anteriores inconvenientes ponen de manifiesto la posible fragilidad de los acuerdos de cooperación así como la dificultad para llevarlos a cabo con éxito, lo que nos conduce a la importancia creciente que se otorga a la gestión de las alianzas y, en general, al desarrollo del proceso completo de la cooperación, aspectos que se analizarán con mayor detalle más adelante.

Consulta la web

Contestar Caso Breve CB–019-ES: La alianza entre El Corte Inglés y Sephora, por Javier Amores Salvadó

7.3.2. Tipos de acuerdos

Existen múltiples criterios para clasificar alianzas, siendo los más habituales aquéllos que distinguen en función del número de socios (dos o más), el número de actividades al que va destinada (especializada o compleja) o el tipo de relación existente entre los socios (horizontal o vertical) (figura 7.6). Pero probablemente el criterio más relevante sea aquél basado en la naturaleza o la forma del acuerdo suscrito entre los socios, en función del cual se pueden establecer los siguientes tipos:

a) Acuerdos contractuales: se llevan a cabo mediante diversas modalidades de contratos entre empresas que no implican intercambio de acciones ni la inversión en el capital de ninguna empresa existente o nueva. Sin embargo, no todos los tipos de acuerdos representan siempre una forma de colaboración, exigiéndose una cierta continuidad en la colaboración, para diferenciarlos de los contratos ordinarios como forma de operar en el mercado.

Consulta la web

Contestar Caso Breve CB–014-ES: Una pareja de tres: La alianza estratégica entre Renault–Nissan y Daimler, por José Javier Fernández Rodríguez y Pablo Moura Díez

El rango de acuerdos contractuales posible es muy amplio y variado. La forma más simple viene dada por los **contratos de larga duración** mediante los cuales los socios se comprometen a realizar determinadas actividades en común. Además de la anterior, otras modalidades muy habituales en la realidad son las siguientes:

Figura 7.6: Clasificación de los acuerdos de cooperación

CRITERIO	TIPOLOGÍA	CARACTERÍSTICA
Actividades implicadas	• Centradas en una actividad	• Producción, I+D, Marketing...
	• Complejas	• Diversas actividades de la cadena de valor
Número de socios	• Dos socios	• Alianza bilateral o diádica
	• Múltiples socios	• Alianza multilateral
Relación entre los socios	• Vertical	• Acuerdo proveedor-cliente
	• Horizontal competitiva	• Acuerdo entre competidores directos
	• Horizontal complementaria	• Acuerdo entre no competidores
Naturaleza del acuerdo	• Acuerdos contractuales	• Basados en un contrato
	• Acuerdos accionariales	• Basados en alguna forma de participación accionarial
	• Redes interorganizativas	• Multiplicidad de acuerdos entre múltiples socios

- **La franquicia** es un tipo de contrato en el que una empresa –la franquiciadora– cede a otra –la franquiciada– el derecho a la comercialización de ciertos productos o servicios dentro de un ámbito geográfico determinado y bajo ciertas condiciones a cambio de una compensación económica directa o indirecta. El franquiciador aporta unos derechos de comercialización que suele incluir una marca de producto, un nombre comercial y una presentación y diseño del establecimiento del franquiciado, mientras que éste es el propietario del negocio y quien realiza las inversiones necesarias para su puesta en marcha.
- **La licencia** es un contrato por el que una empresa –la licenciante– otorga a otra –la licenciataria– el derecho a utilizar sus derechos de propiedad industrial mediante una contraprestación. Estos derechos incluyen las patentes, marcas comerciales, diseños, derechos de autor, *know–how* e información técnica. Para que el contrato de licencia sea considerado una forma de cooperación es preciso que exista una cierta y continuada colaboración entre las partes, y no una mera contraprestación monetaria del licenciatario hacia el licenciante.
- **La subcontratación**, según la cual una empresa –la contratista o principal– encarga a otra –la subcontratista o auxiliar– la realización de determinadas actividades productivas o de prestación de servicios, según unas determinadas indicaciones preestablecidas y conservando la empresa principal la responsabilidad económica final (Hermosilla y Solá, 1989: 58). La subcontratación favorece los procesos de desintegración vertical de las empresas mediante la externalización o ***outsourcing*** de aquellas acti-

vidades productivas o de servicios que no son centrales en su cadena de valor, consiguiendo de este modo un mejor equilibrio entre eficiencia y flexibilidad.

La subcontratación debe entenderse como un acuerdo que va más allá de un mero contrato de aprovisionamiento, que ha evolucionado en ocasiones hasta lo que se denomina **subcontratación avanzada** que implica que el subcontratista también participa en la concepción, diseño y calidad del producto que va a fabricar, a partir de las especificaciones funcionales del contratista (Fernández Sánchez, 1993). En este caso, la empresa auxiliar se convierte en un socio importante para la principal ya que no sólo aporta su capacidad de producción sino, lo que es más importante, su capacidad tecnológica, su *know–how* y su experiencia.

> **Análisis**
>
> Un análisis sobre los procesos de externalización en el sector del juguete se puede encontrar en Belso y Escalona (2009), *Economía Industrial*, nº 372: *www.minetur.gob.es/revistaei*

- **El consorcio**, consiste en una forma de contrato mediante el que se formaliza una relación a largo plazo entre los socios y una organización mutua –el consorcio– integrada por todos ellos. El objetivo suele ser desarrollar un proyecto único e indivisible que por su dimensión rebasa las posibilidades individuales de las empresas y puede disolverse cuando finaliza la tarea o la necesidad que ha dado lugar a su creación (Fernández Sánchez, 1993). Las Uniones Temporales de Empresas (UTE) constituyen una forma legal de consorcios.

> **Consulta la web**
>
> Ver Aplicación AN-15.04-ES: El consorcio del AVE a La Meca, por Javier Amores Salvadó y Aplicación AN-15.05-ES: El consorcio para la fabricación del vehículo Hiriko, por Ángeles Ramírez Peña

b) Acuerdos accionariales: se diferencian de los contractuales porque implican la adquisición de acciones de una empresa por parte de al menos uno de los socios participantes. Esta adquisición puede ser para crear una empresa nueva –empresa conjunta–, para reforzar la interacción entre las empresas que se asocian mediante el intercambio o permuta de acciones o para apoyar el proyecto de otra empresa en el que se está interesada mediante participaciones minoritarias.

La **empresa conjunta** o *joint–venture* constituye una de las formas más utilizadas de cooperación. Consiste en un acuerdo por el que dos o más empresas independientes –llamadas empresas «padres» o «matrices»– crean una nueva empresa –llamada empresa «hija»– para desarrollar a través de ella una actividad de colaboración. La creación de una empresa independiente hace que el proyecto de cooperación tenga unos objetivos y actividades claramente delimitados, unos activos físicos y humanos asignados de manera específica y unas responsabilidades directivas definidas (Bowman y Faulkner, 1997).

El **intercambio o permuta de acciones** entre empresas, consiste en que los intervinientes compran o suscriben recíprocamente una parte del capital social del otro socio. A diferencia de las F/A, la toma de participación

> **Consulta la web**
>
> Ver Aplicación AN–15.02-ES: El intercambio accionarial entre Telefónica y China Unicom, por Miriam Delgado Verde

debe ser minoritaria lo que implica que las empresas aliadas siguen manteniendo el control de cada sociedad. Esta participación cruzada permite habitualmente un intercambio de representantes en los respectivos consejos de administración (consejos entrelazados), lo que garantiza la disponibilidad de información interna entre los socios. A diferencia de la empresa conjunta, no se crea una entidad nueva para desarrollar el proyecto de colaboración establecido.

La **participación minoritaria** consiste en que es sólo una empresa la que adquiere una participación en el capital de otra, con carácter minoritario, pero con intención de continuidad y el ánimo de ser un socio activo para apoyar el proyecto empresarial de la participada en el que está interesado.

c) Redes interorganizativas: Podemos entender que las redes son una forma organizativa intermedia entre el mercado y la empresa combinando cooperación y competencia. Se caracterizan por la pluralidad de acuerdos de cooperación entre empresas, la multiplicidad de socios y la complejidad de relaciones. En definitiva, las redes unen a empresas con un propósito genérico de apoyarse mutuamente en diversas actividades y pueden utilizar de forma simultánea acuerdos concretos de los tipos vistos anteriormente.

Una característica esencial de las redes interorganizativas es la complementariedad de actividades que permite alcanzar la eficiencia a los participantes, pues cada organización se especializa en aquellas actividades de la cadena de valor en las que tiene una competencia distintiva y que son fundamentales para su ventaja competitiva. Así, cada socio tiene acceso a las competencias de los demás.

Desde un punto de vista estratégico, la red constituye un nuevo instrumento que sirve a la dirección para conseguir una posición competitiva fuerte al permitir a cada socio tener la participación de los demás socios en las luchas contra sus competidores dominantes, de tal forma que puede llegar a alterar la competencia, y donde el problema se convierte ahora en buscar el posicionamiento dentro de la propia red (Mattsson y otros, 1992). Las redes también pueden contribuir a evitar o dificultar la constitución de otras alianzas. En determinadas industrias, esto obliga a pensar en términos de posicionamiento en redes en lugar de en términos de cuota de mercado.

> **Análisis**
>
> Un análisis sobre los tipos de redes interorganizativas para PYMES y su aplicación al sector textil se puede encontrar en Capó, Tomás y Expósito (2009), *Dirección y Organización*, nº 38: *www.revistadyo.com*

Las redes interorganizativas pueden ser verticales u horizontales. En el primer caso se agrupan empresas donde existe una relación proveedor–cliente. Tal sería el caso de una empresa que tiene una red de proveedores para la fabricación de sus productos o componentes o una red de distribuidores con los que trabaja en colaboración. Las redes horizontales agrupan a empresas competidoras entre sí como ocurre en una red de cooperación para la innovación empresarial alrededor de un parque científico o tecnológico o en la especial colaboración que se da en el sector del transporte aéreo.

Aplicación 7.5:

Las redes interorganizativas en la industria del transporte aéreo

En el sector aéreo, las redes entre empresas son una estrategia fundamental para competir. En 2012 existían tres grandes alianzas o redes en torno a las cuales se agrupaban las empresas del sector, creando algo así como «constelaciones» de empresas que compiten entre sí buscando dar un buen servicio al cliente: Oneworld, SkyTeam y Star Alliance. Los principales datos de cada red a principios de 2012 aparecen en la tabla siguiente:

	Star Alliance	Sky Team	One World
Año de fundación	1997	2000	1999
Aerolíneas socio	28	15	13
Principales aerolíneas	Lufthansa, SAS, United, Thai	Air France, KLM, Delta, Air Europa	British Airways, Iberia, American Airlines
Organización central	Sí	Sí	Sí
Sede	Frankfurt (Alemania)	Amsterdam (Holanda)	Nueva York (USA)
Destinos (aeropuertos)	1.290	916	800
Países operados	189	173	152
Flota conjunta	4.386	2.431	2.500
Vuelos diarios	21.230	15.500	9.361
Pasajeros año (millones)	653	487	346
Empleados totales	415.000	400.000	268.000

A través de estas redes, las empresas asociadas ponen en común sus recursos y consiguen un mayor alcance geográfico que les permite ofrecer un mejor servicio a sus clientes, aprovechando cada una su especialización geográfica. La idea es crear más valor para clientes, accionistas y empleados de lo que cualquier compañía puede generar por sí misma. Aunque cada alianza tiene sus propias características en cuanto al tipo y número de acuerdos, algunos rasgos son similares:

- El objetivo general de las redes es facilitar el viaje y acelerar las conexiones lo que implica mayor proximidad de las compañías en los aeropuertos, instalaciones comunes en los aeropuertos, introducción de nuevas tecnologías, coordinación de los programas de vuelo, prestación de servicios mutuos (mantenimiento de aviones o *handling*) o instalación de equipos de conexión para agilizar el trasbordo de pasajeros y equipajes, entre otras actividades.
- Algunos socios pueden tener Alianzas Bilaterales Estratégicas. Además, las redes suelen tener acuerdos con líneas regionales vinculadas a miembros de la alianza teniendo sus pasajeros las mismas ventajas que las compañías aéreas miembro. Tal es el caso de la compañía Air Nostrum, socio afiliado a Oneworld a través de su relación con Iberia.
- Cada red suele permitir al pasajero facturar el equipaje hasta el destino final y sacar todas las tarjetas de embarque en el primer punto del itinerario, así como acumular puntos para los distintos programas de fidelización de los vuelos realizados con cualquiera de las compañías miembro, acceso a salas de espera y autorización para el exceso de equipaje.
- Los pasajeros disfrutan de más opciones de vuelos y destinos a través de la red y sus programas bilaterales de código compartido, más opciones de tarifas, facilita la conexión entre vuelos, un sistema de señalización estandarizada que ayuda al viajero en su recorrido, confirmación de sus planes de viaje e información en oficinas repartidas en todo el mundo.

Fuente: *www.staralliance.com, www.skyteam.com, www.oneworld.com*

7.3.3. La dirección de los acuerdos de cooperación

La dirección de los acuerdos de cooperación se refiere al conjunto de problemas y factores que hay que tener en cuenta para poner en marcha un acuerdo y tratar de garantizar su éxito. Diversos autores han tratado de definir un proceso para garantizar su adecuada dirección (Devlin y Bleackley, 1988; Bronder y Pritzl, 1992; Pekar y Allio, 1994; Bowman y Faulkner, 1997), en el que deben distinguirse dos bloques o grupos de problemas básicos: el proceso de formación del acuerdo y su gestión posterior. Completaremos el análisis con algunas reflexiones sobre los resultados de los acuerdos de cooperación y su vinculación con las dos grandes áreas de problemas analizados. La figura 7.7 recoge este proceso de forma gráfica.

Figura 7.7: El proceso de dirección de una alianza

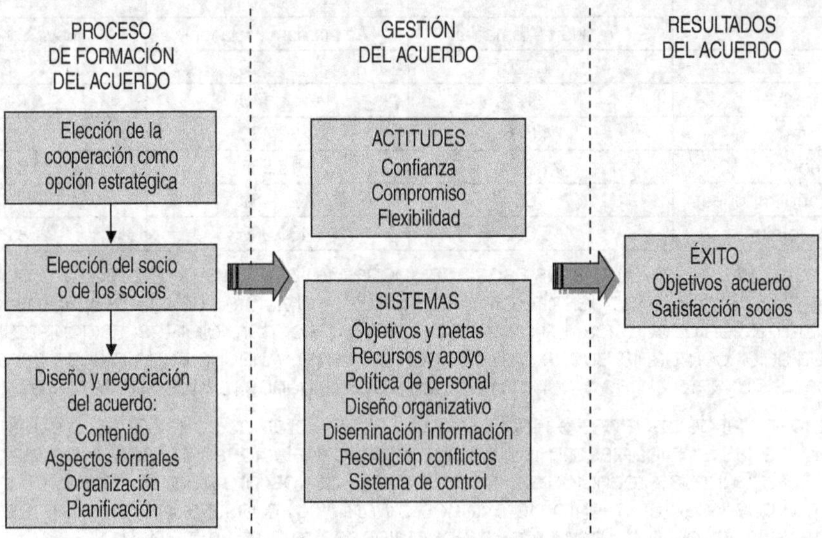

a) El proceso de formación del acuerdo: se refiere al conjunto de actividades que es preciso realizar antes de que la alianza empiece a funcionar de manera efectiva y que culmina con la firma del acuerdo por parte de los socios participantes. En general, podemos identificar tres partes relevantes dentro de este proceso:

- **Elegir la cooperación como el método de desarrollo estratégico más adecuado**, ya que, como se ha visto anteriormente, la cooperación no es buena en sí misma sino que presenta ventajas e inconvenientes por lo que debe compararse con otras opciones como el desarrollo interno o las F/A. Esta decisión suele estar condicionada por la posición previa de la alta dirección –valores, creencias, actitud favorable o desfavorable–, así como la satisfacción o insatisfacción de experiencias anteriores que se hayan podido tener.

- **La elección del socio** o de los socios participantes. Ello requiere la búsqueda de potenciales socios, el análisis y evaluación de sus fortalezas y debilidades y la fijación de los criterios para la elección del socio adecuado (Pekar y Allio, 1994). Bowman y Faulkner (1997) destacan dos elementos fundamentales como criterios para esta elección:
  1) **El ajuste estratégico**: que depende de la comunidad de intereses y la complementariedad de recursos y capacidades entre los socios.
  2) **El ajuste cultural:** se refiere a la compatibilidad entre las formas de actuar de los socios, en aspectos como los valores esenciales de la cultura organizativa, valores éticos, actitud hacia el riesgo, forma de concebir el trabajo, etc.[1]
- **Características y condiciones del acuerdo**: que hace referencia a su contenido (definición de los objetivos del acuerdo y aportaciones y retornos de cada socio), aspectos formales y legales (forma adoptada, protección de la información individual y formas de resolución de conflictos), organización (reparto de actividades, asignación de responsabilidades y mecanismos de coordinación) y planificación (plazo de duración y desarrollo temporal, planes operativos para cada socio y para el proyecto conjunto, asignación de recursos financieros y humanos al proyecto, etc.).

  En general, el contenido y los aspectos formales y legales suelen estar presentes al suscribir el acuerdo de forma más o menos explícita. La organización y planificación, por el contrario, pueden ser acordadas con anterioridad o ser resueltas durante la ejecución posterior del proyecto de colaboración.

b) La gestión del acuerdo: cuando empiezan a desarrollarse las actividades previstas en el acuerdo, al igual que ocurre con las F/A, éste suele ser un momento crítico para el éxito final. Siguiendo a Bowman y Faulkner (1997), la gestión de un acuerdo de cooperación tiene dos elementos fundamentales:

> **Análisis**
>
> Un análisis de los factores organizativos para el éxito de los acuerdos de cooperación se puede encontrar en Montoro (2005), *Revista de Economía Aplicada*, nº 39: *www.revecap.com*

- **Las actitudes mantenidas por cada socio** en relación con el resto de socios y con el acuerdo, en aspectos tales como la confianza, el compromiso y la flexibilidad (Montoro, 2005). La **confianza** se refiere a la creencia, por parte de cada socio, de que el otro participante va a actuar con honradez e integridad y va a cumplir los compromisos que ha adquirido. El **compromiso** supone la implicación real de cada socio en las actividades asignadas y en el éxito del acuerdo, lo que implica asignar los recursos necesarios, dedicar tiempo y atención a la marcha del acuerdo, y realizar las inversiones comprometidas. La **flexibilidad** viene dada por la capacidad de adaptarse a las características, comportamientos y actitudes de los demás socios.

1. Si bien estos problemas son similares a los que se plantean con las fusiones o adquisiciones, la intensidad aquí es mucho menor ya que la interacción entre las empresas implicadas también es menor.

- **Los mecanismos específicos para hacer funcionar el acuerdo**, que se vinculan con las fases de organización y planificación de los acuerdos antes planteadas. Algunos de los aspectos más destacables a este respecto son los siguientes: objetivos y metas claramente definidos, asignación suficiente de recursos, apoyo de la alta dirección, asignación de autoridad y responsabilidad a los directivos encargados de hacer funcionar el acuerdo, mecanismos para identificar los retornos esperados en términos de información y aprendizaje, mecanismos para resolver los conflictos y para terminar la alianza y sistema de vigilancia y control para conocer y medir los resultados obtenidos (Devlin y Bleackley, 1988; Pekar y Allio, 1994; Bowman y Faulkner, 1997):

Consulta la web

Ver Aplicación AN–15.03-ES: La ruptura de la empresa conjunta de Starbucks en España, por Jorge Cruz González

c) **Los resultados de la cooperación**: Desgraciadamente, no es fácil medir el resultado de un acuerdo de cooperación y su nivel de éxito o fracaso. En principio, podríamos señalar que una alianza tiene éxito cuando se consiguen los objetivos estratégicos para los que fue planteada. El problema que surge de esta afirmación es que, además de los objetivos específicos del acuerdo, cada socio puede tener sus propios objetivos no necesariamente compatibles entre sí. De este modo, un acuerdo puede alcanzar sus objetivos y sin embargo perjudicar a alguno de los socios, o bien acabar en fracaso al no conseguirse los objetivos generales y ser muy provechoso para alguno de los socios (Dussauge y otros, 1997). La anterior reflexión nos conduce a considerar la medición de los resultados de los acuerdos de cooperación desde una doble perspectiva:

- **Desde una visión conjunta del acuerdo** como tal que, a su vez, se puede contemplar desde otra doble vertiente, según se logren o no los objetivos inicialmente planteados en la alianza, o según la estabilidad del acuerdo, es decir, la forma en que se desarrolla en el tiempo y, eventualmente, finaliza. La continuidad indefinida en la colaboración suele ser un indicador de éxito, mientras que la ruptura prematura lo es de fracaso.
- **Desde la visión de cada socio**, que depende de cómo cada uno de ellos evalúa subjetivamente su participación en el acuerdo. Esta evaluación individual dependerá de la diferencia entre los resultados que cada socio esperaba conseguir y los que consigue, de que dichos resultados sean superiores a sus aportaciones y que tanto los beneficios como los costes se repartan de forma equilibrada entre los distintos socios (Ohmae, 1989).

No es fácil conseguir esta equidad respecto de los beneficios derivados de la cooperación, observados por cada uno de los socios, sobre todo si las empresas participantes son de dimensiones, características y procedimientos de gestión muy distintos, así como si sus estrategias competitivas son muy diferentes (Porter y Fuller, 1988).

Análisis

Un análisis de la relación entre acuerdos de cooperación y resultados empresariales se puede encontrar en Medina, Ortiz de Urbina y Sacristán (2007), *Cuadernos de Estudios Empresariales*, nº 17: *http://revistas.ucm.es/index.php/CESE*

CUADRO RESUMEN

✓ **DESARROLLO INTERNO Y EXTERNO**

- Conceptos de desarrollo interno y externo: análisis comparativo de ventajas e inconvenientes
- Justificación del desarrollo externo: eficiencia económica, poder de mercado y otros motivos
- Tipos de desarrollo externo: fusiones, adquisiciones y alianzas

✓ **FUSIONES Y ADQUISICIONES DE EMPRESAS**

- Concepto y tipos de fusión: pura, por absorción y con integración parcial de activos
- Concepto y tipos de adquisición: totales, mayoritarias y minoritarias
- Formas financieras de adquisición: compra mediante apalancamiento financiero o *Leveraged Buy-Out* (LBO) y oferta pública de adquisición de acciones (OPA)
- Formas de desconcentración de empresas: escisión y segregación
- La gestión del desarrollo externo: Selección de la empresa objetivo, integración organizativa y cultural, integración productiva y problemas de defensa de la competencia

✓ **LA COOPERACIÓN ENTRE EMPRESAS**

- Concepto, características, ventajas e inconvenientes de la cooperación
- Tipos de alianzas: acuerdos contractuales, acuerdos accionariales y redes interorganizativas
- La dirección de los acuerdos de cooperación: el proceso de formación, la gestión y la medición de resultados del acuerdo

PREGUNTAS SOBRE EL CAPÍTULO

- Análisis comparativo de las ventajas e inconvenientes del desarrollo interno y externo.
- Motivos principales por los que las empresas llevan a cabo procesos de desarrollo externo.
- Ventajas e inconvenientes de los distintos tipos de desarrollo externo.
- Principales problemas de las fusiones y adquisiciones.
- Análisis comparativo de los distintos tipos de alianzas en función de la naturaleza del acuerdo establecido.
- Aspectos clave que hay que decidir en el proceso de formación y gestión de una alianza.
- Formas de medir el éxito de una alianza.

ACTIVIDADES

7.a. Identificar en una industria cualquiera los motivos principales por los que se están produciendo operaciones de desarrollo externo.

7.b. Estudiar en una operación reciente de F/A o de alianza los motivos por los que se ha llevado a cabo, las ventajas e inconvenientes que han surgido para cada una de las empresas involucradas y el proceso de gestión del proceso en cada caso.

7.c. Identificar una fusión y/o adquisición reciente que haya sido limitada o prohibida por las autoridades públicas. Analizar las razones de la intervención pública y la forma en la que se ha resuelto el problema.

7.d Identificar una alianza que se haya disuelto recientemente y analizar los motivos de su disolución y las ventajas e inconvenientes que ha conllevado para cada uno de los socios.

LECTURAS RECOMENDADAS

Puede profundizar los contenidos de este capítulo en Guerras y Navas (2007, caps. 14 y 15), Hitt y otros (2008, caps. 7 y 9), Mascareñas (2011, caps. 1 a 7) y Ventura (2008, cap. 15)

Capítulo 8
La estrategia de internacionalización

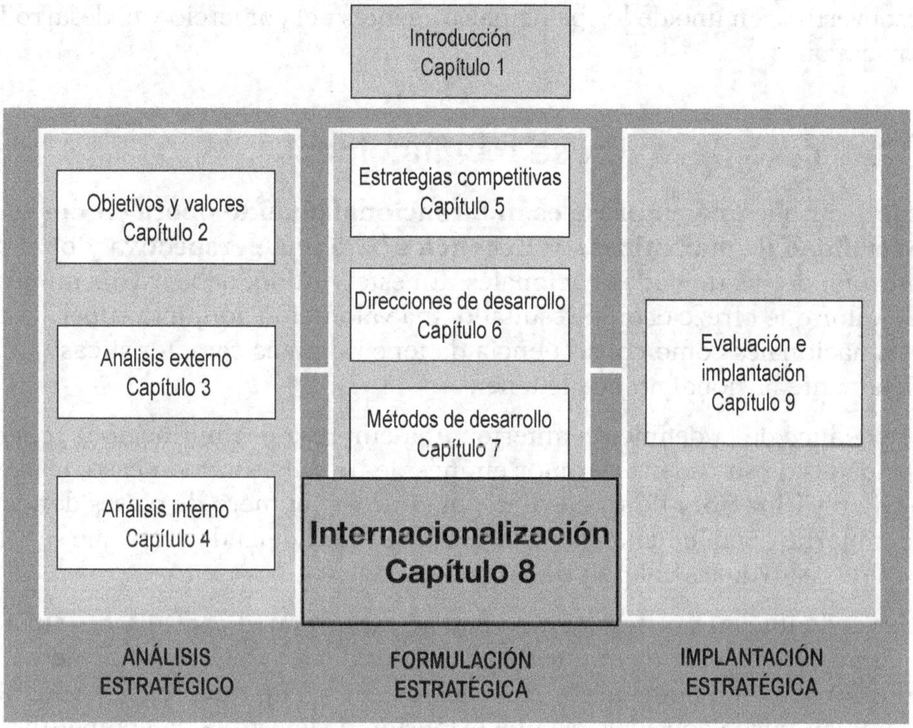

OBJETIVOS

- Definir y caracterizar la empresa multinacional y las causas que la conducen a ello.
- Analizar los criterios que permiten identificar las industrias globales y multipaís y las estrategias para competir en ellas.
- Estudiar las distintas alternativas de entrada en los mercados exteriores.
- Profundizar en el estudio de las peculiaridades específicas a tener en cuenta en la dirección de una empresa multinacional.

8.1. LA EMPRESA MULTINACIONAL

El acelerado proceso de globalización que sufre el sistema económico mundial fuerza a muchas empresas a salir fuera de sus fronteras geográficas naturales para mantener sus posiciones competitivas, convirtiéndose así en empresas multinacionales. Aunque puede decirse que desde tiempos muy antiguos han existido empresas que han operado a escala internacional, este fenómeno no adquiere relevancia generalizada hasta después de la II Guerra Mundial. Es a partir de este momento cuando la progresiva liberalización de las economías nacionales favorece la aparición cada vez más frecuente de este tipo de empresas, hasta convertirse en uno de los principales agentes del comercio y el desarrollo económico internacional.

8.1.1. Concepto de empresa multinacional

Se puede decir que **una empresa es multinacional cuando opera en dos o más países con la finalidad de maximizar sus beneficios bajo una perspectiva global de grupo** y no en cada una de sus unidades nacionales. En este sentido, debe existir un proyecto de creación de valor que ofrezca como resultado una valoración conjunta superior a la suma de las partes nacionales como consecuencia de tener algunas características que una empresa estrictamente nacional no puede tener.

Como se deduce de la definición anterior, una empresa es multinacional cuando lleva a cabo actividades de su cadena de valor en más de un país. En todo caso, existen distintos **niveles de multinacionalidad** que derivan tanto del número de países donde se actúa como de la importancia que tienen las actividades de la cadena de valor que se realizan en el extranjero respecto de las del país de origen.

La decisión de internacionalización, como se expuso en el capítulo 6, constituye una estrategia de nivel corporativo, ya que implica un rediseño del campo de actividad de la empresa al incorporarse nuevas áreas de negocios desde el punto de vista geográfico. Sin embargo, también puede considerarse una extensión de la estrategia competitiva en el nivel de negocio, ya que en muchos casos se trata de competir con un mismo negocio en una industria global que no está condicionada por los límites territoriales de los países. Ambos aspectos, corporativos y competitivos, pueden solaparse en la definición de la estrategia de internacionalización.

Sea cual sea el nivel de análisis más adecuado para su estudio, parece interesante conocer las causas que llevan a una empresa a actuar en otros países, a pesar del incremento del riesgo que puede suponer enfrentarse a nuevos entornos competitivos, posiblemente desconocidos, o al menos diferentes de los de su entorno tradicional.

8.1.2. Razones para la internacionalización

Las justificaciones que se pueden esgrimir para la internacionalización son múltiples y variadas. Las agruparemos en dos grandes bloques en función de su origen, tal como se recoge en la figura 8.1: internas y externas (Dunning, 1988, 1991; Plá y León, 2004; Johnson y otros, 2010; Dess y otros, 2011; Thompson y otros, 2012).

Figura 8.1: Razones para la internacionalización

INTERNAS	EXTERNAS
Reducción de costes Tamaño mínimo eficiente Búsqueda de recursos Disminución del riesgo global Explotación de recursos y capacidades	Ciclo de vida de la industria Demanda externa Seguir al cliente Globalización de la industria

a) Razones internas: tienen relación con la capacidad de la empresa para tomar decisiones encaminadas a mejorar su competitividad. Entre ellas encontramos las siguientes:

- **Reducción de costes**: que puede tener diversas vertientes como costes de adquisición de algunos recursos productivos (materias primas, mano de obra o capital), reducción de cargas fiscales por distintos sistemas impositivos, posibilidad de localización de las actividades de su cadena de valor en los países donde sea más favorable, consecución de economías de escala por mayor volumen de producción, etc.
- **Búsqueda de recursos**: en otras ocasiones la localización de las actividades en el exterior viene determinada por la disponibilidad en el país de destino de determinados factores interesantes para la empresa como recursos naturales, situación geográfica, factor trabajo especializado, infraestructuras específicas, etc.
- **Tamaño mínimo eficiente**: en determinadas actividades, es muy difícil conseguir un tamaño óptimo utilizando como objetivo de ventas únicamente el mercado nacional, por lo que las empresas buscan, operando también en otros países, el volumen de ventas necesario para alcanzar dicho tamaño óptimo. Tal es el caso de las empresas procedentes de pequeños países o países muy poco poblados, como los escandinavos.
- **Disminución del riesgo global**: al igual que ocurre con la diversificación de productos, la diversificación geográfica o de mercados, es decir, la distribución de actividades en áreas geográficas distintas puede ser un criterio de disminución del riesgo global de la empresa. El argumento es similar al utilizado respecto de la diversificación de productos, aunque al igual que en aquel caso, podría estar relacionado más con los objetivos de los directivos que con los de los accionistas.

- **Explotación de recursos y capacidades**: tal como vimos en el capítulo 4, un importante motivo para la internacionalización de la empresa consiste en la explotación de los recursos y capacidades propios en los distintos países. Está basado en la posesión tanto de ciertos recursos, conocimientos o activos específicos como de capacidades de dirección y de gestión empresarial que pueden utilizarse con éxito en otros países.

> **Consulta la web**
>
> Contestar Caso Breve CB–005-ES: KA Internacional, de las telas al peso a la decoración internacional, por Mª del Carmen de la Calle Durán

b) Razones externas: además de las razones internas, existe otra serie de argumentos, independientes de la voluntad de la empresa, que complementan la justificación de la salida a los mercados exteriores. Entre ellos, destacaremos los siguientes:

- **Ciclo de vida de la industria**: tal y como vimos en el capítulo 5, cuando la industria en la que se actúa entra en su fase de madurez, no es fácil conseguir un crecimiento sostenido. Esto puede resolverse entrando en nuevos negocios –estrategia de diversificación– o mediante la búsqueda de países cuya industria todavía está en la etapa emergente o de crecimiento –desarrollo de mercados geográficos–. Cuanto más reducido sea el mercado nacional, antes se llega a la saturación y, por tanto, antes se plantean las empresas su internacionalización.
- **Demanda externa**: sin necesidad de que la industria se encuentre en su fase de madurez o declive, pudiera ocurrir que otros mercados presenten una gran demanda potencial o insatisfecha, que hagan aconsejable salir al exterior. De esta manera, la empresa puede acceder a nuevos clientes potenciales a los que ofrecer sus productos.
- **Seguir al cliente**: Las empresas que actúan como proveedoras de empresas industriales deben seguir a sus clientes cuando éstos internacionalizan sus actividades. Este hecho suele ser muy frecuente en industrias como la de componentes de automoción, que necesitan instalarse cerca de sus clientes cuando éstos deciden ubicarse en un determinado país.
- **Globalización de la industria**: Quizás la razón más poderosa para la internacionalización está en las propias características de la industria en la que opera, por la tendencia creciente hacia la globalización (Porter, 1986; Ghoshal, 1987). En esta situación, una empresa ya no se plantea si internacionalizarse o no, sino cómo responder mejor a ese proceso de globalización que le viene dado por el entorno. De cómo la empresa responda a esta cuestión depende que sepa aprovechar las oportunidades de un mercado global o que no pueda afrontar las amenazas que toda economía abierta supone para las empresas que no saben adaptarse al nuevo entorno.

> **Análisis**
>
> Un análisis del proceso de internacionalización del Banco Santander se puede encontrar en Martín Aceña (2008), *Universia Business Review*, nº especial: *http://ubr.universia.net*

Habitualmente, tanto las razones internas como las externas no se dan de forma aislada en la práctica, sino que las empresas abordan sus procesos de internacionalización partiendo de varios de estos argumentos conjuntamente.

8.2. LA COMPETENCIA GLOBAL: FACTORES Y ESTRATEGIAS

La relevancia que tiene la globalización de la industria para justificar la internacionalización de la empresa requiere un análisis detallado acerca de las características que hacen que las industrias sean más o menos globales y los tipos de estrategias competitivas que se pueden definir en virtud de tales características.

8.2.1. Concepto de industrias globales y multipaís

La unidad adecuada de análisis para establecer la estrategia competitiva internacional de la empresa es la industria, puesto que éste es el marco en el que tiene origen y se desenvuelve dicha competencia. Siguiendo a Porter (1988), la competencia internacional varía ampliamente entre diferentes industrias a lo largo de un espectro que varía desde lo que se denominan industrias globales a lo que se conoce como industrias multipaís.

Una industria es global cuando la posición competitiva de una empresa en un país guarda una estrecha relación con la que mantiene en otros países, y viceversa (Hout y otros, 1982). Por tanto, en este tipo de industrias los competidores deben tener una visión conjunta de su actuación en los distintos mercados ya que la ventaja competitiva surge de una consideración conjunta de todos los países donde se actúe.

Una industria es multipaís cuando la competencia en un país no guarda aparentemente relación con la competencia en otros países. Es una industria internacional compuesta por un conjunto de industrias nacionales en las que las empresas pueden competir de forma autónoma en un país con relación a otros, porque las ventajas competitivas son específicas país a país.

Estas características de las industrias condicionan las estrategias que se pueden o deben adoptar. La estrategia para una industria multipaís se puede plantear como una cartera de estrategias, cada una de las cuales se desarrolla en un país o grupo de países, de acuerdo con sus condiciones competitivas. En la estrategia para una industria global, se trata de lograr una ventaja competitiva considerando las distintas industrias nacionales como un todo. En una industria global, la empresa debe, de algún modo, integrar sus operaciones sobre una base mundial.

8.2.2. Factores de globalización

Siguiendo a Solberg (1991), los factores que influyen en la globalización de la competencia en una determinada industria son dos:

a) La estructura de la oferta: se refiere al tipo de competencia existente en esa industria, lo cual, a su vez, depende de:

- Su **estructura competitiva**, medida por el número y tamaño de los competidores que existan en cada país. A medida que en una industria exista un menor número de competidores de tamaño más grande, la industria tiende a ser más global.

- Su **grado de especialización nacional**, es decir, el hecho de que existan o no oferentes de ese tipo de actividad en todos los países del mundo o sólo en unos pocos. En algunas industrias hay oferentes en prácticamente todos los países (alimentación, hostelería, materiales de construcción), mientras que en otras actividades los competidores están concentrados en un número limitado de países (aeronáutica, construcción naval, automóvil). Cuando en una industria la oferta mundial se concentra en pocos países se dice que la industria es especializada y a medida que una industria es más especializada, tiende a ser más global.

Si se combinan estos dos factores –estructura competitiva y grado de especialización nacional–, se puede distinguir entre una **estructura de la oferta nacional** (dominada por los actores nacionales y/o existe una estructura competitiva fragmentada), **estructura de la oferta regional** (como situación intermedia) y **estructura de la oferta global** (caracterizada por la presencia de un pequeño número de participantes dominantes globales).

b) La accesibilidad al mercado: relativa al grado de facilidad o dificultad de acceso a dicha industria, lo cual viene determinado por otros dos factores:

- Las **barreras de entrada a un país** son similares a las barreras de entrada a una industria y consisten en aquellos obstáculos o dificultades que impiden o hacen más difícil empezar a competir en ese país. Ejemplos de este tipo de barreras son aranceles aduaneros, formas de hacer los negocios diferentes, protección a la industria local, intereses estratégicos nacionales, estándares nacionales diferentes, marco jurídico específico, rechazo político/social a la empresa extranjera, acceso a sistemas de distribución locales, etc. A medida que en una industria existen menos barreras de entrada (o habiendo muchas, tienen un nivel bajo) la industria tiende a ser más abierta y, por tanto, más global.
- La **similitud de la demanda** se refiere a la homogeneidad de las pautas de comportamiento de los clientes a lo largo de los distintos países en función de sus gustos, preferencias y comportamientos de compra. Si estas pautas son similares, las empresas podrán adoptar políticas comunes en todos lo países. En caso contrario, las empresas tendrán que adaptarse a las características nacionales. A medida que las pautas de demanda de los consumidores sean más homogéneas en los distintos países, la industria tiende a ser más global.

A medida que las barreras de entrada sean más bajas o más altas y las pautas de demanda más homogéneas o heterogéneas, hablaremos de **mercados fáciles**, **moderadamente difíciles** y **difíciles**, respectivamente. Combinando los diferentes niveles definidos de la estructura de la oferta y la accesibilidad a los mercados, podemos obtener una tipología de industrias en función de su grado de globalidad, tal y como aparece representada en la figura 8.2.

Figura 8.2: Nivel de globalidad de una industria

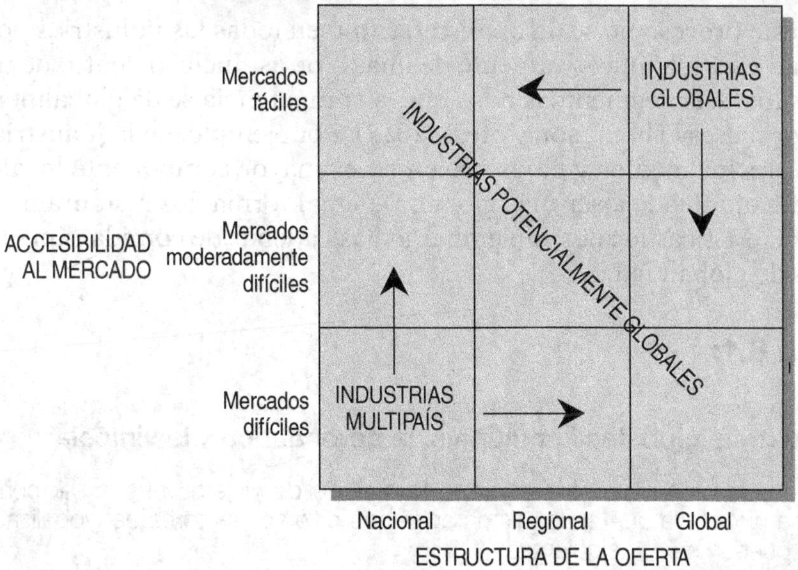

Fuente: Adaptado de Solberg (1991: 13)

1) Industrias globales, son aquellas en las que existen unos pocos grandes competidores que dominan la competencia mundial, la estructura de la oferta es especializada, no existen barreras importantes al comercio internacional y las pautas de comportamiento de los consumidores son similares en todos los países. Tal es el caso de la industria aeronáutica, la construcción naval o la fabricación de automóviles.

2) Industrias multipaís (multidomésticas, locales o no globales) son aquellas en las que se dan las circunstancias opuestas a las globales, es decir, la competencia está muy fragmentada por la existencia de numerosos participantes, que tienen una dimensión reducida y que están presentes en todos los países. El acceso a nuevos países es complicado por las altas barreras de entrada y la heterogeneidad de la demanda. En este grupo se podrían situar actividades como la alimentación en general, la restauración, la consultoría fiscal o los bufetes de abogados y, por sus características, buena parte de los servicios.

3) Industrias potencialmente globales, son aquellas en las que algunos factores tienden hacia una caracterización más global y otros hacia una más local. En este grupo se podrían incluir buena parte de los sectores industriales.

En los últimos años parece manifestarse una tendencia imparable hacia la homogeneización de las actividades de casi todas las industrias debida, sin duda, a los efectos de la llamada globalización. La ruptura de las fronteras nacionales, la creación de grandes áreas de libre comercio en distintas regiones del planeta, la potenciación del comercio mundial a través de la Organización Mundial del Comercio, la libertad de movimientos de personas y flujos financieros, el desarrollo de las nuevas tecnologías de la información, especialmente internet, y la confluencia hacia pautas de comportamiento comunes de los ciudadanos de todo el mundo están contribuyendo a dicha homogeneización de la actividad industrial.

Sin embargo, este proceso no se da al mismo ritmo en todas las industrias por lo que el grado de globalidad varía significativamente de unas a otras. Incluso dentro de una misma industria, pueden aparecer segmentos en los que la competencia se da globalmente y otros en los que se da por países (Thompson y otros, 2012). Por ejemplo, en la industria hotelera, los segmentos de precios medios y bajos suelen tener mayor componente local, mientras que el segmento de lujo tiende a ser más global. De igual forma, los restaurantes, en general, presentan características locales; sin embargo, las cadenas de comida rápida muestran factores evidentes de globalidad.

Aplicación 8.1:

Industrias globales y multipaís: la aeronáutica y la vinícola

La industria de construcción de aviones para el transporte de viajeros puede ser considerada como una industria global, ya que en la misma aparecen diversos factores de globalización. Los más significativos pueden ser los siguientes:

- La industria se puede considerar especializada en el sentido de que sólo existen oferentes importantes en unos pocos países, concentrados básicamente en Estados Unidos y Europa.
- El tamaño mínimo eficiente de las empresas actuantes es muy considerable, ya que se requieren grandes instalaciones y cuantiosas inversiones.
- El número de empresas importantes de la industria es muy reducido, entre las que destacan Boeing y EADS–Airbus.
- Las pautas de demanda de los clientes son muy similares, ya que los clientes son las compañías aéreas de los distintos países, que tienen unas formas de compra muy parecidas.
- No existen barreras a la importación por parte de las naciones, porque las compañías aéreas deben comprar a los constructores allá donde se encuentren.

Por otra parte, la industria vinícola, encargada de la elaboración y distribución del vino, se puede considerar como una industria multipaís, ya que en la misma los factores de globalización tienen unas posiciones bien distintas a las de la industria aeronáutica, a saber:

- Existen oferentes en muchos países del mundo.
- El tamaño mínimo eficiente para operar puede ser muy reducido, como lo demuestra el hecho de pequeñas bodegas de fabricación artesanal, muy apreciadas por la clientela.
- El tipo de uva y el clima son distintos entre regiones y países por lo que las características de los vinos son diferentes.
- El producto vino se puede presentar en multitud de variantes, que suelen ser apreciadas localmente.
- Existen, en muchos casos, fuertes aranceles a la importación de vino y licores, para proteger la industria nacional.
- El comportamiento de los clientes atiende a gustos concretos que varían entre los países, e incluso entre regiones o ámbitos locales.

8.2.3. Alternativas estratégicas para competir internacionalmente

Una vez que hemos analizado los factores que influyen en el grado de globalización de la industria, vamos a observar las alternativas estratégicas que la empresa tiene para competir con éxito en su industria según su grado de globalidad. Siguiendo a Hill y Jones (2009: 273-278) y Dess y otros (2011: 242-243), las dimensiones que determinan cómo compite una empresa en el ámbito internacional son las presiones para la reducción de costes y las presiones para la adaptación local.

En general, estas dos presiones son opuestas entre sí, de tal forma que cada empresa deberá elegir la combinación que considere más adecuada. La **presión para la reducción de costes** está relacionada con la localización geográfica concentrada de sus instalaciones productivas en aquellas áreas donde la utilización de los factores productivos clave (mano de obra, materias primas, etc.) sea más barata, y con el intento de estandarización de los productos para actuar de forma homogénea en los distintos países.

Figura 8.3: Tipos de estrategia competitiva internacional

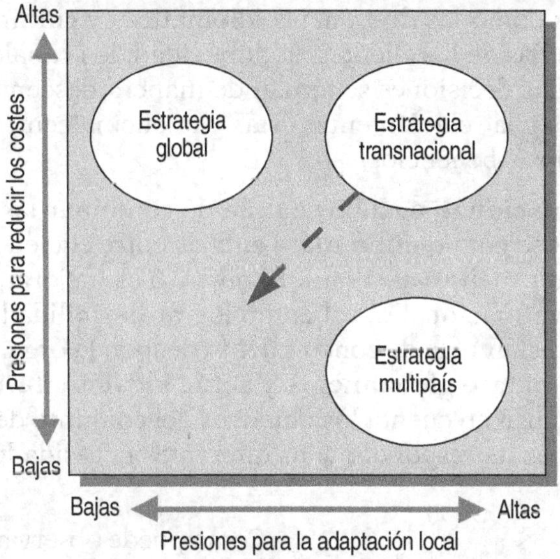

Fuente: Adaptado de Dess y otros (2011: 244)

Además de responder a la presión para reducir costes, las empresas deben responder a la **presión para la adaptación local,** para ajustar sus productos y servicios a la demanda de los mercados locales en los que están haciendo sus negocios. Esto requiere, por un lado, plantear estrategias diferentes para cada país, con el fin de reflejar las preferencias, necesidades y gustos locales, así como realizar los cambios necesarios en asuntos relacionados con los recursos humanos, las características de los productos o servicios, la comercialización o la adaptación a las regulaciones y normativas de cada país. Sin embargo, esta adaptación local de los productos y servicios requiere de costes adicionales, con lo que cambiará su estructura de costes.

La conjunción de estas dos presiones opuestas da lugar a tres estrategias competitivas internacionales básicas para las empresas que actúan en el ámbito mundial (Dess y otros, 2011: 243-250): estrategia global, estrategia multipaís y estrategia transnacional, tal como se recoge en la figura 8.3. La elección de uno u otro tipo de estrategia dependerá del grado de importancia que conceda cada empresa a cada uno de los dos factores opuestos. En la práctica, es más frecuente encontrar situaciones híbridas.

a) Estrategia global: es aquella que concede mayor importancia a la reducción de los costes y menos a la adaptación local. Se pone el énfasis en la consecución de economías de escala a través de productos estandarizados y en la posibilidad de transferir las habilidades de la oficina central, o de cada unidad de negocio nacional, al resto de localizaciones, lo que requiere un fuerte grado de coordinación e integración entre las actividades de la cadena de valor en los distintos países.

b) Estrategia multipaís: cuando el énfasis está en diferenciar la oferta con el objetivo de adaptarla a los mercados locales y menos en los costes. La empresa debe tener en cuenta múltiples factores como las diferencias idiomáticas y culturales, el nivel de renta de los países, las preferencias de los clientes, la publicidad, los canales de distribución o la normativa de cada país. Las decisiones se toman de manera descentralizada en las unidades de negocio nacionales y la relación entre éstas y la oficina central se suele limitar a la transferencia de dividendos y beneficios.

c) Estrategia transnacional: cuando se trata de combinar las características de las dos anteriores, esforzándose por equilibrar las ventajas entre eficiencia, adaptación local y aprendizaje global (Bartlett y Ghoshal, 1989). El objetivo es mejorar la adaptación a todas las situaciones competitivas nacionales, así como lograr flexibilidad a partir de la gestión eficiente de los flujos y transferencia de conocimiento de toda la organización, tratando que **cada negocio individual piense globalmente y actúe localmente**, es decir, que cada unidad de negocio nacional tenga en cuenta los objetivos del conjunto de la empresa pero que, simultáneamente, sea capaz de responder a las diferentes necesidades de los mercados locales en los que compite.

Consulta la web

Ver Aplicación AN–16.02-ES: La expansión internacional de Restoralia, por Jorge Cruz González

Como puede observarse, la estrategia transnacional resulta difícil de lograr por la dificultad para obtener las ventajas de dar respuesta a las presiones para reducir los costes y a las presiones para la adaptación local. Por este motivo, cuando ambos objetivos no se pueden lograr pero ambas presiones existen, la empresa puede buscar un equilibrio manteniendo una posición intermedia entre la estrategia global y la estrategia multipaís (evolución hacia la zona central de la figura 8.3). Esta situación se podría dar también en empresas que siguen básicamente una estrategia global pero introducen algunas adaptaciones (como ocurre cuando la modificación sólo afecta al cambio del idioma de los envases) o en empresas que adoptan una estrategia multipaís pero buscan formas de reducir costes (centralizando, por ejemplo, el suministro de algunos factores).

Aplicación 8.2:

La estrategia competitiva internacional de McDonald's,
por Javier Amores Salvadó

La empresa norteamericana McDonald's es actualmente uno de los más importantes restaurantes de comida rápida de ámbito mundial, estando presente en un amplio número de países repartidos por todo el mundo. En concreto, en España lleva presente desde los años 80 del siglo pasado y cerró 2011 con una facturación de 928 millones de euros provenientes de los 424 restaurantes abiertos en el país.

La estrategia competitiva que sigue la empresa para su actuación internacional se acerca a una estrategia global, con menús estandarizados, basada en la reducción de costes, tanto en la forma de negociación con proveedores como en la forma de atender a los clientes. La presentación de los restaurantes en cuanto imagen, decoración, disposición del establecimiento, etc., es muy similar a lo largo de los distintos países donde actúa. La marca también es la misma en todo el mundo.

Sin embargo, en algunos países tiene que adaptarse a las condiciones locales, como en el caso de la India en donde las creencias religiosas convierten a las vacas en animales sagrados por lo que es imposible ofrecer la tradicional hamburguesa de carne vacuna. Ante tal situación, McDonald's tuvo que modificar su oferta de productos elaborando una nueva hamburguesa de carne de cordero respetuosa con las costumbres y valores locales. Igualmente, algunos productos se desarrollan especialmente para un país o región. Tal es el caso de la hamburguesa McIbérica desarrollada en España donde se incluye un pan más clásico español y jamón serrano.

8.3. ESTRATEGIAS DE ENTRADA EN MERCADOS EXTERIORES

Una vez que la empresa ha decidido internacionalizarse debe decidir dónde y cómo comercializar los productos y servicios ofrecidos. Estas dos cuestiones tienen que ver, respectivamente, con la evaluación del atractivo de los países donde se pretende entrar y la decisión acerca de la forma o modo de entrar en los mercados seleccionados.

8.3.1. Selección del país de destino

De la elección del país de destino dependerá la mayor o menor probabilidad de tener éxito y de mantenerlo a largo plazo. Existen diversos modelos que incluyen unas u otras variables para proceder a tal decisión. En general, las variables más relevantes se podrían concentrar en dos grandes grupos:

Figura 8.4: Factores para la selección del país de destino

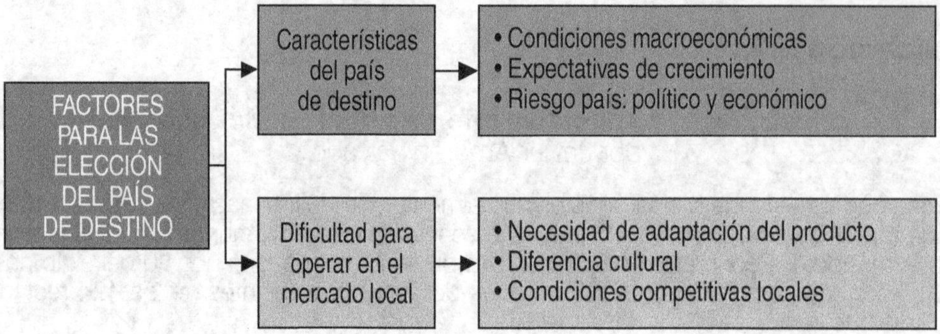

a) Características del país de destino: las más importantes a tener en cuenta se refieren a las **condiciones macroeconómicas** que indican el nivel de desarrollo y el grado de estabilidad económica, política y social que tiene el país (renta per cápita, producto interior bruto, nivel de inflación, tasa de desempleo, tipos de interés, etc.). Igualmente, es importante analizar las **expectativas de crecimiento** que pueda tener en el futuro la industria de la que se trate en ese país, que viene dada por el número de clientes potenciales a los que se puede acceder y que, en muchos países, está muy influida por el denominado «efecto clase media», es decir, por la presencia de una clase media social significativa, con cierto poder adquisitivo, que es capaz de hacer crecer fuertemente la demanda futura (Plá y León, 2004: 63). Adicionalmente, hay que considerar el riesgo que supone la entrada en dicho país, medido por el denominado **riesgo–país** que se define como el posible efecto negativo que la situación política, social, legal y cultural pueda tener en la actividad de una empresa en ese país (Durán, 2001). Este riesgo puede descomponerse en dos tipos:

> **Consulta la web**
>
> Contestar Caso Breve CB-018-ES: La compra de Garanti por el BBVA, por Javier Amores Salvadó

- **Riesgo político**, vinculado con la estabilidad política, el grado de intervencionismo del gobierno, la seguridad jurídica, la posibilidad de expropiaciones, la aceptación local de la inversión extranjera y la corrupción administrativa.
- **Riesgo económico**, relacionado con variables económicas como la política financiera, el nivel de solvencia, las perspectivas sobre la tasa de cambio de la moneda, el mercado laboral, la política industrial, etc.

b) Dificultad para operar en el mercado local: lo que depende de la **necesidad de adaptación del producto** a las características del nuevo mercado y los esfuerzos de comercialización asociados con su introducción, de las **diferencias culturales** que condicionan tanto los hábitos de consumo y utilización de los productos como la forma de entender y desarrollar los negocios y de las **condiciones locales** de actuación, que determinarán la mayor o menor facilidad para captar cuota de mercado en el país de destino y que dependen de factores tales como problemas de localización, regulación administrativa, condiciones de los competidores, poder de negociación con proveedores locales, acceso a canales de distribución internos, etc.

Análisis

Un análisis de cómo la empresa Inés Rosales hizo frente a las dificultades en su proceso de internacionalización se puede encontrar en Cambra y Vázquez (2010), *Universia Business Review*, nº 28: *http://ubr.universia.net*

8.3.2. Estrategias de entrada

Mediante las estrategias de entrada en los mercados exteriores vamos a recoger la forma en la que la empresa empieza a desarrollar sus actividades internacionalmente. Se suelen reconocer tres grandes tipos:

a) La exportación: Es el método más sencillo y tradicional para acceder a mercados internacionales y suele ser utilizado con frecuencia en las primeras experiencias internacionales de las empresas. En la exportación, la producción se mantiene en el país de origen, desde el cual se abastecen los distintos mercados y el producto puede sufrir alguna modificación si alguno de los mercados exteriores así lo requiere. Esta alternativa tiene dos ventajas: evita los costes de establecer operaciones de fabricación en el país anfitrión y es consistente con costes reducidos con base en las economías de localización y la curva de experiencia. Existen dos tipos de exportación: la directa, cuando la empresa utiliza sus propios medios para vender en el exterior, y la indirecta, cuando la empresa recurre a intermediarios independientes para que gestione las ventas en el país de destino (Plá y León, 2004: 66-69).

La exportación es una buena alternativa cuando la empresa es pequeña y no tiene medios para fabricar en el exterior o ello no es aconsejable por el riesgo político, la falta de atractivo del mercado o la incertidumbre de las expectativas. Por el contrario, no sería recomendable cuando existen elevados costes de transporte de los productos o cuando haya altas barreras de acceso a los mercados locales, que pueden articularse como aranceles, autorizaciones administrativas, etc.

Consulta la web

Ver Aplicación AN–16.01-ES: La estrategia de exportación de Bodegas Valduero

b) Los sistemas contractuales: o formas de inversión indirecta, son aquellos en los que no se produce aportación de capital por parte de la empresa originaria, sino que se transfieren derechos a empresas foráneas, bajo condiciones concretas, a cambio normalmente de una contraprestación económica. De esta manera, la empresa se alía con un socio local para introducirse en el país de destino aprovechando sus conocimientos del mercado, recursos humanos, redes de distribución, etc. Hay diversas formas de sistemas contractuales, siendo las más habituales las franquicias y las licencias. Los tipos, ventajas e inconvenientes de estos sistemas ya fueron analizados en el capítulo 7.

c) La inversión directa en el exterior: consiste en la aportación de capital en el país de destino. Ello supone un mayor compromiso de recursos propios en el extranjero, por lo que es la vía de entrada más arriesgada, aunque permite un mayor control de las actividades internacionales. Las empresas con mayor experiencia internacional suelen decantarse por esta modalidad de entrada, pues a largo plazo suele ser la que concede más oportunidades de rentabilidad o de creación de valor. Cuando una empresa se plantea la decisión de la inversión directa debe tener en cuenta dos **cuestiones** importantes (Plá y León, 2004: 74):

- **Si la inversión se hace compartida o en solitario**, surgiendo dos posibilidades: Cuando se comparte la inversión, aparecen las **empresas conjuntas** (*joint–ventures*), que ya fueron analizadas en el capítulo 7. En el ámbito internacional, las empresas conjuntas se definen como aquellas empresas que actuando en un país extranjero no son propiedad absoluta de la empresa matriz. Esta definición incluye cualquier combinación en la que participen al menos dos accionistas, cuando al menos uno de ellos está emprendiendo actuaciones fuera de su ámbito nacional. Cuando se decide no compartir la inversión, la empresa crea **filiales o subsidiarias propias** para atender a los mercados locales desde sus propios países. Esta alternativa es oportuna cuando la ventaja competitiva se fundamenta en el control de determinadas habilidades tecnológicas, reduciendo así el riesgo de perder ese control. También es conveniente cuando la empresa necesita una coordinación estratégica global o cuando se intentan aprovechar ventajas en costes. Sin embargo, establecer una subsidiaria propia es la alternativa más costosa y además existen grandes riesgos derivados del desconocimiento del nuevo mercado.

> **Consulta la web**
>
> Ver Aplicación AN–15.01-ES: La alianza entre Deoleo y Hojiblanca

- **Si la inversión se hace adquiriendo una empresa que ya opera en el país de destino o se hace mediante el establecimiento de una nueva filial**. Los criterios para elegir entre estas opciones, sus ventajas e inconvenientes, están muy relacionados con la comparación ya estudiada en el capítulo 7 entre el desarrollo interno y el externo aplicado, en este caso, al ámbito internacional. Con la adquisición de una parte o la totalidad del capital de una empresa ya establecida en el país de destino se accede rápidamente a dicho país, además de a los recursos de la empresa objetivo, permitiendo combinarlos con los de la empresa adquiriente. Con la inversión propia (desarrollo interno) se tiene una mayor lentitud en el proceso y un mayor riesgo por cuanto se realiza una inversión nueva en un país en el que se carece de experiencia anterior.

> **Consulta la web**
>
> Ver Aplicación AN–16.04-ES: La inversión directa en Polonia del Banco Santander, por Jorge Cruz González

La figura 8.5 recoge las principales ventajas e inconvenientes de cada una de las distintas estrategias de entrada en los mercados exteriores a disposición de una empresa que pretenda internacionalizarse.

Aplicación 8.3:

La expansión internacional de Rivercap,
por Miriam Delgado Verde

La empresa alavesa Rivercap, fabricante de cápsulas de sobretaponado para botellas de vino, inauguró a principios de 2012 una nueva planta de producción situada en Napa Valley (California, Estados Unidos) desde la cual empezó a distribuir sus productos para Estados Unidos, Canadá y México.

La planta ocupaba unos 2.500 m^2 y tenía una capacidad inicial de producción de 100 millones de unidades, aunque se preveían nuevas inversiones en los siguientes ejercicios para incrementar su capacidad productiva, en función de la evolución de la demanda. Estados Unidos era uno de los mercados prioritarios para la empresa española, ya que absorbía aproximadamente el 35% de su producción anual, que en 2011 ascendió a 760 millones de unidades. El resto de las exportaciones, que alcanzaban el 80% de la facturación, se destinaba a más de 20 países por todo el mundo, siendo los principales Francia, Alemania, Bélgica o Sudáfrica.

Rivercap, se había fusionado en 2010 con la empresa francesa Sparflex, para crear el líder mundial en cápsulas de estaño para botellas de vinos y licores espirituosos. Después de la fusión y con la nueva planta norteamericana, la empresa contaba con un total de 8 plantas, dos situadas en España, en Lapuebla de Labarca (Álava) y Barcelona, y otras 5 en Francia, además de la nueva planta americana.

Las principales diferencias en cuanto a las estrategias de entrada en los mercados exteriores se encuentran en el grado de control de las operaciones que permiten alcanzar en el país de destino y el nivel de compromiso, inversión y riesgos en los que se incurre. De menor a mayor grado de compromiso, la secuencia de las alternativas estratégicas sería: exportación, sistemas contractuales, inversión directa. Para elegir entre una u otra, la empresa tiene que tener en cuenta un conjunto de **factores** que condicionan la decisión (Plá y León, 2004; Grant, 2006).

Las opciones que implican un menor compromiso y control son especialmente adecuadas cuando el riesgo–país es más elevado o la distancia cultural con el país de destino es más amplia. Igualmente, pueden ser las únicas alternativas cuando el tamaño reducido de la empresa le impide acceder a otras opciones de mayor inversión.

Consulta la web

Contestar Caso Breve CB–016-ES: Los métodos de entrada en los mercados exteriores de Nutrexpa, por Marta Peris Ortiz y Diana Benito Osorio

A medida que la empresa va acumulando una mayor experiencia y habilidades en cuanto a su internacionalización, tiende a ir utilizando métodos de entrada de mayor compromiso. Estos son especialmente adecuados cuando el tamaño del mercado de destino es mayor, los costes de transporte son elevados, los tipos de cambio son desfavorables o existen restricciones legales para operar en los mercados de destino como, por ejemplo, aranceles para importaciones o necesidad de operar con socios locales. Igualmente, la empresa tiende a adoptar soluciones de mayor compromiso y control cuando posee recursos y capacidades intangibles que quiere proteger o si necesita recursos o capacidades adicionales disponibles mediante alianzas con socios locales. La existencia de altos costes de transacción por negociación, supervisión y cumplimiento de sistemas contractuales también favorece la alternativa de la inversión directa. Finalmente, cuando el argumento para la internacionalización es «seguir al cliente» la venta de los productos está relativamente asegurada, por lo que se puede utilizar la inversión directa.

Figura 8.5: Análisis comparativo de las estrategias de entrada en los mercados exteriores

Modo entrada	Ventajas	Desventajas
Exportación	• Posibilidad para lograr economías de localización y de experiencia	• Altos costes de transporte • Barreras comerciales • Problemas con los agentes locales de comercialización
Acuerdos contractuales: Licencias y Franquicias	• Bajos costes y riesgos	• Incapacidad para una coordinación estratégica global • Incapacidad para lograr economías de localización y de experiencia • Falta de control sobre la tecnología
Empresas conjuntas	• Acceso al conocimiento del socio local • Reparto de costes y riesgos. • Dependencia política	• Incapacidad para una coordinación estratégica global • Falta de control de la calidad • Incapacidad para lograr economías de localización y de experiencia • Falta de control sobre la tecnología
Subsidiarias propias	• Protección de la tecnología. • Capacidad para una coordinación estratégica global • Posibilidad para lograr economías de localización y de experiencia	• Altos costes y riesgos

Fuente: Adaptado de Hill y Jones (2009: 291)

8.4. LA DIRECCIÓN DE LA EMPRESA MULTINACIONAL

En este apartado vamos a analizar distintos problemas específicos que son relevantes en la empresa que actúa internacionalmente y que no suelen aparecer cuando se limita al ámbito nacional, como son la localización de actividades en distintos países, la comercialización de productos, la política de recursos humanos (con especial referencia a la problemática de los expatriados) y la gestión de las diferencias culturales propias de los distintos países.

8.4.1. La localización de actividades

Los problemas de localización hacen referencia a la distribución geográfica de las distintas actividades de la cadena de valor. En relación con las actividades productivas, cada empresa debe decidir el número, dimensión y ubicación de las plantas, el grado de integración vertical, la tecnología a utilizar y el diseño de las actividades de soporte, como el control de calidad o la I+D (Canals, 1991: 150-153; 1994: 144-146). Respecto de la localización de las actividades, Grant (2006: 508-509) propone los siguientes argumentos:

- Cuando los **recursos locales** son decisivos para la obtención de la ventaja competitiva de la empresa, la producción deberá localizarse allí donde se den las condiciones más favorables para estos recursos. Así, por ejemplo, si el coste de la mano de obra es decisivo para la obtención de la ventaja, la producción tenderá a localizarse donde sea más barata.
- Si la ventaja competitiva tiene su base en los **recursos y capacidades** internos de la empresa, la localización dependerá de dónde pueden ser utilizados mejor dichos recursos y capacidades. Tal es el caso, por ejemplo, de las empresas japonesas que tradicionalmente han localizado su producción en Japón para explotar mejor sus habilidades técnicas.
- Si los **costes de entrada** a los mercados de destino (costes de transporte, preferencias diferenciadas de los consumidores locales, barreras de entrada, etc.) son altos, es recomendable la localización en el país de destino.

Una tendencia que empieza a ser habitual en muchas industrias es la fragmentación del proceso productivo, de tal forma que distintas actividades de la cadena de valor pueden ser localizadas en diferentes ámbitos geográficos. Tal es el caso de la industria textil o la electrónica, cuando se pueden distinguir las fases de diseño, fabricación de componentes y ensamblaje final.

La localización óptima dependerá también del tipo de ventaja competitiva que se busque. Si la empresa persigue la ventaja en costes, su localización deberá intentar la minimización del coste. Si la empresa busca diferenciación, los criterios principales serán la disponibilidad de recursos cualificados tales como materiales y componentes de calidad, la cualificación técnica y el conocimiento del diseño y la comercialización.

En los últimos años ha aparecido con fuerza en los países occidentales el fenómeno conocido como la **deslocalización**, consistente en el abandono por parte de las multinacionales de las instalaciones productivas situadas en un país trasladándolas a otro, en el que las condiciones de localización le son más favorables, fundamentalmente por razones de coste.

Este tipo de decisión, que ha causado algunos problemas sociales importantes en los países abandonados (aumento del desempleo, caída del desarrollo local, etc.), no deja de ser una facultad de la empresa multinacional para localizar sus instalaciones en las ubicaciones que estime oportunas. Sin embargo, distintos agentes sociales, como sindicatos o gobiernos, han reaccionado con dureza exigiendo a las empresas el mantenimiento de sus actividades en los países en los que las tenían instaladas.

8.4.2. La comercialización de productos

Distintos problemas de la empresa multinacional están estrechamente vinculados con la comercialización de sus productos. Los principales problemas del marketing internacional tienen que ver con las políticas específicas de productos, marcas y precios.

Respecto de la **política de producto**, la empresa multinacional se encuentra con la necesidad de adaptar de la mejor manera posible los atributos de los productos a las necesidades de los consumidores en los distintos países. Ello abarca un amplio espectro de posibilidades que varían desde el producto único, que se comercializa en todo el mundo de igual forma, hasta productos de características diferenciadas para atender a necesidades diferentes por países. Dos son los factores principales que influyen en la decisión:

- Si la tecnología permite versatilidad en la fabricación del producto con características diferentes, se podrán ofrecer distintas versiones en cada uno de los países. En caso contrario, una opción sería la centralización productiva y, en consecuencia, la comercialización del producto estandarizado o bien la instalación de plantas productivas en los distintos países.
- La política de publicidad y promoción del producto puede adaptar a los consumidores locales las funciones y necesidades diferentes que puede cubrir un producto único. En este sentido, las técnicas de comunicación suelen ser muy útiles para presentar públicamente las variadas posibilidades de los productos.

Las decisiones sobre **marcas y nombres comerciales** son de gran relevancia en el ámbito internacional, ya que la diferenciación de producto se asocia con la imagen de marca y la reputación comercial de la empresa (Durán, 2001). La política internacional de marcas implica decidir si se utiliza una sola o múltiples marcas. La utilización de una marca global ofrece ciertas ventajas de economías de escala en marketing, ya que se produce un elevado grado de estandarización en variables comerciales como publicidad, promoción, gestión de ventas e imagen (identificación) internacional de los productos. La estrategia multimarca puede conducir a una mejor adaptación a los mercados locales, pero implica mayor coordinación y complica la gestión de la cartera de marcas (Cerviño, 1998).

Por último, la **política de precios** hace referencia a la fijación de los precios de venta de los productos en los distintos países. Al igual que con las marcas, la empresa puede seguir una política estándar a escala mundial o aplicar una discriminación de precios (Durán, 2001). En el primer caso se fijaría un precio único para el producto en todo el mundo si bien es una política poco realista ya que no contempla las diferencias básicas en los costes de los factores de los diferentes países o en el poder adquisitivo de los clientes.

En el segundo caso se fijan precios diferenciados para cada país, en función de características locales tales como la fase del ciclo de vida, la percepción de calidad del producto y de la marca, las necesidades de los consumidores, las barreras de entrada o los controles gubernamentales. Pero para que la discriminación de precios resulte adecuada deben existir diferencias en las elasticidades de la demanda en los distintos países, es decir, distintos grados de respuesta a las variaciones en los precios. La elasticidad de la demanda suele estar relacionada con el nivel de renta del país y el grado de competencia existente en cada sector de actividad.

En cualquier caso, suele ser habitual la política de establecer unos precios reducidos cuando se quiere entrar en un nuevo país, con el objetivo de aumentar rápidamente la cuota de mercado. Cuando ello se consigue, se suben los precios para recuperar el margen. Sin embargo, esta política implica una reducida rentabilidad inicial, que deberá estar equilibrada con rentabilidades mayores obtenidas en otras áreas geográficas. No obstante, una excesiva bajada de precios podría entrar en conflicto con las normas locales de defensa de la competencia.

8.4.3. La política de recursos humanos: la gestión de expatriados

Uno de los aspectos particulares de la dirección de la empresa internacional es su política de recursos humanos, en la que cobra especial importancia la figura del expatriado. Expatriados son aquellos **directivos o empleados que desarrollan su trabajo en el país de destino, provenientes de otro país**, frecuentemente el de origen de la empresa. La empresa debe decidir en qué situaciones resulta apropiado contratar empleados locales o enviarlos desde otro país.

Por norma general, el uso de expatriados resulta muy costoso. Por ello, se puede defender que todos aquellos puestos que puedan cubrirse de manera satisfactoria por empleados nacionales deberían ser ocupados por ellos, reservándose la opción de los expatriados para determinados puestos críticos de dirección, especialidades técnicas o profesionales de alto nivel.

Los principales **problemas** vinculados con los expatriados provienen de la financiación de estancias prolongadas, de las dificultades de adaptación al país de destino (estas dos circunstancias resultan especialmente complicadas en el caso de que al expatriado le acompañe su familia), la desmotivación que causa en los directivos locales la presencia de «extranjeros», o su mayor coste salarial. También cabe resaltar las dificultades que, en múltiples ocasiones, se presentan a la hora de la vuelta al país de origen del expatriado, que no siempre encuentra fácil acomodo y, con frecuencia, acaba abandonando la organización.

Los expatriados suelen ser utilizados en mayor medida cuando no se dispone de personal cualificado en el país de destino, cuando la situación política es inestable (ya que el expatriado tiende a defender mejor a la matriz que el empleado local) o cuando existen elevadas diferencias culturales entre la matriz y la filial que pueden provocar situaciones de oportunismo en los directivos locales (Gómez–Mejía y otros, 2001). También pueden ser utilizados como mecanismo de transferencia y adquisición de conocimientos entre unidades organizativas, como mecanismo de coordinación, sobre todo para aquellas multinacionales que siguen estrategias globales o transnacionales, o como mecanismo de control, en el caso de filiales que tengan un mayor grado de autonomía (Bonache, 2002).

Además de la gestión de expatriados, otros dos aspectos de la política de recursos humanos resultan relevantes en la empresa multinacional para que, especialmente los directivos, piensen y se comporten globalmente (Yip, 1993: 214-220):

- **La rotación de los directivos por las distintas filiales** permite una mejor comprensión de los problemas y oportunidades que se presentan en los países extranjeros. De esta forma, se crea una red de directivos que han desarrollado contactos personales con otros directivos a través del mundo y que permite el aprendizaje y ayuda mutua, lo cual fomenta la integración global. Estas redes trabajan alrededor de la estructura formal, pero constituyen un tipo de organización informal. En múltiples ocasiones, la experiencia en el extranjero constituye un requisito imprescindible para la promoción interna en la empresa.

> **Análisis**
> Un análisis de la movilidad de empleados en las multinacionales se puede encontrar en Bonache (2010): *Universia Business Review*, nº 27: *http://ubr.universia.net*

- **Los sistemas de incentivos y la evaluación del desempeño** de los directivos deben servir también de soporte para la actuación global de la empresa. Con relación a ello, es preciso guardar un difícil equilibrio entre las recompensas por actuaciones en mercados relativamente fáciles frente a otros con mayores dificultades e, internamente, entre puestos de similar responsabilidad dentro de la empresa, independientemente del país donde estén.

8.4.4. La gestión de la distancia cultural

Para las empresas que operan en varios países resulta fundamental conocer y gestionar de forma adecuada las diferencias en los sistemas de normas, lenguas, hábitos de comportamiento, principios y valores imperantes en cada territorio o distancia cultural entre países. La adecuada gestión transcultural puede convertirse en la clave del éxito en los nuevos mercados, mientras que el desconocimiento o falta de sensibilidad con la cultura local puede suponer serios inconvenientes para las actividades que se realizan en el extranjero.

Por ello, el desarrollo de una **cultura corporativa internacional** puede ayudar a superar las diferencias culturales que se producen inevitablemente cuando una organización se expande internacionalmente. La cultura es el aspecto más sutil de la organización, pero puede jugar un papel muy importante en el éxito o fracaso de una estrategia multinacional (Yip, 1993: 220-222).

No obstante, en las organizaciones que siguen una estrategia multipaís, desarrollar una cultura organizativa fuerte no es tan importante porque las diferentes unidades en el exterior tienen menores contactos entre sí. Cada unidad opera de forma independiente y por tanto hay menor fundamento para cultivar una cultura corporativa global. Sin embargo, para las organizaciones que siguen estrategias globales o transnacionales es necesaria una cultura internacional que proporcione una mayor integración para la transferencia de recursos y el aprendizaje global entre países. Para ellas, la cultura organizativa constituye un importante mecanismo de coordinación y control.

Aplicación 8.4:

La experiencia de los directivos expatriados en las empresas multinacionales,
por Pedro López Sáez

El creciente proceso de internacionalización de las empresas las ha forzado a tener que recurrir a directivos expatriados para dirigir sus actividades en el extranjero. Según el informe del IESE y Ernst & Young (2011) sobre la política de expatriación y repatriación en empresas multinacionales, el perfil tipo del expatriado es un varón (72%), casado (56%), con hijos (32%), con conocimiento del inglés (93%), que va a estar entre 2 y 3 años en el nuevo país (33%) y con destino en Europa (74%).

Los principales motivos por los que los ejecutivos son seleccionados para irse al extranjero son los conocimientos técnicos, la carrera profesional y las capacidades de adaptación en destino, de liderazgo y de negociación. Una vez en destino, la retribución recibida es casi un 50% superior a la del país de origen, además de contar con otros beneficios extrasalariales como seguro médico internacional, gastos de alquiler o adquisición de vivienda, transporte de bienes personales, viajes anuales de la familia al país de origen, vehículo privado y colegio de los hijos.

En general, el grado de satisfacción con la experiencia internacional suele ser bastante alto por el desarrollo profesional y la experiencia adquirida (93%), el aprendizaje obtenido (84%) y el aspecto económico (80%), no siendo relevantes los problemas de adaptación cultural (81%), incluso en países en los que la distancia cultural respecto al país de origen era alta.

Con respecto a la repatriación, una gran mayoría de los casos (82%) considera que el puesto de trabajo desempeñado a la vuelta corresponde con el nivel de conocimientos y experiencias alcanzado en la expatriación. A pesar de estas valoraciones en general positivas, la política de expatriación de directivos no siempre cumple las expectativas de los afectados. Así, un 23% considera que la empresa no se ha preocupado de su adaptación personal al nuevo país, un 20% cambia de empresa después de su etapa en el extranjero y un 22 % manifiesta estar arrepentido de haber aceptado la expatriación.

Fuente: IESE y Ernst & Young (2011): El Proceso de Expatriación en Empresas Multinacionales: Visión del expatriado

Además, se considera adecuado que la cultura de la empresa multinacional guarde un cierto equilibrio entre los intereses económicos y financieros de la matriz y los del resto de las unidades locales, mantener el compromiso con el empleo local en todos los países en los que desempeñe, facilitar un cierto grado de autonomía en cuanto a la toma de decisiones de las unidades locales respecto de la oficina central e integrar los hábitos y costumbres específicos de cada país.

8.4.5. Modelos estructurales

La eficacia en la actuación internacional de la empresa multinacional puede depender en gran medida de la estructura organizativa que la empresa adopte para gestionar las actividades en los distintos países. Tres son los modelos que suelen aparecer habitualmente:

Aplicación 8.5:

La gestión de la distancia cultural con China

En los últimos años, China ha experimentado una transformación y apertura al exterior sin precedentes. Si a esto se añade que representa el mayor mercado potencial del mundo con más de 1.300 millones de consumidores y que según las estimaciones del Banco Mundial, en el año 2020 será la primera potencia económica, representando casi el 40% de la producción mundial, se obtiene una poderosa razón para que las empresas se aventuren en este país.

Sin embargo, existen importantes diferencias culturales, usos y costumbres que en el ámbito de los negocios pueden hacer que fracasen proyectos, contratos o simplemente acuerdos de intenciones. Intentar conocer las complejas normas de comportamiento y protocolo chinas, así como el contexto que las ha originado resulta crucial para una empresa que desee operar en el gigante asiático.

La distancia cultural empieza por el idioma, por la dificultad de aprender el idioma local y la escasa implantación del inglés, por lo que es habitual recurrir a intérpretes. Es recomendable que las tarjetas de visita o los catálogos comerciales se presenten tanto en inglés como en chino.

En China se da más importancia al grupo que al individuo. Los conceptos de «intimidad» e «individualismo» están escasamente arraigados. Los chinos no suelen hacer nada por iniciativa propia, sino que consultan la opinión del grupo y buscan siempre su aprobación. Puesto que las personas forman su identidad a partir de la familia, el grupo y la empresa, los extraños (personas ajenas al grupo) pueden llegar a ser tratados con indiferencia o incluso con desprecio.

Las relaciones personales son mucho más vinculantes que en Occidente. Estas conexiones personales (en chino «guanxi») por las que se establece una relación de confianza mutua son absolutamente imprescindibles antes de plantearse cualquier negocio. Para hacer un nuevo contacto puede utilizarse un intermediario, con presentación y entrega de regalo formal y modesto (las estatuillas taurinas u objetos de equipos de fútbol son especialmente apropiados). Es imprescindible ser puntual en las reuniones de trabajo. Otro aspecto importante para las relaciones personales son las comidas de trabajo, en las que se persigue el conocimiento entre las partes para esbozar las posibilidades de cooperación. Hay que ser precavido con el consumo de alcohol, pues para no dejar mal a su anfitrión deberá beber tanto como él. También, si no se quiere pasar por maleducado, deberá dejar comida sobrante en el plato.

La firma de un contrato no tiene el carácter vinculante que se le otorga en Occidente, sino que es más bien un acuerdo de intenciones, a partir del cual pueden empezar las verdaderas negociaciones. La normativa legal china es muy peculiar y sólo con su entrada en la Organización Mundial del Comercio ha empezado a asimilarse a la occidental. La confianza personal casi es más valiosa que el contrato.

Por otro lado, debe tenerse en cuenta que los chinos siempre intentan mantener la armonía y el equilibrio, pues sienten que la competencia lleva a la confrontación. Por ello, desconfían de los cambios y prefieren adoptar una actitud pasiva y no actuar antes que tomar la iniciativa. Las negativas directas se consideran una ruptura de la armonía y pueden ofender a quien las recibe. La cortesía está por delante de la sinceridad, por lo que se utilizan respuestas indirectas como «no sé si va a ser posible», «lo intentaremos, pero no puedo prometer nada», etc., que en general significan «no». Asimismo, los chinos deciden su posición antes de comenzar a negociar y no está sujeta a revisiones sobre la marcha. Si se alcanza un punto muerto, se retiran de la negociación para llegar a un nuevo consenso. Los chinos toleran muy mal las actitudes agresivas. No les gusta que les desafíen o que se les exija responsabilidades. Por ello, la paciencia en la negociación es altamente recomendable.

Para los chinos, la autoridad y responsabilidad deben estar absolutamente claras. En una reunión, únicamente el líder del grupo chino habla. Del mismo modo, esperará que el otro grupo tenga un portavoz al que nadie del grupo contradiga y que la jerarquía esté claramente establecida. En las organizaciones chinas hay una espesa capa de directivos intermedios que conviene atravesar cuanto antes para llegar al nivel de la jerarquía donde se toman las decisiones. Antes de actuar es necesaria la aprobación de un superior, que a su vez deberá consultar con su superior, etc. Nuevamente, se recomienda la paciencia y la comprensión de la dificultad que para los propios chinos supone lidiar con la rígida estructura organizativa de sus propias empresas.

a) **Modelo de división internacional única**: consiste en integrar todas las actividades internacionales de la empresa en una única división, que centraliza todas las decisiones que afectan a las actividades exteriores.

b) **Modelo multidivisional**: las actividades internacionales se reparten en varias divisiones, siendo los criterios más habituales los basados en productos o en áreas geográficas. En estos modelos suelen quedar centralizadas actividades como I+D, finanzas o control.

c) **Modelo matricial**: en este modelo las filiales dependen de dos criterios de autoridad, normalmente combinando los productos con las áreas geográficas.

Consulta la web

Ver Aplicación AN–16.03-ES: Ford Motor Company: Estrategia y estructura organizativa internacional, por Marta Peris Ortiz y Diana Benito Osorio

La decisión acerca del modelo más adecuado a adoptar depende de dos variables: la diversidad de productos vendidos internacionalmente y la importancia relativa de las ventas en el exterior de la empresa (figura 8.6). Cuando la diversidad de productos internacionales vendidos es baja y la importancia de las ventas exteriores es escasa, normalmente se dirigen las operaciones internacionales a través de un departamento o de una división internacional. A medida que sea más necesaria la coordinación de los directivos de producción y marketing de la división internacional con los agentes locales instalados en los distintos países, la división internacional tiende a desaparecer y ser sustituida por divisiones por productos o por áreas, que asumen la responsabilidad sobre la producción y el marketing mundial.

Si aumenta la importancia de las ventas internacionales pero no lo hace la diversidad de productos, se suele adoptar una estructura multidivisional por áreas geográficas, dado que existe mayor afinidad por zonas geográficas que por productos. La estructura multidivisional por productos se aplica en el caso contrario, cuando aumenta la diversidad de productos vendidos en el exterior, pero no aumenta la participación relativa de ventas en el exterior. Cuando la actividad internacional aumenta en las dos dimensiones, la complejidad se afronta con estructuras globales matriciales. El deseo de combinar las dimensiones por productos y zonas geográficas, basado principalmente en las necesidades de los nuevos procesos de comunicación y de coordinación, hace aparecer las estructuras matriciales.

Figura 8.6: Modelos estructurales de una empresa multinacional

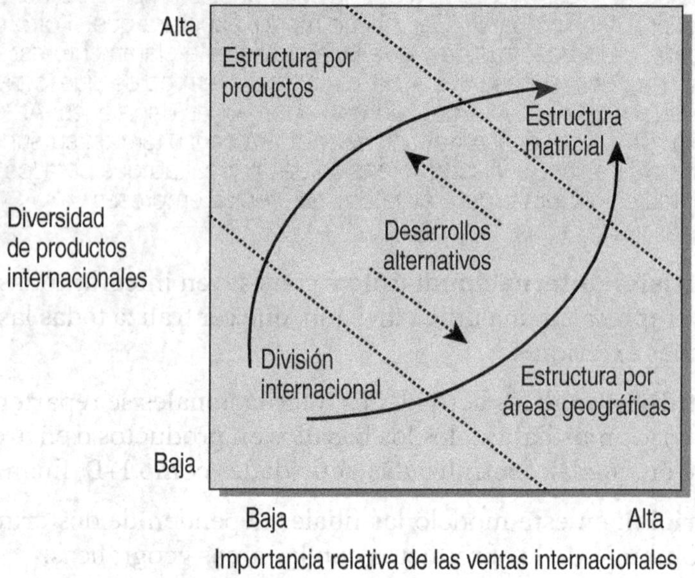

Fuente: Stoppford y Wells (1972) y Durán (2001)

CUADRO RESUMEN

✓ **LA EMPRESA MULTINACIONAL**

- Concepto de empresa multinacional
- Niveles de multinacionalidad
- Razones para la internacionalización
  - Internas: Reducción de costes, búsqueda de recursos, tamaño mínimo eficiente, disminución del riesgo global y explotación de recursos y capacidades
  - Externas: Ciclo de vida de la industria, demanda externa, seguir al cliente y globalización de la industria

✓ **LA COMPETENCIA GLOBAL: FACTORES Y ESTRATEGIAS**

- Concepto de industrias globales y multipaís
- Factores de globalización
  - Estructura de la oferta: estructura competitiva y grado de especialización nacional
  - Accesibilidad al mercado: barreras de entrada a un país y similitud de la demanda
- Alternativas estratégicas para competir internacionalmente: estrategia global, estrategia multipaís y estrategia transnacional

✓ **ESTRATEGIAS DE ENTRADA EN MERCADOS EXTERIORES**

- Criterios para la selección del país de destino: características del país de destino y dificultades para operar en el mercado local
- Estrategias de entrada: exportación, sistemas contractuales e inversión directa
- Análisis comparativo de las estrategias de entrada

✓ **LA DIRECCIÓN DE LA EMPRESA MULTINACIONAL**

- Criterios para la localización de actividades: la deslocalización
- La comercialización de productos: políticas de productos, de marcas y de precios
- Principales problemas de la política de recursos humanos: la gestión de expatriados, la rotación de directivos y los sistemas de evaluación y recompensa
- Ventajas e inconvenientes de la utilización de expatriados
- El problema de la distancia cultural: diseño de una cultura corporativa internacional
- Modelos estructurales: división internacional, modelo multidivisional y modelo matricial

PREGUNTAS SOBRE EL CAPÍTULO

- Importancia relativa de los distintos factores internos y externos a la empresa que justifican su internacionalización.
- Diferencias entre industria multipaís e industria global.
- Factores de globalización de los mercados según Solberg.
- Análisis comparativo de las estrategias de entrada en mercados exteriores en función de la dimensión de la empresa.
- Decisiones relevantes de localización de actividades en la empresa multinacional.
- Principales decisiones comerciales de la empresa multinacional.
- Problemas relevantes en la gestión de expatriados y la diferencia cultural.

ACTIVIDADES

8.a. Elegir dos industrias: una global y otra multipaís. Analice los factores que hacen que cada una de ellas sea más global o más multipaís.

8.b. Identificar en una empresa los motivos por los que se internacionaliza y la estrategia de entrada en el país de destino elegida. Analizar sus ventajas e inconvenientes.

8.c. Identificar en una empresa multinacional los problemas que haya encontrado en su proceso de internacionalización.

LECTURAS RECOMENDADAS

Puede profundizar los contenidos de este capítulo en Guerras y Navas (2007, caps. 16), Dess y otros (2011, cap. 7), Durán (2001, caps. 8, 9, 10 y11) y Plá y Darder (2004, caps. 3, 5, 6, 8 y 9)

Parte III
Implantación de las estrategias

CONTENIDOS

- **Evaluación y selección de estrategias**
- **Elementos de la implantación**
- **Estructura, liderazgo y cultura organizativas**
- **Planificación y control estratégicos**

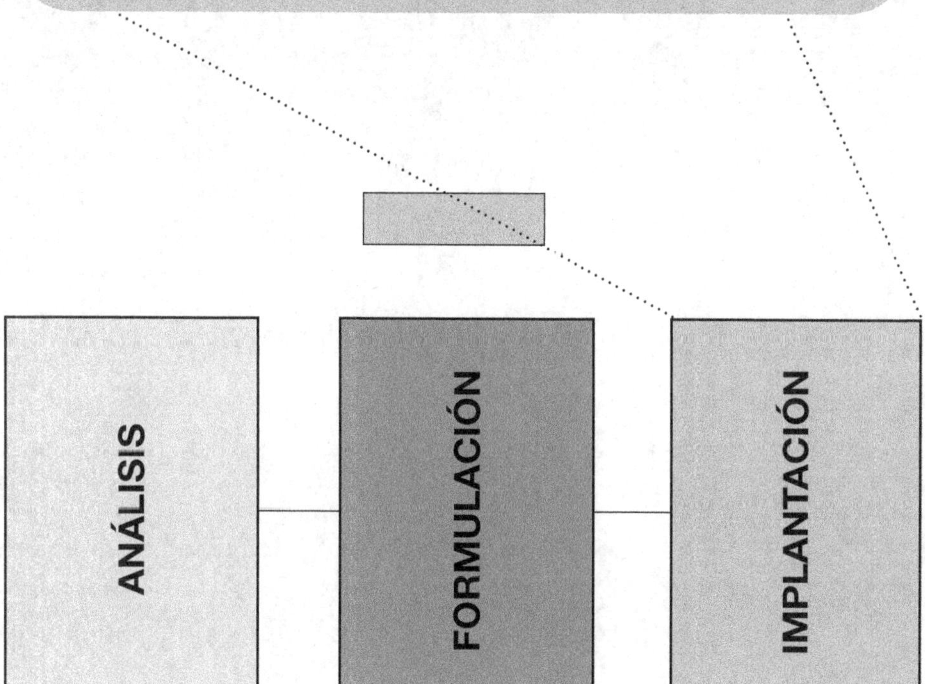

Capítulo 9
Evaluación e implantación de estrategias

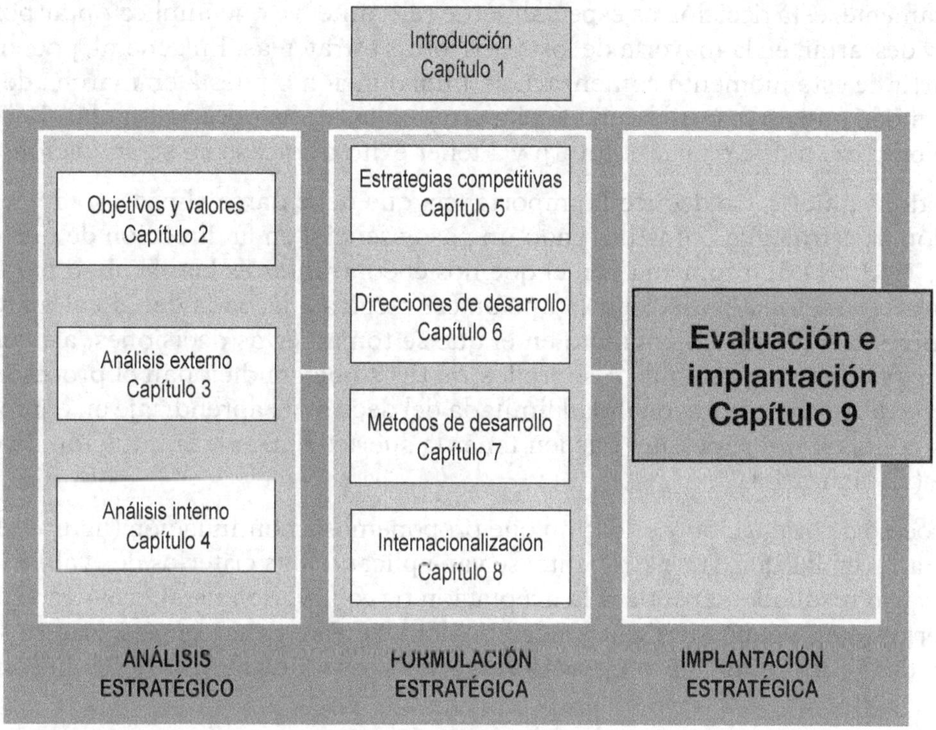

OBJETIVOS

- Conocer el proceso y los criterios de valoración de estrategias para poder elegir la preferida.
- Identificar el papel de la implantación de las estrategias en la Dirección Estratégica de la Empresa.
- Analizar las principales variables que contribuyen al diseño del soporte organizativo.
- Estudiar los conceptos, tipos, ventajas e inconvenientes de la planificación y el control estratégico.

9.1. EL PROCESO DE EVALUACIÓN Y SELECCIÓN DE ESTRATEGIAS

Siguiendo con el proceso de Dirección Estratégica definido en la figura 1.3, una vez fijados la misión y los objetivos de la empresa, analizado el contexto externo e interno y planteadas las distintas opciones estratégicas disponibles, tanto en el ámbito corporativo como de negocio, la empresa se plantea en este punto la necesidad de elegir una de las opciones identificadas para su adopción y puesta en marcha.

Ciertamente, esta decisión es especialmente relevante, ya que implica optar por una estrategia y descartar, en la mayoría de los casos, otras estrategias. En general, podemos decir que a partir de este momento comenzaría la implantación o puesta en marcha de la estrategia, de modo que no es posible una vuelta atrás en las decisiones adoptadas. Por tanto, la empresa empieza a desarrollar el futuro y a tener éxito o fracaso en su actuación.

De todo lo anterior se deduce la importancia que debe darse al proceso de evaluación y selección de estrategias, constituyendo un paso esencial en la dirección de una empresa (Rumelt, 1993: 61). El problema con el que nos encontramos es la dificultad para establecer un proceso racional para elegir la opción estratégica adecuada debido al marco de incertidumbre, complejidad y conflicto en el que se toman estas decisiones, así como a las razones expuestas en el capítulo 1 sobre los motivos que condicionan el proceso racional de toma de decisiones: la racionalidad limitada del decisor, el aprendizaje en el proceso, los aspectos políticos y el papel que pueden tener la suerte, el azar o la intuición de una idea brillante (ver figura 1.4).

El proceso de evaluación y selección que proponemos a continuación (figura 9.1) consta de tres etapas en las que, sucesivamente, se van aplicando los criterios de evaluación elegidos y de cuyo resultado dependerá la aceptación o rechazo de una alternativa estratégica. Los criterios que se deben utilizar pueden englobarse en tres categorías: criterios de **adecuación**, de **factibilidad** y de **aceptabilidad** (Faulkner y Bowman, 1995; Johnson y otros, 2010).

El proceso propuesto en la figura 9.1 corresponde al enfoque racional en el que las diferentes estrategias son sometidas a un análisis lógico y sistemático. Aquella estrategia que cumpla satisfactoriamente con los tres criterios será la elegida para su implantación. Si más de una estrategia cumpliera todos los criterios, habría que establecer una jerarquía entre ellas en función del mayor o menor grado de cumplimiento de cada uno de los criterios y de la priorización que se les haya otorgado a cada uno. No obstante, es preciso tener en cuenta que los criterios pueden entrar en conflicto unos con otros, por lo que el proceso de evaluación requiere sumo cuidado al decidir cómo van a ser ponderados los requerimientos exigidos.

Sin embargo, en la realidad, el enfoque racional no siempre prevalece, incorporándose a la toma de decisiones aspectos no racionales o políticos que alteran la secuencia lógica, y en la que el juicio, la intuición y la valoración subjetiva de las situaciones por parte del decisor adquieren una importancia crucial. Igualmente, deben ser tenidos en cuenta los intereses y motivaciones implícitos de los directivos, las relaciones de poder entre los distintos grupos de interés o la moda de la estrategia del momento. Por último, cabe señalar la imposibilidad de demostrar a priori, e incluso a posteriori, que una estrategia es óptima y de garantizar que tendrá éxito o que será un fracaso (Rumelt, 1993).

Figura 9.1: El proceso de evaluación y selección de estrategias

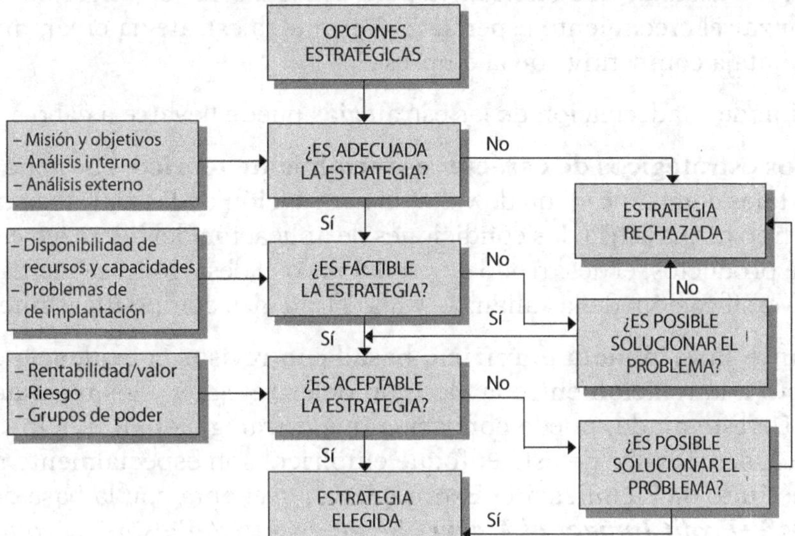

9.1.1. La adecuación de las estrategias

La adecuación evalúa **cómo las estrategias se adaptan a la misión y los objetivos y a la situación identificada en el análisis estratégico**. Se trata, por tanto, de comprobar cómo la estrategia aprovecha las fortalezas de la organización y las oportunidades externas y evita las debilidades internas y las amenazas del entorno. Asimismo, se tratará de comprobar en qué medida las estrategias se aproximan o se alejan de los objetivos de la organización definidos previamente. Algunos autores llaman a estos criterios de *consistencia* o *racionalidad* de las estrategias y están estrechamente relacionados con el concepto de ajuste estratégico analizado en el capítulo 1.

Representan, por tanto, una primera selección de estrategias según criterios de racionalidad, de modo que las que no sean adecuadas o sean inconsistentes serán rechazadas. Los aspectos a considerar respecto de cada una de las opciones estratégicas disponibles son:

- **Cómo hace frente a las dificultades identificadas en el análisis estratégico** (debilidades y amenazas). Por ejemplo, se pueden plantear las siguientes cuestiones: ¿es adecuada la estrategia para conseguir una posición competitiva, o para resolver los problemas de liquidez de la compañía, o para reducir el nivel de dependencia de un determinado proveedor?

- **Cómo explota nuestras fortalezas y las oportunidades del entorno**. Por ejemplo: ¿proporciona la estrategia el trabajo adecuado a las habilidades de cada trabajador, o ayuda a la empresa a situarse en un nuevo sector del mercado con perspectivas de crecimiento, o utiliza el actual sistema de distribución siendo éste bastante eficiente?
- **Cómo se adecúa a la misión y los objetivos estratégicos de la organización**. Por ejemplo: ¿es adecuada una alternativa para conseguir los objetivos de rentabilidad, o para alcanzar el crecimiento esperado? ¿Permite la estrategia crear, mejorar o mantener la ventaja competitiva de la empresa?

La evaluación de la adecuación de las estrategias puede llevarse a cabo a partir de:

a) Modelos estratégicos de carácter esencialmente teórico, que aplican un razonamiento lógico, tales como la cadena de valor, la adecuación de las estrategias competitivas en función del tipo de industria, las condiciones de aplicación del liderazgo en costes, la diferenciación de productos, el desarrollo de productos o el desarrollo de mercados, la justificación de la diversificación, de las alianzas y las estrategias competitivas internacionales.

b) Mediante la evidencia empírica, basada en revisar la evidencia empírica disponible respecto a la relación entre la elección de estrategias y los resultados de las organizaciones. De este modo, puede conocerse qué estrategias han funcionado mejor en distintas situaciones. Dentro de este enfoque empírico, son especialmente relevantes los trabajos del Instituto de Planificación Estratégica, que cuenta con la base de datos conocida como **PIMS (*Profit Impact of Market Strategy*,** *http://pimsonline.com***)**, compuesta por unas 3.000 actividades o negocios en todo el mundo, o en España cabe destacar la **Encuesta sobre Estrategias Empresariales** de la Fundación SEPI (*www.funep.es/esee*), con información de algo más de 2.000 empresas representativas de los distintos sectores manufactureros.

9.1.2. La factibilidad de las estrategias

El criterio de factibilidad **hace referencia a la posibilidad de ser implantada**, lo que se relaciona con el concepto de ajuste organizativo también estudiado en el capítulo 1, tratando de evaluar la disponibilidad de los recursos y capacidades necesarios o la adecuación del horizonte temporal de los cambios previstos. En definitiva, se trata de responder a las siguientes cuestiones: ¿se puede emprender la estrategia con los recursos –físicos, humanos, financieros, etc.– de los que se dispone? y ¿existe ajuste o consistencia entre la estrategia y la organización en la que se va a implantar?

En cuanto a la disponibilidad de recursos y capacidades, los financieros suelen constituir la primera limitación para implantar una estrategia, pero salvo excepciones, suele ser el problema de más fácil resolución. Sin embargo, la escasa disponibilidad de recursos, especialmente de intangibles y capacidades, tanto individuales como organizativos, constituye una limitación más difícilmente cuantificable pero, normalmente, más importante (Rumelt, 1993: 67).

El segundo aspecto a tener en cuenta tiene que ver con los posibles problemas de implantación y el ajuste entre la estrategia y la organización, en cuestiones tales como el diseño organizativo, el estilo de dirección y la cultura organizativa, que serán estudiados más adelante.

9.1.3. La aceptabilidad de las estrategias

La aceptabilidad **mide las consecuencias de adoptar una determinada estrategia**, es decir, si los resultados esperados de la misma son aceptables o no para los distintos grupos de interés participantes en la empresa (*stakeholders*). La aceptabilidad es algo muy subjetivo, ya que está fuertemente relacionada con las expectativas de los grupos de interés, por lo que es importante identificar «para quién» debe ser aceptable. Evidentemente, no existe una estrategia que corresponda idealmente a las expectativas de todos los grupos, por lo que cobra especial importancia el estudio del comportamiento de los recursos humanos y de los grupos de interés, así como la valoración de las relaciones de poder existentes entre ellos.

En general, podemos señalar que, para cualquier grupo, una estrategia es aceptable cuando con ella espera mejorar su situación, en el sentido de que las expectativas de beneficios superan a los costes derivados de la implantación estratégica respecto de sus propios intereses. Desde una perspectiva económico-racional, los dos criterios más importantes para medir la aceptabilidad de una estrategia son la **creación de valor/rentabilidad** y el **riesgo**. Sin embargo, es preciso plantearse las consecuencias que la adopción de una estrategia puede tener para el resto de los grupos de interés, lo que se reconoce como el riesgo político que se deriva de las posibles reacciones de estos grupos ante la implantación de la estrategia y que puede hacer peligrar su éxito.

Situaciones de riesgo político se dan, por ejemplo, cuando una empresa lleva a cabo una fusión o cuando necesita emprender un proceso de saneamiento del negocio ante los malos resultados, se deslocaliza una empresa o se privatiza una empresa pública. En estos casos, el miedo a la pérdida de puestos de trabajo durante el proceso de implantación suele llevar a los trabajadores y sindicatos a oponerse abiertamente, aun cuando no se vea racionalmente otra salida a la situación de la empresa.

Especialmente importante es analizar la reacción de los competidores ya que cualquier actuación estratégica de la empresa pretende mejorar su posición competitiva, lo que puede suponer un empeoramiento de la situación competitiva de otras empresas. Por ello, cabe pensar que cualquier actuación competitiva va a ser respondida por otra actuación de los competidores que tratarán de contrarrestar los efectos negativos provocados.

Aplicación 9.1:

El proceso de evaluación de estrategias de entrada en los mercados exteriores

Supongamos el caso de una empresa que ha decidido entrar a desarrollar actividades empresariales en un país diferente del de origen. Para entrar en dicho país, dispone de un conjunto de alternativas entre las que podemos identificar las siguientes: exportación indirecta, exportación directa, franquicia, empresa conjunta y filial propia. Todas ellas son alternativas posibles en un principio aunque no seguramente tienen las mismas condiciones para ser implantadas con éxito.

Al aplicar los criterios de adecuación, debería tenerse en cuenta algunos de los factores que hacen correcta o incorrecta una alternativa. Por ejemplo, el riesgo país, la existencia de aranceles o el tamaño del mercado. Un riesgo país elevado haría adecuada la exportación indirecta pero no la creación de una filial propia. Por el contrario, un tamaño amplio del mercado hace más adecuadas a las estrategias de implantación en el país como la empresa conjunta o la filial propia.

Una vez analizada la adecuación, habría que observar la factibilidad de cada alternativa. Mientras que la exportación requiere escasas inversiones, la creación de una filial propia exige un volumen alto de recursos para su inmovilización. La no disponibilidad de estos recursos puede hacer poco factible la segunda de las opciones. La disponibilidad de mano de obra especializada en el país de destino o la experiencia internacional previa de la empresa son otros elementos que pueden hacer factible o no cada alternativa.

Finalmente, para tener en cuenta la aceptabilidad, sería conveniente medir la rentabilidad esperada de la inversión así como el riesgo en el que incurre la empresa tanto por lo que se refiere a la respuesta de la demanda como, por ejemplo, a los intereses de la deuda que quizás haya que asumir por la financiación de las inversiones exigidas. La reacción de las autoridades locales o el choque cultural con los trabajadores locales podrían ser aspectos a analizar relacionados con el riesgo político de cada una de las alternativas.

9.2. LA IMPLANTACIÓN DE LA ESTRATEGIA

La implantación de la estrategia hace referencia al conjunto de actividades y decisiones que son necesarias para hacer efectiva o poner en marcha una estrategia, de modo que se consigan la misión y los objetivos estratégicos previamente planteados. La literatura sobre dirección estratégica ha dedicado una mayor extensión y esfuerzo al estudio de la formulación o diseño de las estrategias más apropiadas para la empresa que al análisis de los problemas que se derivan de su implantación. Este mayor énfasis en los problemas de la formulación ha podido conducir hacia una escasa atención a los problemas de implantación y, como consecuencia de ello, unos pobres resultados respecto de los objetivos estratégicos planteados.

Esta menor atención a los problemas de implantación se puede deber a la percepción de que es una tarea menos atractiva que la formulación, a la creencia generalizada de que se requieren más habilidades para la formulación que para la implantación («cualquiera lo puede hacer»), a que no siempre está bien definido qué incluye la implantación (dónde empieza y dónde termina) y a la falta de modelos conceptuales globales sobre la implantación estratégica (Alexander, 1991).

Sin embargo, este planteamiento ha ido cambiando en los últimos años, considerándose hoy en día que la implantación de la estrategia es un problema tan importante como su formulación. Efectivamente, si la formulación nos indica qué es lo que debe hacerse, la implantación señala cómo debe actuarse para conseguir lo que se quiere hacer. En este sentido, una mala formulación –no acertar con la orientación adecuada– puede ser tan perjudicial como una mala implantación –no acertar con la forma de poner en marcha una buena estrategia–. La figura 9.2 recoge de forma sintética la interacción entre la formulación y la implantación de la estrategia, así como las consecuencias de un error en alguno de los dos aspectos.

Figura 9.2: Interacción entre formulación e implantación

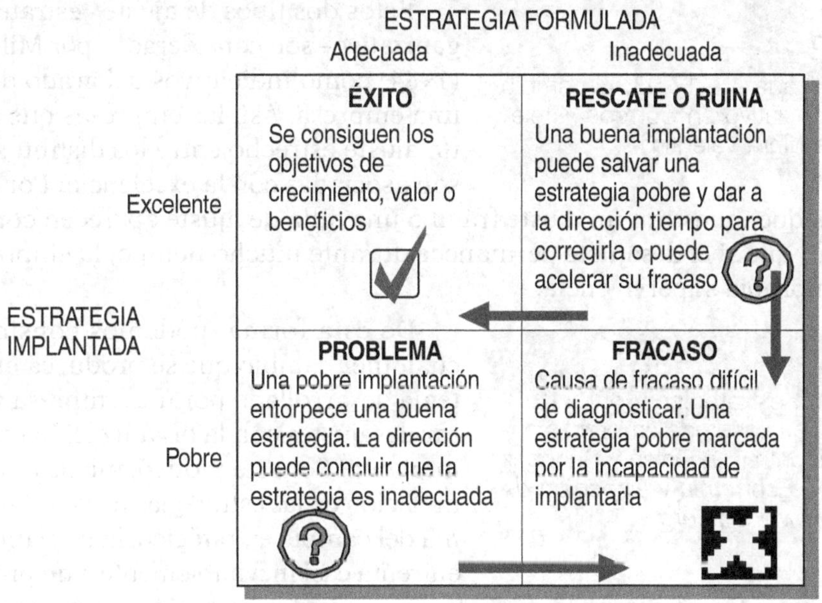

Fuente: Adaptada de Bonoma (1984: 72)

Así, el éxito de la estrategia sólo se puede alcanzar plenamente cuando se elige correctamente la estrategia y se implanta de forma excelente. En el caso de que no se haya elegido la estrategia más adecuada, una buena implantación pondrá de manifiesto el problema y permitirá corregir algunos aspectos de la estrategia durante el proceso si es que ello es posible. En el caso de una elección acertada de la estrategia, una pobre implantación va a provocar resultados pobres, haciendo inútil la decisión tomada. El problema, en este caso, es que los malos resultados pueden hacer pensar que la estrategia elegida no es la correcta, con lo que cualquier modificación de la misma conducirá inevitablemente al fracaso.

Pero la formulación y la implantación de la estrategia no deben concebirse como problemas independientes. Al contrario, son aspectos que están necesariamente relacionados entre sí. De hecho, en muchas organizaciones ambos procesos se solapan en el tiempo y se influyen y condicionan mutuamente, ya que la situación de partida de la organización condiciona el funcionamiento de la estrategia elegida y ésta, a su vez, puede requerir cambios en la organización en la que deberá implantarse.

Esta necesaria interrelación entre ambos aspectos del proceso de dirección estratégica nos pone de manifiesto la necesidad de un ajuste o congruencia entre la estrategia elegida y la organización en la que va a ser implantada. Como vimos en el capítulo 1 (figura 1.5), mientras el ajuste estratégico se refiere a la necesaria sintonía entre la estrategia elegida y el contexto –objetivos, entorno, recursos internos– en el que se va a aplicar, el ajuste organizativo llama la atención sobre la necesaria congruencia entre la estrategia elegida y la organización en la que se va a implantar.

Consulta la web

Ver Aplicación Actualizada AA–17.03: El cambio de estratégico y organizativo en Correos y Telégrafos, por Eva María Mora Valentín

Estos dos tipos de ajuste –estratégico y organizativo– son considerados por Miles y Snow (1984) como indicativos del grado de éxito de una empresa. Así, las empresas que muestran un ajuste estrecho entre los distintos aspectos son asociadas con la excelencia. Por el contrario, las empresas que muestran un ajuste frágil o una falta de ajuste aparecen como vulnerables, de manera que si el desajuste permanece durante mucho tiempo, la empresa puede ver en peligro su propia supervivencia.

Análisis

Un análisis del cambio estratégico y organizativo y su aplicación a dos casos de empresas españolas se puede encontrar en Galán y Sánchez (2004), *Cuadernos de Economía y Dirección de la Empresa*, nº 19: *www.acede.org*

De esta forma, podemos considerar que cualquier cambio que se produzca en la estrategia desarrollada por una empresa va a generar desajustes con la organización en la que se implanta. Por este motivo, mientras que la formulación de las estrategias nos remite al problema del cambio estratégico, la implantación nos enfrenta casi inevitablemente a un problema de cambio organizativo. Mientras que la formulación o cambio estratégico requiere habilidades directivas relacionadas con el análisis, la implantación o cambio organizativo demanda habilidades de gestión y, muy especialmente, de liderazgo (Certo y Peter, 1996).

La implantación de la estrategia constituye un problema, por tanto, fundamental para el éxito de la empresa y, a su vez, un problema complejo de abordar, como consecuencia de la gran cantidad de factores que influyen en el proceso de implantación. Podemos agrupar el conjunto de actividades necesarias para la implantación en dos categorías básicas:

- **Definición del soporte organizativo**: consiste en preparar a la empresa para que se adapte a la estrategia elegida. Los problemas más importantes que incluye son el diseño de la estructura organizativa, el estilo de dirección y liderazgo y la gestión de la cultura organizativa.
- **Sistemas administrativos de apoyo**: incluye los sistemas de planificación y control, que permiten traducir el plan estratégico en planes operativos, programas, presupuestos, etc., así como vigilar y reorientar su cumplimiento cuando sea preciso.

Aplicación 9.2:

La fábula de los conejos

Para explicar la importancia que tiene la implantación de la estrategia en la empresa, Vasconcellos (1990) utiliza esta deliciosa fábula:

Érase una vez al principio de la temporada de caza, un joven conejo estaba corriendo frenéticamente. Un conejo más viejo que pasaba por allí se dio cuenta del comportamiento agitado del joven y paró para preguntarle qué era lo que pasaba. El joven conejo paró en su asombro y jadeó: «¿Pero no sabe que la temporada de caza acaba de comenzar?». Mirándolo paternalmente, el conejo viejo replicó lentamente, «Joven compañero, si esto es todo lo que le preocupa, yo tengo la solución. Transfórmate en un árbol. Los cazadores pasarán de largo y no te dispararán porque te tomarán por un árbol». «Excelente idea», replicó el conejo joven. «¿Por qué no lo habría pensado antes? ¡Los cazadores pasarán de largo sin darse cuenta de mí en absoluto! Muchas gracias».

El conejo viejo continuó su camino por la carretera cuando el joven, asaltado por una duda, le llamó nerviosamente, «Pero... pero ¿qué tengo que hacer para convertirme en un árbol? ¿Cómo lo hago?» El conejo viejo se detuvo y replicó secamente por encima de su hombro, «Joven compañero, te he dado un gran idea... sé agradecido y no me molestes con cuestiones de detalle. Tú ya puedes hacerla funcionar».

Fuente: Vasconcellos (1990)

Análisis

Un análisis de los factores de éxito de la Implantación estratégica aplicado al caso de Mondragón Corporación Cooperativa se puede encontrar en Forcadell (2005), *Universia Business Review*, nº 6: *http://ubr.universia.net/*

Conviene tener en cuenta dos factores adicionales para una buena implantación. En primer lugar, quién tiene **la responsabilidad de implantar la estrategia.** Mientras que la estrategia es formulada por un número reducido de personas, normalmente vinculadas a la más alta dirección, la implantación implica a todas y cada una de las personas que pertenecen a la empresa, en la medida en que las tareas que desarrollan en sus respectivos trabajos condicionan, en mayor o menor grado, el éxito de la estrategia. Ello plantea la necesidad de comprometer en dicho éxito al conjunto de la organización para lo cual son especialmente importantes aspectos como la gestión del cambio organizativo, el liderazgo, la política de recursos humanos así como la utilidad de la adopción de una misión y propósito estratégico claramente identificados y aceptados.

En segundo lugar, **la definición del horizonte temporal** para la implantación. En general, puede decirse que a medida que la necesidad de cambio estratégico es más urgente y, por tanto, el horizonte temporal se reduce, la implantación se hace más compleja, ya que requiere abordar de forma simultánea varias de las actividades básicas antes mencionadas. Por el contrario, si el horizonte temporal puede ser alargado, la empresa puede ir desarrollando o adaptando las distintas actividades de una forma más secuencial, lo que permite reducir los riesgos del cambio estratégico al ir solapando en el tiempo los distintos retos estratégicos planteados.

9.3. LA DEFINICIÓN DEL SOPORTE ORGANIZATIVO

Como se acaba de exponer, la definición del soporte organizativo hace referencia a los problemas relativos al diseño de la estructura organizativa, el estilo de dirección y liderazgo y la gestión de la cultura organizativa.

9.3.1. El diseño de la estructura organizativa

La posible relación entre estrategia empresarial y estructura organizativa ha sido objeto de atención desde los años sesenta, siendo Alfred Chandler (1962) el pionero en este tipo de estudios. En su trabajo, Chandler analiza la evolución histórica de un conjunto de 70 grandes empresas norteamericanas en el período 1909-1959, obteniendo del mismo tres ideas básicas.

> **Análisis**
>
> Un análisis de la importancia de la estructura organizativa en la implantación de la estrategia se puede encontrar en Guerras y García–Tenorio (1995), *Cuadernos de Estudios Empresariales*, nº 5: *http://revistas.ucm.es/index.php/CESE*

La primera idea responde al principio de que **«la estructura sigue a la estrategia»**. Chandler observó que, a medida que las empresas cambian su estrategia de crecimiento con el fin de utilizar sus recursos de una manera más rentable, van apareciendo nuevos problemas administrativos. Estos problemas generan un deterioro de los resultados que sólo puede ser resuelto mediante la modificación de la estructura organizativa para que se adapte a la nueva estrategia. Si esta adaptación no tuviera lugar, la estrategia no conseguiría plenamente sus objetivos y aparecerían, en consecuencia, ineficiencias económicas.

En segundo lugar, propone que **el modelo de relación entre estrategia y estructura a lo largo del tiempo es bastante predecible** en la medida en que los recursos son acumulados y las estrategias de crecimiento crean la necesidad de nuevas formas estructurales. La tercera idea básica plantea que **el cambio estructural que sigue a un cambio de estrategia no se produce de forma instantánea** sino como consecuencia de la aparición de ineficiencias con posterioridad a la puesta en marcha de la estrategia, síntomas de un desajuste entre estrategia y estructura. Esta falta de simultaneidad entre los cambios estratégico y organizativo es atribuida a que las personas que formulan la estrategia son distintas de aquellas que diseñan la organización, teniendo además una formación y unos intereses distintos.

Por lo tanto, se puede afirmar que la coherencia entre la estrategia elegida por la empresa y la estructura que utiliza para ponerla en práctica influye decisivamente sobre los resultados, pero a su vez, estrategia y estructura vienen condicionadas por el entorno en el que actúa la empresa y por otros factores.

> **Consulta la web**
>
> Ver Aplicación Actualizada AA–18.02: El cambio de estructura organizativa en Correos y Telégrafos, por Eva María Mora Valentín

Esta relación entre estrategia y estructura es especialmente relevante en lo que se refiere a la **estructura primaria** o desagregación de la empresa en sus principales unidades organizativas –departamentos, divisiones, etc.– El objetivo fundamental en la definición de la estructura primaria es dar respuesta organizativa a la estrategia corporativa elegida por la empresa en sus diversos aspectos de diversificación de actividades, cooperación, procesos de internacionalización, etc. Por lo tanto, la estructura primaria representa la división básica que la empresa hace de las actividades y/o negocios en los que está comprometida.

Desde el punto de vista del diseño organizativo, la definición de la estructura primaria es un problema de diferenciación de las actividades de la empresa. Los **criterios** habituales de diferenciación se pueden agrupar en dos categorías:

1) **Por propósito** –productos, clientes, áreas geográficas o mercados–, esto es, de acuerdo con una meta determinada.
2) **Por procedimiento** buscando la especialización de actividades, de manera que las tareas se agrupan por funciones –producción, comercialización, etc.– o por procesos.

La elección del criterio más adecuado para la definición de la estructura primaria es, quizás, la decisión más importante desde el punto de vista organizativo. Para ello, es preciso identificar cuáles son las dimensiones clave –productos, mercados, clientes, etc.–, así como conocer en qué dimensiones existe una mayor diversidad o heterogeneidad en cuanto a las variables estratégicas relevantes o formas de competir. Dado que la dimensión elegida para la desagregación va a estar muy influida por la estrategia de diversificación que la empresa siga, parece conveniente analizar, con carácter previo, los negocios de la empresa y las relaciones que existan entre ellos.

> **Análisis**
>
> Un análisis de la evolución de la relación entre la estrategia y la estructura organizativa en la empresa española se puede encontrar en Sánchez, Galán y Suárez (2006), *Universia Business Review*, nº 11: *http://ubr.universia.net*

En cualquier caso, la elección que se haga conduce a la adopción, por parte de la empresa, de una estructura que en lo fundamental se adaptará a una de las cuatro formas básicas siguientes: estructura simple, funcional, divisional y matricial. La figura 9.3 sintetiza las características de las principales estructuras primarias y el ámbito de aplicación y estrategia más adecuadas.

9.3.2. La dirección y el liderazgo

Aunque los conceptos de dirección y liderazgo a veces son empleados como equivalentes, sus significados son diferentes. La **dirección** es una función que implica a todos los miembros de una organización dotados de autoridad formal, y es precisamente este hecho lo que la diferencia del liderazgo. El **liderazgo**, en cambio, debe ser entendido como una clase de influencia mediante la que se puede lograr que los miembros de una organización colaboren voluntariamente y con entusiasmo en el logro de los objetivos organizativos. La persona que ejerce este tipo de influencia es el líder. El líder es, por tanto, una persona a quien le es posible influir en las actitudes y opiniones de los miembros de un colectivo, además de influir en sus acciones y decisiones, sin que para ello tenga que estar dotado de autoridad formal. El directivo, en cambio, sólo podrá influir en sus acciones y decisiones, y ello gracias a su autoridad formal.

Figura 9.3: Estructuras primarias y estrategia

Estructura	Criterio de diferenciación	Características	Ámbito de aplicación/ Estrategia
Simple	No	• Escasa formalización • Poder centralizado, supervisión directa • Poca especialización de actividades • Sistema de información elemental	• Empresas especializadas • Nicho o segmentación • Diferenciación producto
Funcional	Procedimiento	• Especialización actividades, favorece mejoras técnicas y eficiencia • Centralización de decisiones, coordinación jerárquica • Interdependencia de funciones, problemas de coordinación • Riesgo de crear departamentos estancos	• Empresas con un solo producto o varios relacionados • Estrategias de baja o nula diversificación
Divisional	Propósito	• Creación de divisiones o unidades autónomas • Separación de funciones estratégicas y operativas • La oficina central se encarga de la estrategia corporativa y la coordinación de las divisiones • Las divisiones se encargan de las operaciones y son centros de beneficios • Estructura descentralizada	• Empresas diversificadas • Estrategias de diversificación
Matricial	Ambos	• Dos líneas de autoridad que se solapan • Estructura dinámica, flexible y compleja • Trata de combinar las ventajas de la funcional y la divisional • Problemas de control y de autoridad	• Dos dimensiones importantes con similares niveles de diversidad • Necesidad de compartir recursos escasos y valiosos

La diferencia entre el entusiasmo y la desgana en las actitudes del subordinado, a la hora de llevar adelante las directrices de su superior es, a menudo, la diferencia entre el éxito y el fracaso de una organización, especialmente en los momentos de cambio. Esta diferencia de respuesta y la necesidad de una dirección realmente efectiva hacen que, cuando se incorpora una persona para ocupar un puesto directivo, se requiere que esté dotada de una cierta capacidad de liderazgo.

Cada día se considera más importante la implicación activa del liderazgo en el proceso de implantación de la estrategia. Efectivamente, podemos considerar que el líder asume la importante misión genérica de gestionar el cambio organizativo que puede ser requerido. En este sentido, el papel que se asigna a quien ejerce de líder en una organización se puede concretar a través de cuatro actividades esenciales que debe desempeñar para que su función sea realmente eficaz (Dess y otros, 2011; Thompson y otros, 2012):

> **Consulta la web**
>
> Ver Aplicación AN–18.02-ES: Amancio Ortega, un líder en la sombra, por Ana Farto Muñoz

1) Fijar la orientación básica de la empresa. Esta actividad del liderazgo –que va más allá de una planificación a largo plazo– supone crear visiones y estrategias claramente articuladas y fácilmente comprensibles que describan un negocio, una tecnología o una cultura corporativa en términos de lo que debería llegar a ser la empresa a muy largo plazo. Es decir, el liderazgo debe definir la misión, la visión y los objetivos estratégicos, conceptos que ya se vieron en el capítulo 2.

2) Diseño de la organización. El liderazgo también debe estar implicado con el diseño de la organización en un sentido genérico. Esto supone evaluar el funcionamiento general de la organización y, cuando sea necesario, cambiar las estructuras organizativas, los sistemas y los procesos de modo que se asegure una implantación con éxito de la visión y estrategias elegidas. En definitiva, definir y poner en marcha el proceso de cambio organizativo que toda implantación suele requerir.

3) Inculcar una cultura comprometida con la excelencia y el comportamiento ético. Esta actividad del liderazgo va encaminada a lograr el compromiso de todos los miembros de la organización en la consecución del éxito empresarial. Para ello, el líder tendrá que transmitir al resto de los integrantes un determinado espíritu de trabajo encaminado hacia la excelencia y respetuoso con el comportamiento ético. En esta línea, un enfoque útil del liderazgo consiste en alentar y apoyar a aquellas personas que sean capaces de aportar nuevas ideas y formas de hacer las cosas que impliquen una mejora de la empresa. Un error frecuente, en este sentido, es considerar a las personas creativas como conflictivas o problemáticas.

4) Gestión de las presiones políticas. Para la formulación e implantación del plan estratégico, la dirección se suele ver sometida a ciertas presiones políticas, procedentes de los distintos grupos de interés que tratan de limitar su actuación. Un líder debe conocer cómo funciona la estructura de poder en la empresa, quiénes son y cómo piensan las personas decisivas, cuáles son las alianzas que se han formado y en qué dirección se orienta la organización en cada problema concreto. Las habilidades políticas, tendentes a la negociación y a la búsqueda del consenso, son características deseables para quien tiene la responsabilidad de implantar la estrategia. En cualquier caso, el líder debe contar con los apoyos necesarios de las personas clave y disponer de una vasta red de información, incluyendo tanto canales formales como informales, para asegurar el éxito de la implantación.

Aplicación 9.3:

El líder visionario en Apple

Steve Jobs fue, en 1976, junto a Steve Wozniak, el fundador de Apple, empresa pionera en el mundo de los ordenadores personales. Aunque no entendía mucho de ordenadores, Jobs siempre pensó en el futuro potencial del producto, visionando un mundo en el que debería haber un ordenador en cada mesa de trabajo, dándole una importancia similar a la que en su momento tenía el teléfono.

Bajo su liderazgo, Apple fue una cofradía más que una empresa, dedicada a la fabricación de una nueva tecnología disponible para todos. Los empleados, que se adhirieron en su gran mayoría a la visión de Jobs, trabajaron con mucha energía en este propósito. El resultado fue uno de los comienzos de más éxito de una empresa en la historia de los negocios en Estados Unidos.

Sin embargo, a medida que Apple se posicionaba mejor y la industria ganaba respetabilidad, las debilidades de Jobs comenzaron a oscurecer su liderazgo visionario. Su carácter fuerte y sus irracionales altas expectativas hicieron perder a sus empleados la confianza depositada en él. Así, cuando la junta directiva decidió cesarlo en 1985 de sus funciones directivas, pocas personas quedaban en la empresa que le apoyasen. Poco después, Jobs abandonó la compañía.

Sin embargo, a los pocos años del cese de Jobs, Apple empezó a tener graves problemas, con caídas sistemáticas de facturación, pérdida de cuota de mercado, fuerte endeudamiento y despidos masivos, que desembocaron en una situación de cuantiosas pérdidas entre 1996 y 1997. Paralelamente, Jobs había fundado nuevos negocios como la empresa de software NeXT o la compañía de animación audiovisual Pixar, con la que revolucionó la industria cinematográfica de dibujos animados con películas como Toy Story, Bichos o Monstruos SA.

Ante la mala situación de Apple en la segunda mitad de los años noventa, Jobs volvió once años después, en 1997, a Apple, quien le compró NeXT por 400 millones de dólares. En enero de 2000, Jobs fue nombrado de nuevo Presidente de Apple. Como prueba del éxito obtenido por Steve Jobs en su segunda etapa al frente de Apple, la revista estadounidense Fortune le nombró en 2007 el empresario más influyente del mundo al encabezar la lista de los 25 hombres más poderosos del mundo empresarial.

Sin embargo, en el verano de 2008 empezaron los rumores de una crisis de salud del propio Steve Jobs, que crearon alta incertidumbre acerca de la marcha de la empresa. Tras varios episodios de abandono y vuelta al cargo, Jobs falleció el 5 de octubre de 2011, a los 56 años, dejando la empresa en una excelente posición. En la última década, la cifra de negocios de Apple se multiplicó por 12 pasando de 5.400 millones de dólares en 2001 a 65.200 en 2010, con un beneficio de 14.013 en ese año. La cotización en bolsa había alcanzado un máximo, hasta ese momento, de 422 dólares la acción, el 21 de septiembre de 2011, lo que suponía un valor de mercado de 350.000 millones de dólares, con una revalorización de la empresa del 3.500% en la última década, y del 11.300% si se toma como referencia el retorno de Jobs en 1997.

9.3.3. La cultura organizativa

La cultura organizativa puede facilitar la implantación de la estrategia si existe una fuerte coherencia entre ambas o, por el contrario, impedir o retrasar su puesta en práctica. El concepto de cultura hace referencia al **conjunto de normas de comportamiento, valores**

y creencias que son compartidos por los miembros de una empresa y que condicionan su comportamiento, así como la configuración de su propia identidad ante el exterior.

La cuestión que se plantea a continuación es si el papel de la cultura organizativa es positivo o no para el éxito de una empresa. Es decir, si la existencia de una cultura fuerte, centrada, dominada por unos valores esenciales claramente establecidos favorece o perjudica la actuación y los resultados empresariales. La respuesta a esta cuestión no es sencilla y, en general, se puede señalar que la cultura de una empresa es una condición necesaria pero no suficiente para su éxito. Vamos a estudiar a continuación los factores de contexto, la congruencia entre estrategia y cultura, los factores que favorecen el cambio y la gestión del cambio cultural.

a) Factores de contexto de la cultura organizativa: La cultura organizativa puede entenderse como el resultado de la confluencia de un conjunto de factores y fuerzas que han influido en su creación, o que a lo largo del tiempo la han ido modelando. Siguiendo el esquema básico de Nadler y Tushman (1988), podemos identificar tres tipos de factores de contexto (figura 9.4):

Figura 9.4: Factores de contexto de la cultura organizativa

- Los **factores externos** se refieren a las fuerzas ajenas a la empresa que tienen una influencia directa sobre la cultura empresarial. Así, la cultura nacional o local del lugar donde esté situada la empresa, la cultura de la industria en la que la empresa opera o la cultura profesional de los empleados influyen en la fijación y aceptación de determinados valores. Igualmente, aunque con una influencia más indirecta, pueden considerarse como factores externos las características del entorno, la regulación de los mercados, el grado de competencia entre las empresas, etc. En general, puede considerarse que estos factores son una restricción para la dirección y que, por tanto, no se puede actuar sobre ellos.

- Los **factores históricos** derivan de hechos o acontecimientos ocurridos en el pasado de una empresa, entre los cuales podemos encontrar a los fundadores (que transmiten sus valores, creencias y actitudes), las crisis empresariales (la forma como se han planteado y resuelto) y los modelos organizativos de otras empresas que se han tomado como referencia.
- Los **factores internos,** que dependen de la decisión de la empresa y suelen ser los más importantes. Entre ellos encontramos el comportamiento de la alta dirección (que transmite constantemente las pautas de comportamiento), la estrategia empresarial elegida (manifestada a través de la misión, la visión y los objetivos estratégicos), la estructura organizativa (derivada de las agrupaciones de actividades y relaciones de jerarquía) y la política de recursos humanos (a través de los procesos de selección, formación, promoción, incentivos, etc.).

b) Congruencia entre estrategia y cultura organizativa: Tal como acabamos de poner de manifiesto, el problema fundamental consiste en saber si la estrategia elegida es «compatible» con el sistema de valores y normas de comportamiento voluntariamente generado por los miembros de la organización y, si no lo fuera, qué actuaciones se pueden llevar a cabo para corregir esta situación.

Atendiendo a la importancia de la estrategia, en cuanto al cambio que supone para la empresa, así como al riesgo que representa para la cultura existente –que se puede poner de manifiesto a su vez, como la intensidad del cambio cultural que implica la implantación de la estrategia–, podremos identificar, de forma similar a como queda reflejado en la figura 9.5, aquellas situaciones potencialmente más problemáticas, o en las que puede ser interesante plantear un cambio estratégico o un cambio de cultura.

La cuestión primordial en estas situaciones plantea qué se debe modificar entonces: la cultura o la estrategia. Es decir, ¿es posible renunciar a un fuerte cambio estratégico por incorporar un cambio excesivamente traumático desde el punto de vista cultural a pesar de que peligre con ello la propia supervivencia de la empresa? Las alternativas genéricas varían entre ignorar la cultura, intentar cambiarla para que se ajuste a la estrategia, bordear los obstáculos culturales cambiando el plan de implantación, o cambiar la estrategia para ajustarla a la cultura (Schwartz y Davis, 1981).

Cuanto más fuerte y arraigada sea la cultura y mayor cambio provoque la estrategia, más difícil, si no imposible, es lograr una congruencia entre ambas, haciendo por tanto más necesario algún tipo de cambio. En general, podemos aceptar que en raras ocasiones la cultura está tan arraigada en el seno del sistema empresarial como para llevar a la renuncia de un cambio estratégico totalmente necesario que, en la mayoría de los casos, puede ser gradual.

c) Factores que influyen en el cambio de cultura organizativa: siguiendo el esquema de Robbins (1990: 457-459), podemos sintetizar los factores que actúan como condiciones para favorecer o dificultar el cambio de cultura, como sigue:

Figura 9.5: **Congruencia entre cultura y estrategia**

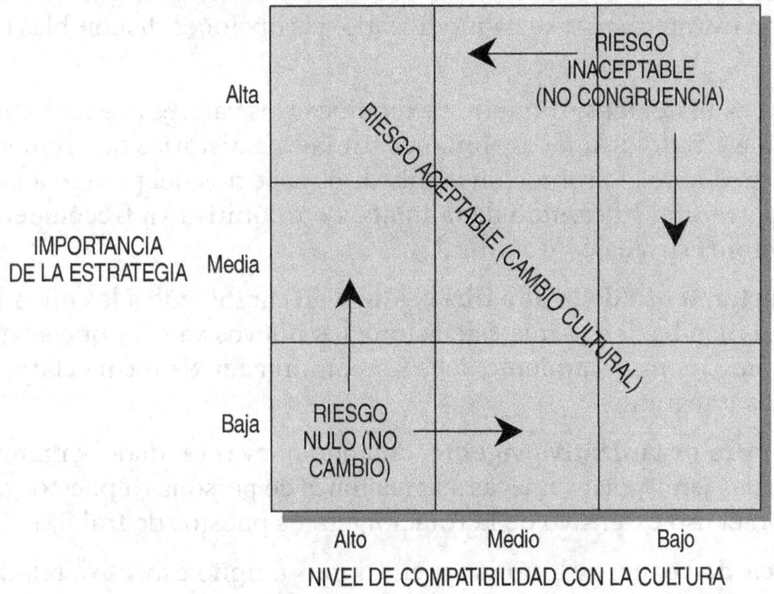

Fuente: Adaptado de Schwartz y Davis (1981)

- **Crisis dramática**, que sea ampliamente percibida por los miembros de la organización, lo que pone en cuestión las prácticas actuales y el *status quo* existente. A veces, la crisis no necesita ser real para ser efectiva, sino que sea percibida como real.
- **Cambio de liderazgo**, al ser la alta dirección un factor básico en la transmisión de la cultura, un cambio en las posiciones clave de liderazgo de la organización facilita la instauración de nuevos valores.
- **Etapa del ciclo de vida**, ya que el cambio cultural suele ser más fácil cuando la organización está en transición entre la etapa de formación y la de crecimiento y entre la de madurez y la de declive.
- **Edad de la organización**, cuanto más joven es una organización, menos arraigados estarán sus valores y más fácil será el cambio.
- **Tamaño de la organización**, cuanto más pequeña es la organización más fácil suele ser el cambio.
- **Fortaleza de la cultura actual**, cuanto más ampliamente implantada esté una cultura, más difícil será cambiarla.
- **Ausencia de subculturas**, cuanto mayor heterogeneidad exista en la definición de la cultura, por la existencia de subculturas, más difícil será el cambio.

d) La gestión del cambio de la cultura organizativa: La gestión del cambio se puede hacer actuando sobre los factores que determinan la definición de la cultura que, como se acaba de exponer, son externos, históricos e internos. Aceptando que sobre los factores externos normalmente no se puede influir al ser restricciones dadas, y que uno de los factores internos (la estrategia), ya se ha modificado, las opciones disponibles consisten en actuar sobre:

- **Los factores históricos**, tratando de modificar los valores aceptados del pasado, mediante el desarrollo de nuevos símbolos, rituales e historias que refuercen los nuevos valores o mediante la promoción de distintos aspectos del pasado a los que no se dio tanta importancia. El cambio de la imagen corporativa va frecuentemente asociado con el cambio estratégico y cultural.
- **El comportamiento de la alta dirección**, bien cambiando a los miembros del equipo directivo o bien haciendo que éste asuma los nuevos valores que se quieren implantar. Este nuevo comportamiento debe ser comunicado de forma clara y congruente al resto de los integrantes.
- **La estructura organizativa vigente**, creando nuevas unidades organizativas, nuevas dependencias jerárquicas, nuevas asignaciones de personas a puestos clave de responsabilidad o el uso extensivo de la rotación en los puestos de trabajo.
- **La política de recursos humanos**, en su más amplio espectro, relativo a selección, promoción, formación e incentivos.

En cualquier caso, es importante señalar que el cambio cultural es lento, costoso y difícil por la pervivencia de los valores asumidos durante mucho tiempo. Algunos estudios sugieren que dos años representarían un cambio muy rápido en una cultura, siendo más normal el plazo de cuatro o cinco años. La estrategia o la estructura pueden ser cambiadas por decisiones de la alta dirección pero la cultura tiene su propia vida y no puede ser modificada directamente, sino a través de la promoción o rechazo de determinados valores. No entender esto puede provocar situaciones no deseadas que conduzcan al fracaso de la estrategia elegida y a un potencial conflicto dentro de la organización.

9.4. LOS SISTEMAS ADMINISTRATIVOS DE APOYO

Los sistemas administrativos de apoyo incluyen los sistemas de planificación y control, que permiten, respectivamente, formalizar todo el proceso de la dirección estratégica y vigilar y reorientar su cumplimiento cuando sea preciso.

9.4.1. La planificación estratégica

Para Strategor (1995: 371), la **planificación** empresarial **es un proceso formalizado de toma de decisión que elabora una representación deseada del estado futuro de la**

Aplicación 9.4:

La gestión del cambio cultural en el BBVA

BBVA es uno de los bancos de referencia en España. Surgió como tal en el año 1999 como consecuencia de la fusión entre el Banco Bilbao-Vizcaya y el grupo público Argentaria. En aquellos momentos se consideró muy importante construir una cultura organizativa integradora, partiendo de unos valores culturales bien definidos que se han ido enriqueciendo a lo largo del tiempo. Ello implicaba redefinir la cultura organizativa del grupo a partir de las culturas preexistentes introduciendo los cambios necesarios para la integración cultural. Para ello, entre finales de 2002 y principios de 2003 se definieron los rasgos que se quería que identificasen a la empresa. Así, se creó el proyecto «Experiencia BBVA» para identificar la visión del grupo así como un conjunto de siete principios para acompañar a dicha visión y que constituyen la base de su cultura organizativa:

1. El cliente como centro de nuestro negocio.
2. La creación de valor para nuestros accionistas como resultado de nuestra actividad.
3. El equipo como artífice de la generación de valor.
4. El estilo de gestión como generador de entusiasmo.
5. El comportamiento ético e integridad personal y profesional como forma de entender y desarrollar nuestra actividad.
6. La innovación como palanca de progreso.
7. La responsabilidad social corporativa como compromiso con el desarrollo.

Estos principios se materializan en compromisos con los clientes, los empleados, los accionistas y la sociedad y se traducen en criterios operativos, comportamientos y actitudes que, en su conjunto, definen la cultura organizativa del BBVA.

A finales de los años 90 BBVA inició un proceso de internacionalización hacia América Latina principalmente, destacando la importante presencia en México. Posteriormente, el proceso de internacionalización se ha dirigido también hacia Estados Unidos, Europa y Asia, especialmente en Turquía donde adquiere un 25% del capital de Garanti Bank. De este modo, BBVA estaba presente, a principios de 2012, en 32 países y tenía más empleados fuera de España que dentro.

Uno de los grandes retos de este proceso de internacionalización consiste en la integración de los equipos humanos y la cultura organizativa transmitiendo la «Experiencia BBVA» a los distintos países en los que opera. Este proceso se llevó a cabo inicialmente en México con éxito. En el caso de Estados Unidos, la diferencia cultural es bastante mayor que con México por lo que el proceso de integración cultural está resultando más largo implicando a unas 12.000 personas. En el caso de Asia, el proceso de integración cultural aún no es relevante en la medida en que solamente había implicadas unas 200 personas. Finalmente, en el caso de Garanti Bank (Turquía) se estaba en una fase preliminar del proceso que consistía en conocerse e intercambiar experiencias antes de proceder a una mayor integración de la cultura organizativa.

Por ejemplo, en el caso de Estados Unidos, la cultura existente en Compass cuando llega BBVA es claramente diferente a la del grupo por lo que hubo que plantear cómo era BBVA, cómo se trabajaba en esta organización, qué buscaba y qué quería de las personas. Para transmitir la cultura organizativa se organizaron un conjunto de talleres de la «Experiencia BBVA» aplicables a todos los miembros de la organización americana. A partir de estos talleres, el reto era convertir en realidad la cultura organizativa y dotar de coherencia lo que uno dice y hace a través de las políticas de recursos humanos y de los estilos directivos de los responsables. En este sentido, se considera que la formación es una herramienta de gran ayuda para transmitir la cultura organizativa.

Fuente: Entrevista a Juan Ignacio Apoitia, Director de Recursos Humanos de BBVA. *Executive Excellence*, nº 88, enero 2012 y *www.bbva*.com

empresa y especifica las modalidades de puesta en práctica de esta voluntad. La función de planificación supone, por tanto, proyectar la vida de la empresa a lo largo del tiempo, mediante un proceso de formalización que, a partir del momento actual, trate de diseñar lo que va ser la actividad de la empresa en el futuro.

La anterior definición tiende a identificar la planificación empresarial con el proceso de análisis y formulación de la estrategia en la medida en que incluye aspectos tales como la definición de objetivos, el análisis interno y externo y la elección de la estrategia. Esto ha llevado a que en muchas ocasiones se tomen como sinónimos los términos de «dirección estratégica» y «planificación estratégica». Si bien no existe acuerdo unánime sobre la definición de planificación estratégica y su contenido concreto, pensamos que no debe confundirse con el proceso completo de dirección estratégica sino más bien considerar que es un instrumento o herramienta al servicio de ella.

En este sentido, es muy interesante la distinción que hacen Anthony y Govindarajan (2003) entre formulación de estrategias y planificación estratégica. Mientras que la primera se refiere al proceso de decisión sobre las nuevas estrategias, la segunda se ocupa de las decisiones necesarias para implantar las estrategias elegidas y hacer que funcionen. Podría decirse que la formulación es una actividad más creativa sobre lo que se quiere para el futuro de la empresa mientras que la planificación es una actividad más sistemática y formalizada para concretar la estrategia y hacerla viable en la práctica.

Así, la **planificación estratégica** constituye un proceso de decisión mediante el cual se establece **cómo se va a desarrollar la estrategia en el futuro**: qué tipo de tareas han de ser realizadas, cuándo y quién las va a llevar a cabo, qué recursos se van a asignar a cada actividad o programa, etc. Este proceso de decisión es esencialmente sistemático y formalizado y se concreta en un documento que recibe el nombre de «**plan estratégico**», que describe cómo se va a implantar la decisión estratégica adoptada.

En la práctica, se puede producir un cierto solapamiento entre formulación y planificación estratégica (Anthony y Govindarajan, 2003). Mientras que en la etapa de formulación se puede entrar en un detalle de los programas necesarios para lograr los objetivos de la estrategia, en la etapa de planificación se pueden modificar los objetivos o determinados aspectos de la estrategia elegida como consecuencia de modificaciones en el entorno o limitaciones en la disponibilidad de recursos y capacidades.

Hax y Majluf (1997: 55-58) establecen un marco conceptual para la planificación estratégica referido a los tres niveles habituales de la estrategia: corporativo, de negocio y funcional. Este esquema trata de integrar el proceso de formulación de estrategias con el de su implantación mediante la planificación estratégica y se desarrolla a través de dos grandes ciclos (figura 9.6):

- El **ciclo de formulación de la estrategia** debe reconocer los problemas estratégicos clave de la empresa, a través de una participación secuencial de los tres niveles considerados anteriormente. Las tareas de planificación relacionadas con cada nivel incluyen el análisis interno y externo y desembocan en el posicionamiento competitivo

Figura 9.6: El proceso formal de planificación estratégica

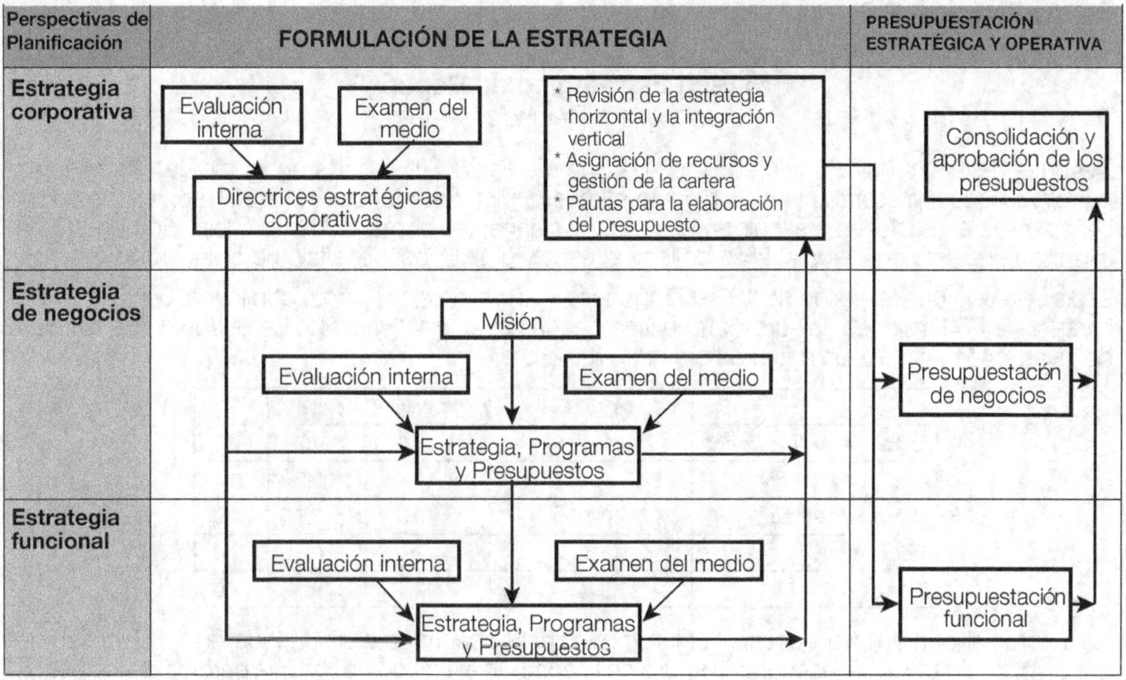

Fuente: Hax y Majluf (1997: 57)

sugerido. Al nivel corporativo, ello se expresa en términos de directrices y objetivos genéricos. A los niveles de negocio y funcional, se diseñan programas y presupuestos de acción. Estos programas y presupuestos deben ser evaluados y aceptados en el nivel corporativo.

- El **ciclo de presupuestación estratégica y operativa** se refiere a la definición de los presupuestos de todos los negocios y áreas funcionales de la empresa, que posteriormente deberán ser aceptados en el nivel corporativo. Con el presupuesto, cada nivel y cada unidad organizativa tienen una declaración, una información, un objetivo y un plan de acción concreto para desarrollar su actividad.

La planificación estratégica puede ser una herramienta poderosa para facilitar el proceso de implantación de la estrategia. Entre sus **ventajas** se puede destacar que unifica la orientación de la empresa a través de un procedimiento formal y sistemático, proporciona un marco de referencia que facilita la asignación óptima de recursos, introduce una disciplina en el pensamiento a largo plazo y define las implicaciones para los responsables de las distintas unidades organizativas (Hax y Majluf, 1997: 59-60; Anthony y Govindarajan, 2003: 273-274). Aunque sin duda alguna, la mayor virtud de la planificación estratégica es el propio proceso de su generación, ya que obliga a los directivos a pensar, reflexionar y comprender los principales problemas que afectan a la formulación e implantación estratégicas.

Aplicación 9.5:

El Plan Estratégico de Repsol,
por Miriam Delgado Verde

Después de la expropiación en abril de 2012 de su filial YPF por parte del gobierno argentino, la petrolera Repsol presentó al mes siguiente su nuevo Plan Estratégico 2012-2016 en el que se diseñaban las actuaciones a seguir en los próximos años, sin contar con la participación de YPF, a pesar de que ésta aportaba el 25% de los ingresos y el 21% del beneficio neto del grupo.

El plan preveía una inversión de 19.100 millones de euros en cinco años, duplicar el beneficio neto hasta los 3.000 millones de euros y reducir la deuda hasta prácticamente cero. Los datos del plan de inversiones en millones de euros eran los siguientes:

	Activos productivos	Proyectos	Total	%
Exploración y producción	2,7	12,0	14,7	77
Gas natural licuado	0,2	–	0,2	1
Refino y marketing	3,1	0,6	3,7	19
Corporación	0,5	–	0,5	3
Total	6,5	12,6	19,1	100

Respecto del plan de inversiones, el objetivo principal se centraba en la búsqueda y exploración de petróleo, como forma de asegurar el futuro de la compañía y de compensar la pérdida de los pozos argentinos. A ello se dedicarían casi 3.000 millones anuales de inversión, lo que permitiría alcanzar una producción en 2016 de 500.000 barriles diarios, frente a los 300.000 al inicio del plan. El foco inversor estaba puesto en varios proyectos clave, situados en Brasil (Sapinhoa–Guará), Estados Unidos (zona central), Rusia (Arog), España (Lubina–Montanazo), Venezuela (Carabobo y Cardón IV), Perú (Quinteroni), Bolivia (Margarita–Huacaya) y Argelia (Reggane)

Respecto de la deuda, que en 2011 ascendía a 11.300 millones de euros, se pretendía reducirla a partir de varias actuaciones: la eliminación de 2.000 millones de la deuda de YPF (que pasaba a responsabilidad del gobierno argentino), la conversión de obligaciones preferentes en capital por 3.000 millones, la venta de activos no estratégicos, el pago de dividendos en acciones y la venta de autocartera (por la que se esperaba alcanzar entre 4.000 y 5.000 millones).

El plan se diseñaba en un escenario de unos 100 dólares el precio del barril de petróleo y no consideraba ningún ingreso por la expropiación de YPF, a pesar de la posible batalla jurídica que entonces empezaba con el gobierno argentino sobre una posible indemnización por la expropiación. También preveía un recorte en los dividendos futuros, que pasarían a ser entre el 40 y el 55% de los beneficios, frente al 64% anterior.

Sin embargo, la planificación estratégica también presenta ciertas **limitaciones** como son la excesiva burocratización del propio proceso, la dificultad de hacer predicciones tanto de las variables externas como internas, la separación entre quien diseña el plan estratégico y quienes implantan la estrategia, la posibilidad de diseño de planes incrementales derivados de posibles cambios y la carestía del proceso relativa a los medios y tiempo que es preciso destinar (Mintzberg, 1994; Hax y Majluf, 1997; Anthony y Govindarajan, 2003: 275).

Como consecuencia de las anteriores ventajas e inconvenientes, podemos señalar que la planificación estratégica formal presenta mayor **adecuación** a medida que la empresa es más grande y compleja, el entorno es cambiante pero no excesivamente turbulento, la empresa es más flexible para adaptarse a los cambios y la alta dirección apoya su importancia (Anthony y Govindarajan, 2003: 275).

Conviene destacar, finalmente, que cualquier sistema de planificación estratégica debe ser diseñado teniendo muy en cuenta el propósito fundamental que la dirección persigue con su implantación. Un sistema que trate de estimular la creatividad de una organización, ha de ser sustancialmente distinto de otro que persiga introducir un mayor orden y rigor en el proceso de asignación de recursos entre proyectos con implicaciones estratégicas. Este dilema entre estímulo a la creatividad, por un lado, y la necesidad de una mayor coordinación, por otro, aparece siempre en la discusión de los distintos sistemas alternativos de planificación estratégica.

9.4.2. El control estratégico

El **control** en la empresa puede entenderse como la **evaluación, fiscalización y valoración de las actividades** que se desarrollan en la empresa. Es decir, pretende que las decisiones y los objetivos previstos en la planificación se cumplan y, en su caso, corregir las desviaciones observadas.

El **control estratégico** constituye la última etapa del proceso de dirección estratégica (ver figura 1.3) y se puede considerar como un tipo especial de control que se basa en **analizar y evaluar el proceso de dirección estratégica con el fin de asegurar su correcto funcionamiento** (Certo y Peter, 1996: 151). En esencia, el control estratégico está destinado a asegurar que todas las decisiones tomadas durante el proceso de dirección estratégica se lleven a cabo con eficacia.

Este control debe proporcionar la realimentación necesaria para determinar si todas las etapas de que consta el proceso de dirección estratégica son apropiadas en el tiempo, son compatibles con la organización y se están desarrollando adecuadamente. Este proceso de realimentación queda reflejado en las líneas de puntos de la figura 1.3 que implican introducir cambios en los distintos elementos del proceso para modificar alguno de ellos cuando los resultados no son los esperados.

Un proceso de control en la empresa consta habitualmente de varias etapas: 1) establecimiento de objetivos y estándares con los que se juzgarán posteriormente los resultados; 2) medición de los resultados; 3) comparación de los resultados con los objetivos y estándares; 4) identificación y análisis de las posibles desviaciones; y 5) corrección de las desviaciones o acción correctora. La figura 9.7 recoge la adaptación de este modelo general al caso especial del control estratégico.

Figura 9.7: **El proceso de control estratégico**

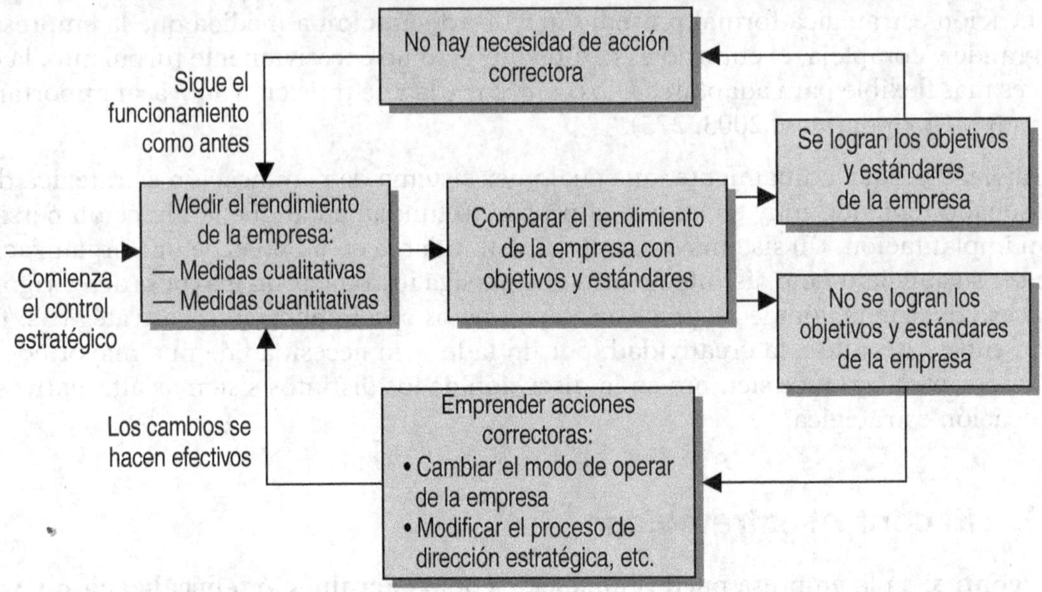

Fuente: Adaptado de Certo y Peter (1996: 164)

Sin embargo, es importante precisar que este proceso responde fundamentalmente a un control de resultados o *a posteriori*. Por ello, es conveniente completarlo con otros dos tipos de control: el control previo o *a priori* y el control presente. El control previo va encaminado a prever de antemano las distintas dificultades que se pudieran presentar anticipándose y evitando que puedan afectar a los objetivos. El control presente o actual tiene por finalidad ajustar el resultado al objetivo en el momento en que se está ejecutando la actividad.

Podemos considerar que el control estratégico va a tener **dos partes fundamentales** que deben centrar la atención de los responsables de llevarlo a cabo (Schendel y Hofer, 1979):

- **Control de la implantación**: su propósito es la revisión y seguimiento del propio proceso de implantación o puesta en marcha de la estrategia empresarial. Se trataría de observar, por tanto, si las acciones, planes o presupuestos diseñados para implantar la estrategia están siendo puestos en práctica en la forma adecuada y si están produciendo los resultados esperados. Esto es lo que Anthony y Govindarajan (2003) denominan como «control de gestión». Es fundamentalmente un control *a posteriori* que permite detectar posibles anomalías en la implantación de la estrategia.
- **Control de la estrategia**: su propósito es la revisión y seguimiento de la estrategia empresarial formulada. Para ello es necesario verificar su validez a lo largo del tiempo, que puede quedar en entredicho bien porque hubo errores en su formulación o bien porque los cambios producidos en el entorno o en la propia empresa modifican

las hipótesis básicas sobre las que se formuló la estrategia. En ambos casos, se hace necesario un cambio estratégico, es decir, una adaptación de la estrategia al nuevo contexto. Es fundamentalmente un control previo o *a priori*, cuando se trata de detectar, por ejemplo, los cambios en el entorno que pueden modificar la formulación estratégica y anticiparse a ellos mediante acciones adecuadas que impidan un impacto negativo sobre los resultados.

El **diseño** de un sistema de control estratégico en la empresa –tanto si se refiere al control de la implantación como al de la estrategia– requiere la medición de sus resultados. La **auditoría estratégica** se ocupa de ello y consiste en el **análisis y evaluación de todas las áreas que son afectadas por la implantación de la estrategia dentro de la organización** (Certo y Peter, 1996: 152). Esta auditoría puede tener una visión muy amplia –destacando todas las facetas de la dirección estratégica– o muy específica –destacando solamente una parte del proceso. Por otra parte, la auditoría estratégica puede ser bastante formal –siguiendo estrictamente las reglas y procedimientos establecidos– o bastante informal –proporcionando a los directivos amplia discreción acerca de qué medidas organizativas deben ser consideradas y cuándo– (Goold y Quinn, 1993).

La figura 9.8 recoge un modelo genérico para llevar a cabo la auditoría estratégica que permite evaluar el funcionamiento de la estrategia implantada, proporcionando a los directivos una cierta guía de las cuestiones que podrían ser analizadas (Wheelen y Hunger, 2012: 379). Este proceso de evaluación tiene por objeto detectar y diagnosticar las posibles causas del mal funcionamiento de la estrategia y empieza con la detección de posibles desviaciones entre los resultados esperados y los reales.

Un aspecto importante de la auditoría estratégica hace referencia a los **métodos de medida de los resultados**, que se pueden clasificar en dos categorías (Certo y Peter, 1996: 152-161):

a) Medidas cualitativas: son valoraciones organizativas resultantes de datos apreciados subjetivamente y que, en general, se ponen de manifiesto simplemente respondiendo a una serie de preguntas críticas preestablecidas que reflejen los más importantes aspectos de las áreas fundamentales de la empresa. Aunque no hay una lista universalmente admitida, existen bastantes propuestas que son útiles en su aplicación práctica.

Sin embargo, en el control estratégico es preciso plantear otras cuestiones importantes, centradas principalmente en la verificación *a posteriori* del cumplimiento de los criterios de adecuación, factibilidad y aceptabilidad que se utilizaron para seleccionar la estrategia, así como los procedimientos organizativos utilizados para implantarla. El modelo de la figura 9.8 puede ser útil a estos efectos.

Otro posible modelo es el esquema de preguntas ampliamente conocido y aceptado de Tilles (1963) tales como: ¿Es la estrategia consistente tanto internamente como con su entorno?, ¿Es la estrategia adecuada dados los recursos disponibles?, ¿Es la estrategia demasiado arriesgada? o ¿Es la duración temporal de la estrategia adecuada? Como puede observarse, este esquema plantea *a posteriori* algunas de las cuestiones que hemos analizado

Figura 9.8: Evaluación de la estrategia implantada

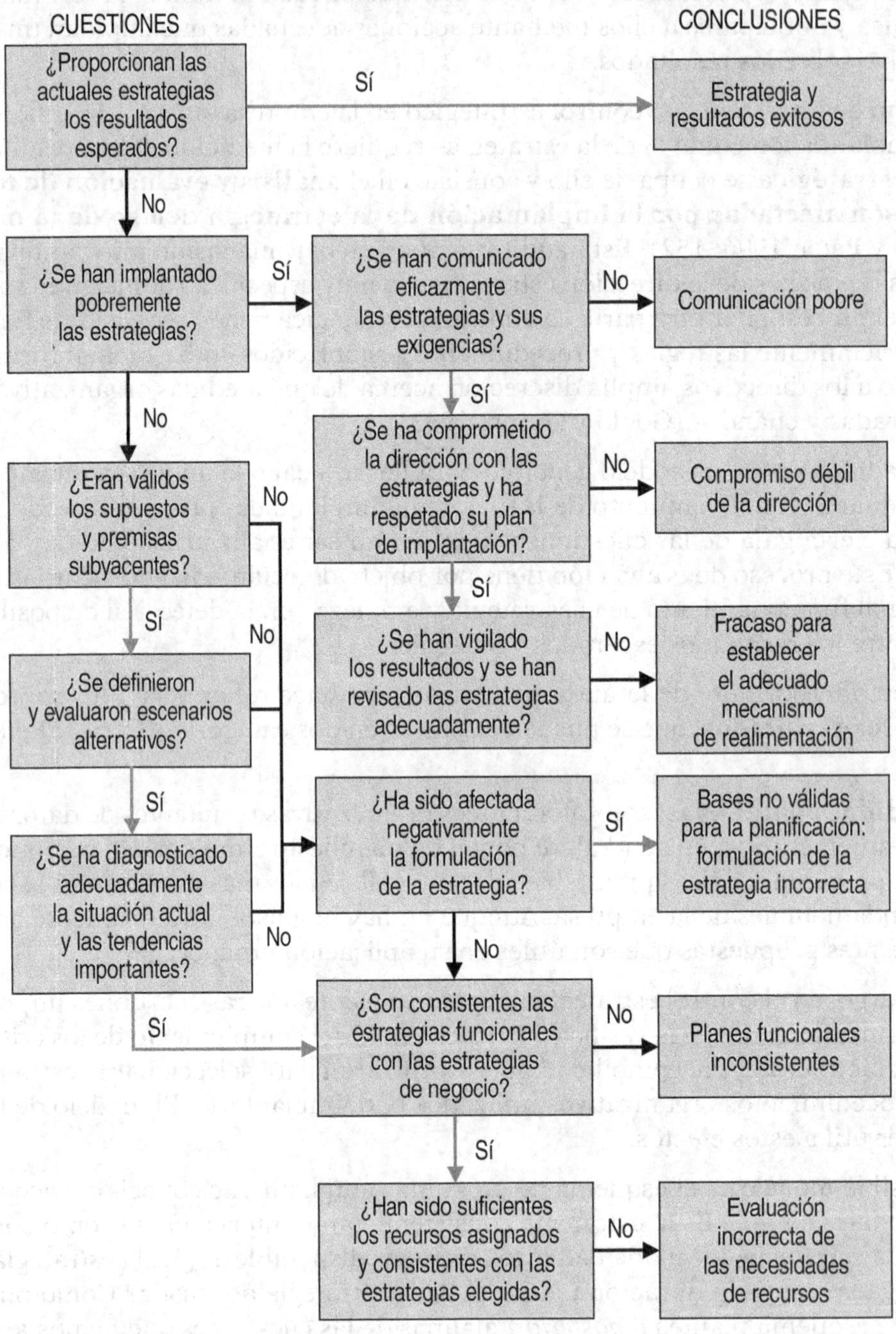

Fuente: Schmidt (1988: 15)

en el proceso de evaluación y selección de estrategias (consistencia interna, adecuación de la estrategia, factibilidad, aceptabilidad) y en su implantación (disponibilidad de recursos, horizonte temporal).

b) Medidas cuantitativas: se basan en la identificación de indicadores que puedan ser valorados de forma estadística o matemática, a través de números, índices o ratios. Aunque la información que aportan estas medidas parece ser mucho más objetiva, su interpretación no siempre aparece clara y tiene un alto componente de subjetividad.

Las **medidas de tipo financiero** son las más evidentes para evaluar el rendimiento de una empresa. Éstas pueden estar basadas en indicadores contables de rentabilidad (ROA, ROI, ROE, beneficios por acción) o en medidas de mercado relacionadas con la creación de valor (índices de creación de valor, EVA, aumento de valor para los accionistas). Siendo esenciales estas medidas, no dejan de ser indicadores muy globales de la marcha de la empresa, que no suelen ayudar a identificar las causas que provocan un funcionamiento global negativo.

Por ello, muchas empresas diseñan un sistema de indicadores más o menos completo para evaluar la marcha de determinadas variables que se consideran clave para su buen funcionamiento en el sentido de que, si no actúan correctamente, los resultados financieros acabarán deteriorándose. En la práctica, cada empresa tiende a diseñar su propio sistema de indicadores, buscando aquellos que mejor se adapten a sus organizaciones.

El modelo diseñado por Kaplan y Norton (1997) del **Cuadro de Mando Integral (*Balanced Scorecard*)** presenta una interesante propuesta de los ámbitos en los que deben ser establecidos estos indicadores para tener una visión global del funcionamiento de la empresa. Además de los indicadores financieros tradicionales, que recogen la historia de los hechos pasados, se introducen otros indicadores para medir el valor creado por clientes, proveedores, empleados, procesos, tecnología e innovación que serían inductores de valor para la actuación futura. El Cuadro de Mando Integral analiza **cuatro áreas** –finanzas, clientes, proceso interno y formación y crecimiento (figura 9.9)– y constituye un proceso sistemático para analizar la implantación de la estrategia y el control de su resultado. Traduce la visión y la estrategia en objetivos e indicadores a través de un conjunto equilibrado de perspectivas, y no sólo incluye indicadores de los resultados deseados, sino líneas de actuación que impulsarán mejoras en el futuro.

Figura 9.9: El Cuadro de Mando Integral

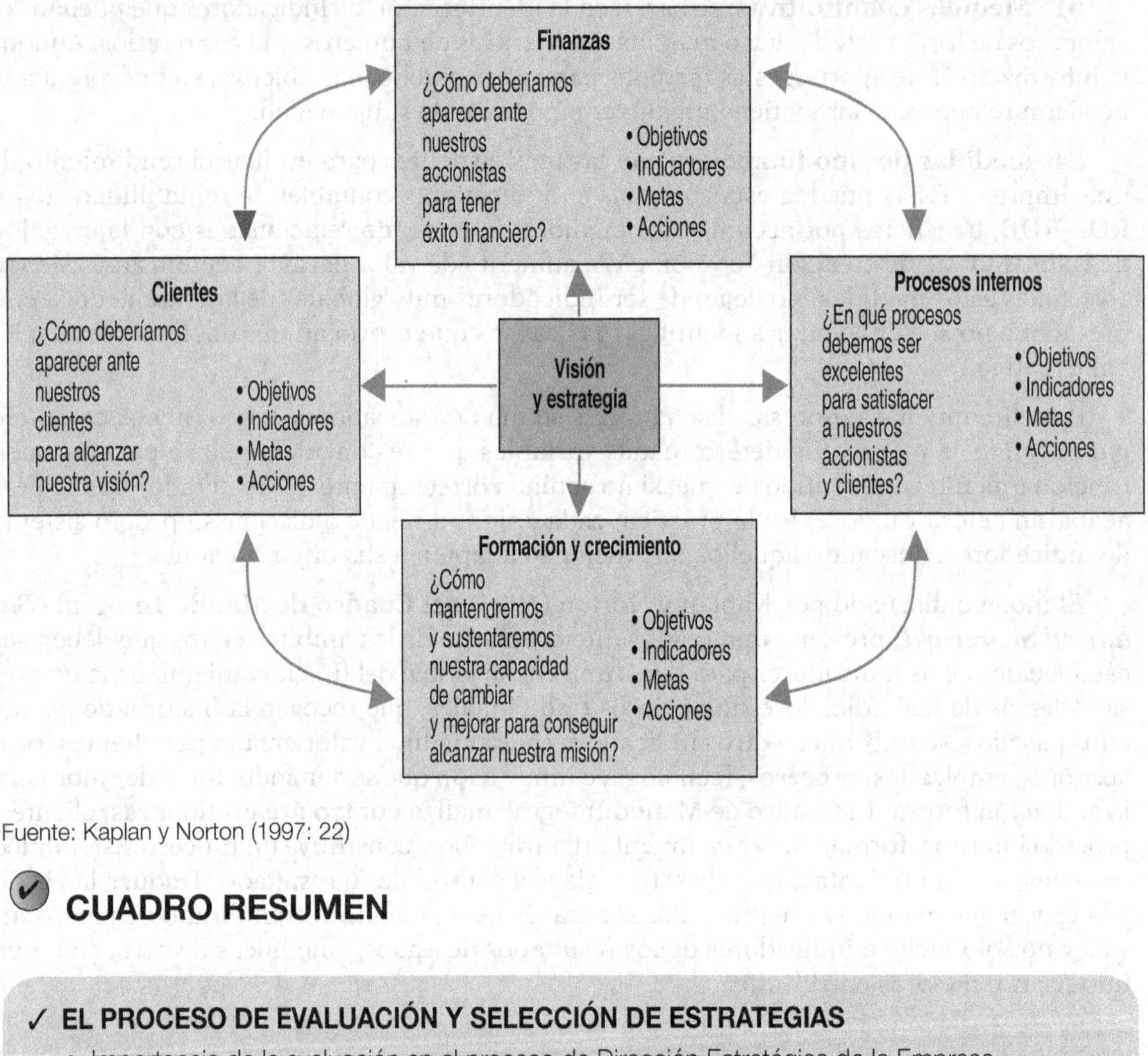

Fuente: Kaplan y Norton (1997: 22)

CUADRO RESUMEN

✓ **EL PROCESO DE EVALUACIÓN Y SELECCIÓN DE ESTRATEGIAS**

- Importancia de la evaluación en el proceso de Dirección Estratégica de la Empresa
- Criterios para la evaluación de estrategias: adecuación, factibilidad y aceptabilidad
- Criterio de adecuación: consistencia con la misión y los objetivos estratégicos y con el análisis estratégico
- Criterio de factibilidad: posibilidad de aplicación práctica
- Criterio de aceptabilidad: identificación y valoración de las consecuencias de la estrategia elegida

✓ **LA IMPLANTACIÓN DE LA ESTRATEGIA**

- Importancia de la implantación en el proceso de Dirección Estratégica de la Empresa
- Principales problemas de la implantación: congruencia con el diseño organizativo, con la cultura empresarial y el papel de los sistemas administrativos de apoyo (planificación y control)
- Factores de éxito o fracaso de la implantación: responsabilidad de la implantación y horizonte temporal

✓ **LA DEFINICIÓN DEL SOPORTE ORGANIZATIVO**

- La propuesta de Chandler y sus limitaciones: la estructura sigue a la estrategia
- Criterios para el diseño de la estructura primaria: por propósito y por procedimiento
- Modelos básicos de estructura primaria: simple, funcional, divisional y matricial
- Similitudes y diferencias entre los conceptos de dirección y liderazgo
- Actividades del liderazgo en la implantación estratégica: orientación básica de la empresa, diseño de la organización, inculcar cultura comprometida con excelencia y comportamiento ético y gestionar presiones políticas
- Concepto y papel de la cultura en la empresa
- Factores de contexto de la cultura organizativa: externos, históricos e internos
- Congruencia entre estrategia y cultura organizativa: alternativas ante la incompatibilidad
- Factores que influyen en el cambio de cultura organizativa
- La gestión del cambio de la cultura organizativa: análisis cultural y actuaciones concretas para el cambio

✓ **LA DEFINICIÓN DE LOS SISTEMAS ADMINISTRATIVOS DE APOYO**

- Concepto de planificación empresarial y de planificación estratégica
- El proceso formal de la planificación estratégica: ciclo de formulación y ciclo de presupuestación
- Ventajas y limitaciones de la planificación estratégica
- Concepto de control estratégico y sus partes: control de la implantación y control de la estrategia
- La medición de los resultados de la empresa: Medidas cualitativas y cuantitativas
- El Cuadro de Mando Integral para la evaluación de resultados

PREGUNTAS SOBRE EL CAPÍTULO

- Análisis comparativo de los distintos criterios de evaluación de estrategias.
- Problemas principales de la implantación de las estrategias.
- Razonar la relación existente entre estrategia y estructura organizativa.

- El papel del líder en la implantación de las estrategias: ¿Qué funciones cumple?
- Formas de resolución de la incongruencia entre estrategia y cultura organizativa.
- ¿Qué diferencias hay entre la formulación de estrategias y la planificación estratégica?
- ¿Cuáles son las partes del control estratégico y qué diferencias hay entre ellas?
- Analice comparativamente las medidas cualitativas y cuantitativas en la medición de los resultados de la empresa.

ACTIVIDADES

9.a ¿Considera que es más importante la formulación de estrategias o la implantación de las mismas? Realice una lista de argumentos a favor o en contra de cada postura. Discuta los argumentos con sus compañeros.

9.b. Identifique una empresa en la que recientemente haya habido un cambio cultural. Analice los cambios introducidos así como los problemas más importantes que hayan podido surgir.

9.c. Identifique una empresa u organización que haya publicado recientemente su plan estratégico. Analice los contenidos de dicho plan y los posibles sistemas de control que realiza.

LECTURAS RECOMENDADAS

Puede profundizar los contenidos de este capítulo en Guerras y Navas (2007, caps. 17, 18 y 19), Anthony y Govindarajan (2003, caps 7 a 10), Hitt y otros (2008, caps. 11 y 12) y Robbins (2004, cap. 19)

Bibliografía

AAKER, D. A. (1987): «*Management estratégico del mercado*», Hispano Europea, Barcelona.

ABELL, D. F. (1980): «*Defining the business*», Prentice-Hall, Englewood Cliffs.

ABELL, D. F.; HAMMOND, J. S. (1993): «La dinámica de costos: Los aspectos de la escala y la experiencia», en H. Mintzberg y J.B. Quinn (eds): «*El proceso estratégico. Conceptos, contextos y casos*», Prentice-Hall, México, pp. 733-740.

AFUAH, A. (2001): «Dynamic boundaries of the firm: Are firms better off being vertically integrated in the face of a technological change?», *Academy of Management Journal*, vol. 44, nº 6, pp. 1211-1228.

ALEXANDER, L. D. (1991): «Strategy implementation: Nature of the problem», *International Review of Strategic Management*, vol. 2, nº 1, pp. 73-96.

AMIT, R.; SCHOEMAKER, P. (1993): «Strategic assets and organizational rent», *Strategic Management Journal*, vol. 14, nº 1, pp. 33-46.

ANDREWS, K. R. (1965): «*Business policy: Text and cases*», Irwin, Homewood.

ANSOFF, H. I. (1965): «*Corporate strategy*», McGraw Hill, Nueva York.

— (1976): «*La estrategia de la empresa*», Universidad de Navarra, Pamplona.

— (1991): «Critique of Henry Mintzberg's 'The Design School': Reconsidering the basic premises of strategic management», *Strategic Management Journal*, vol. 12, nº 6, pp. 449-461.

ANTHONY, R. N.; GOVINDARAJAN, V. (2003): «*Sistemas de control de gestión*», McGraw-Hill, Madrid, 10ª edición.

ARROYO VARELA, S. R. (2005): «*Inteligencia competitiva. Una herramienta clave en la estrategia empresarial*». Pirámide, Madrid.

AUERBACH, A. J.; REISHUS, D. (1988): «The impact of taxations on mergers and adquisitions», *Mergers and Adquisitions*, invierno, pp. 68-85.

BARNEY, J. B. (1991): «Firm resources and sustained competitive advantage», *Journal of Management*, vol. 17, nº 1, pp. 99-120.

— (2007): «*Gaining and sustaining competitive advantage*», Pearson Prentice Hall, Upper Saddle River, 3ª edición.

BARTLETT, C. A.; GHOSHAL, S. (1989): «*Managing across borders: The transnational solution*» Harvard Business School, Boston.

BONACHE PÉREZ, J. (2002): «La gestión de expatriados», en J. Bonache y A. Cabrera (eds): «*Dirección estratégica de personas*», Prentice Hall, Madrid, pp. 379-398.

BONOMA, T. V. (1984): «Making your marketing strategy work», *Harvard Business Review*, vol. 62, nº 2, pp. 69-76.

BOWMAN, C. (1992): «Charting competitive strategy», en D. Faulkner y G. Johnson (eds): «*The challenge of strategic management*», Kogan Page, Londres, pp. 64-83.

BOWMAN, C.; FAULKNER, D. (1997): «*Competitive and corporate strategy*», Irwin, Londres.

BOWMAN, E. H.; SINGH, H. (1993): «Corporate restructuring: Reconfiguring the firm», *Strategic Management Journal*, vol. 14, pp. 5-14.

BRONDER, C.; PRITZL, R. (1992): «Developing strategic alliances: A conceptual framework for successful co-operation», *European Management Journal*, vol. 10, nº 4, pp. 412-421.

BRUSH, T. H. (1996): «Predicted changes in operational synergy and post acquisition performance of acquired businesses», *Strategic Management Journal*, vol. 17, pp. 1-24.

BUONO, A. F.; BOWDITCH, J. L. (1989): «*The human side of mergers and acquisitions*», Jossey-Bass, San Francisco.

BUENO CAMPOS, E. (1996): «*Dirección estratégica de la empresa. Metodología, técnicas y casos*», Pirámide, Madrid, 5ª edición.

CANALS MARGALEF, J. (1991): «*Competitividad internacional y estrategia de la empresa*», Ariel, Barcelona.

— (1994): «*La internacionalización de la empresa: Cómo evaluar la penetración en mercados exteriores*», McGraw-Hill, Madrid.

CAVES, R. E. (1989): «Mergers, takeovers, and economic efficiency», *International Journal of Industrial Organization*, vol. 7, pp. 151-174.

CERTO, S. C.; PETER, J. P. (1996): «*Dirección estratégica*», Irwin, Madrid, 3ª edición.

CERVIÑO FERNÁNDEZ, J. (1998): «Política y estrategia internacional de marca: Teoría, modelos y tendencias culturales», *Información Comercial Española*, nº 774, pp. 101-119.

CHANDLER, A. (1962): «*Strategy and structure: Chapters in the history of the industrial enterprise*», MIT Press, Cambridge.

CHEVALIER, J. M. (1976): «*La economía industrial en cuestión*», Blume, Madrid.

COLLIS, D. J; MONTGOMERY, C. A. (2007): «*Estrategia corporativa. Un enfoque basado en los recursos*», McGraw-Hill, Madrid.

CUERVO GARCÍA, A. (1991): «*Rentabilidad y creación de valor en la empresa*», Real Academia de Ciencias Económicas y Financieras, Barcelona.

— (1993): «El papel de la empresa en la competitividad», *Papeles de Economía Española*, nº 56, pp. 363-378.

— (1995): «La dirección estratégica de la empresa», en «*Dirección de empresas de los noventa. Homenaje al profesor Marcial-Jesús López Moreno*», Civitas, Madrid, pp. 51-69.

— (1999): «La dirección estratégica de la empresa. Reflexiones desde la economía de la empresa», *Papeles de Economía Española*, nº 78-79, pp. 34-55.

— (2001): «Fusiones y adquisiciones: Justificación del proceso», en VV.AA.: «*Non idem iterum, semper novum. Homenaje al prof. Dr. Manuel Ortigueira Bouzada*», Edición Digital @ tres, Sevilla, pp. 133-147.

CYERT, R. M.; MARCH, J. G. (1965): «*Teoría de las decisiones económicas en la empresa*», Herrero Hermanos, México.

DAVID, F. R. (2008): «*Conceptos de administración estratégica*», Pearson, México, 11ª edición.

DAY, G. (1989): «Deciding how to compete», *Planning Review*, septiembre-octubre, pp. 18-23.

DEAN, J. W.; SHARFMAN, M. P. (1993): «Procedural rationality in the strategic decision-making process», *Journal of Management Studies*, vol. 30, nº 4, pp. 587-610.

DESS, G. G.; LUMPKIN, G. T.; EISNER, A. B. (2011): «*Administración estratégica. Textos y casos*», McGraw-Hill, México, 5ª edición.

DEVLIN, G.; BLEACKLEY, M. (1988): «Strategic alliances. Guidelines for success», *Long Range Planning*, vol. 21, nº 5, pp. 18-23.

DÍEZ VIAL, I. (2006): «Poder de mercado, atributos de la transacción y recursos de la empresa. ¿Qué induce a las empresas a integrarse verticalmente?», *Cuadernos de Economía y Dirección de la Empresa*, nº 27, pp. 115-136.

DÍEZ VIAL, I.; MARTÍN DE CASTRO, G.; MONTORO SÁNCHEZ, M. A. (2011): «*Fundamentos de administración de empresas*», Thomson Reuters-Civitas, Cizur Menor.

DRUCKER, P. (1954): «*The practice of management*», Harper & Row, Nueva York.

DUNCAN, J. W.; GINTER, P.; SWAYNE, L. E. (1998): «Competitive advantage and internal organizational assessment», *Academy of Management Executive*, vol. 12, nº 3, pp. 6-16.

DUNNING, J. H. (1988): «The eclectic paradigm of international production: A restatement and some possible extensions», *Journal of International Business*, vol. 19, nº 1, pp. 1-32.

— (1991): «The eclectic paradigm of international production: A personal perspective», en Ch. Pitelis y R. Sugden (eds): «*The nature of the transnational firm*», Routledge, Nueva York, pp. 117-136.

DURÁN HERRERA, J. J. (2001): «*Estrategia y economía de la empresa multinacional*», Pirámide, Madrid.

DUSSAUGE, P.; GARRETTE, B.; MENGUZZATO BOULARD, M. (1997): «Alianzas entre competidores. ¡Atención a las repercusiones!», *Harvard-Deusto Marketing & Ventas*, nº 16, sep-oct, pp. 36-42.

EISENHARDT, K. M.; ZBARACKI, M. J. (1992): «Strategic decision making», *Strategic Management Journal*, vol. 13, número especial invierno, pp. 17-37.

FAULKNER, D.; BOWMAN, C. (1995): «*The essence of competitive strategy*», Prentice Hall, Hertfordshire.

FERNÁNDEZ RODRÍGUEZ, Z. (1987): «Evolución del pensamiento estratégico», *Economistas*, nº 28, octubre-noviembre, pp. 6-13.

— (1993): «La organización interna como ventaja competitiva para la empresa», *Papeles de Economía Española*, nº 56, pp. 178-193.

FERNÁNDEZ SÁNCHEZ, E. (1991): «La cooperación empresarial», *Información Comercial Española*, nº 693, mayo, pp. 25-38.

— (1993): «*Alianzas estratégicas*», Instituto de Fomento Regional, Oviedo.

— (1996): «*Innovación, tecnología y alianzas estratégicas*», Civitas, Madrid.

FERNÁNDEZ SÁNCHEZ, E.; MONTES PEON, J. M.; VÁZQUEZ ORDÁS, C. J. (1997): «La teoría de la ventaja competitiva basada en los recursos: Síntesis y estructura conceptual», *Revista Europea de Dirección y Economía de la Empresa*, vol. 6, nº 3, pp. 11-31.

FREEMAN, R. E. (1984): «*Strategic management. A stakeholders approach*», Pitman, Boston.

FRIEDMAN, M. (1966): «*Capitalismo y libertad*», Rialp, Madrid

GARCÍA CANAL, E. (1993): «La cooperación empresarial: Una revisión de la literatura», *Información Comercial Española*, nº 714, febrero, pp. 87-98.

GARCÍA ESTÉVEZ, P. (2006): «*Fusiones comentadas. Análisis de las fusiones más importantes de los últimos años*», Prentice Hall, Madrid.

GARCÍA FALCÓN, J. M. (1987): «*Formulación de estrategias en la empresa*», CIES, Las Palmas.

GHEMAWAT, P. (2000): «*La estrategia en el panorama del negocio. Texto y casos*», Pearson Educación, México.

GHOSHAL, S. (1987): «Global strategy: An organizing framework», *Strategic Management Journal*, vol. 8, nº 5, pp. 425-440.

GÓMEZ-MEJÍA, L; BALKIN, D.; CARDY, R. (2001): «*Dirección y gestión de recursos humanos*», Pearson, Madrid.

GOOLD, M.; CAMPBELL, A.; ALEXANDER, M. (1994): «*Corporate level strategy. Creating value in the multibusiness company*», John Wiley & Sons, Nueva York.

GOOLD, M; QUINN, J. J. (1993): «*Strategic control. Milestones for long-term performance*», Pitman, Londres.

GRANT, R. M. (2006): «*Dirección estratégica. Conceptos, técnicas y aplicaciones*», Thomson-Civitas, Cizur Menor, 5ª edición.

GUERRAS MARTÍN, L. A. (2004): «Problemas organizativos en el proceso de la dirección estratégica», *Universia Business Review*, nº 1, pp. 116-125.

— (2009): «Responsabilidad social corporativa y estrategia empresarial», en M. Menguzzato (dir.): «*La dirección de empresas ante los retos del siglo XXI. Homenaje a Juan José Renau Piqueras*», Publicaciones de la Universidad de Valencia, Valencia, pp. 567-576.

GUERRAS MARTÍN, L. A.; LÓPEZ-HERMOSO AGIUS, J. J. (2002): «La responsabilidad social de la empresa. Perspectivas desde la dirección estratégica de la empresa», *Revista del Instituto de Estudios Económicos*, nº 4/2002, pp. 263-275.

GUERRAS MARTÍN, L. A.; NAVAS LÓPEZ, J. E. (2007): «*La dirección estratégica de la empresa. Teoría y aplicaciones*», Thomson-Civitas, Madrid, 4ª edición.

HALL, R. (1992): «The strategic analysis of intangible resources», *Strategic Management Journal*, vol. 13, pp. 135-144.

— (1993): «A framework linking intangible resources and capabilities to sustainable competitive advantage», *Strategic Management Journal*, vol. 14, nº 8, pp. 607-618.

HAMEL, G.; DOZ, Y. L.; PRAHALAD, C. K. (1989): «Ventajas y riesgos de colaborar con la competencia», *Harvard-Deusto Business Review*, nº 39, tercer trimestre, pp. 19-28.

HAMEL, G.; PRAHALAD, C. K. (1990): «El propósito estratégico», *Harvard-Deusto Business Review*, nº 41, primer trimestre, pp. 75-94.

HARRIGAN, K. R. (1986): «Matching vertical integration strategies to competitive conditions», *Strategic Management Journal*, vol. 7, pp. 535-555.

HARRIGAN, K. R.; PORTER, M. E. (1999): «Estrategias de final de partida para sectores en decadencia» en M.E. Porter: «*Ser competitivo. Nuevas aportaciones y conclusiones*», Deusto, Bilbao, pp. 105-123.

HAX, A. C.; MAJLUF, N. S. (1997): «*Estrategias para el liderazgo competitivo*», Granica, Buenos Aires.

HERMOSILLA PÉREZ, A.; SOLÁ SOLÁ, J. (1989): «*Cooperación entre empresas*», IMPI, Madrid.

HILL, C. W. L.; JONES G. R. (2005): «*Administración estratégica. Un enfoque integrado*», McGraw Hill, México, 6ª edición.

— (2009): «*Administración estratégica*», McGraw Hill, México, 8ª edición.

HIRSCHMANN, W. (1964): «Profit from the learning curve», *Harvard Business Review*, vol. 42, nº 1, pp. 125-139.

HITT, M. A.; IRELAND, R. D.; HOSKISSON, R. E. (2008): «*Administración estratégica. Competitividad y globalización*», Cengage Learning, México, 7ª edición.

HOETKER, G. (2005): «How much you know versus how well I know you: Selecting a supplier for a technically innovative component», *Strategic Management Journal*, vol. 26, pp. 75-96.

HOUT, T; PORTER, M. E.; RUDDEN, E. (1982): «How global companies win out», *Harvard Business Review*, vol. 60, nº 5 pp. 98-108.

JACOBIDES, M.; WINTER, S. (2005): «The co-evolution of capabilities and transaction costs: Explaining the institutional structure of production», *Strategic Management Journal*, vol. 26, pp. 395-413.

JOHNSON, R.A. (1996): «Antecedents and outcomes of corporate refocusing», *Journal of Management*, vol. 22, nº 3, pp. 439-483.

JOHNSON, G; SCHOLES, K.; WHITTINGTON, R. (2006): «*Dirección estratégica*», Pearson-Prentice Hall, Madrid, 7ª edición.

— (2010): «*Fundamentos de estrategia*», Pearson-Prentice Hall, Madrid.

KAPLAN, R. S.; NORTON, D. P. (1997): «*Cuadro de mando integral (The balanced scorecard)*», Gestión 2000, Barcelona.

KITCHING, J. H. (1967): «Why do mergers miscarry?», *Harvard Business Review*, vol. 45, nº 6, pp. 84-101.

LANGLOIS, R.; ROBERTSON, P. (1995): «*Firm, markets and economic change: A dynamic theory of business institutions*», Routlege, Nueva York.

LIPPMAN, S. A.; RUMELT, R. P. (1982): «Uncertain imitability: An analysis of interfirm differences in efficiency under competition», *The Bell Journal of Economics*, nº 13, pp. 418-438.

LÓPEZ SINTAS, J. (1996): «Los recursos intangibles en la competitividad de las empresas. Un análisis desde la teoría de los recursos», *Economía Industrial*, nº 307, pp. 25-32.

LOUGHRAN, T.; VIJH, A. M. (1997): «Do long term shareholders benefit from corporate acquisitions?», *Journal of Finance*, vol. 5, pp. 1765-1787.

MAHONEY, J.; PANDIAN, J. R. (1992): «The resourced-based view within the conversation of strategic management», *Strategic Management Journal*, vol. 13, nº 5, pp. 363-380.

MANNE, H. G. (1965): «Mergers and the market for corporate control», *Journal of Political Economy*, vol. 73, nº 2, pp. 218-225.

MASCAREÑAS PÉREZ-IÑIGO, J. (2011): «*Fusiones, adquisiciones y valoración de empresas*», Ecobook, Madrid, 5ª edición.

MATTSSON, L. G.; LUNDGREN, A.; IOANNIDIS, D.; OTTOSSON, J. (1992): «Alianzas estratégicas en la industria de telecomunicaciones. Un análisis de la red», *Economía Industrial*, nº 283, enero-febrero, pp. 77-88.

MENGUZZATO BOULARD, M. (1995): «La triple lógica de las alianzas estratégicas», en «*Dirección de empresas de los noventa. Homenaje al profesor Marcial-Jesús López Moreno*», Civitas, Madrid, pp. 503-523.

MENGUZZATO BOULARD, M.; RENAU PIQUERAS, J. J. (1991): «*La dirección estratégica de la empresa*», Ariel, Barcelona.

MILES, R. E.; SNOW, C. C. (1984): «Fit, failure and the hall of fame», *California Management Review*, vol. 26, nº 3, pp. 10-28.

MINTZBERG, H. (1984): «*La estructuración de las organizaciones*», Ariel, Barcelona.

— (1990): «Strategy formation. Schools of thought», en J. W. Fredrickson (ed): «*Perspectives on strategic management*», Harper Business, Nueva York, pp. 105-235.

— (1994): «The fall and rise of strategic planning», *Harvard Business Review*, vol. 72, nº 1, pp. 107-114.

MINTZBERG, H.; LAMPEL, J. (1999): «Reflecting on the strategy process», *Sloan Management Review*, vol. 40, nº 3, pp. 21-30.

MITCHELL, R. K.; AGLE, B. R.; WOOD, D. J. (1997): «Toward a theory of stakeholder identification and salience: Defining the principle of who and what really counts», *Academy of Management Review*, vol. 22, nº 4, pp. 853-886.

MONTGOMERY, C. A. (1982): «The measurement of firm diversification: Some new empirical evidence», *Academy of Management Journal*, vol. 25, nº 2, pp. 299-307.

MONTORO SÁNCHEZ, M. A. (2005): «La cooperación internacional en investigación y desarrollo. Un análisis de los factores organizativos», *Revista de Economía Aplicada*, vol. 13, nº 39, pp. 21-45.

NADLER, D.; TUSHMAN, M. (1988): «*Strategic organization design. Concepts, tools & processes*», Scott, Foresman and Co., Glenview.

NASH, L. (1990): «*Good intentions aside: A manager's guide to resolving ethical problems*», Harvard School Business Press, Boston.

NAVAS LÓPEZ, J. E.; GUERRAS MARTÍN, L. A.; MONTERO NAVARRO, A. (2010): «La racionalidad en las decisiones estratégicas», *Revista Ibero-Americana de Estratégia*, vol. 9, nº 1, pp. 54-70.

NELSON, R.; WINTER, S. (1982): «*An evolutionary theory of economic change*», The Belknap Press of Harvard University Press, Cambridge.

NIETO ANTOLÍN, M. (2005): «¿Por qué adoptan criterios de RSC las empresas españolas?», *Economistas*, nº 104, pp. 253-259.

NIETO ANTOLÍN, M.; FERNÁNDEZ GAGO, R. (2004): «Responsabilidad social corporativa: La última innovación en management», *Universia Business Review*, nº 1, pp. 28-39.

OHMAE, K. (1989): «La lógica mundial de las alianzas estratégicas», *Harvard-Deusto Business Review*, nº 40, cuarto trimestre, pp. 96-110.

ORLITZKY, M.; SCHMIDT, F. L.; RYNES, S. L. (2003): «Corporate social and financial performance», *Organization Studies*, vol. 24, nº 3, pp. 403-433.

PARRINO, L.; COLLEGE, B.; HARRIS, R. (1999): «Takeovers, management replacement, and post-acquisition operating performance: Evidence from the 1980s», *Journal of Applied Corporate Finance*, vol. 11, pp. 88-97.

PEARCE II, J. A.; ROBINSON JR, R. B. (1994): «*Strategic management. Formulation, implementation and control*», Irwin, Burr Ridge, 5ª edición.

PEKAR, P.; ALLIO, R. (1994): «Making alliances work. Guidelines for success», *Long Range Planning*, vol. 27, nº 4, pp. 54-65.

PENROSE, E. T. (1959): «*The theory of the growth of the firm*», Wiley, Nueva York.

PETERAF, M. A. (1993): «The cornerstones of competitive advantage: A resource-based view», *Strategic Management Journal*, vol. 14, pp. 179-191.

PLÁ BARBER, J.; LEÓN DARDER, F. (2004): «*Dirección de empresas internacionales*», Pearson-Educación, Madrid.

PORTER, M. E. (1982): «*Estrategia competitiva*», C.E.C.S.A., México.

— (ed) (1986): «*Competition in global industries*», Harvard Business School, Boston.

— (1987): «*Ventaja Competitiva*», C.E.C.S.A., México.

— (1988): «La competencia en las industrias globales», *Información Comercial Española*, nº 658, pp. 71-100.

— (1999): «Cúmulos y competencia. Nuevos objetivos para empresas, estados e instituciones», en M. E. Porter: «*Ser Competitivo. Nuevas Aportaciones y Conclusiones*», Deusto, Bilbao, pp. 203-288.

PORTER, M. E.; FULLER, M. B. (1988): «Coaliciones y estrategia global», *Información Comercial Española*, nº 658, junio, pp. 101-120.

PRAHALAD, C. K.; BETTIS, R. A. (1986): «The dominant logic: A new linkage between diversity and performance», *Strategic Management Journal*, vol. 7, pp. 485-501.

PRAHALAD, C. K.; HAMEL, G. (1990): «The core competence of the corporation», *Harvard Business Review*, vol. 68, nº 3, pp. 79-91.

RAMANUJAM, V.; VARADARAJAN, P. (1989): «Research on corporate diversification: A synthesis», *Strategic Management Journal*, vol. 10, pp. 523-551.

RAMOS-RODRÍGUEZ, A. R.; RUIZ-NAVARRO, J. (2004): «Changes in the intellectual structure of strategic management research: A bibliometric study of the *Strategic Management Journal*, 1980-2000», *Strategic Management Journal*, vol. 25, pp. 981-1004.

ROBBINS, S. P. (1990): «*Organizations theory: Structure, design and applications*», Prentice-Hall, Englewood Cliffs, 3ª edición.

— (2004): «*Comportamiento organizacional*», Pearson Educación, México, 10ª edición.

RONDA-PUPO, G. A.; GUERRAS-MARTIN, L. A. (2012): «Dynamics of the evolution of the strategy concept 1962–2008: a co-word analysis», *Strategic Management Journal*, vol. 33, nº 2, pp. 162-188.

RUMELT, R. P. (1974): «*Strategy, structure and economic performance*», Harvard University Press, Boston.

— (1982): «Diversification strategy and profitability», *Strategic Management Journal*, vol. 3, pp. 359-369.

— (1984): «Towards a strategic theory of the firm», en R. Lamb (ed): «*Competitive strategic management*», Prentice Hall, Englewoods Cliffs.

— (1993): «La evaluación de estrategias de negocios», en H. Mintzberg y J.B. Quinn (eds): «*El proceso estratégico. Conceptos, contextos y casos*», Prentice Hall, México, pp. 60-68.

RUMELT, R. P.; SCHENDEL, D. E.; TEECE, D. J. (Eds) (1994): «*Fundamental issues in strategy. A research agenda*», Harvard Business School Press, Boston.

SALAS FUMÁS, V. (1996): «Economía y gestión de los activos intangibles», *Economía Industrial*, nº 307, pp. 17-24.

SCHEIN, E. H. y otros (1990): «*Fusiones y adquisiciones: Aspectos culturales y organizativos*», Gestión 2000, Barcelona.

SCHENDEL, D.; HOFER, C. (1979): «*Strategic management*», Little Brown, Boston.

SCHLEIFER, A.; VISHNY, R. W. (1991): «Takeovers in the 60s and 80s: Evidence and implications», *Strategic Management Journal*, vol. 12, número especial invierno, pp. 51-60.

SCHMIDT, J. A. (1988): «The strategic review», *Planning Review*, vol. 16, nº 4, pp. 14-19.

SCHWARTZ, H.; DAVIS, S. M. (1981): «Matching corporate culture and business strategy», *Organizational Dynamics*, vol. 10, verano, pp. 30-48.

SIMON, H. A. (1982): «*El comportamiento administrativo*», Aguilar, Madrid.

SOLBERG, C. A. (1991): «Respuesta al reto de la globalización. Sugerencia de un esquema para el análisis y la toma de decisiones», *Información Comercial Española*, nº 691, pp. 9-25.

SPENDER, J. C. (1989): «*Industry recipes: The nature and sources of managerial judgement*», Basil Blackwell, Oxford.

STALK, G. (1989): «Tiempo: La próxima fuente de ventajas competitivas», *Harvard-Deusto Business Review*, nº 37, primer trimestre, pp. 80-94.

STALK, G.; HOUT, T. M. (1991): «*Compitiendo contra el tiempo: La nueva fuente de ventaja competitiva*», CDN, Madrid.

STONER, J. A. F.; FREEMAN, R. E. (1994): «*Administración*», Prentice Hall Internacional, México.

STOPPFORD, J.; WELLS, L. (1972): «*Managing the Multinational Enterprise*», Basic Books, Nueva York.

STRATEGOR (1995): «*Estrategia, Estructura, Decisión, Identidad*», Masson, Barcelona.

SUÁREZ GONZÁLEZ, I. (1999): «El análisis del crecimiento de la empresa desde la dirección estratégica», *Papeles de Economía Española*, nº 78-79, pp. 78 100.

TILLES, S. (1963). «How to evaluate corporate strategy», *Harvard Business Review,* vol. 41, nº 4, pp. 111-121.

TRAUTWEIN, F. (1990): «Merger motives and merger prescriptions», *Strategic Management Journal*, vol. 11, nº 4, pp. 283-296.

THOMPSON, A. A.; PETERAF, M. A.; GAMBLE, J. E.; STRICKLAND, A. J. (2012): «*Administración estratégica. Teoría y casos*», McGraw-Hill, México, 18ª edición.

VASCONCELLOS E SÁ, J. DE (1990): «How to implement a strategy», *Business*, abril-junio, pp. 23-32.

VENTURA VICTORIA, J. (2008): «*Análisis estratégico de la empresa*», Paraninfo Cengage Learning, Madrid.

WEISS, J. (2006): «*Business ethics. A stakeholder and issues management approach*», Thomson South-Western, Mason, 4ª edición.

WESTON, J. F.; CHUNG, K. S.; HOAG, S. E. (1990): «*Mergers, restructuring and corporate control*», Prentice Hall, Englewood Cliffs.

WILLIAMSON, O. (1964): «*The economics of discretionary behavior: Managerial objectives in a theory of the firm*», Prentice Hall, Englewood Cliffs.

WHEELEN, T. L.; HUNGER, J. D. (2012): «*Strategic management and business policy. Toward global sustainability*», Pearson, Upper Saddle River, 13ª edición

YIP, G. S. (1993): «*Estrategia global total. La gestión hacia la ventaja competitiva mundial*», Perramón, Barcelona.